HELMUT HEIBER (Hrsg.)
Der ganz normale Wahnsinn unterm Hakenkreuz

HELMUT HEIBER (Hrsg.)

Der ganz normale Wahnsinn unterm Hakenkreuz

Triviales und Absonderliches aus den Akten des Dritten Reiches

HERBIG

1. Auflage 1996
2. Auflage 2001 – Sonderproduktion

© 1996 by F. A. Herbig Verlagsbuchhandlung GmbH, München
Alle Rechte vorbehalten
Schutzumschlag: Adolf Bachmann, Reischach
Satz: Fotosatz Völkl, Puchheim
Druck: Jos. C. Huber KG, Dießen
Binden: R. Oldenbourg, Heimstetten
Printed in Germany
ISBN 3-7766-1968-6

Inhalt

Vorbemerkung zur Edition 7

Der große Führer und ...

1. ... seine Partei, ... 11
2. ... seine (seine?) SS 121
3. ... und sein Staat, ... 211

Kurzbiographien 312
Abkürzungen 316
Quellennachweise 318

Vorbemerkung zur Edition

Die nachfolgend abgedruckten Dokumente sind ein Nebenprodukt zahlreicher Archivreisen in den Jahren 1971 bis 1983 zum Zwecke der Rekonstruktion der verlorengegangenen Akten der Partei-Kanzlei der NSDAP und ihres Vorläufers, des Stabs Stellvertreter des Führers. Der vor drei Jahren erschienene erste Teil[1] befaßte sich mit Hitler und seinen Unterführern, in den hier folgenden zwei Bänden stehen nunmehr die einzelnen Bereiche ihres Wirkens zur Dokumentation an, Hitlers Partei und sein Reich, die SS und die Kultur, sein Volk und sein Krieg. Die Reihenfolge innerhalb dieser Kapitel folgt der Chronologie.

Der Abdruck erfolgt in der Regel (insbesondere bei Schreiben aus dem Volk) mit Ausnahme eindeutiger Flüchtigkeits- oder Tippfehler dokumentengetreu. Um den Fluß nicht ständig zu unterbrechen, ist nur in wenigen Fällen, wo dies zum Verständnis ratsam erschien, durch ergänzende Einfügungen oder durch ein »sic«, beides jeweils in [ ], korrigierend eingegriffen worden. Wegen der Kürzungen folgen die Absätze nicht immer der Vorlage. Weglassungen sind durch [...] bezeichnet, abgesehen von Anreden (der moderne Technokrat Speer ist der einzige, der bereits ein Komma anstelle des sonst noch allgemein üblichen Ausrufezeichens hinter die Anrede setzte) und – auch erweiterten – Schlußformeln. Beide sind, ebenso wie die Unterschrift, nur dann, wenn sie etwas Besonderes aussagen, in einzelnen Fällen abgedruckt.

Ansonsten sind Absender und Empfänger den Dokumentenköpfen zu entnehmen. Dort ist auch das Datum des Dokuments verzeichnet; steht es in [ ], so handelt es sich nicht um das – nicht angegebene – dokumenteneigene, sondern um ein aus dem Kontext erschlossenes Datum. Die in den Texten genannten Personen werden in den Anmerkungen vorgestellt, soweit das zum Verständnis erforderlich ist. Das gleiche gilt bei Briefen für Ab-

---

[1] Die Rückseite des Hakenkreuzes. Absonderliches aus den Akten des Dritten Reiches. Hrsg. von Beatrice und Helmut Heiber, Deutscher Taschenbuch Verlag München 1993.

sender und Empfänger, mit Ausnahme von bedeutungslosem Hilfspersonal und 13 häufiger auftretenden Partei- und sonstigen Führern, deren Kurzbiographien man auf S. 312 ff. findet. Ob bei einer Korrespondenz die Anfrage oder die Antwort oder auch beides aufgenomen wurde, richtete sich nach ihrem Aussagewert.

Die Fundstellen sind auf S. 318 ff. angegeben. Es sind dabei nicht sämtliche möglichen oder denkbaren gesucht und genannt worden (die Stücke der Sammlung Schumacher etwa, in der Regel Fotokopien aus dem Jahre 1945, befinden sich sämtlich sowohl im Bundesarchiv wie im – jetzt ebenfalls zum BA gehörenden – Document Center), sondern nur die Fundorte, die sich bei der Durchsicht der Akten für die Edition »Akten der Partei-Kanzlei der NSDAP« ergeben haben (einige wenige Dokumente – II, Nr. 003, 209, 252, 268, 284 und III, Nr. 004, 110, 146, 265 – stammen aus einer anderen, gleichzeitigen Arbeit des Herausgebers).

Die Bezeichnungen der Archive und Bestände sowie die Bandnummern werden hier so wiedergegeben, wie sie zur Zeit der Benutzung zu dem genannten Zweck (1971 bis 1983) vorgefunden wurden. Bei den gerade in den vergangenen Jahren nicht seltenen Verschiebungen von Beständen oder Umnumerierungen der Bände garantieren ja die Konkordanzen der Archive auch so den Zugriff.

Für ihre Hilfe habe ich den vielen seinerzeit mit unseren Wünschen befaßten Damen und Herren der auf S. 318 ff. genannten Archive zu danken, wobei ich wegen ihrer Hilfestellung speziell für die vorliegende Arbeit noch mit Namen nennen möchte Herrn Präsidenten a. D. Prof. Dr. Hans Booms und Herrn Archivdirektor Dr. Ernst Ritter vom Bundesarchiv sowie Frau Vortragende Legationsrätin Dr. Maria Keipert, unsere bewährte Helferin im Politischen Archiv des Auswärtigen Amtes.

Der große Führer und …

1. ... seine Partei,

[1]   *10.3.1933 Gaukommissar für Wirtschaftstechnik und Arbeitsbeschaffung Koblenz–Trier an Hauptabteilungsleiter Hans Weidemann (Reichspropagandaleitung)*
Von grossem propagandistischem Wert für die NSDAP halte ich es, wenn wir veranlassen könnten, dass sämtliche Deutsche, die am 5. und 12. März Adolf Hitler gewählt haben[1], irgendein bestimmtes Hitler-Abzeichen tragen würden. Diese Personen und die durch unser Parteiabzeichen gekennzeichneten Deutschen würden den Block des heroischen Deutschen, im Gegensatz zum Marxisten und Spiessbürger[2], darstellen. Ich bin überzeugt, dass jeder Deutsche, der noch etwas auf sich hält, dieses Abzeichen tragen und damit die Wucht unserer Bewegung dokumentieren würde. Das Tragen des Braunhemdes, und für den Nichtparteimann einer besonderen Hitlertracht, würde auch Ausdruck der neuen Zeit werden […]

[2]   *20.6.1933 NSDAP-Ortsgruppe Tuttlingen an Gau Württemberg–Hohenzollern*
Das Aufnahmegesuch von Dr. med. Cremer, Tuttlingen wurde abgelehnt:
1.) weil Dr. Cremer ein durchaus jüdisches Geschäftsgebaren an den Tag legt. Er unterhält hier eine Augenklinik, in der er versucht, seine Patienten in gemeinster Weise auszubeuten.
2.) weil sein persönlich-gesellschaftliches Verhalten, wie sein Geschäftsgebaren, kriecherisch-jüdischer Natur ist.
Dieser Mann musste grundsätzlich abgelehnt werden, weil er nach unserer festen Ueberzeugung *niemals Nationalsozialist werden*

---

1 [1] 5.3.: Reichstagswahl; 12.3.: Kommunalwahlen in Preußen.
[2] »Spießer« am »Stammtisch« ist der hinter dem jeweiligen Fortschritt Zurückgebliebene (oder ihm Vorausgeeilte?) allezeit.

kann, da ihm deutsche Art und deutsches Wissen durchaus fremd ist.

[3]   *13.7.1933 Gaupropagandaleiter Königsberg/Pr. an Arthur Ronkowski (Frauenburg)*
Auf Ihre Anfrage teile ich Ihnen mit, dass die von Ihnen vertriebenen Kissen »Der Freiheit entgegen«, »Deutschland ist erwacht« und ein drittes Kissen mit dem Bilde des Führers zwischen Eichenlaub m. E. unter »Nationalen Kitsch« fallen. Bei einer Verwendung dieser Kissen als Bilder ändert sich dieser Tatbestand ebenfalls nicht [...]

[4]   *26.9.1933 SA-Stabschef [Ernst] Röhm an Verteiler III*
Ich habe wiederholt bei Besprechungen schon zum Ausdruck gebracht, dass ich die Beschäftigung weiblichen Hilfspersonals (Privatsekretärinnen, Stenotypistinnen, Telephonistinnen usw.) auf Dienststellen der SA und SS nicht wünsche.

Bei gutem Willen kann und muss erreicht werden, dass für die genannten Zwecke SA-Führer und Männer eingestellt werden, die damit Broterwerb finden und für arbeitslose Kameraden andere Stellen freimachen. Ausserdem widerspricht es auch der soldatischen Zusammensetzung einer SA-Dienststelle [...[1]]

[5]   *31.10.1933 Verfügung 34/33 des Stellvertreters des Führers*
[...] Kein Nationalsozialist darf irgendwie benachteiligt werden, weil er sich nicht zu einer bestimmten Glaubensrichtung oder Konfession oder weil er sich zu überhaupt keiner Konfession bekennt. Der Glaube ist eines jeden eigenste Angelegenheit, die er nur vor seinem Gewissen zu verantworten hat. Gewissenszwang darf nicht ausgeübt werden.[1]

4 [1] Und drittens schließlich schätzte der Stabschef Frauen bekanntlich sowieso nicht sehr.
5 [1] Vielleicht meinte Hess das tatsächlich so – die Wirklichkeit freilich war und blieb ganz anders.

[6]   *28.11.1933 Bormann an Ley*
Beim Stellvertreter des Führers wurde verschiedentlich darüber geklagt, dass Parteidienststellen bzw. Parteigenossen beim Kauf von Autos *unbillige* Preisnachlässe auf Grund der Parteizugehörigkeit verlangten. Das geht natürlich nicht an [...]

[7]   *Weihnachten 1933 GL München–Oberbayern an »den Nationalsozialisten« Lambert Dolch (Gerolsbach)*
Sie sind nach dem 30. Januar 33 in die Partei eingetreten. ... Sie haben damit bewiesen, daß Sie einer der unseren geworden sind, und so wie Sie uns Kameradschaft gehalten haben, wollen wir Ihnen Kameradschaft halten.
Auf Antrag Ihres politischen Leiters gebe ich Ihnen hiermit das *Recht zum Tragen des Braunhemdes*. In diesem einfachen Ehrenkleid, das durch den Tod von über 300 Kameraden geheiligt ist, wollen wir gemeinsam als Soldaten Adolf Hitlers für das nationalsozialistische Deutschland kämpfen.

[8]   *13.4.1934 Anordnung des Stellvertreters des Führers*
Es macht auf jeden Zuschauer einen denkbar schlechten Eindruck, wenn auf dem Wege zu und von offiziellen Veranstaltungen des Reiches oder der Partei, zumal bei solchen, bei denen Spalier gebildet wird, Nationalsozialisten, die an ihrer Uniform als Führer kenntlich sind und denen entsprechende Ehrenbezeugungen erwiesen werden, ihre Frauen im Auto bei sich haben.
Ebensowenig, wie nach nationalsozialistischer Auffassung den Frauen die Anrede mit dem Titel ihres Mannes zusteht, z. B. »Frau Gauleiter, Frau Staatsrat«, ebensowenig darf der Eindruck erweckt werden, als würden ihnen zugleich mit ihren Männern Ehrenbezeugungen erwiesen.
Um alle unliebsamen Erscheinungen dieser und ähnlicher Art für die Zukunft zu verhindern, verbiete ich hiermit *jedes Fahren* von Parteigenossen, die sichtbar den Dienstanzug tragen, gemeinsam mit Frauen in *offenen* Kraftwagen.

[9 a, b, c]
[a]   13.4.1934 Otto Frhr. v. Dungern-Oberau an Dr. Achim Gercke (Reichsverein für Sippenforschung und Wappenkunde e. V.)

Ich wende mich an Sie, sehr verehrter Herr Parteigenosse, in grösster Not, die meine Familie ohne Schuld betroffen hat.

Ich selbst bin seit Sommer 1930 Pg. Ich war 15 Jahre lang aktiver Offizier in Potsdam, Frontkämpfer vom ersten bis zum letzten Augenblick, Inhaber des E.K. I und Hohenzollern[1] mit Schwertern. Bin mit einer freiwilligen Eskadron der Bamberger Ulanen unter Epp[2] in München eingerückt zur Niederwerfung der Räte-Regierung. 1923 habe ich in Nordbayern in den Bezirken Staffelstein, Lichtenfels und Kronach ein Freikorps gegründet, welches unter Ehrhardt[3] den Grenzschutz bei Kronach wochenlang vor dem sogenannten Hitlerputsch übernahm. Später bin ich hier im sogenannten Ostschutz als Führer eines Regiments eingeteilt gewesen. 1925 war der Führer mit Pg. Hess zwei Mal auf meinem Büro Anhalterstrasse 7 zu einer Besprechung. 1932/33 war ich kommissarischer Kreisleiter von Potsdam, um dort die verfahrenen Zustände in Ordnung zu bringen. Ich war bei allen Wahlkämpfen ohne jedes Honorar intensiv als Gauredner tätig, hatte auch längere Zeit das Amt des Kulturwarts im damaligen Gau Brandenburg inne.

Ich bin seit 1895 verheiratet mit Thekla von Schmidt-Pauli, Tochter des Generals von Schmidt-Pauli (im Kriege gefallen) und seiner Frau Emma geborene Berends.

Mein ältester Sohn, Bernd von Dungern, ist 17jährig als Kriegsfreiwilliger im Herbst 1916 ins Feld gezogen und hat sich das E.K. I verdient, war dann Reichswehroffizier. Später übertrug ich ihm die Verwaltung meines kleinen Gutes bei Staffelstein (Oberfranken). Er trat, ebenso wie alle meine Kinder, in die NSDAP ein (1931 oder 32), kämpfte sehr schwer in meiner Heimat und setzte

---

9   [1] Gemeint ist der Hohenzollernsche Hausorden.
[2] Der nunmehrige Reichsstatthalter in Bayern, General Franz Ritter v. E.
[3] Hermann E., Führer der 1922/23 notorisch gewordenen »Marinebrigade E.«, eines schließlich 1933 in die SS eingegliederten »vaterländischen Kampfverbands«.

sich überall energisch ein. Er wurde nach der Machtergreifung zum Bürgermeister der Stadt Staffelstein erwählt und vereidigt. Er ist ferner der politische Beauftragte für den Kreis Staffelstein und mit der Führung des Sturmbannes der SA beauftragt usw. Er wird von dem begeisterten Vertrauen der Nationalsozialisten und der Bevölkerung des Kreises getragen. Seine Frau, geborene v. Lewinsky, Tochter eines alten[4] Soldatengeschlechtes, ist Kreisleiterin der NS-Frauenschaft. Er hat 3 Kinder, hiervon 2 Knaben bei der Hitler-Jugend.

Nun erhält vorgestern mein Sohn die hektographierte Mitteilung vom Parteigericht aus München, er sei als Mitglied der NSDAP gestrichen, weil seine Grossmutter Berends nicht arischer Abstammung sei. Gewaltige Empörung im ganzen Kreis und in der Stadt, vollkommener Zusammenbruch. Eine Deputation der Stadt ist sofort nach München gefahren. Die ganze Angelegenheit würde sich allerseits zu einer scheusslichen Blamage auswachsen.

Zu dieser nicht-arischen Grossmutter möchte ich folgendes bemerken. Mein Schwiegervater, ein Mitkämpfer des Krieges 1870/71, heiratete als Militärattaché der Botschaft in Paris 1873 Emma Berends, Tochter eines Grosskaufmanns in Hamburg. Diese Frau – dafür kann ich Bilder beibringen – sieht durchaus arisch aus, ebenso meine Frau, typische Langköpfe mit geraden, kleinen Nasen. Nachforschungen in den Kirchenbüchern haben ergeben, dass bis zur Grossmutter meiner Frau alle Mitglieder der Familie Berends gleich nach der Geburt liegend[5] evangelisch getauft wurden. Es ist sehr leicht zu behaupten, dass diese Leute nicht arisch gewesen seien, und zu sagen: Beweist, dass sie es gewesen sind. Denn wie soll man das beweisen, solange nicht eine Blutprobe vorhanden ist? Mir war jedenfalls niemals etwas davon bekannt!

Ich kann mir aber nicht denken, dass man Kämpfer für die Sache unseres Führers jahrelang kämpfen lässt, sich einsetzen [läßt] bis zum Aeussersten und sie dann, nachdem der schwerste Kampf vor der Machtergreifung zuende ist, auf eine Denunziation hin

---

[4] und noch aktiven (der spätere GFM Erich v. Manstein war ein v. L.)
[5] Das war damals wichtig – Konvertiten knieten oder standen bei der Taufe (die heutigen Spättaufen gab es damals kaum).

mit einem Fusstritt hinausschmeisst. Das ist es auch, was die Empörung in meiner Gegend bis zur Siedehitze anschwellen lässt. Mich wundert, dass mein Sohn und seine Familie nicht längst zum Freitod ihre Zuflucht genommen haben. Ich bin bereit, meine gesamte Familie einem Rasseforscher zur eingehenden Besichtigung vorzuführen [...]

[b]   *7.5.1934 Buch an Lammers*
[...] Die NSDAP ist geboren aus der Erkenntnis der Rassenfrage. Darum beschränkt der § 3 der Satzung, die vom Führer geschaffen ist[6], die Aufnahme auf Angehörige des deutschen Volkes rein arischer Abkunft. Der Führer und Rosenberg sprechen von dem Orden deutscher Menschen, in den die Bewegung hineinwachsen soll. Sie waren Zeuge der herrlichen Führerrede vergangenen Sommer in St. Moritz am Obersalzberg.[7]

Auf der einen Seite ist es beglückend, das Vertrauen dieses Mannes zu haben für die Bewältigung der ungeheuren Aufgabe[8], auf der andern ist es unendlich schwer sie zu erfüllen, in dem Bewußtsein: Du knickst Menschenleben und bringst Elend in angesehene Familien. Aber ich tu es aus dem felsenfesten Glauben, wenn wir nur 3 Generationen lang hart sind und unerbittlich, dann wird dieses fremdblütige Gift aus dem Volkskörper ausgeschieden werden.[9]

[6] Am 29.7.1921, am 22.5.1926 erneuert.
[7] Im Rahmen einer Führertagung der NSDAP auf dem Obersalzberg hatte Hitler am 6.8.1933 zu den Reichs- und Gauleitern über die innen-, wirtschafts- und außenpolitische Lage gesprochen. Mit »St. Moritz« ist die »Pension Moritz« gemeint, der Nachlaß der Mauritia (genannt »Moritz«) Mayer, der »Judith Platter« des Romans »Zwei Menschen« von Richard Voß, der wie zahlreiche andere Literaten und (rechte) Politiker (auch Hitler) dort Gast gewesen war. Bormann ließ 1938 die gesamte mittlerweile in »Platterhof« umbenannte Gebäudegruppe abreißen und errichtete an ihrer Stelle ein Hotel als Gästehaus für Hitler u. a.
[8] Hitler hatte am 18.3.1933 folgende Verfügung erlassen: »Ich bevollmächtige den Vorsitzenden des USCHLA R. L. [»Untersuchungs- und Schlichtungsausschuß« <ab 1.1.1934 »Parteigericht«> Reichsleitung <ab 1.1.1934 Oberstes Parteigericht>], Pg. Walter Buch, in meiner Vertretung nach § 4 Abs. 4d und Abs. 8 der Satzung zur Verfügung bzw. Bestätigung von Ausschlüssen.«
[9] Das klingt lustig heute, wo Schwarze in überlebensgroßen Plakaten als »ideale Schwiegersöhne« angepriesen werden. Aber das ist wohl nun einmal deutsch: immer holterdiepolter von einem Extrem ins andere.

Nennen Sie mich roh oder religiösen Fanatiker: Ich kann nicht anders. So sehe ich meine Aufgabe, so vollbringe ich sie. In meiner eigenen Familie habe ich angefangen und werde das Klagen bis an mein Ende hören. Die Frau des Prinzen Ernst von Sachsen-Meiningen sass vor mir und war erschüttert bis ins Innerste, dass ich ihr und ihren Kindern den Eintritt in die Bewegung versagte. Viele Hunderte von einfachen Parteigenossen, Frauen und Männer, haben vor mir geweint, als ich sie aus der Bewegung entfernen musste, Männer und Frauen, die nicht erst 1930 kamen, die gehungert und Not gelitten hatten, 1928 und 1929 schon musste ich sie ausmerzen.

Und da soll ich heute einen Freiherrn von *Dungern* und seine Sippe in der Bewegung dulden? Das kann ich nicht. Und ich weiss auch ganz genau, dass mir der Führer das nie zumuten wird.[10] Es ist oft verdammt schwer, den Menschen das Ausscheidenmüssen aus der Bewegung so beizubringen, dass sie nicht daran zerbrechen. Es ist mir wohl in den meisten Fällen gelungen. Aber es kostet allerhand Seelenkraft. Noch habe ich sie und ich hoffe, dass sie mir auch nicht von den hochmögendsten Fürsprechern gebrochen wird.

Die Blutsreinheit der Bewegung ist für mich der Gral, den ich zu hüten habe. Solange ich lebe und Kraft habe, soll er nicht gestohlen werden […]

[c]   *9.5.1934 Dungern an Buch*
[…] Ich bin ebenso Offizier gewesen wie Sie und weiss, dass ohne Ehre ein weiteres Leben gar nicht möglich ist. Vor den Ohren meines Gauleiters Kube[11] habe ich in der Papenzeit in eine Massenversammlung in Potsdam als Kreisleiter hineingerufen: »Ein Hundsfott, wer Adolf Hitler jemals die Treue bricht!« Ich werde von mir aus niemals dieser Hundsfott sein und aus der Partei austreten! Soll ich hinausgeworfen werden, dann bitte ich, Herr Major: Brechen Sie mir in Hitlers Namen die Treue!

[10] Hitler wollte nur bei Parteimitgliedschaft spätestens seit 1926 Ausnahmen zulassen.
[11] Wilhelm K., Gauleiter Kurmark.

Indem ich als zurzeit Ehrlosgemachter an einer Sekunde meines Lebens schwerer trage, als früher an einem Jahr, bitte ich Sie, eine definitive Entscheidung so schnell wie möglich herbeizuführen.[12]

[10] *15.4.1934 Obergruppenbefehl SA-Obergruppe VII (München)*
Vier Jahre marschiert die Sturm-Zigaretten-Fabrik – Dresden an der Seite der SA und hielt ihr in guten wie in schlechten Tagen die Treue. Dadurch wurde die Sturm-Zigaretten-Fabrik der gute Kamerad der SA [...]

Durch die im vorigen Jahre eingetretene Gleichschaltung der jüdischen Konzerne und Judenfabriken ist es diesen gelungen, treue SA-Männer als Käufer zu sich herüberzuziehen. Sie stellten sich plötzlich als Nationalsozialisten vom reinsten Wasser hin und bedienten sich unserer Symbole und soldatischer Bildbeilagen, die sie früher als Antimilitaristen ablehnten. Mit diesen Bildern aus unserer Bewegung und Kampfzeit hoffen diese Fabriken zu erreichen, daß der SA-Mann die Handlungsweise dieser gleichgeschalteten Betriebe vor dem 31. Januar 1933 zu leicht vergessen würde. Alles dies hat dazu geführt, daß die Sturm-Zigaretten-Fabrik seit Mitte vorigen Jahres im Umsatz immer mehr zurückging, daß sie gezwungen wurde, kürzlich über 800 Parteigenossen und Parteigenossinnen zu entlassen, und als automatische Folgerung verminderten sich auch die regelmäßigen Geldzuwendungen an die SA von Monat zu Monat wesentlich.

Diesem Zustand muß nunmehr durch die SA ein energisches Halt geboten werden, und dem SA-Mann muß es nunmehr höchste Pflicht sein, der Sturm-Zigaretten-Fabrik die immer bewiesene Treue zu danken.

Ich ordne daher hiermit folgendes an:

---

[12] Sie *war* definitiv.

1.) Jeder SA-Führer bis zum untersten Dienstgrad hat sich mit allen Mitteln für die Sturm-Zigaretten-Fabrik und ihre Fabrikate
Trommler, Alarm, Sturm und Neue Front
einzusetzen.
2.) Ich mache es jedem SA-Führer zur Pflicht, den SA-Männern mit gutem Beispiel voranzugehen und verbiete die Propagierung aller anderen Marken [...][1]

[11] 4.5.1934 *Verfügung des Obersten SA-Führers (Stabschef Röhm)*
Ich nehme einen Vorfall, auf Grund dessen ich einen höheren SA-Führer ausgeschlossen habe, zur Veranlassung, mit allem Nachdruck darauf hinzuweisen, daß ich bei allem Verständnis für Frohsinn und Lebensfreude nicht gewillt bin, Exzessen zuzusehen, die das Ansehen der SA schädigen oder geeignet sind, den SA-Führer dem Volke zu entfremden. Insbesondere werde ich künftig alles, was in der Trunkenheit geschieht, besonders hart bestrafen. Wer alkoholische Getränke nicht verträgt oder über ihrem Genuß die Haltung verliert, soll Milch trinken.
Ebensowenig schätze ich die Mitnahme von Frauen oder Mädchen in Wagen, die als *Dienst*wagen kenntlich sind, durch SA-Angehörige im Dienstanzug und erwarte, daß auch in dieser Richtung nachgedacht und vernünftig verfahren wird[1] [...]

10 [1] Ähnlich auch ein Notschrei der Dresdener »Sturm«-Zigaretten-Gesellschaft selbst (LA Schleswig 456 15): »Selbst die Pg's, die nur Zigarren oder Tabak rauchen, sollten ihren Bedarf *nur in den Geschäften kaufen*, die auch unsere Zigarettenmarken führen! *Seid also auch in diesem Falle energische Mitkämpfer und bringe sich ein jeder so weit, in Zukunft keine Zigaretten mehr zu kaufen, welche aus dem internationalen Trust- und Konzernbereich stammen. Gebt unseren Partei-Zigaretten in jedem Falle den Vorzug und denkt daran, daß es zu euren heiligen Pflichten gehört, auch dafür zu sorgen, daß euer Geld nicht in die Hände eurer Gegner fließt! Verlangt daher überall unsere Marken!*« Nichtsdestoweniger wimmelte es in der Parteipresse bis hinauf zum Illustrierten Beobachter von Anzeigen des »Reemtsma-Neuerburg-Konzerns«, Protagonist des »internationalen Finanzkapitals« auf diesem Gebiet – non olet.
11 [1] Vgl. Nr. 8; die unteren SA-Chargen hatten offenbar andere Vorstellungen davon, was »vernünftig« war.

[12]   29.6.1934 *Stabsleiter P.[olitische] O.[rganisation] an GL Sachsen*
[...] teile ich Ihnen mit, dass Juden und Neger selbstverständlich nicht Mitglied der Deutschen Arbeitsfront sein können. Eine grundsätzliche Anordnung in dieser Angelegenheit, dass eine Mitgliedschaft solcher Rassenfremdlinge nicht möglich ist, ist überflüssig, weil selbstverständlich.

[13]   *1.7.1934 Merkblatt des Amtes für Volkswohlfahrt*
Die von der Obersten SA-Führung, Abt. IV, mit Freiquartieren aus der »Hitler-Spende«[1] Beschenkten haben folgende Punkte genauestens zu beachten:
1. Sei stets dessen eingedenk, dass Dir durch die Güte und durch das Wohlwollen Deines Führers ein kostenloser Erholungsaufenthalt, und wenn nötig, eine freie Kurbehandlung zugewiesen wurde.
2. Zeige Dich dieses Wohlwollens würdig und gib Deinen Mitmenschen überall und jederzeit durch Dein mannhaftes Auftreten ein gutes Beispiel.
3. [...]
7. Du hast Dich so zu benehmen, dass Deine Gastgeber mit grösster Freude von Dir erzählen und wieder um Zuweisung eines Urlaubers bitten.
8. Lass Dich ja nicht bedienen! Sei bemüht, Deinen Gastgebern zu helfen, wo es geht.
9. Sei liebenswürdig, höflich und bescheiden. Behandle die Frauen ritterlich und begegne den älteren Leuten mit Ehrfurcht.

13 [1] Von der Wirtschaft Hitler zur Verfügung gestellte Mittel – ein immer und unabhängig vom politischen Ambiente aktuelles Thema. Die A.-H.-Sp. war nach der Reichstagswahl vom 5.3.1933 von Krupp und Schacht initiiert und durch einen Aufruf des Reichsverbandes der deutschen Industrie und der deutschen Arbeitgeberverbände ins Leben gerufen worden, »um die zahlreichen Einzelsammlungen der verschiedenen Stellen und Verbände der NSDAP abzulösen«, und schwemmte vom 1.6.1933 bis zum Ende ca. 780 Mio. RM in Hitlers Kasse. Dafür rissen der Stab Hess und der Reichsschatzmeister die hungrigen lokalen Parteigrößen, aber auch die Verbände, wie SA oder SS, zuverlässig an der Leine zurück, wenn es notat.

10. Benutze den Erholungsaufenthalt, um Dich körperlich und geistig zu ertüchtigen, und geniesse die Schönheiten Deines unvergleichlichen Vaterlandes.
11. Suche gute Kameraden auf und lungere nicht in Gasthäusern herum. Du unterstehst dem betreffenden Ortsgruppenleiter, der das Recht hat, Dich bei schlechtem Benehmen unter gleichzeitiger Meldung an das Amt für Volkswohlfahrt bei der Obersten Leitung der P.O.[2] sofort in die Heimat zurückzuschicken.
12. In Kurorten und Bädern sind die Vorschriften des Arztes, der Kurverwaltung, der Hotels und Sanatorien genau einzuhalten.
13. Es ist streng untersagt, Deine Gastgeber oder sonstige Leute anzupumpen.
14. Bei Verstössen gegen diese Urlaubsvorschriften hast Du strenge Bestrafung zu erwarten.
15. […]

[14]   *1.7.1934 Alfons Jacoby (Leipzig, z. Zt. Hamburg) an GL Hamburg*
[…] Am 29. Juni, Freitag abend um 22.45, durchzog ein Sturm der SA in Richtung Gänsemarkt – Mönckebergstr. den Jungfernstieg unter Absingung des Liedes und der Strophen, die ungefähr im Text oder Refrain so lauten: »Wenn das Judenblut vom Messer spritzt« und weiter »Hängt sie auf, stellt die Juden an die Wand«. Um 23.10 zog ein anderer Sturm – es kann auch der gleiche gewesen sein – unter Absingung der gleichen Strophen in entgegengesetzter Richtung nochmals über den Jungfernstieg […]

[15]   *8.7.1934 Meldung von Adjutant Olt. Sittmann an RStatth. [Franz Ritter] v. Epp »über meine Unterredung mit Reichsführer Himmler am 7.7.1934«*
Der Reichsführer, der von seinem Adjutanten den Zweck meines Kommens erfahren hatte, ließ mich zunächst nicht zu Wort kom-

---

[2] Politische Organisation, die eigentliche Parteigliederung ohne die Verbände usw.

men, sondern erklärte gleich, er könne für Prinz Isenburg[1] keine Ausnahme machen. Die Untersuchung müsse ihren Gang nehmen; es würde ihm unmöglich sein die Arbeit zu bewältigen, wenn wegen jedes der 680 Verhafteten sich jemand für dessen vorzeitige Freilassung einsetzen wollte. Der Prinz habe die schönen Zeiten bei der Obersten SA-Führung miterleben können, jetzt müsse er auch die unangenehmen Dinge auf sich nehmen. Die Untersuchung müsse ergeben, ob der Prinz, ähnlich wie Standartenführer Mende, den Auftrag gehabt habe, die Tätigkeit der Stelle, der er zugeteilt war[2], zu überwachen.

Auf meine Frage, ob der Prinz aus der Haft entlassen werden könnte, wenn er in Berlin zur Verfügung der Polizei bliebe, erwiderte der Reichsführer, das sei unmöglich. Er könne ihn nicht besser behandeln als andere. Außerdem sei der Prinz im Gewahrsam der Polizei vollkommen sicher. Meine Frage könne man fast als einen Beweis von Mißtrauen betrachten.[3] [...]

Der Reichsführer sagte weiter, er habe gehört, Gen. Epp wolle sich über den Adjutanten *Höflich*[4] beschweren. Er (Himmler) habe den Fall dem Führer vorgetragen, der das Vorgehen des H. gebilligt habe; dieser werde nicht bestraft werden. Die Beschlagnahme des Schreibens an die Lufthansa richte sich nicht gegen den General, sondern sei ein wichtiges Beweismittel gegen den Prinzen. Ich wies darauf hin, daß dieses Schreiben auf Befehl des Generals ergangen sei. Der Reichsführer meinte darauf, es sei doch sehr auffallend, daß der General über ein Jahr im Amt sei, ehe er, ausgerechnet 4 Tage vor dem Staatsstreich, auf den Gedanken gekommen sein solle, sich Ankunft und Abflug des Führers melden zu lassen.

Der Reichsführer äusserte ferner, die Verhaftungen seien ja

---

15 [1] SA-Staf. Ferdinand Karl Prinz von I.-Birstein, ein weiterer Adjutant E.s, am 1.7. im Münchener Hotel Regina verhaftet worden. Am 17. August hat die Gestapo ihn wieder laufenlassen.
[2] In diesem Falle Göring.
[3] In Anbetracht der um die 70 Toten am und nach dem 30. Juni, dem angeblichen »Röhm-Putsch«, ist das wohl Himmlers Art von schwarzem Humor.
[4] SS-Staf. Heinrich Höflich (s. a. Nr. 118) war Adjutant des bayerischen Innenministers (und Münchener Gauleiters) Adolf Wagner. Er hatte am 3.7. auf dem Flugplatz Oberwiesenfeld die im folgenden erwähnte Anweisung Isenburgs »beschlagnahmt«.

nicht von ihm allein aus, sondern nach dem Willen des Führers vorgenommen worden. Er könne nichts dafür, daß die Politische Polizei von der Verschwörung früher etwas gemerkt habe als andere. Für den General Epp sei es wohl sehr peinlich, daß der Staatsstreich gerade in seinem Land vorbereitet worden sei, ohne daß er etwas gemerkt habe.⁵ Ich solle nicht glauben, daß die Niederwerfung der Verschwörung für ihn angenehm sei; es gebe nichts Schrecklicheres, als anderthalb Tage lang seine eigenen Kameraden erschießen lassen zu müssen. Seine Nerven seien in diesen Tagen aufs Schwerste mitgenommen worden.

[16]   *21.7.1934 Tel. Hess' an Reichsinnenminister Frick*
Die im Ministerialblatt für die preußische innere Verwaltung gegebene Definition des Begriffes alter Kämpfer ist falsch. Sie ist durch die gesamte Presse sofort dahingehend zu berichten, daß alter Kämpfer ein lediglich mit der NSDAP in Zusammenhang stehender Begriff ist und alle Mitglieder der NSDAP umfasst, welche vor dem 30. Januar 1933 beitraten. Alte Garde umfasst alle Parteigenossen bis zur Mitgliedernummer Hunderttausend. Führer wünscht Namen des verantwortlichen Beamten, welcher sich anmaßte eine allein der Bewegung zustehende Definition zu geben, welche überdies längst durch die Bewegung festgelegt ist.

[17 a, b]
[a]   *30.7.1934 Buch an Dr. Karl Geissler (Dresden N 6)*
Nach Ihren Angaben ist Ihre Braut nicht frei von jüdischen Blutsteilen. Gemäß § 4 Abs. 2 b Anm. 7 der Satzung ist das Verhalten eines Nationalsozialisten auf die im deutschen Volkstum wurzelnde Weltanschauung, die alles Volks- und Blutsfremde für ihr Volk ablehnt, wesentlich begründet. Den Bestrebungen der Partei zuwider ist infolgedessen die Eingehung einer Ehe mit Trägern jüdischer Blutsteile.

⁵ E. war u. a. deshalb suspekt, weil er noch am 28.6. Röhm in Bad Wiessee besucht hatte. (Vgl. zu E. Bd. I, Nr. 449.)

Die NSDAP [...] muß mit allen ihr zu Gebote stehenden Kräften dem Eindringen fremden Blutes in den deutschen Volkskörper Einhalt gebieten und den fremden Einfluß für die Zukunft auszuschalten versuchen. Sie kann dies nur, wenn sie hier sich eine Gemeinschaft bildet, die rein deutschen Blutes und infolgedessen auch in der Lage ist, Bannerträger der Idee von Rasse und Gemeinschaft, Blut und Boden zu sein.

Es wäre eine Sünde wider ihren Geist, wollte die NSDAP dulden, daß Mitglieder aus ihren eigenen Reihen die Ehe mit einem nicht reinarischen Ehegatten eingehen [...]

[b]   *28.8.1936 Buch an Geissler*
An meinen Ausführungen vom 30.7.34 habe ich nichts zu ändern. Sie verkennen das Wesen der Partei. Während der Staat alle deutschen Menschen in seinem Lebensraum erfaßt und für sie alle bindende Gesetze erläßt, behält die Partei als Führergemeinschaft innerhalb des deutschen Lebensraumes und Staates nach wie vor ihr Ziel und unterliegt besonderen Auslesegesetzen, an die die außerhalb der Partei stehenden Deutschen nicht gebunden sind.

Die Rassegesetzgebung enthält die Bestimmungen, die der Führer glaubte zum Besten des deutschen Volkes vor einem Jahre treffen zu können. Die Satzung der Partei wird durch sie nicht berührt.

Der Züchter hat in seinem Stall gut gerittene Pferde, die er schon auf Kandare reiten und über Hindernisse führen kann. Er hat andere, denen er noch keinen Sattel auflegen kann und die er noch lange an der Longe führen muß.

So hat der Führer seine NSDAP schon länger in Zucht und ihr darum strengere Gesetze gegeben als die, die er der Gesamtheit des deutschen Volkes zumuten kann [...]

[18 a, b]
[a]   *11.9.1934 Nachruf des Chefs des Stabes [der SA Viktor] Lutze »für die Erstochenen in Nürnberg«*
Mitten heraus aus der SA-Zeltstadt bei Nürnberg, von der Seite ihrer 100 000 Kameraden, kurz nach den erhebendsten Stunden

ihres Lebens, in denen sie ihrem Obersten Führer Auge in Auge gegenüberstanden, schieden durch ein tragisches Geschick aus diesem Leben
> der SA-Mann Peter *Kleinmann,*
> Gruppe Niederrhein,
> der SA-Rottenführer Georg Reinecker,
> Gruppe Ostland.

Sie haben sich gemeldet bei der Standarte Horst Wessel.[1] Ihr Geist lebt in unseren Reihen.

[b]   *13.9.1934 Lagebericht des Führers des Vorkommandos, SA-...führer Hans Neumeier, aus Nürnberg-Langwasser an SA-Gruf. Seydel, Chef Zentralamt Oberste SA-Führung*

Das Wissenswerteste dürfte sein, daß die Nacht von Montag auf Dienstag im Lager eine endlose Kette von unglücklichen Ereignissen war. Ich hatte im Adjutantenraum Telefondienst. Nebenan war die Feldjägerkommandantur; somit hörte ich den ganzen Telefonbetrieb. Den Reigen eröffnete die Meldung, daß der Großteil der SA bei den Gruppen Ostmark (nicht Bayer.[2]) und Niederrhein vollständig besoffen und in gereizter, eine Meuterei zu befürchten lassender Stimmung sei.

Die nächste Meldung (ca. 1 Uhr) sprach schon von einer richtiggehenden Schlägerei zwischen den beiden Gruppen, wobei es mehrere Verletzte (Dolch) gab.

Nächste Meldung: Ein vermutlich Irrer sucht, mit Dolch bewaffnet, das Gruppenführerzelt. Auf dem Weg sticht er drei Kameraden zusammen, wovon noch 2 in der Nacht gestorben sind. Fast gleichzeitig bringt man nebenan zu uns einen Sterbenden, der angebl. aus der Rauferei geholt wurde.

Nächste Meldung: Ins Lager zurückkehrende SA hält jeden Wagen an, verprügelt die Insassen und wirft mit Flaschen und Steinen die Wagenfenster ein, falls der Fahrer sich weigert, die unmöglichste Belastung durch die SA sich aufzubürden. Ich selbst

---

18 [1] Der am 23.2.1930 einer Schußverletzung erlegene Berliner SA-Märtyrer und Verfasser des »Horst-Wessel-Liedes« (vgl. Nr. 93).
[2] Also offenbar Österreich (zur »Bayerischen Ostmark« vgl. Bd. I, Anm. 166-1).

habe zwei solcher Wägen gesehen. Die Heimkehrer waren Horden, aber keine SA-Männer. Eine Verbindung mit Standartenführer Reimann ergibt den Einsatz der gesamten Nürnberger Polizei. Das vom OSAF[3]-Marschblock belegte Zelt nimmt Häftlinge, Krakeler und in der Hauptsache Besoffene auf.

Die Feldjäger meistern korrekt und mit Schwung die Situation. Allmählich wird es ruhiger.

Eben wird wieder gemeldet, daß man aus der Latrine einen Sterbenden gezogen hat, der im Rausch hineinfiel und nach 1/4 St. an Chlorgasvergiftung starb. Das Gleiche wiederholt sich am Morgen. Um 4 Uhr ist Ruhe im Lager.

Zapfenstreich für Dienstag ist auf 22 Uhr, Alkoholverbot auf 21.30 Uhr festgesetzt. Durch Lautsprecher 10 mal bekanntgegeben!

Um 1 Uhr nachts sind wieder hunderte von Besoffenen in den Zelten [...]

Das Ergebnis der Montagsnacht sind: 6 Tote, ca. 30 Schwerverletzte und Leichtverletzte, außerdem ca. 20 durch Autounfall Verletzte [...]

[19 a, b]

[a] *27.9.1934 Bericht von Fritz Boegner (München) »über den Vorfall Busch in Warschau in der Nacht vom 16. auf den 17. September 1934«*

Unterzeichneter ging am 16. d. M. gegen 23 Uhr 30 in Warschau in das Vergnügungslokal »Adria«, wo er die beiden an der Pressefahrt beteiligten Herren Schuster vom »Angriff«[1] und Busch vom »Deutschen«[2] traf.

Schuster hatte eben die Zeche beglichen. Nachdem sich die Herren mit dem Gedanken trugen wegzugehen, schloss ich mich ihnen an. Wir fuhren von der »Adria« in ein anderes Nachtlokal (Oase) und tranken in diesem Lokal einen Coktail und nachher einen schwarzen Kaffee.

---

[3]Oberste SA-Führung. – Zu R. vgl. Nr. 21.
19   [1] »Der Angriff«, Goebbels' Berliner Parteiorgan.
[2] »Der Deutsche – Die Tageszeitung der Deutschen Arbeitsfront«.

Im Verlauf des Gesprächs einigten wir uns alle drei, dass es wohl interessant wäre – nachdem wir in diesen beiden Lokalen bereits den Nachtbetrieb Warschaus gesehen hatten, auch noch nachts eine Fahrt durch das Judenviertel zu unternehmen. Wir nahmen eine Pferdedroschke und fuhren in das Ghetto. Während der Fahrt machte uns der Kutscher auf eine jüdische Bar aufmerksam und gab uns zu verstehen, dass es hier besonders interessant zuginge. Wir fassten den Entschluss, auch diesen Betrieb noch anzusehen und gingen in diese Bar. Busch machte hier als erster die Äusserung »Hier heisst es sehr vorsichtig sein, man scheint zu erkennen, dass wir Deutsche sind«, und ich muss hierbei betonen, dass Busch bis dahin sich fabelhaft anständig und korrekt benommen hatte.

Nachdem wir in dem Lokal unser Abendbrot eingenommen hatten, tranken wir einige Schnäpse und darauf wieder schwarzen Kaffee. Nach einiger Zeit verliess Busch unseren Tisch und begab sich in einen anderen Raum an den Bartisch selbst. Mittlerweile versuchten bei uns (Schuster und Boegner) sich zwei fragwürdige Damen anzunähern, sie setzten sich an unseren Tisch, wurden aber von Schuster und mir sehr bestimmt abgelehnt. Es war nun mittlerweile 2 Uhr morgens geworden, und wir trugen uns mit dem Gedanken, in das Hotel zurückzukehren. Schuster vom »Angriff« machte das auch, nachdem er sich nicht besonders wohl fühlte. Ich sah noch wie Schuster sich eine Taxe besorgte und zum Hotel Europeski fuhr.

Busch, der inzwischen wahrscheinlich an der Bar schon dem Alkohol etwas sehr zugesprochen hatte, war nicht zu bewegen, mit ins Hotel zu fahren. Da ich nun aus den Gesprächen anderer Herren schon erfahren hatte, dass Busch gern trinkt, hielt ich es für meine Pflicht, bei ihm zu bleiben, um Dummheiten zu vermeiden.

Busch sprach dem Alkohol immer mehr zu, trank Likör, Wein und Schnaps durcheinander, blieb aber dabei immer noch anständig. Das war um 3 Uhr morgens. Dann, mit einem Schlage, schien Busch irrsinnig besoffen zu sein. Er verlangte etwas sehr energisch nach Musik, bestellte auch für die Musik Likör und Schnäpse und trank selbst ein Glas nach dem anderen aus. Dann wiederum gab er wiederholt der Musik Geld, bestellte noch und noch Mokka. Mein ganzes Zureden und Bitten, er möchte doch um Gottes Willen bedenken, er sei im Ausland und im Lokal befänden sich jüdische Redakteure, half nichts, im Gegenteil, er nahm Schnapsgläser, warf sie auf den Boden, stand dann auf, hielt in vollkommen betrunkenem Zustande eine Ansprache in diesem jüdischen Lokale, dessen Worte schwer wiederzugeben sind, und endete seine bodenlos ungezogenen Ausführungen mit einem »Heil Hitler«!

Mittlerweile war auch das Geld ausgegeben, ich bat ihn noch einmal dringend und ganz energisch, mit mir ins Hotel zu gehen, da ich sonst gezwungen wäre, Meldung über die Vorfälle zu machen. Der Erfolg dieses Versuchs war eine Ohrfeige, die mir Herr Busch in Gegenwart der Juden versetzte.

Ich bestellte eine Taxe, fuhr zum Hotel und holte 100 Zloty, um die noch fällige Zeche zu begleichen, fuhr sofort wieder in das Lokal zurück, liess die Taxe warten, bat Busch noch einmal, er möchte doch jetzt mitkommen. Die Antwort darauf war »Mach, dass Du zum Teufel kommst, Du Schwein«. Nachdem ich mir keinen Rat mehr wusste, fasste ich Busch mit aller Gewalt, drängte ihn aus dem Lokal und wollte ihn in das Auto tragen. Kurz vor dem Auto befreite sich Busch, fiel auf das Trittbrett. Als ich ihn in den Wagen heben wollte, bekam ich einen sehr kräftigen Tritt in den Unterleib, sodass ich gegen die Hauswand flog. Trotz seiner Besoffenheit brachte Busch noch soviel Kraft auf, wieder in das Lokal zurückzutaumeln. Die jüdischen Redakteure sprachen mich an und fragten mich, ob das nicht ein Herr von der deutschen Presse sei, die hier eine Reise durch Polen machten, was ich ablehnte. Ich sagte »er fahre zu seinem Vergnügen durch Polen und sei nur ein Bekannter von mir, und ich gehöre auch nicht zu der Delegation, sondern ich sei nur Fotograf, der als Bildberichterstatter auf die Reise mitgenommen wurde«, womit sich die beiden Herrn auch zufrieden gaben. Nun versuchten wir zu dritt, Busch noch einmal zum Wagen zu schaffen. Er stemmte sich aber gegen die Türpfosten und erging sich dabei in den unflätigsten Beschimpfungen über die Leute, die ihn hier hinaustransportieren wollten. Er setzte sich wieder hin, befahl die Musik zu sich, nahm einen goldenen Füllfederhalter aus der Tasche und verlangte – allerdings zu mir sprechend – dafür Schnaps. Um weitere Zusammenstösse zu vermeiden, bat ich den Inhaber des Lokals, er möchte ihm zu trinken geben, weil ich Angst hatte, er würde sonst alles zusammenschlagen, und nachdem ich ja bereits sah, dass er von einer Alkoholvergiftung, also von einer Bewusstlosigkeit, nicht mehr weit weg war, schien mir das immer noch der günstigste Ausweg.

Gegen 6 Uhr morgens war es dann auch so weit und Busch brach vollkommen bewusstlos auf einem Stuhl zusammen. Nun hatte ich ihn noch so weit zu kriegen, dass ich ihn wenigstens in den Wagen bringen und zum Hotel fahren konnte. Mit Amoniak und kaltem Wasser brachte ich ihn dann gerade so weit zum Bewusstsein, dass ich ihn in den Wagen schaffen konnte, und um 6 Uhr 45 traf ich im Hotel mit ihm ein. Hier trugen wir ihn zu viert in die Vorhalle […]

[b]   *11.2.1935 Buch an Hess*
[…] hat der Führer der Arbeitsfront veranlasst, dass die Bank der Arbeitsfront an den wegen höchster Parteischädigung durch sinnlose Betrunkenheit von Ihnen ausgeschlossene[n] Hauptschriftleiter Busch den Betrag von RM 19 200.– als Abfindungssumme bezahlte. Damit ist der Fall eingetreten, dass ein notorischer Säufer, der vor Jahren deswegen schon von Pg. Amann aus dem Eher-Verlag entfernt worden war, als Belohnung für seine Haltlosigkeit ein Jahresgehalt zuerkannt erhält. Ob die von der Bank der Deutschen Arbeit verwalteten Arbeitergroschen für derlei Dinge zur Verfügung gestellt werden sollen, erscheint mir im höchsten Masse zweifelhaft. Ich bitte dringend, dem Pg. Ley klar zu machen, dass ein solches Verhalten an Parteischädigung zum mindesten grenzt und nur schwer nicht unter den Begriff »Korruption« eingereiht wird.

Ausserdem bitte ich dem Führer von diesem Vorfall Kenntnis zu geben.

[20 a, b, c]
[a]   *8.11.1934 GL Hinrich Lohse (Schleswig-Holstein) an Oberstes Parteigericht*
Mir liegt Ihr Urteil vom 9. Oktober ds. Js. in Sachen Edgar *Dräger,* Lauenburg, vor.

Wir bestätigen Ihnen gern, dass dasselbe hervorragend geeignet ist, die Autorität der Hoheitsträger der Partei[1] vor die Hunde zu bringen [...]

Querulanten grössten Stils stehen im Sieg des Glaubens an das Oberste Parteigericht, und die Hoheitsträger beugen nach unendlich schweren Kämpfen für Ruhe und Ordnung in ihrem Dienstbereich das sündige und müde Haupt. Sie lassen sich gern bestätigen, was sie doch letzten Endes für Idioten sind, und sie erkennen, wie schön es sich am grünen Tisch regieren lässt, der von der Praxis in der vordersten Drecklinie des politischen Kampfes – Gott sei es geklagt – keine Ahnung hat.

[b]   *13.11.1934 Buch an Lohse*
Ihr Schreiben vom 8.11.34 in Sachen Edgar *Dräger* hat mich vor allem deshalb in Erstaunen versetzt, weil es die Höhe eines Standpunktes verrät, den ich weder beim Gauleiter noch beim Oberpräsidenten[2] vorausgesetzt habe.

Es ist gewiss verständlich, dass der Vorgesetzte sich so lange als möglich vor seinen Untergebenen stellt und dessen Massnahmen und Anordnungen deckt. Nicht möglich ist dagegen, dass ein Gauleiter sich dem Obersten Parteigericht gegenüber derartig äussert, wie Sie es für gut halten. Der Gauleiter von Schleswig-Holstein scheint ganz die Bekanntgabe des Führers vom 25.4.28[3] vergessen zu haben. Er scheint sich nicht darüber im Klaren zu

---

20 [1] »Hoheitsträger« waren in der NSDAP die Leiter von »räumlichen Gebieten (Hoheitsgebieten)«. Neben Hitler für das Gesamtgebiet waren mithin zwar vom Gauleiter bis hinab zum Blockleiter alle »H.«, nicht aber etwa ein Gaugeschäftsführer und auch nicht ein Reichsleiter.
[2] GL Lohse war auch Oberpräsident von Schleswig-Holstein.
[3] »Den Anordnungen des USCHLA R. L. [vgl. Anm. 9-8] ... ist von sämtlichen Parteigenossen und Parteidienststellen einschließlich des ersten Vorsitzenden jederzeit nachzukommen. Eine Nichtbefolgung dieser Anordnung gilt als Ableh-

sein, welche Stellung der Führer dem Obersten Richter in der Partei eingeräumt hat.

Niemand wird dem vielbeschäftigten Gauleiter und Oberpräsidenten verargen, dass er sich nicht um Einzelheiten der ihm unterstellten Dienststellen kümmert. Verlangt muss aber von ihm werden, dass er dem Obersten Parteigericht, das sich lange genug mit einer Sache befasst und sie gründlich überlegt hat, in einer anderen Tonart begegnet. Die in dem Schreiben vom 8.11.34 angeschlagene ist ebenso anmassend, wie sein Inhalt zum Teil töricht ist.

Der zweite Absatz des Schreibens wie sein Schlußsatz kann nur als ungehörig bezeichnet werden. Wenn der Gauleiter einen unzulänglichen Hoheitsträger einsetzt, der einen alten Parteigenossen trotz negativen Untersuchungsergebnisses durch den Staatsanwalt wider besseres Wissen in öffentlicher Versammlung als Verbrecher brandmarkt, so wird dem Obersten Parteigericht Arbeit »am grünen Tisch« vorgeworfen.

Der Gauleiter vergisst nicht nur, dass der Oberste Richter der Partei seit mehr denn 12 Jahren Mitglied der NSDAP ist und zu Beginn seiner Arbeit sich auch nicht nur in Versammlungen, sondern auch als SA-Führer auf der Strasse mit Gegnern herumgeschlagen hat, er weiss auch nicht, dass selbstverständlich an entscheidenden Stellen des Obersten Parteigerichts nur Parteigenossen stehen, die ebenfalls zumindest ebenso lange der NSDAP angehören wie der Gauleiter Schleswig-Holstein und ebenso von der Picke auf gedient haben wie dieser.

Als »Drecklinie des politischen Kampfes« kann nur die bezeichnet werden, die die unmittelbaren Vorgesetzten des alten Pg. *Dräger* einnahmen. Und diese auszuräumen ist eine der

---

nung der Parteidisziplin und als Austritt aus der Bewegung.« Das war freilich nie so wörtlich zu verstehen gewesen (Adolf Hitler wäre kaum aus der Partei geflogen, wenn er eine Anordnung Buchs nicht befolgt hätte), und inzwischen waren an Gewicht die Gauleiter stärker und Buch eher schwächer geworden (um die Gaugerichte mit ihrer doppelten Unterstellung – hier der regionale Chef, dort die fachliche Zentralinstanz – gab es immer wieder Zank; das war ein nicht korrigierbarer »Geburtsfehler«, den es in der staatlichen Verwaltung genauso gab; vgl. Anm. 115-1).

Aufgaben, vor die das Oberste Parteigericht sich gestellt sieht. Denn dadurch wird nicht »die Autorität des Hoheitsträgers« schlechthin beseitigt, sondern nur die von solchen, die sie innerlich nie besessen haben. Ein politischer Leiter, der es nötig hat, mit unwahren Behauptungen in öffentlichen Versammlungen gegen einen alten Parteigenossen loszugehen, hat diese innere Autorität nie besessen. Er ist fehl am Platz. Er kann wohl durch einen Vorgesetzten gestützt werden, eine freie Gefolgschaft aufgrund eigener Autorität wird er nicht erringen [...]

[c]   *13.11.1934 Lohse an Buch*
[...] Auf die von Ihnen beliebte Auslegung der »Drecklinie des politischen Kampfes« brauche ich nicht einzugehen, sie richtet sich in diesem Zusammenhang von selbst.

Aber eines darf ich zum Schluss sagen:

Sie sind in solchen Fällen nicht in der Lage, die Dinge so zu sehen, wie sie in Wirklichkeit liegen. Sie verfallen auch schon einem Formalismus, der gefährlich wird. Und wenn Sie in solchen Fällen gegen die Hoheitsträger entscheiden wollen, dann kann es über das Endergebnis einer solchen Rechtsprechung bei uns keinen Zweifel geben.

[21]   *23.1.1935 SA-Oberf. Reimann (1. Adjutant des Stabschefs der SA [Viktor] Lutze) an SA-Oberf. [Wilhelm] Kleinmann (Generaldirektion der Reichsbahn[1])*
Aus Gründen der Sauberkeit und Ausmerzung etwaiger Schwindeleien bittet der Stabschef die Reichsbahn-Gesellschaft darum, daß an alle Dienststellen die Anweisung herausgegeben wird, eine besonders scharfe Kontrolle nach Freifahrkarten des Jahres 1934 auszuüben. Die Tatsache, daß im vorigen Jahr Freifahrkarten in unerhörtem Maße an Angehörige der SA und an Freunde der ehemals führenden Persönlichkeiten in der SA ausgegeben worden sind und die infolge der sich am 30. Juni 1934 vollzogenen

---

21 [1] K. war auch (und in erster Linie) Staatssekretär im Reichsverkehrsministerium (wie Minister Dorpmüller ebenso Generaldirektor der Reichsbahn war).

Umorganisation nirgends mehr aufzutreiben waren, veranlaßt den Stabschef zu seiner Bitte.

[22] 3.5.1935 *Aktennotiz Führeradjutantur*
Es muß darauf hingewiesen werden, daß die Austragung des Braunen Bandes wohl mit Unterstützung von Mitgliedern der Partei vor sich gehen kann, daß es aber absolut unzweckmässig erscheint, das Braune Band als Parteiangelegenheit herauszustellen.[1] Dies ist am besten damit zu begründen, daß im vergangenen Jahr das Braune Band von einem Pferd gewonnen wurde, dessen Besitzer ein italienischer Jude und dessen Reiter ein Neger war. Derselbe ist von der Partei geehrt worden. Dieser Umstand muß als sehr bedenklich bezeichnet werden.

[23] 29.5.1935 *Bericht des Pg. Dennerl, Geschäftsführer NSBO Gau München–Oberbayern*
Am 25. Mai 1935 nachmittags wurde in München eine Protestaktion gegen jüdische Geschäfte durchgeführt.[1] Leider richtete sich diese Aktion nicht erfolgreich gegen die Juden, sondern vor allem gegen deutsche Arbeiter und Arbeiterinnen, die in jüdischen Betrieben ihr Brot verdienen müssen.

Die organisierten Trupps stürzten sich in jüdische Betriebe, schimpften und schlugen auf die dort beschäftigten arischen Volksgenossen ein, bezeichneten die dort tätigen weiblichen Angestellten als »Judenschweine, Judenschiksen, Judenmenscher« etc. und brachten somit eine ungeheure Verwirrung und Verbitterung unter die in diesen Betrieben beschäftigten Volksgenossen. Die an und für sich in jüdischen Betrieben bestehende gedrückte

---

22 [1] Das war das berühmte Münchener Rennsport-Ereignis praktisch geworden, seitdem es in die Hände des berüchtigten »Alten Kämpfers« Christian Weber (»Ratsherr der Hauptstadt der Bewegung« und Präsident des oberbayerischen Bezirkstags) gefallen war (vgl. Bd. I, Anm. 366-1, und Bd. III, Anm. 56-2).
23 [1] Seltsamerweise ohne jede Resonanz in der Presse; auch ein Anlaß ist nicht ersichtlich.

Stimmung unter den Arbeitskameraden, die grösstenteils seelisch unter dem Umstand leiden, dass sie entgegen ihrer Überzeugung ihr Brot beim Juden verdienen müssen, wurde noch weiter verschlechtert.

Zum Beispiel wurden bei der Firma Rosa Klauber die weiblichen Angestellten beim Absperren der Türen und Gitter von den erregten Trupps mit dem schmählichsten Schimpfnamen angebrüllt.

Bei der Firma Uhlfelder nannte man die Angestellten »Judenschnallen und Volksverräter«.

Bei der Firma Kalter im Tal schlugen die Eindringlinge die Fensterscheibe in der Ladentüre ein, und nur durch grösste Kraftanstrengung war es der Belegschaft möglich, die Türe von innen zu verriegeln, um sich zu schützen.

Bei der Firma Schaller und Sohn, Bayerstr. 63, wurde ebenfalls die Belegschaft auf das niederträchtigste beleidigt.

Bei der Firma Singer, Sonnenstrasse, spuckte man vor der Betriebswalterin aus, als sie den Eingedrungenen mit dem Gruss »Heil Hitler« entgegentrat.

Den Höhepunkt dürfte die »Aktion« bei der Firma Pauson erreicht haben. Als nach stürmischen Schreien der Menge der Betriebszellenobmann den Laden nicht sofort schloss, zog man ihn wie einen Verbrecher auf die Strasse und verprügelte ihn. Der Obmann begab sich zur Polizei und erhielt dort die Auskunft, dass das Geschäft nicht geschlossen werden müsse. Gegen 1/2 6 Uhr wurde nochmal gegen diese Firma vorgegangen, wobei es wieder zu gefährlichen Situationen kam. Einer Angestellten schlug man eine Vase auf den Kopf mit einer derartigen Heftigkeit, dass sie in eine Klinik gebracht werden musste. Der Rest der Belegschaft wurde mit Stühlen bedroht.

Diese Beispiele dürften genügen, um einen Überblick über diese »antisemitische Aktion« zu bekommen. Die BZ-Obmänner dieser Betriebe verlangen, dass derartige Aktionen künftig unterbleiben, nachdem ihrer Gefolgschaft auf diese Weise nicht der Sinn der Volksgemeinschaft beigebracht werden kann.

[24] 12./14.6.1935 SA-Ostubaf. Lhotha, Führer SA-Sturmbann II/NW 1 (Velen), an SA-...führer Strassmeyer, beauftr. Führer SA-Standarte NW 1[1] (Lippstadt) – mit dessen Weiterleitungsvermerk

Anlässlich eines Kirchweihfestes in Coesfeld am Pfingstmontag den 10. Juni 1935 war in einer Schaubude (Panoptikum) neben verschiedenen schaurigen Sensationsnummern folgende Ankündigung zu sehen:

»Die Hinrichtung der Aufständischen Planetta und Holzweber«.[2]

Eine derartige Profanierung des Heldentodes dieser deutschen Männer ist ein Schlag ins Gesicht für jeden anständigen Menschen, ganz davon abgesehen, dass ich es als Pg. unter keinen Umständen übersehen kann, dass Blutzeugen der NSDAP als Schauobjekte für sensationslüsternes Spiesserpublikum missbraucht werden.

Es wäre hiebei noch zu bedenken, dass es gerade die österr. SA-Männer aufs peinlichste berührt, wenn die beiden Helden zu Schaubudenfiguren herabgewürdigt werden. Ebenso würde es wohl von der österr. Regierung besonders propagandistisch ausgewertet werden, wenn sie durch einen Zufall Kenntnis erlangte, dass man es im Dritten Reich ohne weiteres zulässt, Blutzeugen des NS-Kampfes in einer Reihe mit Mördern usw. als zugkräftige Ausstellungsobjekte zu benutzen.

Ich bitte Abhilfe zu schaffen.

[Vermerk:] Hiezu wird bemerkt, dass wenn von reichsdeutschen Behörden die Genehmigung erteilt wird, dass in einem Panoptikum zum Gaudium der Zuschauer neben berüchtigten Verbrechern nationalsozialistische Blutzeugen und deren Heldentod gezeigt wird, es nicht Wunder nehmen darf, wenn durch solche Be-

---

24 [1] NW = (Hilfswerk) Nord-West, Einheiten der aus Österreich geflüchteten Nationalsozialisten.
[2] Otto P. und Franz H. waren nach dem Wiener Naziputsch vom 25.7.1934 am 31.7. durch den Strang hingerichtet worden – P. als Mörder des Bundeskanzlers Engelbert Dollfuß, H. als Anführer des Putsches (beides von ihnen bestritten).

leidigungen manche SA-Männer sich berufen fühlen, [sich] selbst
Recht zu verschaffen.

[25]   2.8.1935 g.-*Führer SA-Gruppe Schlesien an Oberste SA-
       Führung*
Der Bericht des Herrn Polizeipräsidenten in Breslau enthält selbst
die Feststellung, daß im Laufe der letzten Monate ein Teil der jüdischen Breslauer Bevölkerung stärker in der Öffentlichkeit her-
vortritt und sich besonders in einzelnen Lokalen in anmaßender
und z. T. herausfordernder Weise benimmt. Es ist verständlich,
wenn sich der Unwille der arischen Bevölkerung – in Sonderheit
der SA – entsprechend erregt.

Die nationalsozialistische Tagespresse hat in richtiger Erkenntnis der Situation durch Artikel aufklärender Natur immer wieder
auf diese Mißstände hingewiesen und versucht, die Breslauer Juden zur Abkehr von derartigem Tun und zur Bescheidenheit
zurückzurufen. Die Juden kümmerten sich jedoch nicht darum,
sondern setzten ihr provozierendes Benehmen und ihr volksschä-
digendes Verhalten in jeder Weise fort. Vor allem jüdische Männer
waren mit deutschen Mädchen anzutreffen; in vielen Fällen konnte diesen Juden und artvergessenen Frauen ihre geschlechtliche
Betätigung nachgewiesen werden.

Als Wahrer der nationalsozialistischen Ordnung und des deutschen Rechts griff die hiesige SA-Brigade 20 ein und ging dazu
über, deutsche Mädchen, welche mit Juden und Judenstämmlin-
gen geschlechtlich verkehrt hatten, auf dem hiesigen Rathaus-
markt an einer Staupsäule anzuprangern. Auch diese Maßnahme
hatte nicht den gewünschten Erfolg. Die Juden setzten ihr Treiben
fort.

Daraufhin hatte die Brigade die Genehmigung nachgesucht, die
Prangeraktion durch SA-Angehörige in Zivil weiter durchzuführen. Vor die Häuser der in Frage kommenden Juden und
artvergessenen Frauen zogen einzelne Trupps in Stärke von 20 SA-
Männern unter Vorantritt von 3 Hornisten; die Namen und Vergehen der Beteiligten wurden jeweils nach Abgabe eines Hornsignals

verlesen. Hierbei hatten die Juden die Frechheit, sich nicht etwa in das Innere ihrer Wohnungen zurückzuziehen, sondern sie erschienen an den Fenstern und machten der SA höhnische Grimassen.

Durch diese Vorfälle, die der arischen Bevölkerung bekannt sind, wurde diese bis aufs Äußerste gereizt, und es kam am 7.7.35 zu einzelnen Zwischenfällen [...[1]]

Das sind die Feststellungen, die im einzelnen getroffen wurden.

Das Publikum mißbilligt diese Ausschreitungen, die SA heißt sie keineswegs gut. Und wenn verschiedentlich Äußerungen abgehört wurden, daß von einem organisierten Propagandaumzug nicht mehr gesprochen werden könne, sondern daß es sich um einen scheinbar wild gewordenen Haufen handeln müsse, so ist das die Meinung der Breslauer Bevölkerung. SA-mäßig betrachtet haben sich die Umzüge durchaus in disziplinierter Form vollzogen. In keinem der angeführten Fälle trifft den Führer des SA-Kommandos oder die marschierenden SA-Männer eine Schuld. Die Formationen zogen geschlossen ordnungsgemäß durch die Straßen und wurden naturgemäß von einer großen Menge empörter arischer Volksgenossen[2] begleitet, die die indirekte Schuld an diesen Zwischenfällen tragen.

Direkt trägt die Schuld einzig und allein das unverschämte Verhalten der Juden und Judenstämmlinge [...]

Um weiteren Auswüchsen vorzubeugen, hat der Führer der SA-Brigade 20 – Oberführer *Berchthold* – befohlen, daß Umzüge dieser Art durch die Straßen der Stadt zu unterbleiben haben und deutsche artvergessene Frauen, Juden und Judenstämmlinge nur noch in einfacher Form an der Staupsäule angeprangert werden [...]

[26] 22.8.1935 FS Bormann an GL, KrL u. a.

Wie mir berichtet wird, erfahren die Anordnungen über den Verkehr von Parteigenossen mit Juden vielfach eine völlig ab-

---

25 [1] Nachfolgend geschildert.
[2] Gemeint (wie später »zugegeben«): SA in Zivil.

wegige Auslegung. In mehreren Fällen sind Parteigenossen zur Rechenschaft gezogen worden, weil sie Waren an Juden verkauften. So ist in einem Falle gegen einen Parteigenossen ein parteiamtliches Verfahren eingeleitet worden, weil er einen Kraftwagen an einen Juden verkaufte. In einem andern Falle ist es infolge einer ähnlichen Haltung von Parteigenossen dazu gekommen, dass der Verkauf von Lebensmitteln an einen Juden untersagt wurde.

Der Verkauf von Waren an Juden soll aber keinesfalls, wie ich ausdrücklich im Auftrage mitteile, verboten werden.[1] Ebensowenig dürfen, wie es vorgekommen ist, Geschäftsleute gezwungen werden, den Stürmer[2] in ihren Laden auszuhängen. Entgegenlautende Anordnungen sind sofort aufzuheben.

[27]   *16.9.1935 Bericht des Pastors Behrens (Stade) an den Regierungspräsidenten in Stade »über die Geschehnisse am Montag, dem 16. September 1935«*[1]

Um 19.20 Uhr kamen mein 11-jähriger Sohn Martin und ich von einem Besuch bei Herrn Sup.[2] i. R. Tamm (Thunerstrasse 4) zurück. An der Hohentorsbrücke wurde ich von 4 oder 5 Leuten in SS- und SA-Uniform überfallen. Man schlug mir den Hut vom Kopfe und hängte mir ein Plakat um, dessen Inschrift (»Ich bin ein Judenknecht«) ich zunächst nicht lesen konnte. Ich schickte Martin nach Hause und wurde dann zurück bis zur Hardenburgerstrasse, Ecke Neuwerk gebracht. Dort stand die Musikkapelle der SA und eine Schar SA-Leute, anscheinend Rückkehrer vom Parteitag. Ich wurde mit dem Rufen »Das ist er!« vorbeigeführt, worauf aus der Schar einzelne Pfui-Rufe ertönten. Schnell sammelte sich eine Menschenmenge, besonders

---

26 [1] *Noch* nicht (vgl. – sogar für Nichtparteigenossen – Nr. 213).
[2] Des »Frankenführers« Julius Streicher antisemitisches Hetz- und Schmierblatt »Der Stürmer« (vgl. Nr. 29).
27 [1] Anlaß waren Disputein B.' Konfirmandenunterricht am Vortage über die Rolle der Juden und Jesu Rassenzugehörigkeit.
[2] Superintendent.

auch viele Kinder, die, von Halberwachsenen angestachelt, schrille Pfui-Rufe, Schimpf- und Schmähwörter ausstiessen. Dann wurde ich, immer festgehalten, durch mehrere Strassen geführt; voran die Musik, hinterher die SA-Abteilung, begleitet von einer johlenden Menge. Unterwegs wurde ich bespien, ins Gesicht und auf die Kleider, beworfen; man versuchte mich durch Beinstellen zu Fall zu bringen, trat mir auf die Füsse usw. Geschrien wurde: »Volksverräter, Judenlümmel, Konzentrationslager, Nieder mit den Pfaffen« usw.

Der Zug bewegte sich durch folgende Strassen: Adolf Hitlerstrasse, Holmstrasse, Horst Wessel Platz, Sattelmacher-, Höker-, Bungen-, Mühlen-, Wall- und Gründelstrasse bis zur Polizeiwache. In der Bungenstrasse war es auffallend dunkel. Dort wurden mir einige Eimer Wasser von hinten über den Kopf gegossen und ich wurde gestossen. Ebenso später in der Wallstrasse. An der Ecke Bungen-, Mühlenstrasse versuchte ein Polizeibeamter mich zu befreien, konnte aber der Menge gegenüber nicht durchdringen, die darauf bestand, mich zur Polizeiwache zu bringen [...]

[28]   *19.9.1935 GL [Josef] Wagner (Breslau) an Schulrat Däunert, Gauamtsleiter Amt für Erzieher*
Ich erhalte erneut die Mitteilung, daß der Lehrer Pg. Deetz am 21.8. d. Js. in Goldberg in einer Versammlung des NSLB gesprochen und als Thema Moral und Sitte des Judentums nach dem Schulchan Aruch[1] behandelt hat.

Aus den mir vorliegenden einwandfreien Unterlagen geht hervor, daß er in längeren Ausführungen sich mit Unzucht und Regelung des Geschlechtsverkehrs beschäftigt hat. Die Studienassessorin Hildegard von Strube verließ unter Protest die Versammlung, als der Redner weiter erklärte: »Das Alte Testament sei derselbe Misthaufen.« Studienassessorin von Strube ist Religionslehrerin.

---

28 [1] Jüdische Gesetzessammlung; wie der (sehr viel ältere) Talmud von den Nazis auf der Suche nach brauchbarem Material liebevoll durchgeackert.

Ich mache Sie in vollem Umfange dafür verantwortlich, daß die Behandlung der Judenfrage in einer einwandfreien, moralisch sauberen Form vor sich geht. Künftighin werde ich gegen jeden Lehrer sowie gegen jeden Redner einschreiten, der sich berufen fühlt, in Versammlungen ganz besonders in breiten Ausführungen das unsittliche Moment darzulegen.

Die Haltung des Führers dürfte in jeder Weise auch für den letzten Redner und Lehrer maßgebend sein. Sie haben von ihm noch niemals Darlegungen solcher Momente erlebt, obgleich das rassische Problem der Juden von ihm in einer unerhört eindeutigen Weise behandelt wird. Die Aufgabe der NSDAP und ihrer Gliederungen besteht nicht darin, Minderwertiges fortgesetzt in den Vordergrund zu rücken, sondern positiv das Wertvolle und Gute nach jeder Richtung hin in unserem deutschen Volke zu wecken.[2]

[29 a, b]
[a]   23.9.1935 Stv. GL Franken Karl Holz an Stv. GL Schleswig-Holstein [Wilhelm] Sieh
Sie haben folgenden Befehl herausgegeben:
»Der Stellv. Gauleiter.   Kiel, den 15. Aug. 1935.
Geschäftsführung.

Rundschreiben Nr. 74/35 (K)
Aus gegebener Veranlassung gebe ich folgendes bekannt:
Ich untersage sämtlichen Parteidienststellen die Werbung für die

---

[2] W. zeigt sich hier als ein auf diesem Gebiet für die Nazis völlig untypischer weißer Rabe. Zwei Wochen zuvor hatte er D. auch veranlaßt, Alfred Rosenbergs Schriften (»Privatarbeiten«) aus der Schulung zu nehmen. Der gläubige Katholik W. ist dann 1941 gestürzt, weil er gegen die Kirchenverfolgung Stellung bezogen hatte. W. hat im Januar 1941 seine schlesischen Ämter niedergelegt (er war ebenfalls Oberpräsident) und schied im Januar 1942 auch als Reichskommissar für die Preisbildung aus. Er wurde im Oktober 1942 entgegen dem Spruch des Obersten Parteigerichts von Hitler auch als Gauleiter seines alten Gaues Westfalen-Süd (seit 1931, davor seit 1928 von ganz Westfalen) abgesetzt und aus der Partei ausgeschlossen.

Wochenzeitschrift ›Der Stürmer‹[1], gleichzeitig auch das Anbringen der ›Stürmer-Zeitungskästen‹. Die Wochenzeitschrift ›Der Stürmer‹ ist kein parteiamtliches Organ. Die Aufmachung und der Inhalt sind nicht gerade gut geeignet, die Judenfrage zu lösen.

Unsere parteiamtlichen Organe, besonders ›Der SA-Mann‹, ›Das Schwarze Korps‹ und die Zeitschrift ›Neues Volk‹ des Rassenpolitischen Amtes, sind eine wirksamere Propaganda, die Bevölkerung über das Judentum aufzuklären, als der ›Stürmer‹.

Heil Hitler!

gez. Sieh.«

Ich teile Ihnen mit, daß Sie Ihren Dienststellen in einer grob fahrlässigen Weise die Unwahrheit mitgeteilt haben. Aus jedem NS-Jahrweiser und bei den zuständigen Stellen können Sie erfahren, daß der »Stürmer« ein

parteiamtliches Organ

ist. Wenn Sie behaupten, daß die Aufmachung und der Inhalt des »Stürmer« »nicht gerade gut geeignet sind, die Judenfrage zu lösen«, so liegt es mir fern, mich mit Ihnen darüber zu unterhalten. Diese Dinge liegen außerhalb Ihres Begriffsvermögens. Bei einigermaßen klarem Nachdenken müßten Sie sich sagen, daß weder der »SA-Mann« noch »Das Schwarze Korps« noch die Zeitschrift »Neues Volk« die am Nürnberger Reichstag erlassenen Rassenschutzgesetze ermöglicht haben, sondern einzig und allein die Aufklärungsarbeit des »Stürmer«.

Ich erwarte von Ihnen, daß Sie so anständig sind und Ihren Dienststellen gegenüber die herausgegebene falsche Mitteilung berichtigen. Im übrigen werden Sie wohl einsehen, daß wir bei unserer Arbeit uns nicht etwa nach Ihrem Urteil richten können. Wir richten uns nach dem Urteil des Führers.

[b]   *8.10.1935 GL Schleswig-Holstein [Hinrich] Lohse an Holz*

Ihr Schreiben vom 23. v. Mts. an meinen Stellvertreter habe ich mit Befriedigung zur Kenntnis genommen. Die knotige und undisku-

[1] Vgl. Anm. 26-2.

table Art Ihres Schreibens zeigt eindeutig, daß wir auf dem richtigen Wege sind.

Im übrigen ist der »Stürmer« kein parteiamtliches Organ, wie Sie aus der folgenden Mitteilung der Reichsleitung ersehen wollen:

Der Stellvertreter des Führers München, den 3. Oktober 35
Stabsleiter
An die Gaugeschäftsführung Schleswig-Holstein, *Kiel.*
Ich komme erst heute zur Erledigung Ihres Schreibens vom 26.8. und teile Ihnen auf Ihre Anfrage mit, daß der Führer entschieden hat, der »Stürmer« sei keine Parteizeitung und ausnahmsweise dürfe Herr Gauleiter Streicher als Herausgeber des »Stürmer« zeichnen.

Heil Hitler!
gez. Bormann.

Wer es danach mit der Wahrheit nicht sehr genau nimmt, ist unschwer festzustellen.

An sich wären wir sachlich durchaus bereit gewesen, uns mit Ihnen kameradschaftlich über das ganze Problem zu unterhalten. Nach Form und Inhalt Ihres Schreibens jedoch, der eine einzige Flegelei darstellt, müssen wir selbstverständlich auf einen weiteren Verkehr mit Ihnen verzichten.

[30] *24.9.1935 Reichsjustizministerium an Stabschef der SA*
Am 19. August 1935 schnitt der Dienstknecht Valentin *Textor,* Mitglied der NSDAP und der SS, in Herxheim a/Berg dem Juden Kohlmann den Fahrradreifen durch, weil er bei einem ehemaligen Parteigenossen einen Viehhandel betätigte. Als Kohlmann deshalb einer anderen Person, die er für den Täter hielt, Vorhalt machte, wurde er von dieser geschlagen, worauf er in das Anwesen des Winzers Mangold flüchtete. Von dort brachte ihn dann der Knecht des Mangold mit seinem Motorrad nachhause.

Der SA-Sturmbannführer und Pg. *Bender,* der hiervon erfuhr, setzte sich mit dem Bürgermeister und Ortsgruppenleiter *Kissel* von Herxheim a. Berg ins Benehmen. Beide beschlossen am nächsten Tage abends um 11 Uhr eine Demonstration vor dem Anwesen Mangold's zu veranstalten, der als eifriger Katholik, als Gegner des Nationalsozialismus und als Judenfreund gilt und im Dorf nicht beliebt ist. Sie bestellten etwa 20 Männer, sämtlich Mitglieder der SA bezw. der HJ, in Zivilkleidung an einen Treffpunkt. Von hier aus zog die Schar zu der verabredeten Zeit unter Führung des Bender vor das Anwesen des Mangold, nachdem sie sich auf Anordnung des Bender mit Kieselsteinen versehen hatten. Hier setzte zunächst ein Sprechchor ein. Bald aber wurde das Haus mit Kiesel- und Pflastersteinen bombardiert, sodaß sämtliche Fensterscheiben an der Vorderseite zertrümmert und auch die Haustür, die Außen- und Innenwände sowie verschiedene Einrichtungsgegenstände stark beschädigt wurden. Der Gesamtschaden wird auf ca. 800 RM geschätzt.

Zu Beginn der Aktion holte der Bürgermeister Kissel mit dem Motorrad einen Gendarmeriebeamten aus dem nächsten Ort herbei, um durch ihn Mangold in Schutzhaft nehmen zu lassen. Dies geschah auch. Auf dem Wege zum Bürgermeisteramt wurden Mangold und der Knecht Weihl trotz der Anwesenheit der Gendarmerie von den Demonstranten mißhandelt.

[31 a, b, c]

[a] *8.10.1935 SA-Sturmbann IV/210 an NSDAP-Ortsgruppe Altdamm*

Wie mir mein Adjutant (Truppführer Hagemann) meldet, hat sich der Parteigenosse Fritz *Bülow*, hier, Massowerstr. wohnhaft, mit der geschiedenen Frau eines Juden verheiratet. Aus der jüdischen Ehe entstand ein Kind. Da die jetzige Frau des Pg. Bülow durch die Austragung des Kindes in jüdischer Ehe jüdisch verseucht ist[1], durfte die Eheschließung nicht stattfinden.

Ich werde, da Bülow dem Reservesturm 21/R.210 angehört, über diesen Fall Meldung machen und Ausschluss aus der SA beantragen. Ich bitte ferner, das Ausschlussverfahren gegen Bülow aus der Partei zu beantragen.

31 [1] Nach der »Imprägnationstheorie«, vgl. Bd. I, Anm. 386-1.

[b]   *11.11.1935 Pg. Fritz Bülow (Altdamm) an NSDAP-Kreisgericht Stettin (Randow)*

Wie mir durch Ortsgruppenleiter der NSDAP-Ortsgr. Altdamm, Pg. Starkenberg mitgeteilt, wird von seiten des Parteigerichts mir der Austrit aus der NSDAP nahegelegt. Seit dem 1.5.31 Mitglied der NSDAP Nr. 535164 seit 9.11.31 SA-Mann mus ich es Ablehnen von mir aus den Austrit aus der Partei zu volziehen. Am 28. Sept. 1935 habe ich die Geschiedene Frau Scharlotte Schüler gebr. Schüler die mit dem Juden Erwin Roth bis 1933 Verheiratet war, Geehelicht. Aus ihrer Ehe enspros ein Mänlicher Basta der den Juden zugesprochen wurde. Die Ehe wurde 1933 deswegen Geschieden ging auch deswegen auseinander weil bei meiner jetzigen Frau das Rassenbewustsein durchbrach. Ich habe im gutten Glauben gehandelt weil I. mehre höhre SA-Führer darunter ein Standartenarzt mir auf mein befragen die Auskunft erteilten das darüber keinesweges eine klare Lienie herschte, ob Nachkommen aus einer Ehe zwischen einem Areer und einer Arein die vorher mit einem Juden ein Kind gehabt hat als volwertig zu betrachten sei oder nicht. Besterkt wurde ich in meinem guten Glauben dadurch, das der Bruder meiner jetzigen Frau auch seit 1931 in der SA und der andere Bruder seit 1931 in HJ und Politischer Leitung tätig war. Auf grund al diser Tatsachen und inbesonderen, deswegen weil in Pungto Rassischen wertes einer Areen [die] mit einem Juden verkehrt hat nicht restlos klarheit zu herschen scheint bitte ich doch diesen Fall von dort aus entscheiden zu wollen. Ich bitte dieserhalb in durchführung des vom Ortsgruppenleiters gegen mich beantragten Parteigerichtsvervaren.

[c]   *2.9.1937 Beschluß des Obersten Parteigerichts in Sachen Fritz Bülow (jetzt: Hökendorf Kr. Greifenhagen)*

[...] Das Gaugericht Braunes Haus[2] hat [...] das Verfahren eingestellt, mit der Begründung, die nunmehrige Frau des Angeschuldigten sei blutsmäßig einwandfrei, ihre zeitweilige Zugehörigkeit

---

[2] B. wurde bei der Ortsgruppe Braunes Haus geführt, seitdem er 1934 der »Stabswache Röhm« angehört hatte.

zur jüdischen Religionsgemeinschaft sei für ihre Rassezugehörigkeit ohne Bedeutung und sie sei nicht durch die frühere eheliche Verbindung mit einem Juden zur Erzeugung rassisch vollwertiger Nachkommen als Ehepartnerin des Angeschuldigten unfähig geworden. Der Angeschuldigte habe daher durch die mit dieser Frau eingegangene Eheschließung nicht gegen die Grundsätze der Bewegung verstoßen.

Dieser Auffassung schließt sich das Oberste Parteigericht voll und ganz an. Es vermag nicht die Ansicht des Ortsgruppenleiters des Braunen Hauses zu teilen, daß der Angeschuldigte deshalb für die Bewegung untragbar geworden sei, weil er die geschiedene Frau eines Juden geheiratet hat. Daß diese Frau rein arischer Abstammung ist, steht fest, ebenso, daß das aus ihrer jüdischen Ehe stammende Kind nicht in ihrem Haushalt lebt, sondern bei seinem jüdischen Vater, und daß sie überhaupt keine Bindung mehr zu dem Kinde hat.

Die Frau aber als charakterlich minderwertig zu bezeichnen, weil sie bei Eingehung der Ehe mit dem Juden auch zu dessen Religionsgemeinschaft übergetreten war, ist abwegig. Zweifelsohne hat sie damals die Bedeutung der Judenfrage nicht erkannt gehabt. Das beweist ja auch ihre sofortige Scheidung von dem Juden im Jahre 1933, als nach der Machtergreifung der Partei auch den letzten Volksgenossen die Bedeutung der Reinerhaltung der Rasse und des Blutes klargemacht wurde. Sie hat sich aber nicht nur scheiden lassen und ist zur christlichen Religionsgemeinschaft zurückgekehrt, sie hat auch die vollkommene Trennung von ihrem Kinde vollzogen, was besonders zu werten ist. Sie ist im Sinne der Nürnberger Gesetze wieder ein vollwertiges Mitglied der deutschen Volksgemeinschaft geworden. An ihrer Heirat mit dem Angeschuldigten kann daher kein Anstoß genommen werden«[3] [...]

---

[3] Man kann sich gut vorstellen, daß ein alter Nationalsozialist die Argumentation der beiden Parteigerichte zumindest verwunderlich gefunden hat – wie etwa Ortsgruppenleiter (Braunes Haus) Saupert: »Wer eine solche Frau heiratet, ist unwürdig geworden, das Braunhemd zu tragen ... Eine andere Auffassung gibt es in dieser Frage nicht. Hier entscheidet weder der Paragraph noch sonst eine formelle Einstellung, hier entscheidet Volksempfinden und Weltanschauung.«

Da infolgedessen ein parteischädigendes Verhalten des Angeschuldigten nicht vorliegt, kann auch parteigerichtlich gegen ihn nicht vorgegangen werden.

[32 a, b]
[a]   *21.10.1935 Protokoll einer Vernehmung des Kraftfahrers Nikolaus Klärs (Düsseldorf) durch das Gaugericht Düsseldorf der NSDAP*
Ich bin als Kraftfahrer in der Firma Westhoff, Düsseldorf, Gerresheimerstrasse, beschäftigt und fahre allwöchentlich einen Ferntransportwagen nach Leipzig. Als ich mich an einem Donnerstag im Juni oder Juli 1935 – den genauen Monat kann ich im Augenblick nicht bestimmen – gelegentlich einer solchen Fahrt auf der Strecke zwischen Braunschweig – Magdeburg befand, wurde ich von einem Personenkraftwagen überholt. Ich war etwa 50 mtr. weitergefahren, als ich bemerkte, dass ein zweiter Personenkraftwagen mich überholen wollte; es konnte ihm jedoch die Überholung nicht gelingen, weil die Strasse durch angeschütteten Sand, der für den Bau der neuen Autostrasse bestimmt ist, in der Fahrbahn verengt wurde. Gleich danach stellte ich durch den Rückspiegel fest, dass der Wagen auf einen Sandhaufen gefahren war. Ich habe daraufhin meinen Wagen angehalten, um dem steckengebliebenen Wagen Unterstützung zu bieten. Meine Absicht konnte ich jedoch nicht verwirklichen, denn noch vor dem Abstieg von meinem Wagen war ich bereits von einem weiteren, dritten Personenkraftwagen eingeholt worden. Einer der uniformierten Insassen verlangte meine Fahrtausweispapiere. Ich händigte ihm diese aus, die mir dann nachher wieder durch einen zufällig auf der Strasse amtierenden Gendarmerie-Beamten zurückgegeben wurden.
Inzwischen war durch das Anhalten meines Wagens eine Stockung im Verkehr und auch ein Auflauf durch die am Strassenbau beschäftigten Arbeiter entstanden. Der erste Wagen, der mich überholt hatte, war mittlerweile zurückgekehrt. Ich hörte,

dass man sagte, es sei der Wagen des Ministers Darré.[1] Im nächsten Augenblick sprang der uniformierte Minister Darré aus seinem Wagen und schlug mich, indem er mich mit Schimpfworten wie: Schweinehund u. a. überschüttete, mit seiner Reitpeitsche wütend ins Gesicht und über den Kopf. Er forderte mich unter Androhung der Erschiessung auf, sofort den festgefahrenen Wagen durch Beseitigung des Sandes wieder freizumachen. Die Wagen sind danach sämtlich weitergefahren.

Ich habe meinen Wagen nicht weiterfahren können [...]

[b] *21.11.1935 Aktennotiz Buchs*
Am Freitag, den 8.11.35 sprach ich mit Pg. *Darré* über den in beiliegenden Akten geschilderten Vorfall. Die Angelegenheit hat auch schon den Reichsjustizminister beschäftigt. Sie ist [...] dadurch bereinigt, dass Pg. Darré den Pg. Klärs als Fahrer in seine Dienste nehmen wird.

[33] *28.10.1935 Beschluß Kreis-Gericht I Magdeburg der NSDAP in Sachen Zahnarzt Pg. Dr. Hans Brockmeyer (Magdeburg)*
Der Pg. Brockmeyer wird beschuldigt, den Bestrebungen der NSDAP dadurch zuwidergehandelt zu haben, dass er sich mit der Arierin Irmgard Tacke, die mit dem Juden Meinberg in Braunschweig ein Verhältnis gehabt, mit diesem Juden bis zum Frühjahr 1934 geschlechtlich verkehrt hat und hierfür von der Geh. Staatspolizei Braunschweig 28 Tage in Schutzhaft genommen war, verlobt hat und der Kreisleitung Magdeburg auf Vorhalt erklärt hat, Frl. Tacke trotz alledem heiraten zu wollen.

Der Angeschuldigte gibt den ihm zur Last gelegten Sachverhalt im wesentlichen zu, behauptet jedoch, Frl. Tacke habe den Verkehr mit dem Juden Meinberg bei der Machtübernahme durch den Na-

---

32 [1] Richard Walther D., Reichsminister für Ernährung und Landwirtschaft (außerdem Leiter des Agrarpolitischen Apparats der NSDAP und des Reichsnährstands, Reichsbauernführer und Chef Rasse- und Siedlungs-Hauptamt der SS (s. a. Bd. I, Anm. 509-4).

tionalsozialismus abgebrochen. Dem gegenüber steht die Mitteilung der Geheimen Staatspolizeistelle in Braunschweig, also einer amtlichen Stelle, wonach der Verkehr – sogar der geschlechtliche – bis zum Frühjahr 1934 fortgedauert hat. Es besteht für das Kreisgericht kein Anlass, diese Mitteilung in Zweifel zu ziehen.

Wenn auch durch den Geschlechtsverkehr der Arierin mit dem Juden eine unmittelbare Blutverseuchung nicht entstanden ist – es sind aus diesem Verkehr keine Kinder hervorgegangen – so darf doch mit Sicherheit angenommen werden, dass die Arierin in ihrer seelischen Einstellung durch den dauernden Verkehr mit dem Juden zum Nachteil des arischen Seelenlebens beeinflusst worden ist. Diese nationalsozialistische Auffassung muss aber insbesondere dem Arzt bezw. dem Zahnarzt bekannt sein. Darüber hinaus steht das Kreisgericht auf dem Standpunkt, dass ein Nationalsozialist keine Veranlassung hat, eine Arierin, die sich auch nur einmal mit einem Juden in geschlechtlichen Verkehr eingelassen hat, zu heiraten, besonders deswegen nicht, weil es in den letzten Jahren an aufklärender Propaganda über die Auffassung des Nationalsozialismus in diesen Dingen nicht gefehlt hat. Der erwiesene Sachverhalt begründet die Feststellung, dass der Angeschuldigte den Bestrebungen der NSDAP zuwider gehandelt hat. Er war infolgedessen eines Verstosses gegen § 4, Absatz 2 b der Satzung schuldig zu sprechen.

Mildernde Umstände konnten dem Angeschuldigten mit Rücksicht auf seine hohe geistige Bildungsstufe nicht zugebilligt werden. Das Kreisgericht musste daher auf Ausschluss aus der Partei erkennen[1] [...]

[34] *13.11.1935 [RAD-]Feldmeister H. Peters (Löningen i. Oldenburg) an den Verlag »Der Stürmer«*[1]
Im Anschluss an die Feierstunde des 9. November hatten sich in unserer Gemeinde 2 SA-Männer in Uniform, und zwar der SA-

---

33 [1] Dieser Kreisgerichtsbeschluß, ungefähr (hier freilich »Rassenschande« noch *nach* dem 30.1.1933) das Gegenteil zu den – später (13.8.1936 und 2.9.1937) liegenden – Gaugerichts- und OPG-Beschlüssen in Sachen Bülow (Nr. 31c) ist rechtskräftig geworden.
34 [1] Vgl. Anm. 26-2.

Mann Schirmöller aus Elbergen und Grüß aus Vehrensande, mit dem einzigen Juden des Ortes, einem Viehhändler Steinburg, zum Skatspiel zusammengefunden. Der Gendarmeriekommissar, Tanklage, hatte sich als Zuschauer dazugesetzt. Auf Befragen durch einen Truppführer der Motor-SA gab der SA-Mann Schirmöller an, sich über seine Handlung keine Gedanken gemacht zu haben.

Der Vorfall wirft ein eigenartiges Blitzlicht auf die Gedankenlosigkeit einzelner SA-Männer Süd-Oldenburgs. Diesen Vorfall bitte ich unter der Überschrift »SA spielt in Uniform mit einem Juden unter polizeilicher Aufsicht Skat« verwenden zu wollen.[2]

[35] *18.11.1935 KrL Meyer (Wilhelmshaven–Rüstringen) an GL Weser–Ems*
Ich bitte Sie, gegen folgende SA-Sturmführer ein Gaugerichtsverfahren einzuleiten:
1) SA-Sturmführer und Kreishandwerksmeister Pg. Bergenthum[1].

Begründung:
Pg. Bergenthum ist der Leiche des Juden *Figdor* gefolgt, trotzdem ihm bekannt war,
1) dass *Figdor* Jude war,
2) dass *Figdor* dadurch, dass er im Jahre 1933 die Aufnahme in die NSDAP erschwindelt hat [und] sich daraufhin alle möglichen Aufträge von der Marine, der Stadt Wilhelmshaven und dem Oldenburgischen Domänenamt zu verschaffen wusste, den Führer und die Bewegung auf das gemeinste belogen und hintergangen hat. Pg. Bergenthum, dem diese Vorgänge bekannt sein mussten, folgte trotzdem dem Sarge dieses Juden, der sich bei seiner Entlarvung in Bad Nauheim erschossen hat.
2) [...]

---
[2] Nicht geschehen.
35 [1] Friedrich B., Parteigenosse seit dem 1.1.1931 und Ratsherr in Rüstringen.

[36] 21.12.1935 *Tätigkeitsbericht des Gauamtes für Kommunalpolitik Groß-Berlin für November 1935*
[...] Wie allgemein bekannt ist, pflegen Juden ihren Kindern deutsche Namen zu geben. Dieses Unwesen, das jeden deutschbewußten Menschen empört und herausfordert, hat so weit um sich gegriffen, daß einfache Volksgenossen gelegentlich die Meinung vertreten, Namen wie Wolfgang, Siegfried, Vera u. dergl. seien jüdisch. Es erhebt sich die Frage, ob und gegebenenfalls wie diesem Unwesen gesteuert werden kann. Besteht z. B. die Möglichkeit, jedem deutschen Standesbeamten 2 Listen in die Hand zu geben, von denen die eine nur jüdische, die andere nur deutsche Vornamen enthält, und anzuordnen, daß sich Juden bei der Namensgebung künftig nur jüdischer Vornamen zu bedienen haben? Es handelt sich hier nicht um einen Vorschlag, der von Pedanterie oder Gehässigkeit diktiert ist, sondern um eine Maßnahme, die einen Schritt weiter auf dem Wege zur Scheidung der Geister bedeutet und hinsichtlich [sic] auch von allen rasse- und artbewußten Juden begrüßt werden wird. Zudem ist dadurch dem deutschen Volksgenossen ein großer Dienst geleistet; er wird auf diese Weise nicht mehr von Namen Gebrauch machen, die deutsch klingen, aber in Wirklichkeit hebräischer Herkunft sind. Die Unterscheidung wird mit amtlichen Schwierigkeiten verbunden sein, ist aber möglich[1] [...]

[37] 18.2.1936 *Anordnung 29/36 des Stellvertreters des Führers*
Da die Schaffung einer internationalen Mischsprache den Grundanschauungen des Nationalsozialismuses widerspricht und letzten Endes nur im Interesse überstaatlicher Mächte liegen kann, verbietet der Stellvertreter des Führers allen Parteigenossen und Angehörigen der Gliederungen der Partei die Zugehörigkeit zu Kunstsprachenvereinigungen aller Art.

---

36 [1] Die drei Jahre später erfolgte »Unterscheidung« sah dann anders aus: Die Oktroyierung der Zusatznamen »Sara« und »Israel« – und es ist eine famose Ironie der Geschichte, daß die weibliche Form dieses Prangers (der »Israel« läßt noch auf sich warten) heute zu den beliebtesten Vornamen der nur noch spärlichen deutschen Kinder zählt.

Unter dieses Verbot fallen in erster Linie »Der deutsche Esperanto-Bund«, die »neue deutsche Esperanto-Bewegung« und »Der deutsche Ido[1]-Bund«.

[38]   *20.2.1936 Bormann an Führeradjutant Amtsleiter [Fritz] Wiedemann*
[...] Ich habe, als ich hörte, dass der ehemalige Herzog von Coburg seinen sog. »Hausorden« wieder in grösseren Mengen zur Verteilung brachte, dem Pg. Sommer[1] den Auftrag gegeben, er solle nachprüfen, ob nach dem letzten Gesetz, das die Verleihung und Annahme von Orden betrifft[2], ehemalige Potentaten überhaupt noch Orden verteilen dürften; nach meiner Erinnerung an den Wortlaut des Gesetzes konnte dies nicht mehr der Fall sein. Pg. Sommer hat festgestellt, dass tatsächlich Orden durch diese ehemaligen Potentaten Gottseidank nicht mehr verliehen werden dürfen, und ferner, dass der ehemalige Herzog von Coburg, bevor ihm durch das Gesetz die Erlaubnis entzogen wurde, rasch noch eine Menge von Orden zur Verteilung gebracht hat [...]
Wir vertreten den Standpunkt, dass es eine Anmassung bedeutet, wenn ein solcher ehemaliger Potentat auch heute noch die Berechtigung zur Verteilung von Orden zu haben glaubt. Die Annahme dieser Berechtigung ist von nichts anderem herzuleiten als von dem sog. »Gottesgnadentum« unserer ehemaligen Monarchen.
Ferner stellen wir uns auf den Standpunkt, dass erst recht die Verleihung sog. »Hausorden« dieser ehemaligen Potentaten *an Führer der NSDAP* nicht in Frage komme. Uns soll auszeichnen das Mass unseres Einsatzes für Deutschland vor allen übrigen Volksgenossen, und wenn uns jemand auszeichnen kann, dann ist es ausschliesslich der Führer. Wenn der ehemalige Herzog von Co-

---

37   [1] 1907 entstandene Weiterentwicklung des seit 1887 existierenden E. Heute sind alle diese Kunstsprachen durch das Englische verdrängt worden, in dessen Sog nun auch die natürlichen Sprachen geraten.
38   [1] Walther S., damals Ministerialdirektor und Leiter der Abteilung »Staatliche Angelegenheiten« im Stab Stellvertreter des Führers.
[2] Vom 7.4.1933 (die »Potentaten« kamen in diesem »Gesetz über Titel, Orden und Ehrenzeichen« nicht vor).

burg glaubt, einen Gruppenführer der SA auszeichnen zu können[3], so muss er nach wie vor der Überzeugung sein, dass er weit über jenem Gruppenführer steht, und andererseits muss jener Gruppenführer den Herzog von Coburg als über sich stehend betrachten. Und am Ende glaubt ein solcher ehemaliger Potentat, er stünde, weil er die höchsten Unterführer des Führers auszuzeichnen vermag, neben dem Führer oder gar über ihm! Es ist daher in meinen Augen gut, dass dem Unfug des Verleihens von Orden der ehemaligen Potentaten nunmehr ein Ende gesetzt ist.

[39] *21.2.1936 RdSchr. G 8/36 des NSDAP-Hauptamtes für Kommunalpolitik*
Der Stellvertreter des Führers lässt folgendes bekanntmachen:
»Unter den Schildern und Tafeln, in denen Kreise, Gemeinden, Gasthäuser usw. darauf hinweisen, dass Juden unerwünscht seien, befinden sich zum Teil oft wenig geschmackvolle Darstellungen.

Ich bitte beim Anbringen solcher Schilder zu berücksichtigen, dass die in Deutschland reisenden Ausländer unsere Massnahmen gegen die Juden aufmerksam verfolgen. Die Mehrzahl dieser Fremden begrüssen im Grunde genommen die deutschen Massnahmen gegen das Weltjudentum. Das deutsche Ansehen im Auslande wird daher auch nicht durch die Tatsache unserer Judengesetzgebung, wohl aber durch eine im Einzelfall übertriebene und geschmacklose Darstellung oder Ankündigung geschädigt werden.[1]

Ich bitte deshalb darauf zu achten, dass nur solche Tafeln und Schilder angebracht werden, die ohne besondere Gehässigkeit zum Ausdruck bringen, dass Juden unerwünscht sind. (Etwa Schilder ›Juden sind hier unerwünscht‹ oder dergl.) Besonders bitte ich solche Aufschriften zu unterlassen, die mehr oder weniger deutlich auf die Möglichkeit einer strafbaren Handlung gegen die Juden hinwei-

---

[3] 1933 den dann 1934 bei der Röhm-Säuberung erschossenen SA-Gruf. Karl Ernst (vgl. Anm. 207-2); nun, 1936, waren neben hohen Parteifunktionären auch die drei Adjutanten Hitlers damit dekoriert worden – Wiedemann (vgl. Nr. 41) einschließlich.
39 [1] Es ist jetzt das Olympiadejahr – sonst, zuvor wie danach, waren sie weit weniger pingelig.

sen, z. B.: ›Juden betreten den Ort auf eigene Gefahr‹ und ähnliche mit einer Drohung verbundene Aufforderungen.«

[40] *4.7.1936 Oberstes Parteigericht an Matthias Cöln (Merzenich Kr. Düren/Rhld., Bürgermeisteramt)*
[...] Die Partei steht auf dem Standpunkt des positiven Christentums. In religiös weltanschaulichen Fragen sichert sie jedem Gewissensfreiheit zu. Sie verlangt von keinem, dass er keiner oder einer bestimmten Religionsgemeinschaft angehöre. Ihr Reich ist von dieser Welt. Der Nationalsozialist hat seine Pflichten dem Führer, der Partei, der Volksgemeinschaft, dem Staat gegenüber zu erfüllen. Im übrigen mag er nach seiner Fasson selig werden.[1]

[41] *28.9.1936 Führeradjutant Hptm. a.D. [Fritz] Wiedemann[1] an Himmler*
[...] Wenn ein ehemaliger oder alter Parteigenosse sich mit irgendeinem politischen Leiter verkracht hat, dann nimmt kein Hund mehr ein Stück Brot von ihm an. In Partei- und Staatsstellen kommen die Leute nicht mehr unter, und die Privatindustrie nimmt sie natürlich auch nicht, da sie sich von der Partei nicht vorwerfen lassen will, dass sie unzuverlässige Leute einstellt. Also kann man praktisch solchen Leuten gleich ein Todesurteil ausstellen oder eine Anweisung für Wohlfahrtsunterstützung auf Lebenszeit.

[42] *10.10.1936 Bekanntgabe 30/36 des Reichsschatzmeisters*
Nach einer vom Stabsleiter des Stellvertreters des Führers nach hier gelangten Mitteilung wünscht der Führer, daß bei der Partei und ihren Gliederungen Ford-Wagen nicht zur Verwendung kommen sollen.

40 [1] So die (friderizianische) Theorie gemäß dem Parteiprogramm, die Praxis sah – allerdings unterschiedlich stark in den einzelnen Bereichen – anders aus.
41 [1] Zu W. vgl. Bd. I, Nr. 116.

[43] 22.3.1937 Bormann an GL Friedrich Hildebrandt (Schwerin i. M.)

Frau Brückner, die Frau des früheren Gauleiters Brückner[1], hat beim Reichsführer SS, wie dieser mir mitteilte, angefragt, ob es richtig sein würde, wenn ihr Mann erneut Aufnahmeantrag in die NSDAP stellen würde. Der Rat, dies zu tun, sei von Ihnen gegeben worden. Wenn diese Mitteilung der Frau Brückner richtig ist, dann ist mir völlig unverständlich, wie Sie einen solchen Rat erteilen können; bekanntlich werden aus der Partei Ausgestossene nie wieder in die Partei aufgenommen.

[44] 4.5.1937 [NSDAP-] Hauptschulungsamt an Verlag »Junge Kirche« (Göttingen)

Ich bitte Sie, in Zukunft in Ihrer Zeitschrift »Die junge Kirche« die Bezeichnung »Schulung« nicht mehr zu bringen, da diese Bezeichnung in Zukunft nur noch von der Partei und ihren angeschlossenen politischen Organisationen verwendet werden darf.

[45] 14.6.1937 Anordnung Nr. 75/37 des Stellvertreters des Führers

Verschiedene Anfragen veranlassen mich, die Frage der Verwendung des Hakenkreuzes und des Hoheitszeichens auf Grabdenkmälern grundsätzlich zu regeln. Ich bestimme daher folgendes:

I.

1.) Das Hakenkreuz kann auf Grabdenkmälern in angemessener Form uneingeschränkt verwendet werden.

2.) Gegen die Verwendung des Hoheitszeichens auf Grabsteinen bestehen keine Bedenken, wenn es sich um ein Denkmal für einen verdienten Parteigenossen handelt.

Der zuständige Gauleiter entscheidet, ob die Voraussetzungen zur Genehmigung der Verwendung des Hoheitszeichens vorliegen.

---

43 [1] Helmuth B. (Schlesien; vgl. Bd. I, Anm. 276-1). B. war von Hitler am 5.12.1934 seiner Ämter als Gauleiter und Oberpräsident von Schlesien enthoben und wegen parteischädigenden Verhaltens aus der NSDAP ausgeschlossen worden – Schlesien hatte wenig Glück mit seinen Gauleitern.

3.) Gegen die Anbringung von Symbolen der Gliederungen und der angeschlossenen Verbände werden ebenfalls keine Einwände erhoben, wenn sich der Verstorbene Verdienste um die betreffende Gliederung oder den angeschlossenen Verband erworben hat [...]

II.

1.) Die Verwendung der Symbole der Partei hat in einer der Würde der Symbole entsprechenden, künstlerisch einwandfreien Form zu erfolgen.
Die Größe des Symbols wird durch die Größe des Grabdenkmals bestimmt. Die Zeichen sind möglichst reliefartig zu verwenden. Ausnahmen bedürfen der Genehmigung der zuständigen Gauleitung.
2.) Bei Grabdenkmälern verdienter Parteigenossen ist die alleinige Verwendung des Hoheitszeichens anzustreben. Es kann jedoch neben dem Hoheitszeichen jeweils ein Symbol einer Gliederung angebracht werden.
Im letztgenannten Falle dürfen Verbindungen der beiden Symbole nicht vorgenommen werden, d. h. also, daß die Abzeichen neben- oder untereinander anzubringen sind. Sind auf einem Grabstein Symbole oder Inschriften vorgesehen, die sich auf eine Religionsgemeinschaft beziehen, ist die Anbringung von Symbolen der Bewegung (einschließlich Hakenkreuz) nicht statthaft.
3.) Die serienmäßige Herstellung und das Feilbieten von Grabsteinen mit Hoheitszeichen und anderen Symbolen der Partei sind verboten [...]

[46] *16.9.1937 GL Düsseldorf an Stellvertreter des Führers*
Betrifft: Boykott des tschechoslowakischen Staatsangehörigen Friseur Sigmund *Stefansky*, Düsseldorf, Jahnstr. 83.
Der obengenannte tschechoslowakische Staatsangehörige ist Jude. Die Beschwerde dieses Juden, daß die betreffende Ortsgruppe Boykottmassnahmen gegen ihn ergriffen habe, muss entschieden zurückgewiesen werden. Der zuständige Ortsgruppenleiter ist genau über die entsprechenden Verfügungen unterrichtet, welche je-

de Einzelaktion gegen Ausländer und insbesondere gegen Juden verbieten[1], und denkt nicht daran, durch Massnahmen, wie sie der Beschwerdeführer angibt, gegen diese Anordnungen zu verstossen. Es ist allerdings sein gutes Recht, dass er, wie es geschehen ist, einen Beamten, welcher sich von einem jüdischen Friseur bedienen lässt, auf die Unwürdigkeit seines Verhaltens hinweist.

Es ist eine echt jüdische Unverschämtheit, den betreffenden Hoheitsträger für den geschäftlichen Rückgang des Unternehmens des Stefansky verantwortlich zu machen. Der Kernpunkt der Abnahme der Kundschaft ist jedoch, dass erfreulicherweise die deutschen Volksgenossen es von sich aus ablehnen, einen Ausländer und vor allem noch einen Juden aufzusuchen und sich von ihm bedienen zu lassen.

Die Erkenntnis der Notwendigkeit des völkischen Zusammenhaltes bricht sich nun einmal mehr und mehr Bahn. Dem Juden Stefansky wird dies wohl auch nicht verborgen geblieben sein.

Wir halten es für ausgeschlossen[2], daß Stefansky den Beweis dafür erbringen kann, daß ihm seine Kunden selbst von einem »Boykott« Kenntnis gegeben haben, und ebensowenig wird er auch Namen von Mitarbeitern der Ortsgruppe, die sich diesem Vorgehen angeschlossen haben sollen, benennen können.

[47]   *20.11.1937 Bormann an Ley*
Der Stellvertreter des Führers zieht im allgemeinen Ihre Dienststelle bei allen Angelegenheiten, die Ihr Aufgabengebiet berühren, zu Rate; eine Verpflichtung hierzu besteht selbstverständlich für den Stellvertreter des Führers nicht, denn der Stellvertreter des Führers ist Ihnen ja nicht gleich-, sondern übergeordnet[1], und bei der NSDAP besteht ausschließlich eine Verantwortung nach oben, nicht aber nach unten.

46   [1] Im Auswärtigen Amt, das eine Abschrift dieses Berichts erhielt, wurden hier zwei Fragezeichen an den Rand gemalt.
[2] Das konnte die Gauleitung guten Gewissens, denn davor würde sich gewiß jeder deutsche »Volksgenosse« gehütet haben.
47   [1] Das mußte Ley erst mühselig beigebracht werden, der eine Zeitlang meinte, er sei nicht nur der Form nach, sondern auch hinsichtlich der Machtfülle der Nachfolger Gregor Straßers, der als Reichsorganisationsleiter der zweite Mann in der Partei gewesen war (und Hess damals nur Hitlers Privatsekretär).

Der Stellvertreter des Führers geht mit den Auffassungen von Frau Scholtz-Klink[2] über die Frauenarbeit im Gegensatz zu Ihnen völlig überein; auch der Führer ist glücklich, daß in Frau Scholtz-Klink nach langem Bemühen eine Frau gefunden wurde, die ausgezeichnet arbeitet und die die Frauen auch zu führen versteht. Ihre Auffassung, Frau Scholtz-Klink beabsichtige eine Frauen-Emanzipation, hält der Stellvertreter des Führers für völlig unbegründet; von dieser kann gar keine Rede sein.

Frau Scholtz-Klink weiß im übrigen, daß der Führer und der Stellvertreter des Führers mit ihrer Arbeit außerordentlich zufrieden sind und keine Änderung wünschen.

[48 a, b]
[a]   *6.12.1937 Gaugericht Koblenz–Trier an Oberstes Parteigericht*
In der Begründung des obigen Beschlusses[1] heisst es u. a.
»Es ist zwar richtig, dass jeder Parteigenosse eine gewisse Vorsicht walten lassen muss, um nicht in leichtsinniger Weise in jüdische Geschäfte zu laufen. Diese Verpflichtung geht jedoch nicht so weit, dass jeder Parteigenosse verpflichtet wäre, vor jedem Einkauf ohne irgendwelche Verdachtsmomente Erkundigungen über den arischen oder nichtarischen Charakter eines Geschäftes einzuziehen.«
Dem Gaugericht wird von den zuständigen Hoheitsträgern vorgehalten, dass diese Begründung in direktem Widerspruch zu der Anordnung des Stellvertreters des Führers 134/37 steht, in der es u. a. heisst:
»Von Angehörigen der Partei, ihrer Gliederungen und angeschlossenen Verbände muss im übrigen erwartet werden, *dass sie in jedem Fall, und zwar auch dort, wo sie ortsfremd sind*, nötigenfalls durch Rückfragen einen Einkauf in jüdischen Geschäften zu vermeiden suchen.«
Da es sich hier um eine Frage von grundsätzlicher Bedeutung handelt, bitte ich diesen Widerspruch zu klären.

[2] Gertrud Sch.-K., die »Reichsfrauenführerin«.
48 [1] Des OPG in Sachen Max Berwald (Koblenz) vom 5. Oktober.

[b]   *24.2.1938 Oberstes Parteigericht an Gaugericht Koblenz–Trier*
Das Oberste Parteigericht kann eine Differenz zwischen dem von Ihnen herausgestellten Satz des Urteils vom 5. Oktober 1937 in Sachen *Berwald* und der Verfügung des Stellvertreters des Führers 134/37 nicht feststellen. Die in der Verfügung 134/37 von jedem Parteigenossen verlangte Vorsicht ist auch von dem Obersten Parteigericht ausdrücklich bejaht worden. Im übrigen ist auch die Anordnung des Stellvertreters des Führers nur so zu verstehen, dass nur dann gegebenenfalls durch Rückfrage der arische oder nichtarische Charakter eines Geschäftes zu erkunden ist, wenn *Zweifel* bezüglich der rassischen Zugehörigkeit des Inhabers bestehen. Ein solcher Zweifel wird im allgemeinen heute in den Gegenden immer zu bejahen sein, in denen arische Geschäfte durch Aushang in Schaufenstern kenntlich gemacht sind. Das Fehlen eines solchen Schildes wäre ein solcher »Verdachtsmoment«, wie ihn das Oberste Parteigericht in dem angeführten Beschluss im Auge hatte. In dem Falle Berwald traf das aber nicht zu, da eine Kenntlichmachung der deutschen Geschäfte noch nicht erfolgt war.

[49]   *17.2.1938 RdSchr. Reichspropagandaleitung/Reichsring für nationalsozialistische Propaganda und Volksaufklärung*
<u>Ernährungsrichtlinie für die Verbrauchslenkung im März 1938</u>
I a Ein <u>verstärkter Verbrauch</u> ist allgemein erwünscht bei:
Kartoffeln,
Fischen,
Marmelade (insbesondere verbilligter Marmelade) und Kunsthonig,
entrahmter Frischmilch, auch in Form von Trockenmilchpulver,
Limburger,
Quarg[1],
Buttermilch,
Eiweisskäse (Harzer, Mainzer, Blauschimmelkäse u. ä.)

---

49   [1] Damals noch umstritten, inzwischen hat sich der Qua*rk* durchgesetzt.

I b Darüber hinaus sind im März 1938 besonders folgende Nahrungsmittel zu bevorzugen:
Rindfleisch, Hammelfleisch, Kalbfleisch,
Weißkohl, Kohlrüben,
Salzheringe, Seelachs, Kabeljau, Rotbarsch,
Haferflocken, Sago, Graupen,
Kartoffelstärkemehl, Deutsches Puddingmehl (Kartoffel-Stärkespeisemehl)

II Ein gleichbleibender Verbrauch ist möglich bei:
Zucker,
Roggenbrot, Backwaren, Mehl,
Teigwaren,
Wintergemüse, insbesondere Wirsingkohl und Karotten,
Äpfel,
Geflügel,
Erbsen, Bohnen, Linsen,
Vollmilch,
Honig,
Kakao.

III Ein verminderter Verbrauch ist nötig bei:
Butter,
Schmalz,
Speck,
Schweinefleisch,
Margarine,
Speiseölen und Fetten,
Weizenbrot,
Eiern.

Die unterstrichenen Erzeugnisse sind gegenüber dem Vormonat entweder neu aufgenommen oder einer anderen Gruppe zugeteilt worden.

[50] *12.3.1938 Oberstes Parteigericht an Gaugericht Halle–Merseburg*
Betrifft: Gnadensache Fritz *Bräuer,* Herzberg/Elster.
Das Gesuch des Obengenannten, ehemalige Mitgl. Nr. 2 182 575,

um gnadenweise Wiederaufnahme in die Partei wegen[1] früherer Zugehörigkeit zur Johannis-Loge »Zu den drei Totengerippen, zur Säule und zur Glocke« wurde vom Chef der Kanzlei des Führers abgelehnt.

[51]   *29.3.1938 Programm der Reichspropagandaleitung für den »Tag des Großdeutschen Reiches 9. April 1938«*
Der Vorabend des Wahlsonntags[1] muss zu einem flammenden Bekenntnis der gesamten Nation für den Führer und sein Werk ausgestaltet werden. Aus diesem Grunde sind eine Reihe von Massnahmen und Veranstaltungen vorgesehen, die sämtliche Formationen, Gliederungen, Vereine und Verbände umfassen.

Nachstehend das Programm des Tages, das vom Führer genehmigt worden ist.

I. Überbringung von Treuebotschaften der deutschen Gaue an den Führer in Wien durch das NSKK.

Das NSKK organisiert eine Treuefahrt aus allen deutschen Gauen nach Wien in Form einer Sternfahrt.
In den einzelnen Gaustädten beziehungsweise
    in Ostpreussen vom Tannenbergdenkmal,
    in Schleswig-Holstein vom Mausoleum Bismarcks in Friedrichsruh,
    im Gau Saarpfalz von Saarbrücken,
    in Schlesien vom Annaberg,
    in Pommern vom ehemaligen Lazarett in Pasewalk[2],
    in Baden vom Grabe Schlageters[3]
nehmen die Fahrten nach Wien ihren Ausgang [...]

---

50   [1] Gemeint natürlich: trotz. – Es ist dies ein Beispiel für zahllose solche Fälle.
51   [1] Volksabstimmung und Reichstagswahl nach dem »Anschluß« Österreichs am 10.4.
[2] Wo Hitler vom 21.10. bis 19.11.1918, vor Ypern gasvergiftet, gelegen – und angeblich »beschlossen hatte, Politiker zu werden«.
[3] Albert Leo Sch., der am 24.5.1923 von den Franzosen auf der Golzheimer Heide bei Düsseldorf hingerichtete Widerstandskämpfer gegen die Ruhrbesetzung.

II. Der Führer trifft am 9. April, 10.30 Uhr, in Wien ein.
Die Spitzen der Partei, des Staates und der Wehrmacht erwarten den Führer.
Ehrenkompanien der Wehrmacht und Ehrenformationen der Gliederungen der Partei.
Darauf Fahrt zum Rathaus.

11.00 Uhr Eintreffen im Rathaus
Empfang des Führers in Anwesenheit der österreichischen Landesregierung und der Stände des österreichischen Landes.

Anschliessend überreicht der Korpsführer des NSKK die von den einzelnen Gauen durch NSKK-Fahrer überbrachten Treuebotschaften an den Führer.

Die Treuebotschaften müssen in würdigster Weise, evtl. auf Pergament, ausgestellt sein und sich in Kassetten, Stahlröhren oder sonstigen geeigneten Behältnissen befinden, damit sie der Nachwelt erhalten bleiben können.

Vor dem Rathaus haben Hunderttausend Wiener Volksgenossen Aufstellung genomen.
Die Feierstunde im Rathaus ist so eingeteilt, dass sie 1 Minute vor 12 Uhr beendet ist.

Um 11.57 Uhr tritt Dr. Goebbels auf den Balkon des Rathauses und verkündet von dort aus den Tag des Großdeutschen Reiches. Auf das Kommando: »Heisst Flaggen!« werden in ganz Deutschland die Häuser beflaggt.
Gleichzeitig werden 15 000 Brieftauben, die aus allen Gauen nach Wien geschafft worden sind, aufgelassen. Die Ankündigung des Tages des Grossdeutschen Reiches geht über alle Sender.
Im ganzen Reich sind für 12 Uhr kurze Betriebsappelle anzusetzen, in die die Verkündung des Tages des Großdeutschen Reiches übertragen wird.
Mit dem Moment der Verkündung tritt eine Verkehrsstille von 2 Minuten ein.

	Die in Bewegung befindlichen Fahrzeuge der Eisenbahn und andere Verkehrsmittel, die nicht angehalten werden können, geben von 12.00 – 12.02 Uhr Signale.
Von 12.00 bis 12.02 Uhr	werden in ganz Deutschland sämtliche Sirenen in Tätigkeit gesetzt, ebenfalls auf allen Schiffen der deutschen See- und Binnenschiffahrt.
Um 12.00 Uhr	auf das Sirenen-Signal hin flaggen sämtliche Kriegs- und Handelsschiffe der See- und Binnenschiffahrt über die Toppen.

Die Schaffenden, die die Verkündung des Tages in ihren Betriebsappellen hören, werden aufgefordert, nach Schluss der Arbeitszeit sich nach Hause zu begeben, sich festtäglich anzuziehen und in der nötigen Weihe den grossen Schicksalstag des deutschen Reiches zu begehen.

Sämtliche Flugzeuggeschwader der deutschen Luftwaffe kreisen über den Städten. Es ist zu prüfen, ob sie in einer Staffelformation fliegen können, aus der das Wort »Ja« erkenntlich ist. Die Flugzeuge, die als Himmelschreiber zu verwenden sind, sind einzusetzen, um das Wort »Ja« an den Himmel zu schreiben.

Um die Festesfreude noch zu vertiefen, wird an diesem Tage *schulfrei* erklärt, und zwar in der Weise, dass dies nicht vor Sonnabend bekannt wird und die Schüler zuerst noch zur Schule gehen. Dort spricht zu Beginn der Unterrichtsstunde der jeweilige Lehrer über die Bedeutung des Tages, etwa 10 Minuten, und verkündet darauf den Schülern, dass aus Anlass dieses Tages für die weitere Dauer des Tages der Schulunterricht ausfällt. Damit wird erreicht, dass die Schüler eine grosse Freude mit nach Hause zu ihren Eltern bringen.

III. Ab 15.00 Uhr machen sämtliche Musikzüge und Kapellen der Wehrmacht, der Gliederungen der Bewegung, sämtliche Vereine und Verbände auf verschiedenen Plätzen der Städte und Ortschaften Platzkonzerte.

Die Gliederungen der Bewegung, SA, SS, NSKK usw., fahren mit Lastwagen und wehenden Fahnen durch die Strassen der Stadt.

Die Hitler-Jugend und das Jungvolk sind für Propagandamärsche angesetzt. Sie tragen mit sich Transparente mit den Aufschriften: »Die Jugend will Euer Ja!« oder »Sichert die Zukunft der deutschen Jugend, gebt dem Führer Euer Ja!«.

IV. Um 19.00 Uhr Anmarsch der Bevölkerung unter Einsatz aller Gliederungen der Bewegung mit voranmarschierenden Musikzügen der Wehrmacht, der Gliederungen der Partei und sämtlicher vorhandenen Vereinskapellen in den Ortschaften auf einen freien Platz, in den Städten auf mehrere geeignete Plätze.

Auf den Plätzen muss im Mittelpunkt ein grosser Fahnenmast errichtet sein, an dem die Fahne des Dritten Reiches in feierlicher Weise gehisst wird.

Es muß dafür gesorgt werden, dass bei einbrechender Dunkelheit die Fahnen angestrahlt werden können.

Vom Eintreffen der Züge auf den Plätzen bis zum Beginn der Übertragung der Kundgebung des Führers aus Wien machen die Kapellen und Musi[k]züge Platzkonzert abwechselnd mit Gesangsvorträgen der Gesangsvereine. Sämtliche deutschen Gesangsvereine sind dabei einzuspannen. Die zu singenden Lieder müssen der Bedeutung und dem Sinne des Tages entsprechen.

Nicht nur die Organisationen der Partei nehmen an den Aufmärschen teil, sondern auch der Reichsbund für Leibesübungen; Vereine aller Art mobilisieren so ihre Angehörigen, Mitglieder und deren Familie. Die Häuser sind zu illuminieren, historische Gebäude sind anzustrahlen oder mit Rotfeuer zu beleuchten.

V. 20.00 Uhr Beginn der Kundgebung vom Nordwestbahnhof[4] in Wien.
Es spricht der Führer.

Nachdem der Führer geendet hat, wird das Niederländische Dankgebet gesungen, das überall mitzusingen ist.

Gleichzeitig müssen im ganzen Reich die Glocken geläutet werden.

---

[4] Damals schon aufgelassen.

Auf allen Höhen werden Höhenfeuer entzündet, sodass über das ganze Reich hinweg von Ungarns Grenze bis nach Saarbrücken, von den Küsten der Nordsee bis auf die Alpengipfel die Feuer dem Volk und der Welt künden, dass die schicksalhafte Stunde gekommen ist.

In den Häfen der Kriegsmarine macht die deutsche Flotte Scheinwerfermanöver.

Die Parteiorganisationen haben im ganzen Reich dafür zu sorgen, dass die dadurch erzeugte feierliche und heilige Stimmung durch nichts gestört wird. In stolzer Freude müssen sich die Massen anschliessend durch die Strassen bewegen, ein überwältigendes Bild für den neutralen Beschauer von der Geschlossenheit und stolzen Freude eines ganzen Volkes.

[52 a, b]
[a]   *9.6.1938 Chef der Kanzlei des Führers der NSDAP an Gerhard Berg (Idar-Oberstein)*
Ihr Gnadengesuch um Wiederaufnahme in die Partei, aus der Sie durch rechtskräftigen Beschluß des Gaugerichts Koblenz–Trier vom 8. Juli 1935 ausgeschlossen sind, habe ich dem Führer zur Entscheidung vorgelegt.

Der Führer hat mich beauftragt, Ihnen mitzuteilen, daß er es ablehnt, in Ihrem Falle von seinem Gnadenrecht Gebrauch zu machen.

Die Tatsache, daß Sie bei der Erkrankung Ihres Kindes ohne zwingenden Grund einen jüdischen Arzt zur Behandlung herangezogen haben, ist ein so schwerer Verstoß gegen die Grundsätze der Bewegung, daß Ihre weitere Mitgliedschaft zur NSDAP nicht möglich ist.

Sie müssen versuchen, sich außerhalb der Partei im nationalsozialistischen Sinne zu betätigen und Ihre Verfehlung wieder gutzumachen.

[b]   *27.1.1939 Berg an Hess*
Im Jahre 1935 wurde ich aus der Partei ausgeschlossen. Ich bitte

Sie Herr Reichsminister um Wiederaufnahme in die Partei, unter Gewährung meiner alten Mitgliedsnummer Nr. 827565. Habe in dieser Zeit bitter gebüßt und bitte nochmals um Ihr Wohlwollen. Der Grund, warum ich aus der Partei ausgeschlossen wurde, ist folgender.

Im Frühjahr 1935 wurde mein damals 3½jähriges Söhnchen plötzlich von der spinalen Kinderlähmung befallen. Es war Sonntags und ich telef. nach Idar zu dem dienstuenden Arzt, dieser kam aber trotz 2maligen Anrufen nicht. Nun telef. ich zu einem anderen Arzt, auch dieser kam nicht. So machte das Kind eine schlimme Nacht mit. Am Morgen schlief es dann überwältigt von den Schmerzen ein. Ich ging nur noch schnell Rohdiamanten zum reiben holen. In meiner Abwesenheit holte meine Schwiegermutter den jüd. Arzt Dr. Levy der gerade in der Nachbarschaft bei einem Parteigen. Krankenbesuch machte. Sie glaubte Ihn holen zu können, da er doch [bei] der hiesigen Ortskrankenkasse zugelassen ist. Dieser stellte eine spinale Kinderlähmung fest und benachrigte den Landesarzt, die Poliezei, und die Regierung. Es wurde uns verboten die Wohnung nicht eher zuverlassen, bis die Poliezei es erlaubte und die Ansteckungsgefahr vorüber war. Mein Kind wurde aber nicht von Dr. Levy weiter behandelt, sondern von dem Pymoor-Institut, München Münzstraße 7–9 und noch vielen anderen Ärzten. Sie Herr Reichsminister, als Vater eines Söhnchen, werden mich verstehen können, daß ich in dieser Aufregung nur an das Wohl meines Kindes dachte. Das ist der Grund warum ich aus der Partei ausgeschlossen wurde, während andere die dauernd bei Dr. Levy selbst in Behandlung waren noch heute in der Partei sind. Da es bei mir nur ein unglücklicher Zufall war, daß Dr. Levy geholt wurde, bitte ich Sie Herr Reichsminister meine Bitte zuerfüllen. Ich kann Ihnen noch versichern, daß Dr. Levy weder vorher, noch nachher bei mir nicht im Hause war.[1]

---

52 [1] Nachdem bereits eine negative Entscheidung Hitlers vorlag, war dieses erneute Gesuch natürlich aussichtslos. B. wurde lediglich ein Antrag auf Wiederaufnahme des Verfahrens, indes nur bei Vorliegen neuer Tatsachen, anheimgestellt.

[53]   4.7.1938 *Gedächtnisprotokoll des Stabsleiters des Reichsschatzmeisters der NSDAP [Hans] Saupert über eine Besprechung mit Stabsleiter [Karl] Simon [Reichsorganisationsleiter] und Reichsamtsleiter [Hans] Schieder [vom eigenen Amt] am 27. Juni 1938*

Anläßlich der am 27. Juni 38 stattgefundenen Besprechung erzählte Stabsleiter *Simon* gesprächsweise Ausschnitte aus dem Verhalten der Teilnehmer an der Fahrt der Alten Garde 1938. Im allgemeinen war daraus zu entnehmen, daß eine Reihe der Teilnehmer sehr unliebsam aufgefallen ist.

In einem Fall hat Stabsleiter Simon morgens beim Antreten einen politischen Leiter gebeten, doch nicht mit beiden Händen in den Hosentaschen dazustehen. Er erhielt darauf zur Antwort:

»Das habe ich beim Militär schon immer so gemacht, mache es außerdem seit 15 Jahren so weiter, und Sie werden nicht in der Lage sein, mir das abzugewöhnen.«

In Bad Kreuznach fand ein Kameradschaftsabend der alten Kämpfer statt. Namhafte Künstler waren hierzu verpflichtet, u. a. auch der Sänger Helge *Roswaenge*.[1] Obwohl nur sehr leicht verdauliche Kunst geboten wurde, haben die Darbietungen doch nicht das ungeteilte Verständnis der Anwesenden gefunden. So stellte Stabsleiter Simon einen Tisch im Hintergrund des Saales fest, an dem die Anwesenden während eines Gesangsvortrags von Roswaenge mit den Fäusten in den Tisch schlugen und laut und vernehmlich erklärten: »Es ist ja doch alles Sch..., laßt Euch doch von dem droben am A.... ......! Wir sind alte Freunde, Prost!« usw.

Beim Nachhauseweg beobachtete Stabsleiter Simon zahlreiche Fahrtteilnehmer in Uniform mit vollen Weinflaschen in den Händen über die Straße ziehen [sic], um in Lokalen zur Fortsetzung des Kameradschaftsabends zu verschwinden. Außerdem wurde auch in den Hotelzimmern noch reichlich gezecht. Die Folge davon war, daß beim Antreten morgens stets »gemasselt« wurde, weil die Leute angeblich zu früh herausgetrieben wurden.

---

53 [1] Damals viel in Deutschland auftretender dänischer Tenor.

Das Verhalten der Teilnehmer hat sich nach den Ausführungen von Stabsleiter Simon in den letzten Jahren keineswegs gebessert, wobei er zur Illustration noch anfügte, daß 1936 in Heidelberg beim Abmarsch vom Schloß die ersten 4 Mann in der Kurve die Kurve nicht ausgingen, sondern weitermarschierten, ins Leere traten und plötzlich verschwunden waren. Sie wurden einzeln dann wieder von dem Abhang, den sie hinuntergekugelt waren, heraufgeholt.

Stabsleiter Simon ist der Ansicht, daß das Landsknechttum dieser Parteigenossen auch in Zukunft nicht auszurotten sein wird.

[54] *6.7.1938 Bekanntmachung der NSDAP-Ortsgruppenleitung Wolkersdorf (Ortsgruppenleiter Karl Zwieauer)*
Achtung!
Sehr wichtig!
An die Bevölkerung und insbesondere an die Geschäftsleute von Wolkersdorf.
Laut von oben herabgelangter Parteiverfügung ist es *mit sofortiger Wirksamkeit untersagt, an Juden*:
Lebensmittel, Kleider, Schuhe, Wäsche und sonstige Bedarfsartikel jeder Art *zu verkaufen.*

Ebenso wolle davon Kenntnis genommen werden, dass es *den Juden verboten ist*, ohne Bewilligung der Ortsgruppenleitung *den* Ort zu verlassen, bez. dürfen die Juden *mit Einbruch der Dunkelheit die Strassen nicht mehr betreten.*

Wer bei Juden kauft, wird als Volksschädling behandelt.

[55] *27.10.1938 Aktennotiz Hauptamt für Kommunalpolitik*
Der Führer hat die Stadt Graz durch die Bezeichnung »Stadt der Volkserhebung« besonders geehrt.

Diese Tatsache hat der Gauschatzmeister des Gaues Steiermark zum Anlass genommen, sich an den Bürgermeister von Graz, Pg. Kaspar, zu wenden, und ihn zur Entrichtung einer freiwilligen Leistung an das Gauschatzamt in Höhe von 100 000.– RM zu veranlassen versucht.

Er hat dabei zum Ausdruck gebracht, dass es mehr als recht und billig sei, dass die Stadtverwaltung Graz sich nun auch für diese Ehrung dankbar erweise und der Partei den erbetenen Betrag von 100 000.– RM zukommen lasse.

Das Verfahren dieses Gauschatzmeisters muss ausserordentlich gemissbilligt werden. Wenn der Führer von einer solchen Methode erfahren würde, würde wahrscheinlich der Gauschatzmeister eine entsprechende Zurechtweisung erfahren [...]

[56 a, b]
[a]   *14.11.1938 Bericht des Pg. Schulte (Dortmund-Hörde) an die NSDAP-Ortsgruppe Dortmund-Hörde*

Während der Judenaktion in der Nacht vom 9. zum 10. Nov. war ich teilweise in den Strassen, teilweise im Lokal Röder. In demselben wurde mir das in beiliegender Aufstellung angeführte Bargeld und Schecks übergeben. Die Empfangsbescheinigung über die auf das Conto der NSV überwiesenen Beträge bezw. das an die Kasse der NSV eingezahlte Geld befinden sich in meinem Besitz. Von diesem Gelde zahlte ich den Kameraden Bierrunden, Schnittchen und Rauchwaren. Ausserdem gab ich Geld für Benzol heraus. Diese Ausgabe verantworte ich jederzeit. Ein weiterer Betrag in Höhe von Mk. 1000.– wurde meiner Frau unter Zeugen am 10. Nov. vormittags durch den Pg. Hesse überreicht mit der Weisung, ich solle davon Mk. 100.– zur Abdeckung rückständiger Parteibeiträge für die Kameraden Hesse, Günter Seiffert, Naumann und Eck[h]ardt zurückbehalten. Das habe ich getan und füge die Mk. 100.– hiermit bei.

Dem Lokale Röder gegenüber liegen die Garagen des Juden Löwenberg. Ausser einem neuen Fiat-Wagen des vorgenannten befanden sich u. A. ein Wanderer-Wagen des Juden Alexander und ein Opel-Wagen des Juden Schönebaum darin. SA und SS holte zuerst den Fiat heraus. Später hörte ich, dass er in der Semerteichstr. angesteckt und ausgebrannt sei. Gegen 9 Uhr sah ich ihn in der Nähe der Wilmsschen Ziegelei als Gerippe stehen. Nachdem der Fiat-Wagen abgefahren war, versuchten andere Kameraden, den

Wanderer und den Opel flott zu machen, was nicht gelingen wollte. Der Wanderer fuhr gegen den Torpfeiler und wurde dabei am Kotflügel eingedrückt. Die Kameraden gingen in die Rödersche Wirtschaft zurück, um dort die Rückkehr der Fahrer des Fiat-Wagens abzuwarten. Um diese Wagen vor der Vernichtung zu schützen, beauftragte ich den NSKK-Mann Bonsels und den SS-Mann Bugateck, dieselben nach Hohensyburg oder in die Wanne zu fahren, wo ich sie im Laufe des Vormittags treffen würde. Dann könne man immer noch sehen, was man mit diesen Wagen anfange. Jedenfalls wollte ich dieselben, falls sie verbrannt werden sollten, nicht vor den Toren der Stadt liegen haben. Gegen 9 Uhr fuhr ich dann mit den Pgg. Hillebrand und Eck[h]ardt in die Wanne, wo die beiden Wagen mit Insassen sich nach einiger Zeit auch einfanden. Es gelang mir, die Leute zu überzeugen, dass es ein Wahnsinn sei, diese Werte zu vernichten. Es sei schon besser, wenn die Wagen verkauft würden. Wir fuhren zur Wirtschaft des Pg. Dieckmann auf dem Höchsten. Pg. Eck[h]ardt erbot sich, den Wanderer zu kaufen, und ich erklärte mich bereit, den Wagen zu übernehmen, da ich ihn für geschäftliche Zwecke brauchen kann. Der Pg. Hillebrand telephonierte die Besitzerin des Wagens, Frau Alexander, an und frug, ob sie eventuell bereit sei, das Auto zu verkaufen, aber nur freiwillig und ohne jeden Zwang. Sie solle sich die Sache ruhig überlegen, nach einer halben Stunde würden wir wieder anrufen. Sie wurde wiederholt darauf aufmerksam gemacht, dass ein eventueller Verkauf Ihrem freien Entschluss unterliege und keinerlei Zwang in Frage komme. Wenn nicht, würden wir den Wagen in die Garage zurückfahren, müssten im übrigen aber ablehnen, was eventuell später damit geschehen könne. Von dem Brand des Fiat-Wagens hatte sie bereits gehört. Nach der vereinbarten Zeit riefen wir wieder an und Frau Alexander erklärte, den Wagen verkaufen zu wollen. Als Kaufpreis einigte man sich auf Mk. 150.–. Der Wagen ist 70 000 km. gelaufen und beschädigt. Pg. Eck[h]ardt begab sich mit einem Fahrer nach Hörde, bezahlte der Jüdin den Wagen, erhielt eine ordnungsmässige Verkaufsbescheinigung und die Papiere ausgehändigt. Den Kaufpreis stiftete Frau Alexander für die NSV. Später hat sie vor der Gestapo erklärt, den Wagen freiwillig und ohne jeden Zwang verkauft zu haben. Ich habe das Auto am 12. Nov. von dem Pg. Eck[h]ardt übernommen.

Während wir noch zusammen sassen, fiel mir ein, dass der Jude Back ein Landhaus am Stausee in Hohensyburg besass. Mir kam plötzlich der Gedanke, ob es mir nicht möglich sein würde, dasselbe käuflich zu erwerben. Vor Jahren hatte ich schon mal die Absicht, im Elsebachtal einige abgewrackte Eisenbahnwagen aufzustellen, um so dem einen oder anderem verdienten SA-Mann, politischen Leiter oder altem Pg. der Ortsgruppe eine billige Erholungsmöglichkeit zu verschaffen. Das hat sich aber zerschlagen, und hier bot sich vielleicht eine Gelegenheit, meinen langjährigen Wunsch in die Tat umzusetzen. Wir riefen bei dem Juden an und frugen ihn, ob er sein Haus am Stausee nicht verkaufen wolle. Wieder wurde er darauf aufmerksam gemacht, dass er das freiwillig und ohne jeden Zwang tue, er brauche nur ja oder nein zu sagen. Nach zwei Stunden würden wir wieder anrufen, er solle sich die Sache reiflich überlegen. Als er diesen Anruf bekam, erklärte er sich sofort verkaufsbereit. Als Kaufpreis wurden Mk. 350.– vereinbart. Wir kamen dahin überein, dass wir uns um 18 Uhr bei dem Notar Dr. Hilverling im Büro treffen wollten. Als ich dort erschien, hatte der Jude schon eine halbe Stunde auf mich gewartet. Nach kurzer Zeit war der Vertrag abgeschlossen.

[b]   *9.3.1939 Protokoll einer Vernehmung des Behördenangestellten Pg. Otto Eckhardt durch die Staatspolizeistelle Dortmund*

In der Nacht vom 9. zum 10.11.38 habe ich mit folgenden Kameraden die Judenaktion bei den Juden Koppel und Blank, Dortmund, Westfalendamm 18 durchgeführt: Günther Seiffert, SS-Mann Hesse, SS-Mann Stümpel. Auf die anderen Personen kann ich mich beim besten Willen nicht entsinnen.

Zwischen 4 und 5 Uhr schellten wir bei dem Juden Blank in Dortmund an. Es wurde uns aber nicht geöffnet. Da sich vorn niemand meldete, begaben wir uns an den hinteren Eingang und schellten dort. Nachdem wir etwas energisch wurden, kam der Jude Blank und öffnete. Wir begaben uns zunächst zu dem Juden Blank, der im Parterre wohnt und forderten ihn auf, seine Waffen herauszugeben. Er übergab uns auch einen, soweit ich mich erinnern kann, amerikanischen Trommelrevolver, der nach seinem äusseren Erscheinen wertlos war. Weitere Waffen hatte er nicht im Besitz. Wer die Waffe an sich genommen hat ist mir unbekannt. Ich habe sie nicht.

Nachdem der Jude Blank einem meiner Kameraden die Waffe übergeben hatte, begab ich mich zur ersten Etage zu dem Juden Koppel. Ich kann mich entsinnen, dass sich der SA-Mann Seifert in meiner Begleitung befunden hat. Ob der SS-Mann Hesse dabei war, ist mir nicht mehr erinnerlich. In der Wohnung des Juden Koppel angekommen, forderten wir diesen auch auf, uns seine Waffen auszuhändigen. Diesem Verlangen konnte er jedoch nicht nachkommen, da er keine besass.

Wenn ich gefragt werde, ob ich dabei war, als der Jude Koppel dem SS-Mann Hesse einen Fünfzigmarkschein und eine Anweisung über RM 450.– aushändigte, so muss ich erklären, dass ich von dieser Angelegenheit keine Kenntnis habe noch erhalten habe. Nachdem wir auch den Boden des Juden Koppel durchsucht hatten und nichts Wesentliches fanden, begaben wir uns wieder zu dem Juden Blank. Als ich vom Boden wieder herunterkam, standen meine Kameraden in der Diele zusammen und unterhielten sich. Ich habe mich aber weiter darum nicht bekümmert, sondern begab mich sofort in das Arbeitszimmer des Juden Blank und durchsuchte dessen Schreibtisch, da dieser noch nicht geöffnet worden war. Es befanden sich in diesem nur einige Kartenspiele. Später habe ich dann erfahren, ob es auf dem Heimwege oder in der Wirtschaft Röder war, kann ich nicht angeben, dass von den Juden Geld für die NSV gestiftet worden ist. Über die Höhe des Betrages hat man mir keine Einzelheiten erzählt.[1]

---

56 [1] Es hatte sich bei diesen »Stiftungen« der beiden Juden offenbar um jeweils 500 Mark gehandelt, von denen nun also 900 Mark verschwunden waren.

Ich kann auch darüber keine Angaben machen, ob der Parteigenosse und SS-Mann Hesse dem Pg. Schulte Geld gegen Quittung übergeben hat. Nach Ankunft in der Wirtschaft habe ich mich an die Theke gestellt und dort ein Glas Bier getrunken, sodass ich über die von dem SS-Mann gemachten Angaben nicht im Bilde bin. Ich muss noch erwähnen, dass wir in der Nacht vom 9. zum 10.11.38 die Personenwagen der Juden Back, Schöneberg und Löwenberg vor dem Lokal Röder in Dtmd.-Hörde, Rathausstr. 3 sichergestellt hatten. Wer die Wagen aus der Garage geholt hat, ist mir nicht bekannt. Einige der an der Aktion Beteiligten fuhr[en] später mit dem Wagen des Juden Löwenberg fort. In der Semmerteichstrasse in Dtmd.-Hörde geriet dieser Wagen, es handelt sich um einen »Fiat«, in Brand und verbrannte vollständig. Am 10.11.38 gegen 6.30 Uhr fuhren Seifert und ich und noch 4 mir unbekannte Personen nach Klusenberg, um dort die Aktion gegen die Juden weiter fortzuführen. Da wir die Wohnung des Juden am Klusenberg nicht finden konnten, fuhren wir wieder zurück und begaben uns in die Wirtschaft Röder. Mitlerweile hatten wir den Plan gefasst, mit den Wagen nach Hohensyburg zu fahren, um sie dort zu zerstören. Als wir dies aber ausführen wollten, kamen wir zu dem Entschluss, die Wagen nicht zu verbrennen, da sie zu wertvoll waren. Später haben wir dann von der Wirtschaft Dickmann den Juden Back fernmündlich angerufen. Auf eine fernmündliche Anfrage des Pg. Hildebrand bei dem Juden Back in Dtmd.-Hörde, ob er seinen Wagen verkaufen wolle, erklärte dieser, dass ihm das recht sei. Der Preis wurde telefonisch durch den Pg. Hildebrand und dem Juden Back auf 150.– RM festgesetzt. Ich muss ausdrücklich betonen, dass Pg. Hildebrandt dem Juden die Frage vorlegte, dass der Verkauf einzig und allein von ihm ohne Zwang abhängig sei. Da Hildebrandt im Besitze eines Wagens ist, erklärte ich mich bereit, den Wagen für die vorgeschlagene Summe zu erwerben. Anschliessend begab ich mich mit dem NSKK-Mann Werner Bonsel, Brünighausen wohnhaft, in die Wohnung des Juden Back in Hörde. In der Wonung des Juden Back wurde von seiner Tochter, der Jüdin Alexander, der Kaufvertrag gefertigt. Ich übergab der Jüdin 150.– RM und nahm dafür die Papiere des

Wagens in Empfang. Den Kraftfahrzeugbrief erhielt ich nicht, da dieser dem Juden angeblich gestohlen worden war [...]

Wenn ich gefragt werde, ob ich von der Jüdin Blank einen Radio-Apparat »Nordmark« gekauft habe, so habe ich darauf folgendes zu erwidern:

Am 12.11.38 befand ich mich in Dortmund. Von hier aus rief ich die Jüdin fernmündlich an, ob sie ihren Radio-Apparat verkaufen wolle. Sie erwiderte mir, dass sich darüber reden liesse und ich solle einmal vorbeikommen. Daraufhin begab ich mich in die Wohnung der Jüdin Blank. In der Wohnung der Jüdin Blank war die Jüdin Koppel und noch eine mir unbekannte Person anwesend. Ob es sich bei letztere[r] um eine Arierin gehandelt hat, entzieht sich meiner Kenntnis. Wir kamen sofort auf den Preis des Radio-Gerätes zu sprechen. Die Jüdin Blank verlangte von mir für das Gerät RM 75.–. Auf meinen Einwand hin, dass mir das zu teuer wäre, erklärte sie mir, dann solle ich den Preis bestimmen. Darauf erwiderte ich ihr, dass ich keinen Preis bestimmen wolle, da sie doch die Besitzerin des Apparates sei. Ohne eine Einwendung von mir setzte sie dann den Preis auf RM 60.– fest. Ich gab ihr zunächst RM 20.– als Anzahlung und sie stellte mir darüber eine Quittung aus. Wie zwischen uns verabredet, wollte ich die restlichen RM 40.– später bezahlen. Ich nahm das Radio sofort mit. Unterwegs traf ich den Pg. Hildebrandt, dem ich ihn sofort weiterverkaufte [...] Ich muss noch erwähnen, dass, als ich mit der Jüdin Blank die Kaufverhandlungen über das Radio-Gerät führte, der Pg. Hildebrandt später zugegen war. Er befand sich bei dem Juden Koppel und führte mit diesem Entjudungsverhandlungen, da er Sachverständiger der Industrie- und Handelskammer ist. Wir haben uns nur zufällig dort getroffen und nicht vorher verabredet. Hildebrandt wusste, dass ich das Gerät von der Jüdin Blank gekauft hatte.

Zusammenfassend möchte ich bemerken, dass meine ganze Handlungsweise darauf beruht, weil ich als alter Nationalsozialist ein Judengegner bin. Während der Kampfzeit wurde mir speciell von diesen Juden dauernd Knüppel zwischen die Beine geworfen, damit ich keine Arbeit kriegen konnte. Ich habe während dieser

Zeit die bitterste Not leiden müssen, weil ich meine Weltanschauung und politische Einstellung öffentlich vertrat. Als Nationalsozialist weiss ich auch, dass [sie] das deutsche Volk in den langen Jahren ihrer Klassenherrschaft <das Volk> nicht nur ideell, sondern auch materiell betrogen haben. Aus diesem Grunde habe ich dann die vorbezeichnete Handlung begangen. Diese Handlungsweise bitte ich nicht als eigennützig hinzustellen, da für mich doch kein materieller Gewinn beabsichtigt worden ist. Es war der Ausbruch eines in langen Jahren aufgespeicherten Hasses, der in der Aufregung Formen annahm, die ich heute bei ruhiger Überlegung nicht begangen hätte.

[57]   *12.1.1939 Anordnung Nr. V 1/39 des NSDAP-Hauptamtes für Volkswohlfahrt*
Angehörige der NS-Volkswohlfahrt und des Reichsbundes der Freien *Schwestern und Pflegerinnen e.V. dürfen Juden* ausschließlich *bei vorliegender akuter Lebensgefahr vorübergehend Hilfe leisten.* Sie haben die weitere Versorgung schnellstens zuständigen jüdischen Einrichtungen zu übergeben.

[58]   *23.2.1939 Buch an SS-Staf. Gunter d'Alquen, Hauptschriftleiter »Das Schwarze Korps«*
[...] Wir vom Obersten Parteigericht haben uns schon bei recht hochmögenden Leuten missliebig gemacht, weil wir Kämpfe hoher Stellen nicht auf dem Rücken niederer Parteigenossen ausfechten lassen. Wir haben schon enttäuscht, wenn wir von Unteren keine klare Haltung verlangten, weil die Oberen die Haltung noch nicht gefunden hatten. Wir sind schon gescholten worden, weil wir ausser dem *Führer* keinen anderen Gott gelten lassen wollten.

Das kann alles nichts helfen. Wir suchen weiter unseren Weg zu gehen, der nur gesegnet ist von dem von mir erwählten Schutzherrn Götz von Berlichingen. Wenn das nicht so wäre, müsste es schlecht bestellt sein um meine Sache [...]

[59] *21.3.1939 Deutscher Gemeindetag an Oberbürgermeister Chemnitz*
[...] teile ich mit, daß nach einer mir inzwischen bekanntgewordenen Pressemeldung auf dem Magdeburger Fürstenwall, einer vom Alten Dessauer geschaffenen Festungsanlage, aus einem alten Wartturm aus dem Jahre 1434 und seiner Umgebung ein Ehrenmal als Ruhestätte für 65 Träger des Goldenen Parteiabzeichens geschaffen worden ist. Auf ein ganzes Stück hin wurde an der alten Festungsmauer ein Grufthof angelegt, der dereinst 54 Träger des Ehrenzeichens aufnehmen wird, die sich für die Erdbestattung entschieden haben. Die elf übrigen, die durch Feuer bestattet werden, erhalten Urnenplätze. Der Grufthof wurde mit alten Steinplatten belegt, die in unregelmäßiger Reihe den Raum bedecken. Unter jeder Steinplatte befindet sich eine Gruft aus Beton. Stirbt ein Ehrenzeichenträger, so erhält die Steinplatte eine ornamentierte Tafel aus Eisen mit seinem Namen. Nach der Weihe des Ehrenmals wird jede Stunde ein Glockenspiel vom Turm erklingen. Es stammt aus Bockenem am Harz, wo auch das Sonthofener Spiel für die Ordensburg gefertigt wurde. Das Magdeburger Spiel verwendet Motive aus dem Horst-Wessel-Lied.

[60] *13.5.1939 Anordnung Nr. 111/39 des Stellvertreters des Führers*
Die Repräsentationsverpflichtungen führender Parteigenossen haben in letzter Zeit einen Umfang angenommen, der bei der ständig wachsenden dienstlichen Beanspruchung nicht mehr tragbar erscheint. Die Teilnahme an repräsentativen Veranstaltungen, Banketten usw. aus oft unbedeutendsten Anlässen nimmt den führenden Parteigenossen kostbare Zeit, die für die Behandlung dringender Aufgaben verloren geht. Die NSDAP ist durch Arbeit groß geworden, sie wird, was sie erreicht hat, nur durch Arbeit erhalten und mehren.
Ich ordne deshalb an:
1. Die Teilnahme von Führern und Unterführern der Partei, ihrer Gliederungen und angeschlossenen Verbände an repräsen-

tativen Veranstaltungen [(]Empfängen, Banketten usw.) ist auf das Notwendigste zu beschränken.
2. Empfänge, Bankette usw. durch die Leiter der Dienststellen der Partei, ihrer Gliederungen und angeschlossenen Verbände sind nur bei wirklich wichtigen und notwendigen Anlässen zu veranstalten [...]

[61]   *19.6.1939 Hauptamt für Kommunalpolitik an Otto Behn (Beienrode Kr. Gifhorn)*
[...] soll nicht unerwähnt bleiben, dass es gewisse Rückschlüsse auf Ihren Charakter zuläßt, wenn Sie »bedauern«, Ihren Austritt aus der Partei in Erwägung zu ziehen. Sie scheinen in der NSDAP keinen weltanschaulichen Orden, sondern irgend einen früheren bürgerlichen Verein zu sehen, aus dem man beliebig ein- oder austreten kann, je nach dem, ob man gewisse Vorteile aus ihm zieht oder nicht.

[62]   *3.7.1939 Aktennotiz Reichsorganisationsleiter*
In Schneidemühl (Gau Pommern) wurde ein Fackelzug nach den von uns gegebenen Richtlinien durchgeführt. Der Gauorganisationsleiter meldet, daß beim Hochstrecken der Fackeln die neuen Uniformen, insbesondere auch die Mützen, mit Wachs beschmutzt wurden und einzelne Teilnehmer sich die Uniform verbrannt haben. Brandwunden an den Händen sind ebenfalls vorgekommen.
   Der Gauorganisationsleiter bittet dringend, vom Hochstrecken der Fackeln Abstand zu nehmen, es sei denn, daß die Reichsleitung den Fackelzugteilnehmern den größten Teil der Mützen und Uniformen neu ersetzt.

[63]   *[10.7.1939] GL Magdeburg-Anhalt an Stab Stellvertreter des Führers*
Zur Förderung der Disziplin und Ordnung ist es unerlässlich, die Politischen Leiter nach Gauen und Kreisen zu kennzeichnen.

Die einfachste Lösung wäre ein schmaler Ärmelstreifen um den linken Unterarm. Diese Lösung würde dazu beitragen, daß sich jeder Gau unter sich kontrolliert und daß jeder Politische Leiter, der irgendwie aus der Rolle fällt, von vornherein gebrandmarkt ist. Auch in diesem Jahr konnte folgendes festgestellt werden:

Wenn man auf den Strassen in Nürnberg Uniformierte mit den bekannten 50 Pfg.-Klappstühlen bewaffnet sah, dann war das ein Politischer Leiter. Wenn sich irgendwo ein Uniformierter in eine Strassenbahn rücksichtslos hineinpresste, dann war das ebenfalls ein Politischer Leiter. Wenn irgendwo ein Uniformierter in einem Wurstladen seine Altdeutschen ass, dann war das wiederum ein Politischer Leiter. Beobachtete man Uniformierte mit dicken Zigarren im Maul und die Hände im Hosensack, dann waren das leider Politische Leiter. Das soll nicht heissen, daß sich nun alle anderen Männer der Gliederungen und angeschlossenen Verbände makellos benommen haben. Aber bei den Politischen Leitern war das nun einmal besonders auffällig. Auch die Disziplinlosigkeit in Bezug auf das Grüssen fiel auf. Selbstverständlich kann nicht verlangt werden, daß sich sämtliche 150 000 in Nürnberg anwesende Politische Leiter unter sich grüssen, aber eines ist selbstverständlich, daß ein Blockleiter einen Kreisleiter und daß ein Hoheitsträger einen Gauleiter, wenn er in den Strassen gesehen wird, grüsst.

Es war festzustellen, daß sich die Wehrmacht in Nürnberg untereinander ebenso grüsste wie SS, SA usw. Dagegen konnte man andererseits feststellen, daß ein Blockleiter einen Kreisleiter grundsätzlich nicht respektierte, und es konnte sogar in einem Fall beobachtet werden, daß ein Gauleiter in Uniform, der an seinem Wagen auf dem Bürgersteig stand, von den vorübergehenden Scharen Politischer Leiter nur zu einem ganz kleinen Teil gegrüsst wurde, während ihn die anderen gross anglotzten.

Ganz traurig war das Bild, das sich dem Beschauer während der Regentage bot. Auch hier muss wieder eindeutig gesagt werden, daß die Politischen Leiter es waren, die besonders aus dem Rahmen fielen. So konnte man die Politischen Offiziere der

Partei mit umgehängtem Sackleinen und Ölleinen herumlaufen sehen [...]

[64] *14.7.1939 NSKK-Korpsführer [Adolf] Hühnlein an Reichsorganisationsleiter*
Ich bin in der politischen Armee gegen eine Überspannung der Anzugsarten.

Die *Armee* hat als Staatsorganisation zu repräsentieren. Der Soldat muss neben dem Dienstkleid, mit dem er sich in jede Bodenbeschaffenheit zu legen hat, für Parade- und Gesellschaftszwecke eine schmucke Uniform besitzen.

Die *Partei* darf nie die Aufgabe vergessen, durch ihr Vorbild und durch ihre Haltung die ärmsten, mit irdischen Gütern nicht beglückten Volksgenossen an Volk und Vaterland heran zu führen. Hierzu ist unbedingt notwendig, dass die Partei wie bisher in Einfachheit und Schlichtheit marschiert.

Die Führer der politischen Gliederungen dürfen sich durch prunkvolle Uniformen nicht aus der engen Verbundenheit mit den ärmsten schlichten Volksgenossen äusserlich lösen.

Was die politische Armee heute schon an Uniformstücken besitzt, ist genügend. Der Schwerpunkt liegt darin, dass das, was getragen wird, von politischen Soldaten sauber und korrekt getragen wird. Weiter ist unbedingt notwendig, dass bestimmte Anzugsarten bestimmten Zwecken vorbehalten bleiben. Das ist nicht immer der Fall und diese Differenz stört.

Ich bin gegen die Fangschnur[1] und weiss von vorneherein, dass politische Führer wie der Stellvertreter des Führers, die Parteigenossen Dr. Goebbels und Rosenberg diese Fangschnur nicht tragen, wie sie bisher auch keine grossen Ordensbänder zur Parteiuniform getragen haben.[2] Warum sollen andere dann diese

---

64 [1] Aus Metallgespinst, von der rechten Schulter getragen, zur Parade- und Gesellschaftsuniform der Offiziere (bei Adjutanten auch zum Dienstanzug) gehörend.
[2] Mit betonter Schlichtheit setzten sich einige wenige Parteispitzen, die freilich entweder keine Orden (Rosenberg war nicht im Krieg) oder keine nennenswerten (Hess nur das »Feldfliegerabzeichen«) besaßen, vom gewöhnlichen »Goldfasan« ab und rückten damit an Hitler heran, dessen Stil das war. Nur Göring spielte den Superfasan, aber dessen Stellung gleich hinter dem »Führer« war ja stets und überall unangefochten.

Fangschnur tragen? Sie stellen nicht Neues, nur dem Heere Nachgeahmtes dar.

Die weisse Uniform ist ein *Ausnahme*kleidungsstück, das höhere Führer im Sommer entweder beim Sport und im Büro oder bei Sommerfesten[3] tragen können. Als allgemeines Bekleidungsstück kann diese weisse Uniform nicht in Frage kommen. Die Anschaffung lohnt nicht. Wir müssen in Textilwaren sparen. Auch die klimatischen Verhältnisse in Grossdeutschland stellen ein Auftragen nicht sicher.

Die weisse Wäsche möge nur dem Gesellschaftsanzug vorbehalten bleiben.

Die weissen Handschuhe lehne ich ab.

Die Feldbinde gehört nur zum grossen Gesellschaftsanzug. Ich weiss nicht, was ich mir unter einem Paradeanzug des politischen Soldaten vorstellen soll. Die Armee steht in Parade, die politische Armee marschiert auf. Das Wort »Aufmarsch« gehört nur der Partei und symbolisiert den Marsch der Idee.

Folgende näher erörterte Anzugsarten genügen:

Grosser Dienstanzug:
Braunhemd
Stiefelhose, Marschstiefel
Leib- und Schulterriemen schwarz
Dienstmütze, Sturzhelm oder Feldmütze (nach besonderer Anordnung)
grosse Ordensschnalle
ohne Handschuhe

Kleiner Dienstanzug:
Dienstrock, weisse Wäsche verboten
Stiefelhose, Marschstiefel
Leib- und Schulterriemen schwarz
Dienstmütze, Sturzhelm oder Feldmütze (nach besonderer Anordnung)
kleine Ordensspange möglich
graue Handschuhe

---

[3] Nicht nur Sommer-, sie war »schick«, und sogar Hitler wußte das.

Grosser Gesellschaftsanzug:
(nur von höheren Führern auf Anordnung getragen)
Dienstrock mit weisser Wäsche
lange Hose, Feldbinde
Dienstmütze
grosse und kleine Ordensschnalle möglich
schwarze Schnür- und Zugstiefel
graue Handschuhe

Ausgehanzug (mit weisser Wäsche zugleich *kleiner Gesellschaftsanzug*)
Dienstrock, ohne weisse Wäsche
lange Hose
Dolch untergeschnallt
Dienstmütze
kleine Ordensschnalle möglich
schwarze Schnür- oder Zugstiefel
graue Handschuhe

[65 a, b]
[a] *18.7.1939 Gauleiter-Stellvertreter Düsseldorf Karl Overhues an Ley*
Ich darf mich mit einer persönlichen Bitte an Sie wenden. Seit nunmehr 30 Jahren bin ich passionierter Jäger. Die grosse Jagd in der Burg Vogelsang[1] birgt eine grosse Anzahl von kapitalen Hirschen und Rehböcken. Der Abschuss wird meines Wissens u. a. getätigt von einigen Gauleitern, SA-, SS-Gruppenführern und sonstigen Parteiführern vornehmlich der Westgaue. Es würde für mich eine besondere Freude sein, wenn Sie gestatteten, dass auch ich mit in die Liste der für Hirsch- und Bockabschuss einzuladenden aufgenommen würde, d. h. also, dass mir ebenso wie den Gruppenführern etc. die Gelegenheit, einen guten Hirsch zu schiessen, gegeben wird und dadurch Erholung von der weiss

---

65 [1] Zu den Ordensburgen vgl. Bd. I, Anm. 281-1.

Gott nicht geringer werdenden Arbeit zu finden.[2] Ich glaube keine Fehlbitte zu tun und wäre Ihnen sehr dankbar, wenn Sie eine entsprechende Anordnung geben wollten, zumal die Eröffnung der Hirschjagd vor der Tür steht.

[b]   *4.8.1939 Reichsorganisationsleitung an Overhues*
In Bestätigung Ihres Schreibens v. 18.7.1939 teile ich Ihnen im Auftrage von Stabsleiter Pg. Simon mit, dass Dr. Ley selbstverständlich einverstanden ist, dass Sie in der zur Burg Vogelsang gehörenden Jagd teilnehmen können. Gleichzeitig teile ich Ihnen mit, dass Sie, falls Sie es wünschen, auch in der Gegend, die zur Ordensburg Krössinsee gehört, jagen können.

[66]   *9.8.1939 Reichsorganisationsleiter/Organisationsleitung der Reichsparteitage an die Lagerkommandanten der Zeltlager für den Reichsparteitag 1939*
Auf Grund von Berichten, nach denen in der Umgebung der Zeltlager in den Abendstunden Auftritte mit den dort sich herumtreibenden weiblichen Personen beobachtet worden sind, macht sich zur Vermeidung solcher Vorkommnisse ein Streifendienst für alle Lager notwendig.

Die Lagerkommandanten sind dafür verantwortlich, dass ein regelmässiger Streifendienst um die Lager dafür sorgt, dass sich dieser Betrieb in diesem Jahre nicht wiederholt.[1]

[67]   *11.9.1939 Stab Stellvertreter des Führers an Ley*
Wie dem Stellvertreter des Führers mitgeteilt worden ist, ist vor kurzem ein neues Liederbuch für den Fackelzug der Politischen Leiter herausgegeben worden, in dem in der zweiten Strophe des ersten Liedes von »Juden und Welschen« die Rede ist.

---

[2] Gewöhnlich erholten sich die hohen Parteiführer, ihrem der Jagd absolut abholden Chef folgend, anders. Jagdfans fanden sich vor allem unter den Führern der gern aristokratische Allüren pflegenden und an Töten und Morden gewöhnten SS.
66 [1] Dies erübrigte sich, da der Parteitag ja ausfiel.

Da in Süddeutschland unter den Welschen nur die Italiener verstanden werden, bitte ich Sie im Auftrage, zu veranlassen, dass das Liederbuch mit dem angeführten Lied, insbesondere bei dem nächsten Parteitag, nicht verwandt wird.

[68 a, b]
[a]   *5.10.1939 KrL [Hans] Krahmer (Dingolfing) an GL Fritz Wächtler (Bayerische Ostmark)*
Bis jetzt habe ich alle persönlichen Wünsche zurückgestellt und die zahlreichen offenen und versteckten Anfeindungen und Beleidigungen hingenommen und nach dem Grundsatz gehandelt: »Der Nationalsozialist tut seine Pflicht auf dem Platz, auf den er hingestellt ist.« Nach genügend langer und reiflicher Überlegung bin ich heute zu der Überzeugung gekommen, dass jetzt mein Platz an der Front ist und zwar nicht mit Rücksicht auf meine Person, sondern mit Rücksicht auf die Partei.

Wie sich die Tatsache, dass alle Kreisleiter des Gaues zu Hause sitzen, auf die Stimmung in der Bevölkerung auswirkte und noch auswirkt, brauche ich nicht im einzelnen aufzuführen. Ich habe hierüber in meinen verschiedenen Berichten bereits Mitteilung gemacht.

Ich möchte nur noch einige Blütenlesen zur Sache geben.
Einberufene: »Uns hat er nicht genug Wehrgeist predigen können, wir sind eingezogen und müssen ins Feld, er hockt daheim.«
Geistliche: »Nur die Schwarzen müssen fort, die Braunen dürfen zuhause bleiben.«
Frauen Einberufener: »Sollen die naus, die immer so schön reden können. Das Maul könnens aufreissen, aber wenns zum Treffen kommt, dann hockens hinterm Ofen. Solln die naus mit ihren braunen Gwandl und sollen unsere Männer daheim lassen.«
Witze aus München: Welches ist der Unterschied zwischen einem Winterfeldzug[1] und dem Polenfeldzug? »Im Winterfeldzug sind die Nazi an der Front und schiessen mit Rednerkanonen; im Polenfeldzug sind die Anderen an der Front und schiessen mit Kruppkanonen.«

68   [1] Gemeint vermutlich der alljährliche Propagandaaufwand für das Winterhilfswerk.

Frontberichte von der äusseren und der inneren Front:
Die grauen Kämpfer haben Warschau eingenommen, die braunen Kämpfer haben München besetzt.
Zu einer Bekanntmachung im V. B.[2], in der darauf hingewiesen wird, dass bei den Versammlungen »namhafte Redner, sämtliche ehemalige Frontkämpfer«, sprechen, ist ein weiterer Kommentar nicht notwendig.
Wie das Ansehen der zuhause gesessenen Parteidienstträger bei den Frontkämpfern und auch bei der Heimatbevölkerung später ausschauen wird, darüber kann man sich im Hinblick auf die bis jetzt gemachten Erfahrungen bereits ein Bild machen. Was einem Redner alles passieren kann, der in einer Versammlung spricht, an der junge Frontkämpfer oder Familienangehörige von Gefallenen teilnehmen, kann man sich auch ausmalen.
Ich glaube, hier abbrechen zu können, da Sie, Gauleiter, ja selbst wissen, was es für die gesamte Partei bedeutet, wenn man ihre Funktionäre zu Drückebergern stempelt [...]
Nicht umsonst ist der Führer unverzüglich an die Front. Nicht umsonst haben sich alle anderen führenden Persönlichkeiten auch an der Front gezeigt. Sie wissen genau, welches Plus sie sich damit einbringen im Hinblick auf ihre Stellung zum Volk, und zum Andern, welche Bereicherung das für ihr Seelenleben bedeutet. Diese Bereicherung brauchen alle, die an verantwortlicher Stelle sitzen, recht notwendig, da auch nach dem gewonnenen Krieg die Kämpfe nicht aufhören. Es werden dann die Ziele nur noch weiter und grösser gesteckt sein. Der Führer und seine Mitarbeiter sichern sich für den weiteren Verlauf des Krieges und für die Zeit nach dem Kriege das Positivum des Fronterlebnisses.
Uns kleinen Leuten, die wir die Aussenstellen der Volksführung darstellen, will man das Fronterlebnis[3] vorenthalten [...]
Eine Bitternis erfasst mich immer, wenn ich über diese Angelegenheit etwas zum Nachdenken komme. Sie erfasst mich, so oft ich ungezählte Male auf der Strasse deswegen angesprochen wer-

---

[2] Völkischer Beobachter, das Zentralorgan der NSDAP.
[3] Viel gab es da im Oktober 1939 freilich nicht mehr zu erleben.

de, weil ich noch nicht eingerückt sei, so oft ich in eine Familie komme, von der ein Familienmitglied an der Front steht, so oft ich zu den Angehörigen eines Gefallenen komme, um das Beileid auszusprechen. Gauleiter, ich sage es Ihnen offen, ich schäme mich bei solchen Angelegenheiten. Ich bitte Sie um eines, geben Sie mich für die Front frei [...]

[b]   *10.10.1939 Wächtler an Krahmer*
[...] Die Gründe, die Sie für sich persönlich anführen, gelten für alle Hoheitsträger, die gezwungen sind in der Heimat Dienst zu tun – mich nicht ausgenommen. Ihre Gefühle sind auch unsere Gefühle. Wir alle hätten also dasselbe Recht wie Sie unseren Gefühlen nachzugeben und aus unseren jetzigen Dienststellen zu desertieren [...]
 Es gibt auch oder besonders in der jetzigen Zeit eine höchste Ehre für uns alle: Dienst an der Stelle zu tun, an die uns der Führer gestellt hat. Führer befiehl, wir folgen!

[69]   *16.11.1939 Reichsschatzmeister an Gauschatzmeister Franken*
Ich bin nicht in der Lage Ihrem Vorschlag zuzustimmen, »durch einen kleinen Hinweis« Firmen in Franken zur Hergabe von Spenden für die NSDAP zu veranlassen, da jede Form der Spendenwerbung, auch wenn sie noch so geschickt und taktvoll vorgenommen wird, eine Sammlung im Sinne der Sammlungsordnung der NSDAP vom 4. Juli 1935[1] darstellt. Soweit solche Spendenwerbungen bei Unternehmen der Wirtschaft durchgeführt werden, verstoßen sie ausserdem auch gegen das Sammelverbot des Stellvertreters des Führers zugunsten der Adolf-Hitler-Spende der deutschen Wirtschaft.[2]
 Spendenwerbungen für die NSDAP entsprechen aber auch nicht der Würde der staatstragenden Bewegung.
 Ich muß leider immer wieder die Feststellung machen, daß be-

---

69 [1] Erlassen, um die Konkurrenz der wilden Sammelei regionaler und lokaler Parteigrößen sowie der Gliederungen usw. (vgl. Nr. 86) zu beseitigen und die ganze Schnorrerei zentral zusammenzufassen.
[2] Vgl. Anm. 13-1.

züglich des Begriffes einer »freiwilligen Spende« der weitverbreitete Irrtum besteht, daß es sich dann nicht um eine auf Grund der Sammlungsordnung der NSDAP genehmigungspflichtige Sammlung handelt, wenn die Spende »freiwillig« gegeben wurde und vielleicht sogar noch eine »Freiwilligkeitserklärung« des Spenders vorliegt.

»Freiwillig« ist aber schließlich jede Spende, die bei einer Sammlung oder sammlungsähnlichen Veranstaltung gegeben wird; es gehört geradezu zum Begriff einer Sammlung, daß die Mittel freiwillig gegeben werden, das heißt, daß die Hergabe der Spenden nicht auf einer gesetzlichen oder satzungsmäßigen Verpflichtung beruht. Maßgebend ist aber in Wirklichkeit für das Vorliegen einer nicht genehmigungspflichtigen Spende lediglich, ob der Spender wirklich *unaufgefordert* gegeben hat oder ob er in einer, wenn auch noch so vornehmen und taktvollen Form mündlich oder schriftlich aufgefordert oder auf Umwegen durch dritte Personen mit mehr oder weniger sanftem Nachdruck zur Hergabe einer Spende veranlaßt worden ist.

Unter dem moralischen Zwang, nicht den Eindruck zu erwecken, daß sie der Partei oder den Gliederungen nicht sympathisch oder hilfsbereit gegenüber stünden, sind vielfach Spender auch bereit, ihnen vorgelegte sogenannte »Freiwilligkeitserklärungen« auch zu unterschreiben. Diese Erklärungen widersprechen aber meistens insofern den Tatsachen, als die Spenden gewöhnlich nur auf mehr oder weniger nachdrückliche Aufforderung hin unter moralischem Zwang hergegeben wurden.

Vielfach beklagen sich dann nachträglich die »freiwilligen Spender«, sie hätten nicht anders gekonnt als einen bestimmten Betrag zu bezahlen, weil sie sonst befürchten müßten, einer falschen Beurteilung ausgesetzt zu sein [...]

[70] *2.12.1939 Gauobmann Oberst a. D. Lütgendorff (NS-Kriegsopferversorgung Gau Wien) an GL Josef Bürckel (Wien)*
Anknüpfend an meinen gestern erstatteten mündlichen Bericht, betreffend die mir drohende Erschwerung in der Versorgung mei-

ner Schützlinge mit Tabakgeschäfts-Lizenzen, habe ich Ihnen, Gauleiter, zum Schluss eine falsche Auskunft gegeben.

Ich erfasste dummerweise nicht sofort, welche Personen Sie meinen, als Sie von Witwen nach »Gehenkten« sprachen.

Natürlich meinten Gauleiter die Frauen nach unseren von der Systemregierung ermordeten Parteigenossen.[1]

Da die NSKOV aber nicht nur die Kriegsopfer, sondern auch die Parteiopfer und deren Hinterbliebene zu betreuen hat (der Name Kriegsopferversorgung ist ja schon lange irreführend und daher reformbedürftig) – so bekommt eine Witwe nach einem »Gehenkten« daher nicht nur eine Trafik schlechtweg von mir, sondern die *jeweils beste Trafik,* die zur gegebenen Zeit überhaupt frei ist!

Allerdings kann ich zu diesem Versprechen nur so lange stehen, so lange der Gauamtsleiter des Amtes für Kriegsopfer da etwas zu reden hat und nicht nur (mehr – minder huldvoll) *»angehört«* wird, wie es das Reichswirtschaftsministerium plant.

[71 a, b]

[a]   *2.12.1939 NSDAP-KrL Ahaus – Coesfeld an Major a. D. Graf Franz v. Galen*[1] *(Haus Merfeld üb. Dülmen)*

Seitens der Kreisamtsleitung des Amtes für Volkswohlfahrt wird mir mitgeteilt, dass Sie bis heute noch nicht Mitglied der NSV sind. Ich kann nicht annehmen, dass Ihrerseits hier eine Böswilligkeit vorliegt, zumal Sie Ihre Pension als Major a. D. doch letzten Endes nur dem nationalsozialistischen Staat zu verdanken haben. Sie wollen daher bitte die beigefügte Aufnahmeerklärung für die NSV vollziehen und unter Benutzung des Freiumschlages diese hier zurücksenden.

Weiter wird mitgeteilt, dass Ihre Spenden zum Opfersonntag und dergleichen nicht Ihren wirtschaftlichen Verhältnissen entsprechen. Wenn diese Einzelspende auch unabhängig von ihrer

70   [1] Der Gauamtsleiter und Oberst a. D. benutzt also nicht nur die verpönte dritte Person in der Anrede (vgl. Nr. 110), sondern hat offenbar auch »dummerweise« die Witwen der von den Nazis Ermordeten für versorgungsfähig gehalten.
71   [1] Ein knapp zwei Jahre jüngerer Bruder des Bischofs von Münster.

Höhe in jedem Falle ein wert-loser Baustein für das Kriegswinterhilfswerk des Führers ist, so ist die Gesamthöhe des aufgebrachten Betrages des Kriegswinterhilfswerkes doch von ausschlaggebender Bedeutung für den Sieg unseres Volkes.

Es wird Sie nicht überraschen, wenn ich Ihnen mitteile, dass ein wesentlicher Teil der übrigen Volksgenossen Merfelds sich stark von der Höhe Ihrer Spende beim Opfern beeinflussen lässt, und wird ein Ihren tatsächlichen wirtschaftlichen Verhältnissen entsprechendes Opfer auch das gesamte Ergebnis von Merfeld wesentlich beeinflussen.

Ich darf Sie also auch hier bitten, Ihrer finanziellen Lage entsprechend zu opfern, und erinnere Sie an die Worte des Führers, mit denen er uns eindeutig sagt, dass ein Opfer heute mehr denn je nichts anderes als Pflichterfüllung bedeutet.

[b] *8.12.1939 Kgl. Pr. Major a. D. Franz Graf v. Galen an KrL Ahaus–Coesfeld*

Es wird Ihnen nicht unbekannt geblieben sein, dass in der deutschfeindlichen Auslandspresse schon seit Jahren behauptet wird, die Leistungen der NSV und des WHW bezeugten gar keine freiwillige volksgemeinschaftliche Errungenschaft, sondern seien das Ergebnis eines systematischen Druckes moralischer und materieller Art bezw. eine getarnte Steuer. Ich nehme nicht an, dass Sie mit Ihrem Schreiben vom 2. ds. Mts., dessen Empfang ich dankend bestätige, bewusst die Gefahr in Kauf haben nehmen wollen, ein Argument für diese Auffassung zu liefern. Meine Antwort wird jedenfalls von der Tatsache beherrscht sein, dass ich obige Ansicht der Auslandspresse nicht teile.

Ausgehend also von dem Grundsatz der absoluten Freiwilligkeit des Beitritts zur NSV und der Bemessung der WHW-Spenden, bemerke ich vorweg, dass auch meine nachfolgende Stellungnahme eine ganz ungezwungene und freiwillige ist, die ich Ihnen, wenn überhaupt, nur aus Gründen der Höflichkeit schulde.

Ein Beitritt zur NSV kommt für mich aus grundsätzlichen Erwägungen nicht in Frage. Ich gehöre seit Jahrzehnten dem Deutschen Caritas-Verband an [...] Eine Doppel-Mitgliedschaft aber lassen meine wirtschaftlichen Verhältnisse als kinderreicher Familienvater leider nicht zu.

Damit komme ich zu der Kritik, die Sie an meiner Haltung gegenüber dem WHW glauben üben zu müssen. Hier sind Sie offenbar falschen – vielleicht gar böswillig falschen – Informationen zum Opfer gefallen. Meine wirtschaftlichen Verhältnisse sind ausser mir selbst nur den Steuerbehörden genau bekannt. Da letztere durch das Steuergeheimnis gebunden sind, können die Ihnen zugegangenen Nachrichten wohl kaum auf zuverlässigen Unterlagen beruhen. Damit ist aber auch Ihrer Kritik der Boden entzogen.

Zum Schluss noch ein Wort über meine Pension, die Sie besonders erwähnen zu sollen glauben. Diese wurde mir auf mein Abschiedsgesuch vom Dezember 1928 – ich war zuletzt erster Generalstabsoffizier beim Generalkommando des XIV. A.K. – im Mai 1919 bewilligt und seither anstandslos gezahlt. Ich habe in den auf die Bewilligung folgenden 14 Jahren niemals das Gefühl gehabt, dass ich die Pension etwa »letzten Endes nur der Weimarer Republik zu verdanken« gehabt hätte, obwohl es damals genug einflussreiche Leute gab, die eine solche Geisteshaltung von uns alten Königlich Preussischen Offizieren erwarteten, ja sogar forderten. Ich habe vielmehr stets das Bewusstsein gehegt, mir die gesetzliche Pension in jahrzehntelanger ehrenvoller Laufbahn im Dienst von König und Vaterland verdient zu haben. Dieses Bewusstsein habe ich unverändert auch jetzt, nachdem der nationalsozialistische Staat an Stelle der Weimarer Republik die Rechtsnachfolge des Königlich Preussischen Militärfiskus angetreten hat.

[72]   *20.12.1939 Staatspolizeileitstelle Wien an den Beauftragten der NSDAP für außenpolitische Fragen im Stab Stellvertreter des Führers*

[...] Seit einigen Jahren war im Erdgeschoss des Hauses Wien VII. Mondscheingasse 18 ein Spiellokal untergebracht, wo den Besuchern gegen Entrichtung einer festgesetzten Gebühr von 60 bezw. 67 Rpf pro Stunde Tischtennis oder Billard nebst verschiedenen Spielautomaten zur Verfügung gestellt wurden. Das Lokal war täglich von

15–21 Uhr, bezw. in letzter Zeit von 17 bis 22 Uhr geöffnet und wurde vom Besitzer, dem Schweizer Staatsangehörigen Arthur Laissue, der sich vorwiegend im Kassenraum aufhielt, beaufsichtigt [...]

Wie durch umfangreiche Ermittlungen und Vernehmungen festgestellt wurde, wurde die »Tischtennishalle Neubau« schon vor dem Umbruch von Jungariern als auch von jüdischen Jugendlichen beiderlei Geschlechts besucht. Auch nach dem Umbruch liess es der Inhaber den Juden freigestellt, das Lokal zu besuchen, was zur Folge hatte, dass gerade in der Zeit, wo den Juden der Besuch von Kino und Theater verboten war, die jüdischen Jugendlichen häufiger als sonst die Tischtennishalle aufsuchten. Obwohl dem Arthur Laissue, der seit Jahrzehnten in der Ostmark lebt, die Rassenbegriffe und Ideengüter des Nationalsozialismus bekannt sind, trug er keine Vorsorge dafür, dass die arischen und jüdischen Besucher seines Spiellokales voneinander abgesondert würden. Er duldete vielmehr, dass Juden mit Ariern spielten und sich Judenmädels, die nicht am Spiel teilnahmen, im Lokal herumtrieben.

Nach übereinstimmenden Zeugenaussagen haben dort sogar im Herbst und Winter 1938/39 wiederholt Arier mit Judenmädeln zur Schallplattenmusik getanzt. Bei dieser Gelegenheit begaben sich häufig Jungarier mit Judenmädels in einen vom Spielsaal zu den Klosettanlagen und zu einem anderen meist im Dunkeln liegenden Raum führenden Gang, wo sie sich dann vorübergehend aufhielten. Dass es dort zwischen den Jungariern und den Judenmädels zu Zärtlichkeiten oder gar zum Geschlechtsverkehr gekommen ist, konnte zwar nicht festgestellt werden, doch wird dadurch das Verhalten des Arthur Laissue, der sich um solche Vorgänge überhaupt nicht kümmerte, in kein günstiges Licht gerückt.

Arthur Laissue suchte vielmehr das Erscheinen von Juden in seinem Lokal stets damit zu begründen, dass er infolge des schlechten Geschäftsganges auf den Besuch der Juden angewiesen sei. Schon früher und besonders in der letzten Zeit kam es daher zu verschiedenen Meinungsverschiedenheiten unter den Besuchern, die sogar zeitweise in tätliche Auseinandersetzungen ausarteten.

Diesen Zuständen glaubte nun der HJ-Scharführer Robert Haslinger durch eine eigenmächtige Aktion ein Ende setzen zu müssen. Am 20. März 1939 begab er sich mit ungefähr 17 Hitlerjungen in die »Tischtennishalle Neubau«, verlangte, nach einem kurzen Handgemenge mit den dort anwesenden Besuchern, dem Arthur Laissue die Schlüssel des Lokales ab und erklärte das Lokal als beschlagnahmt. Bei dem angeführten Handgemenge wurden einige Fensterscheiben und eine Ofenwand aus Holz beschädigt. Haslinger sperrte das Lokal ab und nahm die Schlüssel an sich.

In der Zeit vom 20. bis zum 22. März 1939 wurde das Lokal von unbekannten Tätern[1] erbrochen, das vor dem Eingang befindliche Scherengitter herausgerissen, die Lichtleitung zerstört und ein Teil der Einrichtungsgegenstände zertrümmert. Haslinger, der das Lokal am 22. März 1939 in dem obengeschilderten Zustand vorfand, wollte die noch brauchbaren Einrichtungsgegenstände, um sie vor fremden Zugriffen zu schützen, in das HJ-Heim fortschaffen. Er wurde jedoch durch das Einschreiten der Schutzpolizei daran gehindert [...]

[73]   *4.1.1940 Anordnung A1/40 des Stabsleiters des Stellvertreters des Führers an alle RL und GL*
Beim letzten Besuch der Reichs- und Gauleiter beim Führer berichtete die Auslandspresse schon nach kürzester Zeit in aufgebauschter Form von dieser Einladung. Um zu verhindern, dass solche Zusammenkünfte der Reichs- und Gauleiter beim Führer wieder zu hochpolitischen Ereignissen gemacht werden, ist auf Anordnung des Führers in Zukunft Folgendes zu beachten, *wenn nicht ausdrücklich Erscheinen in Uniform befohlen ist.*
1. Die Reise nach Berlin und zum Standort zurück ist jeweils in Zivil zurückzulegen. Soweit Hin- und Rückreise mit Wagen erfolgt, ist ohne Stander zu fahren.
2. Über den besonderen Zweck derartiger Reisen ist strengstes Stillschweigen zu bewahren.

---

72   [1] Sie konnten »trotz eifriger Nachforschungen nicht ermittelt werden«.

3. Für die Übernachtung in Berlin sind, soweit einzelne Reichs- und Gauleiter nicht bisher schon nur von ihnen allein benutzte Hotels aufsuchen, in erster Linie kleine Hotels oder Pensionen in Anspruch zu nehmen. Diese besonderen Unterkünfte müssen schon jetzt unauffällig an Hand der beiliegenden, zusammen mit dem SD aufgestellten Liste ausgesucht werden.
Die entsprechenden Anschriften und Fernrufnummern der neuen Unterkünfte in Berlin bitte ich meiner Dienststelle in München unter Fernruf 51 931 mitzuteilen.
Falls einzelne Reichs- oder Gauleiter die Möglichkeit haben, Berlin noch an dem Abend der Zusammenkunft beim Führer zu verlassen, ist dies einer Übernachtung vorzuziehen.
4. Die grossen Hotels, wie z. B. der Kaiserhof[1], müssen *bei derartigen Gelegenheiten* nach Möglichkeit gemieden werden. Ebenso ist darauf zu achten, dass die Reichsleiter und Gauleiter bei derartigen Anlässen nicht in grösserer Anzahl gemeinsam in Hotels oder in der Öffentlichkeit in Erscheinung treten.
5. Beim Aufsuchen und Verlassen der Reichskanzlei haben die Reichsleiter und Gauleiter mit den Anfangsbuchstaben A – F einschliesslich den Eingang Kanzlei des Führers, Voßstr. (SS-Posten), G – L einschliesslich den Eingang Wehrmachtsadjutantur, Voßstr. (Posten der Wehrmacht), M – R einschliesslich den Eingang Adjutantur des Stabschefs der SA, Voßstr. (Posten der SA-Standarte Feldherrnhalle), S – Z den Eingang Wilhelmstr. 78 (Wohnung des Führers) zu benutzen. Die Reichsleiter und Gauleiter werden von den für sie bestimmten Eingängen aus in die Reichskanzlei geleitet.
Die Benutzung von Fahrzeugen von und zur Reichskanzlei ist bei solchen Anlässen im Umkreis von 1000 m verboten. Falls Wagen verwandt werden, sind sie an der Tausendmeterzone zu entlassen und auf Abruf wieder an eine Stelle ausserhalb der Tausendmeterzone zu bestellen.

---

73 [1] Gleich am Wilhelmplatz, Hitlers Quartier in der »Kampfzeit« und auch jetzt noch als Absteige bei den Parteiführern beliebt.

6. Die Anordnung gilt nur in den Fällen, in denen bei Einladungen in die Reichskanzlei Zivil befohlen ist.

Zusammenstellung
der von der Staatspolizeileitstelle Berlin und vom SD-Leitabschnitt Berlin namhaft gemachten Hotels und Pensionen.[2]

Pension »Lux«	Kurfürstendamm 182
Pension am Knie	Charlbg., Hardenbergstr. 37
Pension »Espe«	Potsdamerstr. 100
Pension Bechthold	Kantstr. 4
Pension »Carelli«	Viktoria-Luise-Platz 10
Pension Wisotzki	" " " 1
Pension »Marie-Luise«	" " " 12 a
Pension Haffer	Insbruckerstr. 1
Hotel-Pension »Roxi«	Kurfürstendamm 34
Hotel »Wilhelma«	Knesebeckstr. 56/57
Hotel »Stefania«	Kurfürstendamm 45
Hotel »Krausen-Hof«	Krausenstr. 8
Hotel »Zentrum«	Zimmerstr. 78
Hotel-Hospiz »Am Gendarmenmarkt«	Mohrenstr. 27/28
Hospiz im Zentrum	An der Schleuse 5
Hotel Paul Eick	Bln.-Steglitz, Berlinickestr. 15
Hotel Hardenberg-Palast	" -Charl., Hardenbergstr. 2
Hotel »Villa Majestic«	" -Wilmersd., Brandenburgischestr. 47
Hotel »Nix«	Klosterstr. 42
Hotel »Savoy«	Fasanenstr. 9
Hotel am Zoo	Kurfürstendamm 25
Hotel Zooeck	" 23
Hotel Steinplatz	Uhlandstr. 97
Hotel Kurfürst	Kurfürstendamm 17

[2] Die meisten also im »neuen Westen« und fast alle weit weg von der Voßstraße.

[74] 28.4.1940 *Polizeipräsident SS-Oberf. Dr. [Benno] Martin (Nürnberg) an SS-Gruf. [Karl] Wolff, Chef Persönlicher Stab Reichsführer-SS*
Ich bitte, mich in *nachfolgender dringlichster* Angelegenheit unmittelbar an Sie mit der Bitte um Unterstützung wenden zu dürfen:
1. Durch Fernschreiben vom 27.4.1940 ist mir heute nachts der *Befehl des Reichsführers* übermittelt worden, dass der gesamte Komplex »Gauleitung Franken« in der *Telefonüberwachung* sofort *abgeschaltet* wird. Hiebei sind *elf* Schaltungen namentlich aufgeführt.
2. Die Abschaltung im *gegenwärtigen* Augenblick wird sich m. E. *verheerend* auswirken. Streicher holt seit einigen Wochen in gerissenster Weise zu einer immer grösseren Aktivität aus.[1] Seine Besuche in Nürnberg mehren sich; in der vergangenen Woche war er *täglich* in Nürnberg, zeigte sich auf der Strasse und ging, wie einst, in der Badehose in seinem von ca. 20 Mietsparteien einzusehenden Park des Cramer-Klett-Palais spazieren. Auf neugedruckten Drucksachen (für Feldpostsendungen, Zuwendungen am 1. Mai usw.) präsentiert er sich *in hervorgehobenem Druck ostentativ* als »*Euer Gauleiter*«. Über dieses Ansteigen der Aktivität, das sich noch in vielen anderen Tatbeständen zeigt, erfolgt von mir in diesen Tagen ein unmittelbarer Eilbericht an SS-Oberführer Müller.[2]
3. Wenn, wie ich gehört habe, der genannte Befehl des Reichsführers auf einen Wunsch der allerhöchsten Stelle zurückgehen soll, wird wohl eine Zurücknahme oder Sistierung dieses Befehls nicht möglich sein. *Ich bitte dann aber dringend, doch diejenigen Schaltungen weiter zu belassen, welche mit dem Komplex Streicher unmittelbar gar nichts zu tun haben.* Diese Schaltungen sind:
a.) Nr. 222 (Wurm) und 223 (Antijüdische Weltliga).
Hier handelt es sich in beiden Fällen um das sog. »aussenpoli-

74 [1] Zu St. vgl. Bd. I, Nr. 338 und 469. – Polizeipräsident Martin war einer der Anführer der Anti-St.-Fronde in Nürnberg.
[2] Hans M., der Persönliche Referent Bormanns.

tische Büro« des Stürmerherausgebers Julius Streicher. Der Leiter, ein gewisser Wurm[3], war wegen seines Geisteszustandes bereits in klinischer Beobachtung. Dieses Büro schleift immer wieder die merkwürdigsten Ausländer nach Nürnberg, mit denen die Gestapo ständig unter dem Gesichtspunkt der Abwehr die tollsten Schereien hat. Augenblicklich schweben geheime staatspolizeiliche Beobachtungen wegen eines in diesem Büro angefallenen Komplexes, der an Landesverrat grenzt. Die weitere Überwachung dieses Büros ist – völlig unabhängig vom Komplex Franken und Streicher – von eminentester staatspolizeilicher Bedeutung; die Unterlassung dieser Beobachtung halte ich *bei Kenntnis dieser Zusammenhänge* für einen Fehler von unübersehbaren Folgen.
b.) *Nr. 235 (Vogelsberger).*
Hier handelt es sich um eine denkbar übel beleumundete Frauensperson, welche auf Grund ihrer früheren geschlechtlichen Beziehungen zu Streicher bis vor etwa 8 Wochen als Angestellte in der Gauleitung Franken der NSDAP beschäftigt werden *musste*. Sie wohnt mit ihrer Schwester zusammen, welche in früheren Jahren die Besitzerin eines Bordells gewesen ist. Diese Frauensperson wurde nach der Verabschiedung Streichers aus der Gauleitung Franken der NSDAP sofort fristlos entlassen; es war ein ganz seltener Fall der völligen Einmütigkeit aller führenden Personen der Gauleitung Franken der NSDAP. Ohne dass bis jetzt gegen die Vogelsberger etwas nachweisbares vorliegt, ist sie doch als Herd kommender Intriquenspiele zu betrachten und bedarf daher einer besonderen Beobachtung. Diese Schaltung hat mit Gauleiter Streicher, wie schon gesagt, gar nichts zu tun.
c.) *Nr. 236 (Schneider).*
Hier handelt es sich um die Sängerin Obholzer des Nürnberger Stadttheaters. Sie stand oder steht mit dem bisherigen Adjutanten des Gauleiters Streicher, Kreisleiter Seiler[4], in

---

[3] Paul W.
[4] Julius S.

geschlechtlichen Beziehungen. Mit Streicher selbst hat sie gar nichts zu tun. Sie ist eine Frau, die ebenfalls starke Neigung zum intrigieren hat und mit besonderer Aufmerksamkeit alle politischen Vorgänge in Nürnberg verfolgt und sich darüber äussert. Die Telefonüberwachung hat bisher der Geheimen Staatspolizei vielfach wertvolle Hinweise gegeben. Tatbestände, welche zu einem staatspolizeilichen Zugriff reichen würden, liegen bis jetzt nicht vor, können aber jederzeit anfallen.

d.) Nr. 221 (»Stürmer«).
Der Stürmer-Verlag hat – ebenfalls wieder abgesehen von der Person Streicher's – nicht nur staatspolizeiliches, sondern auch kriminalpolizeiliches Interesse im höchsten Masse beansprucht. Ich erinnere nur an die erpresserischen Methoden zur Herbeiführung von Abonnenten. Augenblicklich ist wieder ein besonders krasser Fall vom Stürmer-Verlag (Erpressungen zum Ankauf des Buches »Hofjuden« in grossen Mengen) bei Gericht; der Verfasser des Buches »Hofjuden«, Peter Deeg[5], und 2 Stürmer-Werber befinden sich in Untersuchungshaft. Ähnliche Fälle kommen alle paar Tage zu Ohren der Geheimen Staatspolizei bzw. der Kriminalpolizei. Die Telefonüberwachung des »Stürmer«-Verlages ist hierbei von allergrösster Wichtigkeit. Die Abschaltung würde die intensiven polizeilichen Bemühungen, diese verbrecherischen Zustände abzustellen, vollkommen lahm legen.
[...]

[75] *1.7.1940 Int. Schr. Reichsschatzmeister*
1. Der Reichsschatzmeister wünscht nicht, daß männliche hauptberuflich Beschäftigte im Dienst in der Lederhose erscheinen.

---

[5] Ein Protegé Streichers, den er trotz fehlender Qualifikation der Berliner Universität aufgenötigt und dort am 10.1.1939 in der Antrittsvorlesung selbst eingeführt hatte – der absolute Tiefpunkt in der Geschichte der dabei unverblümt verhöhnten deutschen Universitäten.

2. Für weibliche Angestellte ist das sogenannte »Dirndl« gestattet, jedoch ist von den Dienststellenleitern darauf zu achten, daß besonders auffälliges oder operettenhaftes Aussehen vermieden wird.

[76]   *10.7.1940 Stabschef der SA [Viktor] Lutze an SA-Brif. Richard Schaller (Oslo)*
Obwohl ich in Ihrer dienstlichen Verwendung als Gebietskommissar in Norwegen keinen Grund zum Übertritt zur SS sehe und obwohl mir Ihre Haltung der SA gegenüber unverständlich ist, stelle ich fest, dass von mir noch niemand gehalten worden ist, der gehen wollte.
Der SA-Mann war immer uneigennützig und Idealist und hat als solcher den grössten Kampf und die grössten Opfer getragen, ohne allerdings dabei äusserlich zu werden oder von einer Uniform abhängig zu sein. Wenn Sie nun anders denken und demzufolge auch handeln wollen, erteile ich Ihnen selbstverständlich die Genehmigung zum Übertritt zur SS sehr gern.

[77]   *13.9.1940 Schwarz an Göring*
Sie haben anläßlich der Entjudung des Grundbesitzes in der Stadt der Reichsparteitage Nürnberg der NSDAP in großzügiger Weise den Betrag von einer Million Reichsmark zur Verfügung gestellt.
   Nur dadurch war es möglich, den meisten Nürnberger Parteidienststellen parteieigenen Grundbesitz zu beschaffen, was besonders für die Stadt der Reichsparteitage von großer Bedeutung ist.
   Erlauben Sie, daß ich Ihnen meinen und der Gauleitung Franken wärmsten Dank für das gezeigte Entgegenkommen ausspreche.

[78]   *1.2.1941 KrL Marktheidenfeld–Karlstadt an Stv. GL Mainfranken*
Wir haben im Kreisgebiet Marktheidenfeld–Karlstadt heute noch nicht weniger als 2 Judenfriedhöfe. Der Judenfriedhof in Lauden-

bach steht sogar unter Naturschutz. Ich glaube, dass dieser Zustand bestimmt einer Bereinigung bedarf und schlage deshalb vor, im Gau Mainfranken nur einen einzigen Judenfriedhof offen zu lassen und die anderen Judenfriedhöfe zu schliessen und den Boden einem gesunden Zwecke zuzuführen.

[79] *5.3.1941 KrL Burk (Lahr) an GL Robert Wagner (Straßburg)*
Betr. Kreisrichter Pg. Dr. Friedrich[1],
z. Zt. I. Beigeordneter Colmar.
Der Obige war als Bürgermeister in Lahr tätig, ist jetzt in Colmar, und war seit fast 4 Jahren hier als Kreisrichter tätig.

In seiner Eigenschaft als Kreisamtsleiter habe ich zahlreiche Parteitrauungen mit ihm durchgeführt, wobei er die standesamtliche Trauung durchführte, ich selbst anschl. Ringwechsel usw. Diese Art der Durchführung hat sich gut bewährt und tut der Kirche den größten Abbruch.

Am letzten Samstag, dem 1. März, hat sich nun Pg. Dr. Friedrich kirchlich trauen lassen, obwohl er seit 14.7.1939 aus der Kirche ausgetreten ist.

Die kirchliche Trauung fand in der Wohnung des Schwiegervaters, des bekannten Freimaurers Nestler, statt, der Altar wurde in der Schreinerei der Fabrik hergestellt.

Diese bodenlose Charakterlosigkeit hat in den Kreisen der alten Pgs. ungeheure Erregung ausgelöst, weil diese Trauung *für die Kirche* ein ungeheurer Triumph ist. Das Verhalten des Pg. Dr. Friedrich ist in meinen Augen eine Diffamierung der Partei, wie sie größer nicht vorkommen kann, und wirft uns auf lange Zeit zurück. Wenn ein kleiner pol. Leiter auf einem Dorf einen solchen Schritt tut, läßt es sich schließlich noch verzeihen. Ein Mann aber, der als Kreisrichter die Ehre und das Ansehen der Partei vertreten soll, der selbst eine Reihe Parteitrauungen durchgeführt hat, und sich dann durch eine kirchliche Trauung direkt zur Par-

79 [1] Heinrich F.

tei in Gegensatz stellt, ist m. E. nach in jeder Hinsicht untragbar
[...]
Ich bitte nun den Gauleiter die notwendigen Schritte zu unternehmen, denn die Parteigenossen und ganz besonders die politischen Leiter erwarten Ihre Entscheidung mit größter Spannung. Schließlich leidet die Partei und das Ansehen der Partei ungeheuer, wenn ein solcher Mann als Charakterlump bezeichnet wird.

[80]   *2.5.1941 Stabsleiter Claus Selzner (Reichsorganisationsleiter) an Bürgermeister Philipp Wilhelm Jung (Wien)*
In Beantwortung Deines Schreibens vom 25.4. teile ich Dir mit, dass Dr. Ley für den Fall, dass noch keine endgültige Bestimmung vorliegt, entschieden hat, dass die Fabrikation des Volkskühlschrankes zum Teil nach Wien verlegt wird.

[81 a, b]
[a]   *7.5.1941 Rdschr. Bormanns an alle GL*
Betr. Aberglaube, Wunderglaube und Astrologie als Mittel staatsfeindlicher Propaganda.
In letzter Zeit haben konfessionelle und okkulte Kreise durch bewusste Verbreitung von Wundergeschichten, Prophezeihungen, astrologischen Zukunftsbeschreibungen usw. wieder vermehrt Unsicherheit und Verwirrung in die Bevölkerung zu tragen versucht.
So wurden in Wort und Schrift systematisch Hölle und Teufel, Fegefeuer und Weltuntergang mit allen Schrecken den Volksgenossen eindringlich dargestellt, sagenhafte Visionen und Wunderheilungen verbreitet und konfessionelle Weissagungen über die angebliche politische und militärische Zukunft durch Flüsterpropaganda ins Volk getragen.
Der Handel mit Heiligenbildern, Medaillen und Amuletten zu persönlichem Schutz gegen Fliegerbomben blüht ebenso wie das konfessionelle Kettenbriefunwesen. Bezeichnend ist ein Fall, in dem nach der Predigt eines Pfarrers vom Weltuntergang sich zahlreiche Frauen auch aus weiteren Umkreisen Kerzen und Streichhölzer kauften, die sie von dem Pfarrer weihen liessen.

Ferner nutzen Wahrsager, Hellseher, Sterndeuter und Kartenlegerinnen gerade jetzt die natürliche Spannung aus, mit der die Volksgenossen die weitere politische und militärische Entwicklung des Krieges erwarten.

Es handelt sich hier teils um systematische konfessionelle Propaganda, teils um gedankenlose Nachschwätzerei sensationslüsterner Menschen, die auf die volksfeindlichen Machenschaften von Elementen hereinfallen, die die Furchtsamkeit gewisser Menschen für ihre Macht oder ihre Geschäfte missbrauchen.

Diese Vorgänge zeigen, wie wichtig gerade während des Krieges die weltanschauliche Schulung und Aufklärung ist. Die Auffassung mancher Gauleiter, sie hätten jetzt zu wenig Arbeit und bedürften neuer Aufgaben, lehnt der Führer daher auch rundweg ab. Die Parteigenossen, in erster Linie die Politischen Leiter, und unter ihnen besonders die Ersatzmänner während des Krieges, sind gegen jegliche Beeinflussung durch konfessionelle Wunderprediger und politisierende Wahrsager weltanschaulich und politisch zu festigen [...]

Erwiesene Urheber und systematische Verbreiter solcher politischen Weissagungen und Gerüchte sind den zuständigen staatlichen Organen zur weiteren Verfolgung bekanntzugeben. Wo notwendig, ist mit geeigneten nationalsozialistischen Gegenparolen zu antworten, sodass derartige Gerüchte nicht ernst genommen werden. Darüber hinaus kann diese Frage auch in politischen Versammlungen von *Geeigneten* Rednern in geschickter Form behandelt werden.

Die Partei kann und wird es nicht dulden, dass unverantwortliche Elemente durch mittelalterliche Methoden das unter Opfern und in langem Kampf erworbene Vertrauen des Volkes in die politische Führung mit allzu durchsichtigen Zielen zu beeinflussen versuchen.

[b]   *[13. oder 14].6.1941 Chef Sipo und SD ([SS-Gruf. Reinhard] Heydrich) an SS-Brif. [Friedrich] Schmidt [Leiter Hauptschulungsamt der NSDAP]*

Pg. Dr. *Moser* von Ihrer Dienststelle sprach am 6.6.1941 im Reichssicherheitshauptamt wegen Überlassung von Schulungs-

material über die okkulten Sekten und Geheimlehren usw. vor
[...]
Grundsätzlich ist nach meinen Beobachtungen bei diesen gesamten Problemen aber folgendes zu berücksichtigen, dass die Kirchen dieses gesamte okkulte Sektierertum gegenwärtig als Auffangorganisationen für jene Kreise benutzen, die beim gegenwärtigen Zerfall der äusserlichen kirchlichen Macht zurzeit aus den Kirchen herausströmen. Da diese Leute nur zu einem Teil den Weg zur nationalsozialistischen Weltanschauung finden, entsteht bei dem anderen beträchtlichen Teil der von der Kirche wegströmenden Menschen ein seelisches Vacuum, das dann von der Kirche dazu ausgenutzt wird, diese Kreise mit der dem Christentum verwandten orientalischen Haltung der okkulten Geheimlehren aufzufangen. Vordringlichste Aufgabe ist es deshalb, auf Grund der hiesigen Gegnerbekämpfung der Kirchen und ihrer Trabanten, den von der Kirche wegströmenden Menschen einen seelischen Halt durch die positive Darstellung der nationalsozialistischen Lebenshaltung, der nationalsozialistischen deutschen Charakterwerte und durch eine positive Lebensgestaltung und Feiergestaltung zu geben.

[82]   *28.5.1941 Anordnung Nr. V 7/41 des Hauptamtes für Volkswohlfahrt*
Um zu verhindern, daß Walter und Walterinnen der NSV bei ihren Amtshandlungen in Haushaltungen mit Juden in Berührung kommen, bestimme ich:
1) Sofern in einem Haushalt ständig ein Jude (Jüdin) lebt, ist in Zukunft für alle übrigen Haushaltangehörigen (auch wenn für diese die Voraussetzungen zur Mitgliedschaft gegeben sind) die Mitgliedschaft zur NSV *ohne Angabe von Gründen abzulehnen.*
2) Sind solche jetzt nicht mehr statthaften Mitgliedschaften zustandegekommen, so sind diese Mitglieder – ebenfalls ohne Angabe von Gründen – aufzufordern, ihren Beitrag im voraus durch Postanweisung oder Zahlkarte an ihre Ortsgruppe abzuführen.

[83]   *31.7.1941 GL Hessen-Nassau an Regierungspräsident Wiesbaden*
Willi Jude, Marienberg, geb. 13.9.1901 in Wiesbaden, evang., gehört seit dem 1.7.1940 der NSDAP an und wird unter der Mitgl. Nr. 7 657 888 geführt. Er ist außerdem Mitglied des NSLB, des NSFK und des RLB.[1] Vor der Machtübernahme war er aktives Mitglied der SPD und auch als Mitglied des Republikanischen Lehrerbundes rege tätig. Als er merkte, woher der Wind wehte, zog er sich um die Zeit der Machtübernahme von beiden zurück. Wegen seiner Zugehörigkeit zur SPD wurde er am 15.2.1934 von Frankfurt a. M. nach Marienberg versetzt. Es kann nicht verwundern, daß Jude, dessen egoistische Einstellung [bekannt] und dem jeder Weg zur Erreichung seines Zieles recht ist, heute Mitglied der NSDAP geworden ist. Er kann weltanschaulich noch nicht [so] gefestigt sein, daß er verdient, herausgestellt zu werden. Ich bitte, seine Verwendung in der Lehrerbildung vorläufig noch zurückzustellen, bis er durch aktiven Einsatz bei der Ortsgruppe seine politische Zuverlässigkeit voll und ganz unter Beweis gestellt hat.

[84]   *5.8.1941 Int. Notiz Partei-Kanzlei*
Ich mache Sie hiermit auf eine Notiz in den »Vertraulichen Informationen« der Partei-Kanzlei vom 31. Juli 1941 aufmerksam:
»Nach einer Entscheidung des Führers dürfen bis auf weiteres Gefallenenanzeigen nur von Angehörigen oder Verwandten des Gefallenen aufgegeben werden.
Den Parteidienststellen ist es gestattet, in gewissen Zeitabständen Sammelnachrufe für gefallene Angehörige der Partei und ihrer Organisationen zu bringen.
Den Zeitpunkt der Freigabe dieser Nachrufe bestimmt der Reichspropagandaleiter.«

---

83 [1] NS-Lehrerbund, NS-Fliegerkorps und Reichsluftschutzbund. – Wer im Dritten Reich mit *diesem* Namen herumlief, mußte freilich wohl kompensieren.

Der Reichsleiter[1] ist damit einverstanden, daß die Sammelanzeigen der Partei nach Beendigung des Ostfeldzuges durch den Reichspropagandaleiter freigegeben werden. Voraussetzung für die Einhaltung dieses Termines wäre jedoch, daß der Ostfeldzug nicht zu lange dauert.

[85]   *[Aug. 1941] Tätigkeitsbericht Gauamt für Kommunalpolitik Schwaben für Mai – Juli 1941*
Für die Großstädte stellen die Fremdvölkischen, die gerade in einer Industriestadt wie Augsburg in erheblicher Zahl zum Arbeitseinsatz gekommen sind, ein schwer zu lösendes Problem dar. Trotz aller Erziehungsarbeit der Partei kommt es zu vielfachen und wechselseitigen Beziehungen zwischen der einheimischen Bevölkerung und den zum Arbeitseinsatz gelangten Belgierinnen, Französinnen usw. Da diese Arbeiterinnen im Weg der freien Arbeitsvermittlung und unter ungeheuren Versprechungen, die niemals eingehalten werden können, nach Deutschland gekommen sind, kann eine besondere gesundheitspolizeiliche Überwachung sowie eine Asylierung, wie es z. B. vom Rassenpolitischen Amt des Gaues Schwaben gewünscht wird, nicht durchgeführt werden. Bezeichnend für die Einstellung der Soldaten auf diesem Gebiete ist folgender Vorfall: Ein Flieger, der mit einer Französin Beziehungen angeknüpft hat, wurde dieserhalb in Augsburg von einem Zivilisten zur Rede gestellt. Der Flieger hat sich darauf diese Einmischung energisch verbeten mit den Worten: »Wir haben's erobert, die Französinnen g'hören uns«. Dies nur zur Illustration [...]

[86]   *15.8.1941 Schwarz an SS-Gruf. [Gottlob] Berger [Chef SS-Hauptamt]*
[...] Ich wäre Ihnen dankbar, wenn auch Sie mithelfen wollten, die ständigen ungenehmigten Sammlungen abzustellen, die durch die SS in einem nachgerade unerträglichen Umfange durchgeführt werden und die das Ansehen der SS und der Bewegung in der Öffentlichkeit aufs schwerste schädigen.

---

84   [1] Bormann.

Ich weise in diesem Zusammenhang nochmals darauf hin, daß solche Sammlungen auch sachlich vollständig überflüssig sind, da ich in der Lage bin, alle finanziellen Bedürfnisse der Partei und ihrer Gliederungen vollauf zu befriedigen, soweit bei mir begründete Anträge gestellt werden.[1]

[87] *7.10.1941 Int. Schr. Reichsorganisationsleiter*
In der Anlage übersende ich ein Schreiben des Reichsschatzmeisters vom 16.9. betr. *Einsparung von Leder durch Verkürzung des Schaftstiefels bei der Partei und ihren Gliederungen* zur Stellungnahme und Vorlage eines entsprechenden Antwortschreibens an den Reichsschatzmeister. Grundsätzlich ist der Reichsorganisationsleiter mit dem Vorschlag des Reichsschatzmeisters, den verkürzten Schaftstiefel für Politische Leiter einzuführen, einverstanden.

[88] *26.1.1942 Partei-Kanzlei an Reichspropagandaleitung*
Die Gauleitung Niederschlesien macht die Partei-Kanzlei darauf aufmerksam, dass bei gemeinsam von Partei und Wehrmacht durchgeführten Beerdigungen, bei denen die Wehrmacht den Musikzug stellt, nach einer Anordnung für die Musikzüge der Wehrmacht vom 1.9.1936 bei Beerdigungen der Choral »Jesu geh' voran« gespielt werden muss. Andere Melodien sind nicht vorgesehen.
Um eine Änderung dieser Anordnung bei der Wehrmacht anregen zu können, bitte ich Sie, mir eine Auswahl guter, weltanschaulich einwandfreier Trauermärsche anzugeben, die bei Beerdigungen durch die Partei gespielt werden können.
Von der Gauleitung Westfalen-Süd wurde ferner bemängelt, dass bei der Beerdigung des Generalobersten *Udet*[1] ein Musik-

---

86 [1] Vgl. dazu Nr. 69.
88 [1] Kriegskamerad Görings vom legendären Geschwader Richthofen (aber wegen Nachkriegsrivalitäten nicht sein Freund), der beste deutsche Flieger. Für das Scheitern der Schlacht um England verantwortlich gemacht und als der Bohemien, der er war, seinen Aufgaben auch nicht gewachsen, hatte Generalluftzeugmeister Ernst U. am 17.11.1941 Selbstmord begangen (die offizielle Lüge: Unfall bei einer Erprobung); vgl. Bd. I, Anm. 563-2.

korps der Luftwaffe den Trauerchoral »Jesus meine Zuversicht« gespielt hat.
Es wird selbstverständlich gefordert werden können, dass auch bei Staatsbegräbnissen keine konfessionellen Trauermusiken verwendet werden [...]

[89 a, b]
[a]   21.2.1942 *Aufzeichnung Rosenbergs*
Nationalsozialismus und Unsterblichkeitsvorstellung
In letzter Zeit ist der Kampf gegen den Nationalsozialismus seitens unserer Gegner besonders darauf abgestellt, der nationalsozialistischen Bewegung und damit dem Deutschen Reich den Willen zuzuschreiben, alle Religionen auszurotten. Im Zusammenhang mit dieser Tätigkeit ist auch erklärt worden, dass der Nationalsozialismus, im Bestreben, das religiöse Gefühl zu vernichten, auch jeden Unsterblichkeitsglauben verneine, er erkläre jeden, der noch solche Vorstellungen hätte, für ein unwürdiges Mitglied der NSDAP.
Zu diesen auf die Verächtlichmachung des Nationalsozialismus abgestellten Methoden unserer Gegner stellen wir noch einmal fest, dass der Nationalsozialismus gegenüber allen religiösen Vereinigungen, deren Wirken sich nicht gegen den Bestand des Deutschen Reiches richtet, unbedingte Duldsamkeit lehrt. Diese Toleranz gilt selbstverständlich auch für die Unsterblichkeitsvorstellungen, die ebenfalls im Bereich der Gewissensfreiheit des Nationalsozialismus liegen.

[b]   1.4.1942 *Rosenberg an RL R[ichard] Walther Darré – mit [a] als Anlage*
Von verschiedener Seite ist die Frage aufgeworfen worden, ob sich ein Bekenntnis zum Gedanken einer Unsterblichkeit mit der nationalsozialistischen Weltanschauung verbinden läßt. Es erscheint mir richtig, öffentlich auszusprechen, daß die Unsterblichkeitsvorstellung im Bereich der Gewissensfreiheit eines Nationalsozialisten liegt. Dies auch deshalb, weil sonst den Gegnern unserer

Weltanschauung in den Konfessionen eine Möglichkeit gegeben würde, eine bestimmte Agitation gegen uns zu betreiben.

Ich übersende Ihnen meine Stellungnahme schon jetzt zur Kenntnisnahme, damit Sie sie in Händen haben, bevor sie veröffentlicht wird.

[90] *20.3.1942 Int. Schr. Dienststelle Rosenberg (Amt für Vorgeschichte an Stabsleiter [Helmut] Stellrecht)*
In der Anlage übergebe ich Ihnen eine kurze Darstellung über den nordisch-germanischen Ursprung des deutschen Grusses. Leider sind die Quellen doch recht dürftig, auch der Sachsenspiegel enthält nichts Brauchbares. Das Amt Vorgeschichte hat übrigens schon einmal auf Anforderung des Propaganda-Ministeriums eine Zusammenstellung über diese Frage gemacht und zwar dafür, dass eine gegnerische Propaganda in Norwegen widerlegt werden konnte, die behauptete, es handele sich bei dem Deutschen Gruss um eine rein deutsche, nicht aber germanische Sitte [...]

[Anlage:]
Der nordisch-germanische Ursprung des deutschen Grusses.
Die früheste geschichtliche Erwähnung des deutschen Grusses findet sich in einem zeitgenössischen Bericht über die Wahl König Heinrichs I.[1], in dem es heißt: »Diese Rede fand Beifall bei der ganzen Menge, und indem sie die Rechte zum Himmel hoben, begrüssten sie immer wieder den neuen König mit Heilrufen.« Es kann daraus geschlossen werden, dass es sich um eine germanische Sitte handelte, die schon bei der altgermanischen Königswahl geübt wurde.

Darstellungen des deutschen Grusses aus grossgermanischer Zeit sind bisher nicht mit Sicherheit nachweisbar. Auf der Traianssäule (errichtet 110–120 u. Ztr.[2]) empfängt der Kaiser eine Ge-

90 [1] 919.
[2] unserer Zeitrechnung

sandtschaft der germanischen Bastarnen.³ Während der Kaiser mit erhobener rechter Hand grüsst, steht der Germane in aufrechter, stolzer Haltung mit halb erhobener linker Hand. Diese Haltung bestätigt jedenfalls, dass in germanischer Zeit eine Verneigung als Grussform auch einem römischen Kaiser gegenüber nicht geübt wurde. Die Sitte des Abnehmens der Kopfbedeckung war in germanischer Zeit schon deshalb nicht vorhanden, weil der Freie, ausser dem Helm im Kampf, keine Kopfbedeckung trug. Das Hutabnehmen scheint auf christliche Vorstellungen zurückzugehen.

Auf einer aus dem 5.–6. Jahrhundert stammenden Darstellung eines vandalischen Reiters, die bei Karthago als Mosaikdarstellung gefunden wurde, ist der deutsche Gruss ebenfalls feststellbar [...]

[91] *30.7.1942 Führerinformation 1942/92 des Reichsministers der Justiz*
Ein *Ortsgruppen- und Personalamtsleiter* hat mit seinen Mitarbeitern Schnaps und Wein, die für *Liebesgabenpakete* gespendet waren, verbraucht und Bedenken gegenüber erklärt: »Politische Leiter sind auch Soldaten.«
Er hat 6 Jahre Zuchthaus bekommen.

[92] *6.10.1942 Int. Schr. Reichspropagandaleitung (Stabsamt an Hauptamt Reichsring)*
Anlässlich meines Vortrages in Leipzig berichtete mir der Kreispropagandaleiter Krüger folgendes:
Im Landkreis Leipzig überbringen die Ortsgruppenleiter den Angehörigen der Gefallenen die Todesnachricht. Zu diesem Zwecke zögen sich die Ortsgruppenleiter die Uniform an, um die entsprechenden Wege abzumachen. Krüger hat die Erfahrung gemacht, dass die Bevölkerung die Ortsgruppenleiter schon beobachtet, wenn sie im Dorf abends ausgehen, wohin sich ihre Wege

---

³ Ostgermanisches Volk an der unteren Donau.

wenden würden, um wieder eine solche unglückliche Nachricht zu überbringen.
Man hat deshalb auf den Dorf-Ortsgruppen den Ortsgruppenleiter schon mit dem Namen »Totenvogel« belegt.

[93]   *22.2.1943 Aktenvermerk Partei-Kanzlei (II B3 für [OBefL Walter] Tießler, Verbindungsmann zu Goebbels)*
In einzelnen Fällen wurde den Hinterbliebenen von im Kampf gegen den ·Bolschewismus Gefallenen die Anteilnahme zum Heldentod ihres Sohnes in der Formulierung ausgesprochen, dass dieser »von nun an in der Standarte Horst Wessel weiter für Führer und Volk marschiert«.
Dagegen wurde nun von Dienststellen der Partei und ihrer Gliederungen Einspruch erhoben und erklärt, eine solche Verallgemeinerung widerspräche der bereits festgewordenen nationalsozialistischen Überlieferung.
Die »Standarte Horst Wessel« ist für den alten Kämpfer und für das ganze deutsche Volk ein Symbol für die lebendige Wirkung eines politisch kämpferischen Lebens über den Tod hinaus geworden. Bisher wurde dieser Begriff zwar bei allen verstorbenen aktiven Nationalsozialisten angewendet, aber darüber hinaus doch eine ungeschriebene Grenze gegenüber Toten ohne politische Kämpferhaltung eingehalten.
Dies scheint sich nach dem eingangs aufgezeigten Beispiel zu verwischen. Damit wird zur Erhaltung der unverfälschten Weitergabe des Symbols »Standarte Horst Wessel« an die nachstehenden Geschlechter eine gewisse Festlegung und unter Umständen eine Beschränkung des Anwendungsgebietes notwendig.
Ich wäre Ihnen dankbar, wenn auch in Ihrer Dienststelle eine begriffliche Festlegung der Antwort auf nachstehende Fragen behandelt würde:
1.) Was versteht der alte Kämpfer unter »Standarte Horst Wessel?«.
2.) Wer verdient nach Ihrer Auffassung nach seinem Tode zur »Standarte Horst Wessel gezählt zu werden?.

[94]   21.5.1943 Aktenvermerk Reichspropagandaleitung (für Goebbels)

Von Seiten der NSV bin ich darauf aufmerksam gemacht worden, ob es nicht richtiger ist, grundsätzlich, wenn von offizieller Seite etwas herausgegeben wird, bei der Anrede »Mutter« nicht das Wort »Mama« anzuwenden, sondern »Mutter« oder »Mutti« zu sagen.

Veranlassung hierzu gibt ein Werbebrief der Reichsarbeitsgemeinschaft Schadenverhütung, der mit »Liebe Mama« über- und »Euer Kind« unterschrieben ist.

Auf eine Rückfrage bei der Partei-Kanzlei teilt diese mit, dass sie es auch für richtiger hält, in Zukunft bei derartigen Werbemassnahmen anstatt »Mama« die Worte »Mutter« oder »Mutti« zu verwenden, die dem deutschen Volk durchschnittlich gebräuchlicher sind als das Wort »Mama«.

Ich bitte um die Entscheidung des Reichspropagandaleiters, ob eine derartige Sprachregelung für die Zukunft erfolgen soll.

[95 a, b]

[a]   27.7.1943 gRs. – RdSchr. Bormanns an alle GL und Verbändeführer

Unsere Gauleiter haben verständlicherweise den Wunsch, die Kommentare zu den Vorgängen in Italien[1] zu hören. Zu gegebener Zeit wird das geschehen. Währenddessen gehen unsere Arbeit und unser Kampf unbeirrt und pausenlos weiter. Staatsfeinde, die sich jetzt demaskieren, sind rücksichtslos sofort den Dienststellen der Staatspolizei anzuzeigen. Wertlose Schwächlinge sind aus der Partei auszuschliessen oder zu entlassen. Die Männer der Partei müssen, wie schon mehrfach betont, auf alle nervösen und aufgeregten Gemüter unendlich beruhigend wirken. Zu jeder Zeit müssen gerade die Parteigenossen den unerschütterlichen Glauben, dass der Führer stets zur rechten Zeit das Rechte tun wird, ausstrahlen.

---

95   [1] Der Sturz und die Gefangennahme Mussolinis und die Einsetzung der Regierung Badoglio am 24./25.7.

[b] 27.7.1943 gRs. – RdSchr. *Bormanns an alle GL*
Einer unserer Gauleiter wies darauf hin, dringendst müssten die Gauleiter ein Lagebild erhalten, weil in der Öffentlichkeit über die Vorgänge in Italien und über deren Auswirkungen grösstes Rätselraten herrsche. Voraussichtlich würde hierdurch verstärktes Abhören der Auslandsender ausgelöst usw. usw. Darauf muss ich erwidern, wenn der Führer weder den Gauleitern noch den Reichsministern und Reichsleitern die erwünschte Aufklärung geben kann, wenn der Führer auch der deutschen Öffentlichkeit zunächst keine weiteren Nachrichten geben konnte, so hat der Führer, wie immer in solchen Fällen, dafür seine besonderen staatspolitischen Gründe, denn die Beziehungen zu der neuernannten italienischen Regierung müssen aufgenommen werden usw. usw. Die Gauleiter müssen überzeugt sein, dass sie, sobald es möglich ist, eingehend unterrichtet werden. Die italienischen Arbeiter, die sich im Reich befinden, müssen selbstverständlich an Ort und Stelle weiter arbeiten, denn der Kampf geht unbeirrt weiter.

[96]   *19.12.1943 Aktenvermerk Bormanns*
Ein bezeichnendes Beispiel, dass sich die Gleichstellung der jüdischen Mischlinge[1] als Tarnung gegen uns selbst erweist, ist der Fall Bürkner.
  Oberst a. D. Bürkner war bis vor kurzer Zeit Leiter der Heeres-Reit- und Fahrschule in Krampnitz. Er wurde dort gehalten, obwohl er jüdischer Mischling II. Grades war, denn er ist, wie mir General Schmundt[2] sagte, um mehrere Ecken mit Herrn oder

---

96 [1] »2. Grades«, d. h. mit *einem* jüdischen Großelternteil, mit den »Ariern«, rechtlich durch die Durchführungsverordnungen vom 14.11.1935 zu den Nürnberger Gesetzen nach langem Tauziehen und offenbar mehrfacher Befragung Hitlers vom Reichsinnenministerium den Parteidienststellen abgerungen. Ausnahmen und Diskriminierungen (z. B. konnten sie weder Beamte werden noch in die Partei eintreten) hatte es trotzdem gegeben. Die Radikalisierung der »Judenpolitik« im Kriege brachte weitere, jedoch nicht grundsätzliche Einschränkungen.
[2] Rudolf Sch., Hitlers Chefadjutant der Wehrmacht und Chef des Heeres-Personalamtes.

Frau Keitel verwandt und wird nicht nur von diesen, sondern auch vom Generaloberst Fromm³ geschätzt, gestützt und gehalten.

Der jüdische Einschlag des Herrn Oberst a. D. Bürkner soll sich immer wieder bei seinen Pferdegeschäften gezeigt haben: diese Privatgeschäfte sollen nach Mitteilungen, die ich von Offizieren erhielt, ausgesprochen jüdischen Charakters gewesen sein. Einsichtige Heeresoffiziere, die Herrn Bürkner kannten, waren deshalb froh, als er zum 31.10.43 aus dem Heer ausschied.

Ich hatte von diesem Vorgang nichts gehört, sondern ich wusste lediglich, dass Oberst Bürkner Mischling II. Grades ist. Umso erstaunter war ich, als vor etwa 10 Tagen durch die gesamte deutsche Presse die Mitteilung ging, der bisherige Leiter der Heeres-Reit- und Fahrschule in Krampnitz, Oberst Bürkner, sei in den Stab der Obersten SA-Führung berufen.⁴

Ich liess sofort wegen dieser höchst merkwürdigen Einstellung Rückfrage bei Stabschef Schepmann⁵ halten, der, wie mir Pg. Friedrichs⁶ berichtete, denkbar erstaunt über diesen Stand der Dinge war. Schepmann kannte weder die ungünstige Beurteilung des Oberst a. D. Bürkner noch ahnte er, dass Bürkner Mischling II. Grades war.

Wäre Bürkner weniger bekannt gewesen und wäre die Nachricht nicht durch die gesamte Presse gelaufen – offenbar hatte sie Herr Bürkner in jüdischer Selbstgefälligkeit selbst veranlasst – so würde tatsächlich zunächst einmal ein jüdischer Mischling II. Grades, der allerdings gleichgestellt ist, bei der Obersten SA-Führung eingestellt worden sein und würde sicherlich bei nächster passender Gelegenheit einen hohen SA-Dienstrang bekommen haben [...]

---

³ Fritz F., Befehlshaber des Ersatzheeres und Chef der Heeresrüstung (vgl. Bd. III, Nr. 303).
⁴ In den Stab des Reichsinspekteurs für Reit- und Fahrausbildung und Inspekteurs der Reiter-SA (die Meldung war vom 10.12.).
⁵ Wilhelm Sch., nach Viktor Lutzes Tod (am 1.5.1943 im Auto verunglückt) am 15. August zum Stabschef der SA ernannt.
⁶ OBefL (Nov. 1944 HBefL) Helmuth F., in der Partei-Kanzlei Leiter der Abteilung II (Parteiangelegenheiten).

Der Vorgang ist, wie schon eingangs ausgeführt, unerhört bezeichnend, wie sehr wir gegen die eigenen Notwendigkeiten unseres Volkes handelten, als wir jüdische Mischlinge gleichstellten und damit vertarnten.

[97] *22.1.1944 DAF-Gauwaltung Bayreuth an Ley*
Anlässlich Ihres Hierseins am 16.1.1944 besprachen Sie beim Abendessen im Hotel Post den Plan[1] des Baues einer KdF-Stadt am Festspielhügel oder des in der Nähe gelegenen Geländes [sic]. Sie beauftragten mich, Sie umgehend daran zu erinnern, da von Berlin aus die Baracken in Marsch gesetzt werden sollten.

[98] *13.4.1944 Aktenvermerk Partei-Kanzlei (Vorlage von [ORR Heinrich] Heim für StSekr. [Gerhard] Klopfer[1])*
Betreff: Was die Partei tun muss, um mit dem Eintritt der Waffenruhe als *Bewegung* dem Volke wieder geschenkt zu sein.
Immer wieder drängt sich mir bei der Erwägung, wie draussen wir verfahren müssen, der Zustand der Heimat in das Blickfeld. Es ist keine Frage: Solange nicht alles zu Hause ist, wie es sein sollte, erwachsen unserer Arbeit draussen Schwierigkeiten, die wir uns ersparen könnten.
Gelingt es uns, die NSDAP in Fluss zu bringen, wo sie jetzt Erstarrungspunkte zeigt, so ist für das neue Europa unendlich viel gewonnen: der Rhythmus des fliessenden Lebens wird mitreissend und beflügelnd das Tempo bestimmen, in dem uns in den Ländern Europas organische Neubildung unter den Händen gedeiht.
Es gibt Männer, die glauben, die Partei werde in den Zustand der Bewegung zurückgelangt sein, wenn wir die Personalunion zwischen Staats- und Parteiamt, die in der Regierungsebene den

97 [1] Hitler und die Wagners dürften ihn kaum gekannt und gewiß nicht gebilligt haben.
98 [1] Leiter der Abteilung III (Staatliche Angelegenheiten). ORR H. war bei III C.

Gauleiter als Reichsverteidigungskommissar[2] jetzt zum Staatsfunktionär hat werden lassen, gelöst haben, und wenn wir auch im übrigen unter Aufgabe der von unseren Funktionären in Beschlag genommenen staatlichen Positionen die Trennung von Partei und Staat soweit als irgend möglich durchgeführt haben.

Ich fürchte, damit ist es noch *nicht* getan!

Ich glaube, wir können nicht umhin, uns gleichzeitig freizumachen von unserer Duldsamkeit einem Menschentyp gegenüber, den die letzten zehn Jahre in der Bewegung zu einer ungeahnten Macht haben kommen lassen; ich meine den Pfaffen und den Berserker [...]

Dem Aufkommen des Parteipfaffen schreibe ich nicht nur die Fehlentwicklung auf dem Gebiet unserer Schulung zu: dass man meint, mit Überlieferung von Wissen sei es getan, und darüber versäumt, den Hebel einzusetzen, wo es nottut, wenn die kommenden Generationen stets von Natur mit den Erkenntnis*mitteln* ausgestattet sein sollen, welche den Führer in Stand gesetzt haben, *gegen* die siebenmal Gescheiten das Leben vor dem drohenden Untergang zu retten: auch die Fehlentwicklung in der Konstruktion des Parteigebäudes und in der Ausrichtung der Parteiarbeit ist die Folge davon, dass wir den Parteipfaffen gewähren lassen; man macht aus der Partei einen Staat, indem man alles, was nur irgend einer Regelung zugänglich erscheint, zum Gegenstand von Normen und von Satzungen werden lässt; das Ergebnis: ein normal gewachsener und beweglich gebliebener Mensch passt in diesen Apparat und in das von ihm betreute Leben nicht mehr hinein [...]

Unter dem Berserker verstehe ich einen Menschen, der zwar vital ist, der aber des Einfühlungsvermögens entbehrt, das ihn erkennen liesse, *wie* im Einzelfall sein Handeln wirkt. Wir vergessen immer wieder, dass gerade ein energiegeladener Mensch zu einer ausgesprochenen Belastung für die Sache werden kann, der er zu

---

[2] Die Reichsverteidigungskommissare waren am Tage des Kriegsbeginns in den Wehrkreisen bestellt worden zur »einheitlichen Steuerung der zivilen Reichsverteidigung«, »aller zivilen Verwaltungszweige« außer Bahn und Post. Kommissare waren die Gauleiter/Reichsstatthalter bzw. die Gauleiter/Oberpräsidenten.

dienen bestimmt ist. Denn wird robust Falsches getan, so ist der Schaden grösser, als wenn nichts geschieht. Vitalität ist nur *dann* ein Vorzug, wenn die Lebenskraft richtig gesteuert wird [...]

Den Luxus, mit solchen Männern zu arbeiten, konnten wir uns leisten, so lange wir nur deutsches Volk betroffen sahen. Aber: welches Mass an guter Kraft hat durch die Jahre aufgeboten werden müssen, um die von diesen Menschen angerichteten Schäden auszugleichen! Kommt ein solcher Mann in die Lage, sich im Ausland auszuwirken, so ist Schrecken das Ende! Die moralische Verantwortung dafür, dass das hat geschehen können, träfe in jedem Falle die Partei, weil sie einen Typ Mensch zu Ansehen hat gelangen lassen, den sie, statt ihn zu hegen, für jetzt und immer aus dem Register des Möglichen hätte ausmerzen müssen!

[99]   *13.5.1944 Vorlage Dienststelle Rosenberg (Amt für Volkskunde und Feiergestaltung, [Hans] Strobel, für R.)*
[...] Was die grossen Feierräume anbelangt, in denen 100 bis 200 Paare gleichzeitig getraut werden könnten, so wäre nach unseren Erfahrungen und Erkenntnissen, die sich mit den Auffassungen aller einschlägigen Mitarbeiter in den Gauen und Gliederungen decken, zwar festzustellen, dass derartige Feierräume benötigt werden, dass *Massentrauungen* im allgemeinen aber auf Ablehnung stoßen. Unter dem Schlagwort der Gemeinschaft verbirgt sich hier zu leicht ein persönlichkeitsfremdes Kollektiv; auch die Hochzeitsfeier ist primär ein Familien- und Sippenfest, und es kann in der Praxis von keiner wirklichen Gemeinschaft die Rede sein, wenn mehrere hundert Paare, die sich vorher nie gesehen und gekannt haben, gemeinsam getraut werden sollen. Ganz abgesehen davon, dass ein solcher Plan ohnehin nur in den Großstädten durchführbar wäre, wo uns eher daran gelegen sein sollte, die Familien und Sippen wieder erstarken zu lassen, anstatt die Kollektiv-Erscheinungen noch zu erweitern.

Der naheliegende Vorwand, dass man einen neuen Familienpartikularismus einführen möchte, wird durch die Tatsache hinfällig, dass in jeder Familie der Kreis der Feiernden durch familienbekannte Parteigenossen, Kameraden aus der Gliederung, der Werkgemeinschaft usw. erweitert wird, und dass durch einen Beauftragten der Bewegung die Ehrung ausgesprochen und das Gedenkblatt überreicht wird, so dass also die Anteilnahme der Volksgemeinschaft an der Feier der einzelnen Familien in jeder Weise gewährleistet ist.

Der Vorschlag erinnert doch etwas peinlich an die Pläne des KdF-Bades[1], und nach meinem Dafürhalten ist es nur ein kleiner Schritt von Massentrauungen zu Massengeburtsfeiern, die vor Jahren schon in einzelnen Städten versucht wurden und heute als überwundene Angelegenheit zu gelten haben.

Was den Festschmaus anbelangt, so darf ich betonen, dass wir in unseren einschlägigen Arbeiten und Vorträgen immer wieder darauf hingewiesen haben, dass das gemeinsame Mahl ein uralt überlieferter Bestandteil eines jeden Festes ist; ich wüßte nicht, von welcher Stelle der Versuch gemacht würde, den Festschmaus zu bekämpfen [...]

[100] *31.8.1944 Vorlage Reichspropagandaministerium (Reichsfilmintendant für StSekr.)*
Ich habe dem Herrn Staatssekretär vorgetragen, dass Reichsleiter Bormann offiziell Bedenken dagegen geäussert hat, dass wir den Dokumentar-Film »Verräter vor dem Volksgericht« an die Gauleiter ausleihen. Reichsleiter Bormann ist davon überzeugt, dass die Gauleiter jeweils einen grösseren Personenkreis an der Vorführung beteiligen, aus dem heraus sehr leicht eine unerfreuliche Diskussion über diese Prozessführung[1] erfolgen kann.

Da der Herr Minister in einem Rundruf sämtlichen Gauleitern diesen Film einschliesslich der Exekutionsszene zusagte, hat der Herr Staatssekretär entschieden, dass den Gauleitern dieser Film bei der nächsten Tagung gemeinsam vorgeführt wird.

---

99 [1] In Binz auf Rügen, eine Einrichtung des Konkurrenzunternehmens DAF.
100 [1] Durch den Gerichtspräsidenten Roland Freisler.

[101]   1.9.1944 *Anordnung Nr. ...*¹ *des Leiters des NS-Rechts-
         wahrerbundes [Reichsjustizminister Otto Thierack]*
Es kommt vor, daß Bundesmitglieder wegen schwerer Verbrechen von Kriegs- und anderen Gerichten zum Tode verurteilt werden, ohne daß der NSRB vor Erlaß des Urteils oder vor seiner Vollstreckung Gelegenheit hat, das Mitglied aus dem NSRB auszuschließen oder auszustoßen.

Das Ansehen des NSRB erfordert es, daß diese Mitglieder noch nachträglich aus dem NSRB ausgeschlossen oder ausgestoßen werden. Der nachträgliche Ausschluß oder die nachträgliche Ausstoßung ist ein Verwaltungsakt, dessen Durchführung ich mir selbst vorbehalte. Die Gaue haben nach Bekanntwerden Fälle der obenbezeichneten Art mir umgehend zur Entscheidung über die nachträgliche Ausstoßung vorzulegen.

Eine Bekanntgabe der Ausstoßungsverfügung an die Angehörigen erfolgt nicht. Mit dem nachträglichen Ausschluß oder der Ausstoßung erlischt der Anspruch auf Zahlung des Sterbegeldes.

[102]   22.11.1944 *Int. Schr. Einsatzstab RL Rosenberg (Stabs-
         führung an Hauptabteilung I)*
Ich bitte Sie, zu überprüfen, ob es möglich ist, die deutsche Ausgabe von *Stalin* »Fragen des Leninismus« für einen wesentlichen Mitarbeiter der Partei-Kanzlei für längere Zeit auszuleihen.¹ Wenn es möglich sein sollte, bitte ich um Übersendung des Buches.

[103]   *[11.1.1945¹] Himmler an Bormann*
In Immenstadt am Bodensee sollte am 30.11.44 eine Gerichtsverhandlung gegen den Kreisleiter Pg. *Bäckert* von Überlingen stattfinden. Grund: Fahrlässige Tötung.

101   ¹ Nicht ausgefüllt.
102   ¹ Plante der »wesentliche Mitarbeiter« etwa seine Zukunft?
103   ¹ Auf Anordnung Himmlers nicht abgegangen, da »die Angelegenheit bereits anderweitig geregelt worden« sei.

Kreisleiter B. hatte wohl einige Monate vorher, wann weiss ich nicht, mit seinem Auto einen Verkehrsunfall verursacht und zwar auf folgende Weise:

Er soll auf der linken Fahrbahn gefahren sein und in einer Kurve einem entgegenkommenden Fahrzeug haben ausweichen wollen. Infolge zu hoher Geschwindigkeit soll der Pkw des Bäckert aus der Kurve getragen und über 30 m in einen Acker geschleudert worden sein. Dabei soll sich der Wagen überschlagen haben, wobei die Kreisfrauenschaftsführerin von Überlingen, Pgn. Lang, zu Tode gekommen ist und andere Personen schwer verletzt wurden. Bei der Beweisaufnahme hat sich der Verdacht der Alkoholeinwirkung ergeben.

Im November 1944 hat das Landgericht in Konstanz anliegenden von den Politischen Leitern des Kreises Überlingen verfassten Brief[2] erhalten. Als die Verhandlung am 30. November stattfinden sollte, erklärte der Bürgermeister des Ortes, der Gauleiter habe befohlen, dass die Verhandlung abgesagt würde, und dem angeklagten Kreisleiter Pg. Bäckert das Erscheinen verboten. Das Gericht selbst aber war vom Gauleiter hiervon nicht verständigt worden.

Ich glaube, dass man, wenn man nicht grosse Mißstimmung in der Bevölkerung hervorrufen will, hier irgendwie zu einer klaren Lösung kommen muss. Entweder es gilt für die Parteigenossen und für die Hoheitsträger das Gesetz in gleicher Weise wie für andere Volksgenossen: Dann muss sich ohne Zweifel ein Parteigenosse, dem vorgeworfen wird, den Tod eines Menschen durch Unfall verschuldet zu haben, der gerichtlichen Verhandlung stellen. Hierbei bleibt es ja immer noch offen, ob das Gericht ihn nicht wegen Schuldlosigkeit freispricht. Bis jetzt schreibt aber das Gesetz dem Polizisten wie dem Richter vor, derartige Fälle aufzugreifen und gerichtlich zu untersuchen. Eine Beeinflussung oder Unterdrucksetzung des Gerichts durch eine gemeinschaftliche Eingabe, die ich noch dazu wegen der wahrscheinlichen Alkoholbeeinflussung bei dem Unfall nicht für klug halte, oder ein Verbot

---

[2] Nicht in der Akte.

eines Gauleiters müssen, wenn die bisherige Regelung bestehen bleibt, ausgeschlossen sein. Im anderen Falle aber muss man klar zu einer Änderung übergehen und sagen:
Die bürgerlichen Strafgesetze gelten für das deutsche Volk, sie gelten nicht
a) für den hauptamtlichen Hoheitsträger
b) für den ehrenamtlichen Hoheitsträger
c) für den Parteigenossen usw.
Hier wäre noch zu entscheiden, ob man a) plus b) plus c) nimmt. Sollte von diesen Dreien einer etwas begehen, was das Strafgesetzbuch beim gewöhnlichen Bürger mit polizeilicher und gerichtlicher Verfolgung bedroht, so muss dieser unter einem Sonderrecht stehende Volksgenosse sich vor einem Sondergericht, nämlich beispielsweise dem Parteigericht, verantworten. Ich weiss allerdings nicht, welchen Standpunkt das Volk gegenüber dieser Sonderregelung und Dreiteilung einnehmen würde […]

[104]   24.2.1945 RdSchr. Bormanns zum 25. Jahrestag der Verkündung des Parteiprogramms[1]
[…] Nun ist jeder, Soldat wie Zivilist, Mann wie Frau, Jugendlicher wie Greis, eingereiht in die Front der Kämpfer. Nun scheidet sich, wie einst in der Zeit des inneren Kampfes, die Spreu vom Weizen. Nun entscheidet sich, ob wir berechnende Mitläufer waren oder selbstlose Bekenner sind; und unerbittlich wird diese Auslese ohne Rücksicht auf frühere Verdienste und bisherige Vorrechte den menschlichen Wert des einzelnen in die Zukunft tragen. Jetzt geht es um nichts anderes als um unser aller Leben; und diese Alternative läßt keine Bedenken in der Wahl der Mittel und keine Beugung des Begriffs der Selbstaufopferung mehr zu. Wer nun noch an sich denkt, wer nun noch mit dem Gedanken des Zurückweichens und der Absetzung spielt, wird zum Verräter am Volk und zum Mörder unserer Frauen und Kinder. Gegen den ele-

---

104 [1] »allen Parteigenossen bekanntzugeben, von einer Veröffentlichung in der Presse jedoch abzusehen«.

mentaren Ansturm der Steppe, gegen die Methoden der innerasiatischen Horden gibt es nur noch *eine* taugliche Gegenwehr – diese aber führt mit Sicherheit zum Siege –: Standhaftigkeit bis zum Tode und Nichtachtung des eigenen Lebens. Wer niemals aufgibt zu kämpfen und lieber zwischen Trümmern fällt, als einen Schritt nur zu weichen, ist unbesiegbar; und unter diesem unbeugsamen Naturgesetz bricht jede rechnerische Kalkulation, jedes scheinbar kluge Abwägen des Für und Wider unerbittlich zusammen, denn zu allen Zeiten haben die Starken und nicht die Feigen, die Unerschütterlichen und nicht die Wankenden, die Kämpfer und nicht die ängstlichen Rechner letztlich recht behalten und den Sieg davon[ge]tragen.

Von jedem Parteiführer verlangt der Führer und erwartet das Volk, dass er durchhält bis zum Letzten und niemals auf die eigene Rettung bedacht ist. Die Parteigenossenschaft hat sich als unerschütterlicher Fels in der Brandung des Krieges zu erweisen, denn nun tritt an die Stelle vermeintlicher Vorrechte bedingungslos die Forderung der höheren Pflicht. Jeder Mann aber, der die Waffe tragen kann, hat um der Heimat willen, die er liebt, zum Schutz der Frauen und Kinder, mit seinem Leib sich gegen den Feind zu werfen. Jede Frau unterwirft sich dem Gebot der Stunde und nimmt mutig auf sich jedes Ungemach, jede Trennung von Heim und Mann, jede Beanspruchung ihrer seelischen und körperlichen Kräfte, notfalls auch Gefahr und Todesnot. Wo aber, wie etwa in Elbing, die Frauen, in eiskaltem Wasser watend, die Waffe gegen den Feind richten, müsste jeder Mann in Scham versinken, der nicht im Kampf sein Leben zu opfern bereit ist.

Nur so – dann aber mit der unbedingten Sicherheit des Sieges – erfüllt das deutsche Volk die grosse Berufung, die ihm vom Schicksal gestellt ist, und die nach dem Willen der Vorsehung vor fünfundzwanzig Jahren ihren Anfang nahm. Nur so – dann aber ohne jeden Zweifel – wird die Idee Adolf Hitlers siegen und damit die Zukunft des deutschen Volkes gesichert werden.

Parteigenossen! Es geht um unser Leben und das unserer Kinder! Es gibt kein Opfer, das dieses Ziel nicht wert ist! Nun ist das

Schicksal Deutschlands in jedes Einzelnen Hände gelegt. Wer siegen will, muss rückhaltlos zu opfern und anständig zu sterben wissen. Wer sein Leben zu retten versucht, ist mit Gewissheit, und sei es durch Urteil des Volkes, dem Tode verfallen. Es gibt nur *eine* Möglichkeit, am Leben zu bleiben: die Bereitschaft, kämpfend zu sterben und damit den Sieg zu erzwingen!

2. ... seine (seine?) SS

[105 a, b]
[a]   *24.12.1933 Himmler an SS-Gruf. [Kurt] Daluege*
Ich schenke Ihnen den Totenkopfring der SS.
Er soll sein:
Ein Zeichen unserer Treue zum Führer, unseres unwandelbaren Gehorsams gegen unsere Vorgesetzten und unserer unerschütterlichen Zusammengehörigkeit und Kameradschaft.

Der Totenkopf ist die Mahnung, jederzeit bereit zu sein, das Leben unseres Ichs einzusetzen für das Leben der Gesamtheit.

Die Runen dem Totenkopf gegenüber sind Heilszeichen unserer Vergangenheit, mit der wir durch die Weltanschauung des Nationalsozialismus erneut verbunden sind.

Die beiden Sig-Runen versinnbilden den Namen unserer Schutzstaffel.

Hakenkreuz und Hagall-Rune sollen uns den nicht zu erschütternden Glauben an den Sieg unserer Weltanschauung vor Augen halten.

Umkränzt ist der Ring von Eichenlaub, den Blättern des alten deutschen Baumes.[1]

Dieser Ring ist käuflich nicht erwerbbar und darf nie in fremde Hände kommen.

Mit Ihrem Ausscheiden aus der SS oder aus dem Leben geht dieser Ring zurück an den Reichsführer-SS.

Abbildungen und Nachahmungen sind strafbar, und Sie haben dieselben zu verhüten.

Tragen Sie den Ring in Ehren!

---

105   [1] Vielleicht um den Nazis einen Tort anzutun (die Wissenschaft ist noch immer gern der jeweilig herrschenden Ideologie dienlich gewesen), hat man jüngst den mediterranen Ursprung der Eiche behauptet. Wie das bei diesem Allerweltsbaum auch sein möge – sie war bei den Germanen jedenfalls der heilige Baum des Gottes Donar, und Bonifatius hat 724 keine Linde, sondern eben eine Eiche fällen lassen.

[b]   *15.9.1935 Himmler an SS-Ogruf. Daluege*
Ich verleihe Ihnen den Degen der SS.²
    Ziehen Sie ihn niemals ohne Not!
    Stecken Sie ihn niemals ein ohne Ehre!
Wahren Sie Ihre eigene Ehre ebenso bedingungslos, wie Sie die Ehre anderer zu achten und für Schutzlose³ ritterlich einzutreten haben!
    Dieser Degen soll in Ihrer Sippe Besitz verbleiben, wenn Sie ihn ein Leben lang untadelig getragen haben. Scheiden Sie vorher aus der SS aus, so fällt er zurück an den Reichsführer-SS.
    Vergessen Sie keinen Augenblick, welch großes Vertrauen die Schutzstaffel Adolf Hitlers Ihnen durch Verleihung dieser Waffe geschenkt hat.
    Bleiben Sie in guten und schlechten Tagen immer der Gleiche!
    Führen Sie den Degen in Ehren!

[106]   *13.7.1934 Himmler an Staatsrat Hanns Johst (Oberallmannshausen am Starnberger See)*
Mein lieber Hanns Johst!
    Wie Sie mir erzählten, standen Sie im Verdacht der Beziehung zu monarchistischen Kreisen. Ich habe die Sache nachprüfen lassen, wie das kam.
    Die Zeitschrift »Monarchie« wurde einmal beschlagnahmt und dazu die Bezieherkartei. Vorsichtig wie die Polizei ist, wurde der Auftrag gegeben, sich einmal nach diesen Abonnenten zu erkundigen. Unvorsichtig wie manche Organe der Polizei nun sind, taten diese es bei Ihnen selbst.
    Ich möchte Ihnen in diesem Brief nur die beruhigende Versicherung abgeben, daß Sie *deswegen*¹ in nächster Zeit nicht verhaftet werden.

² D. (vgl. Bd. I, Anm. 400-1 und 413-1) steht hier nur als Beispiel; im übrigen »verlieh« oder verschenkte Himmler neben Ring und Degen auch noch andere, meist preiswerte Dinge – gern aus seiner Porzellanmanufaktur in Allach, wie etwa der »Julleuchter«.
³ Juden und dergleichen waren damit allerdings nicht gemeint.
106   ¹ Wieder einmal Himmlers schwarzer Humor.

[107 a, b]
[a]   15.9.1934 *Befehl Himmlers*[1]
Ein besonderer Vorfall gibt mir Anlaß, auf das Verhalten von SS-Angehörigen mit oder ohne Dienstanzug bei religiösen Veranstaltungen hinzuweisen.
                            Befehl!
Ich verbiete auf das strengste jede Störung sowie jede Taktlosigkeit bei religiösen Veranstaltungen aller Konfessionen (z. B. auch bei Prozessionen der Katholischen Kirche). Ebenso ist taktvolle Haltung eine Selbstverständlichkeit, wenn Kirchen aus historischem oder aus Kunstinteresse besucht werden.
    Genau so, wie ich darauf achte, daß gemäß dem Befehl des Stellvertreters des Führers keinem wegen seiner eigenen religiösen Weltanschauung ein Nachteil oder auch nur ein Spott erwächst, verbitte ich mir, daß ein SS-Angehöriger einen anderen Menschen wegen seiner religiösen Anschauung behelligt, belästigt oder verspottet. Ebensowenig wie der Deutsche jemals für Gewissenszwang gewesen ist, eben so sehr ist ihm die religiöse Überzeugung und Anschauung seines Nächsten heilig und unantastbar.
    SS-Angehörige, die sich gegen diese Grundsätze verfehlen, werde ich, sobald ich davon erfahre, aus der SS ausschließen.
    Dieser Befehl ist in allen Stürmen beim Appell zu verlesen. Die Verlesung ist vierteljährlich zu wiederholen.

[b]   20.9.1935 *Befehl Himmlers*[1]
Nach wie vor gilt als oberster Grundsatz für die SS die Anordnung des Stellvertreters des Führers vom 13. Okt. 1933:
»Kein Nationalsozialist darf [...] Gewissenszwang darf nicht ausgeübt werden.«[2]
In dieser Verordnung ist die nationalsozialistische Fassung des uralten deutschen Rechts der Glaubensfreiheit verankert. Genau so

---

107 [1] Diese beiden Befehle ebenfalls Himmlers »Humor« zuzuordnen wäre freilich irrig. Von dem, was sich auf diesem Gebiet in seinen Einheiten und Lagern abspielte, hatte er vermutlich kaum eine Ahnung, und er glaubte wohl, eventuelle Auswüchse auf die hier gezeigte Art in »ritterliches« Verhalten zurückbiegen zu können.
[2] Siehe Nr. 5. – Diese ständigen Wiederholungen zeigen, daß zumindest die SS-Deutschen dem Gewissenszwang offenbar doch nicht so abhold waren und diese Befehle ihres Reichsführers vorausschauend (vgl. etwa Nr. 129) als Makulatur behandelten.

wie es in der SS nicht geduldet wird, daß irgendein Mann zu irgendeinem konfessionellen Bekenntnis gezwungen oder auch nur gemahnt wird, genauso dulde ich es nicht, daß von irgendeinem SS-Angehörigen die Ansichten und Überzeugungen anderer deutscher Volksgenossen, die ihnen heilig sind, verspottet oder verlästert werden.

Hierzu gehört auch das Singen von Liedern, die konfessionelle Dinge durch den Schmutz ziehen oder kirchliche Einrichtungen und Bräuche verspotten. Ebensosehr wie wir heute noch empört sind, daß vollkommen unnötigerweise die Bäume, die unseren Ahnen nicht als Götter, sondern als Werk Gottes heilig waren, von Unberufenen[3] gefällt wurden, ebensosehr hielte ich es für verabscheuungswürdig, wenn auch nur ein SS-Mann in die Barbarei dieser Unberufenen zurückfallen und irgendetwas, was irgendeiner Konfession heilig ist, (sei es ein Bild, eine Statue, ein Gebäude oder ähnliches) auch nur mit dem Finger berühren würde.

SS-Angehörige, die hier zuwiderhandeln, werde ich, weil sie ungeeignet für die Gemeinschaft und den Orden der SS sind, aus der SS ausschließen.

[108] 23.3.1935 g. – *Himmler an SS-Oberf. [Walther] Loos (SS-Oberabschnitt Mitte)*
Ich degradiere Sie zum SS-Mann.
Gründe:
1.) Sie haben am 18.3.34 sich mit einer Dirne auf offener Straße gerauft und haben auf der Polizeiwache unter Betonung Ihrer Stellung beim Reichsstatthalter in der menschlich unanständigsten Form von der Dirne Geld zurückgefordert, nachdem Sie vorher für dieses Geld die Ausübung perverser Handlungen verlangt haben.
2.) Sie haben am 15.11.34 einen Polizeiwachtmeister, der pflichtgemäß Ihre Personalien feststellen wollte, da Sie in unbe-

---

[3] Der berühmteste: Bonifatius, vgl. Anm. 105-1.

leuchtetem Kraftwagen an verbotener Stelle parkten, beschimpft und ihn in überheblicher Art anmaßend behandelt.
3.) Sie haben in der Nacht vom 9. zum 10.2.35 gelegentlich der Anwesenheit des Ministerpräsidenten Göring in Dresden im Hotel Bellevue sich im Dienstanzug in angetrunkenem Zustande mit einer übelbeleumundeten Frauensperson öffentlich unwürdig betragen [...]

[109 a, b]
[a]   7.7.1936 *Oberstes Parteigericht an Reichsführer-SS/SS-Gericht*
[...] Wie sich aus sämtlichen Beschwerden ergibt, sind die Misshandlungen der »Nein«-Stimmer[1] auf höheren Befehl des damaligen SS-Sturmbannführers Pg. *Retzlaff*[2] und des damaligen SS-Oberführers Pg. *Engel*[3] erfolgt. Nach Mitteilung des Gaugerichts Pommern ist eine Erweiterung des parteigerichtlichen Verfahrens auf die beiden letztgenannten SS-Führer seinerzeit nur aus dem Grunde unterblieben, weil der Reichsführer-SS eine Erweiterung seiner Anklage auf diese in Aussicht gestellt hat. Wie sich aus den Beschwerden der Angeschuldigten ergibt, haben sie im ordentlichen Strafverfahren nur deshalb davon abgesehen, sich zu ihrer Verteidigung auf den höheren, vor versammelter Mannschaft gegebenen Befehl zu berufen, um ihre Führer nicht auch noch vor die Schranken des staatlichen Gerichts zu bringen. Es war ihnen angeblich dafür von Seiten der SS versprochen worden, dass sie ihre empfindlichen Freiheitsstrafen nicht zu verbüssen bräuchten. Nach Sachlage scheinen sie aber trotzdem ihre Strafen verbüsst zu haben [...]

---

109   [1] Bei der Volksabstimmung und Reichstagswahl am 12.11.1933.
[2] Führer des SS-Sturmbanns III/9 in Stargard.
[3] Johann (?) E., Führer des Stettiner SS-Abschnitts.

[b]   o. D. *Antrag von Walter Murr auf ein Wiederaufnahmeverfahren*

Als erstes muß ich erklären, daß ich meine Aussage in der Voruntersuchung und vor dem Untersuchungsrichter nicht mehr aufrecht erhalte. Mein Benehmen in der Verhandlung selbst war ebenso wie meine Aussagen darauf bedacht, nicht die Führer und nicht die Bewegung bloßzustellen, beziehungsweise zu verraten. Heute, wo ich von den Führern schmählich verlassen und betrogen wurde, bin ich im *Interesse meiner Frau und meinen fünf Kindern* verpflichtet, der Wahrheit die Ehre zu geben.

Betrogen bin ich insofern, als mir folgendes versprochen wurde: Unterstützung der Familie, während ich fort bin, 2) baldiges Herausholen aus dem Gefängnis, 3) anderweitige Arbeitsbeschaffung.

Meiner Frau haben sie dasselbe versprochen und gehalten nichts.

Bevor ich den Fall der Wahrheit schildere, muß ich besonders betonen, daß das, was vorgefallen ist, nicht aus verbrecherischer Neigung oder aus Wollust geschehen ist, sondern nur in dem Glauben, im Interesse unserer Bewegung zu handeln, indem wir die Befehle ausführten.

Die Veranlassung zur ganzen Tat waren der Befehl und die gleichzeitige Drohung des Oberführers *Engel* am 5.11.33 nach der Sturmbannbesichtigung des Sturmbann III/9 in Stettin in folgendem Wortlaut:

Wer mit »Nein« stimmt, ist ein Vaterlandsverräter und gegen Vaterlandsverräter kennen wir nur ein Mittel, den Terror, und wie Ihr diesen ausführt, bleibt Euch überlassen. Ich mache *jeden* Führer für jede Neinstimme an seinem Ort verantwortlich.

Die Worte vom Oberführer Engel veranlaßten wieder Retzlaff als verantwortlichen Führer der SS in Stargard zur Durchführung des Befehls in folgender Weise:

Um die Leute, die mit »Nein« stimmen, herauszubekommen, mußte die Wahl indirekt beeinflußt werden und zwar so, daß hinter jeder Wahlzelle ein SS-Mann in Zivil stand, der nach außen hin die Aufgabe hatte, alten Leuten bei der Wahl behilflich zu sein, in

Wirklichkeit aber die Vaterlandsverräter feststellen sollte. Bei der Aufstellung dieses Planes, es war am Mittwoch vor der Wahl, wurde von Retzlaff gleichzeitig festgelegt, daß alle Vaterlandsverräter nach der Wahl eine ordentliche Tracht Prügel erhalten sollten. Diesen Befehl habe ich noch morgens am 12.11.33 auf Anordnung von Retzlaff, bevor die Leute in die Wahllokale abrückten, vor dem Sturm bekannt gegeben und strengstes Stillschweigen hierüber befohlen.

Um diese Sache überhaupt durchführen zu können, mußten wir (die SS) vom Kreisleiter Gottschalk als Wahlleiter von Stargard die Genehmigung haben. Ich erhielt am selben Tag den Befehl, mit Gottschalk in der vorher geschilderten Weise zu verhandeln. G. war mit dem Vorschlag vollkommen einverstanden, was ja auch durch den Wahlsonntag selbst erwiesen ist [...]

Am Mittag des 12.11.33 hat Retzlaff auch noch zu Bischoff und seinen Leuten gesagt: Der Befehl von heute morgen bleibt bestehen. Zu mir hat Retzlaff, bevor er das Stadttheater verließ und nach Stein fuhr, noch ausdrücklich im Flur gesagt: »Haut sie das Fell so voll, daß sie auf allen Vieren nach Hause kriechen.« Ich kann nicht mehr mit Bestimmtheit sagen, ob Topel dies mitgehört hat, da Topel[4] den Abend fast immer bei mir war. Im übrigen wurden solche Befehle nur von Mann zu Mann gegeben [...]

Am Donnerstagabend nach der Wahl kam Dr. Hoffmann[5] ins Stadttheater und gab Retzlaff einen Zettel, auf dem mehrere Namen standen und sagte: Hiervon suchen [Sie] sich sechs Mann aus, die müssen mit nach Stettin kommen und bleiben vorübergehend dort, bis die Stargarder sich wieder beruhigt haben.

In Stettin fragte ich Dr. Hoffmann Tag für Tag, wie es mit unserer Sache steht. Dr. H. sagte mir stets, daß der Oberführer fast jeden Tag in Berlin verhandle, die Sache sich aber dadurch verschlimmert hätte, da der Wiener Sender den Vorfall brachte und die Leute sich den Arsch fotografieren ließen und man befürchtete, Bilder hiervon könnten ins Ausland kommen.

---

[4] Sämtlich weitere kleine Schläger.
[5] Ein SS-Sturmführer bei der Standarte oder beim Abschnitt in Stettin.

Am Tage, wo wir nach Moabit überführt wurden, meinte Dr. H. noch, uns passiert nichts, es wäre nur eine außenpolitische Sache, wir werden von nationalsozialistischen Richtern verurteilt, die unterrichtet sind. Ferner kämen wir bald nach Bredow zurück.

Am zweiten Verhandlungstag nach dem Mittagessen sagte mir noch einer von den beiden Vertretern des Abschnitts im Auftrage des Oberführers: Murr, halten Sie den Kopf hoch, verraten Sie nichts, [Sie] kommen längere Zeit fort, dann holen wir Sie wieder heraus und Sie erhalten anderswo Arbeit. Dies habe ich meinen Kameraden gleich mitgeteilt.

Aus allem Angeführten wird das Gericht nunmehr meine Einstellung vor und während der Verhandlung voll verstehen können.

Von sehr großer Wichtigkeit ist, nicht nur in diesem Falle, sondern auch für die Zukunft wäre zu prüfen und als unumstößliche Richtlinie von der Führung herauszugeben, um nicht noch mehr SS-Männer unglücklich zu machen: Sind Befehle auszuführen oder nicht? Wenn ja, tritt der Führer für seine Befehle, die er herausgibt, auch ein? Und dies ist auch im Sinne des Führers. Der Führer schreibt ja auch in »Mein Kampf« Seite 379: Wer Führer sein will, trägt bei höchster unumschränkter Autorität auch die letzte und schwerste Verantwortung. Wer dazu nicht fähig oder für das Ertragen der Folgen seines Tuns zu feige ist, taugt nicht zum Führer.

Im Falle der Bejahung der Frage bleibt die SS ein Machtinstrument nicht nur der Bewegung, sondern auch des Staates. Wird die Frage verneint, hat die SS im Ernstfalle keinen Wert. Denn keinem SS-Mann wird man zumuten können, Befehle auszuführen, wenn er dafür ins Gefängnis geworfen wird.

Die Beantwortung dieser Frage hat der Reichsführer der SS Himmler am 17.6.34 in einer Rede in Stargard in Pommern ebenfalls mit Ja entschieden. Befehle sind danach unbedingt auszuführen, auch wenn die Leute den Befehl von ihrer Warte aus nicht beurteilen können, ja selbst wenn er unangenehm ist, ist er ohne Zögern auszuführen […]

[110] *5.8.1936 Himmler an Ehrengard v. Malsen-Ponickau (Stuttgart), Frau des SS-Brif. Erasmus Frhr. v. M.-P.*
Ich spreche Ihnen meine Missbilligung aus, weil Sie sich als Parteigenossin und Frau eines SS-Mannes gegenüber Ihrer Angestellten, der Parteigenossin Humpler, zum mindesten völlig unrichtig verhalten haben.

Ausserdem teile ich Ihnen mit, dass ich Ihrem Manne als dem für seine Familie Verantwortlichen nahegelegt habe, Sie als seine Frau für die Zukunft zu einem in jeder Hinsicht richtigen Verhalten als Frau eines SS-Mannes zu erziehen.

Gründe:
1. Sie haben von Ihrem Dienstmädchen, Pgn. Humpler, verlangt, dass dieselbe Sie und Ihren Mann in der dritten Person anreden müsse, obwohl Ihnen doch bekannt sein muss, dass bei aller Hochachtung von Autorität und Disziplin in der nationalsozialistischen Bewegung die Anrede in der dritten Person nicht üblich ist, sondern aus guten Gründen abgeschafft wurde.
2. Sie haben, als Sie – was ich als selbstverständlich voraussetze – ohne Ihr Wissen in einem Ihnen nicht bekannten jüdischen Geschäft Schuhe eingekauft hatten und nach dem Einkauf bemerkten, dass das Geschäft wohl jüdisch sei, auf die Frage nach Ihrer Anschrift die Wohnung und den Namen Ihres Dienstmädchens angegeben. Ich sehe diese Handlungsweise (die Angabe des Namens Ihrer Angestellten) zum mindesten als leichtfertig und parteischädlich an und verhehle nicht, dass in dieser Handlungsweise eine menschliche Missachtung Ihrer Angestellten erblickt werden konnte. Sie hatten ja ohne weiteres die Möglichkeit, nach Erkenntnis des Geschäftes zu sagen: Ich bemerke, dass dies ein jüdisches Geschäft ist, ich nehme die Schuhe nicht mit.

[111] *17.6.1937 Chef SS-Hauptamt (SS-Ogruf. [August] Heißmeyer) an Verteiler V*
Nach Ansicht des Reichsführers-SS ist die Geburt von Kindern eine reine Familien-Angelegenheit[1], die zu einer Feier im Kreise

---

111 [1] Vgl. Nr. 99.

der Familie, vielleicht der engsten Freunde und der Paten der Kinder Anlaß gibt.

Der Reichsführer-SS wünscht nicht, daß von der SS aus Namensweihen für Kinder von SS-Angehörigen vorgenommen werden.

[112] 28.6.1937 *Befehl Himmlers an die Schulungsleiter, alle SS-Führer bis zum Standartenführer abwärts u. a.*
Bei der weltanschaulichen Schulung verbiete ich den Angriff gegen Christus als Person, da solche Angriffe oder die Beschimpfung von Christus als Juden unserer unwürdig und geschichtlich bestimmt unwahr sind.

Ich wünsche, dass die SS-Männer durch Kenntnis der eigenen Geschichte unseres Volkes, der Vorgeschichte unseres Volkes, der Größe und Kultur unserer Ahnen von dem Wert unseres eigenen Blutes und unserer Vergangenheit überzeugt sind, sodaß sie ganz von selbst in diesen Werten der Vergangenheit, Gegenwart und Zukunft wurzeln. Negative Kritiken, die über geschichtliche Feststellungen hinausgehen, sind wie alles Negative nur schädlich. Geschichtliche Feststellungen bitte ich aber dringend nur in dem Maße vor unseren Männern zu machen, als wirklich wohlbegründetes Wissen den Redner oder Vortragenden dazu befähigt. Im allgemeinen verlange ich, daß man sich strengstens an die in den Leitheften[1] gegebenen Unterlagen hält.

Weltanschauliche Extratouren verbitte ich mir auf das entschiedenste.

[113] 16.11.1937 *Aktennotiz Persönlicher Stab Reichsführer-SS*
1. Der Reichsführer-SS bemängelte am 9. November 1937 bei dem Appell vor der »Ewigen Wache«[1], dass die Posten bei dem Ehrenmal das Seitengewehr nicht aufgepflanzt hatten.

112 [1] Die SS-Leithefte brachten Schulungsmaterial.
113 [1] Identisch mit den »Ehrentempeln« (!), der (seit 1935) Beisetzungsstätte der 1923 an der Feldherrnhalle »Gefallenen« am (nunmehr, ex Königsgplatz) Königlichen Platz in München.

Der Reichsführer-SS hat daher angeordnet, dass in Zukunft alle Wachen (am Ehrentempel, am Braunen Haus[2], vor der Wohnung des Führers[3]) am 9. November das Seitengewehr aufzupflanzen haben.
Dieser Befehl des Reichsführer-SS wurde von SS-Obersturmführer v. *Hadeln* an SS-Obersturmführer *Ecke*, (Adjutant SS-Standarte »Deutschland«) weitergegeben.
2. Der Reichsführer-SS hat bemängelt, dass der Zugführer des letzten Zuges der Ehrenkompagnie den Degen verkrampft und falsch gehalten hat.
Der Reichsführer-SS hat daher angeordnet, dass dem betr. Zugführer diese Beobachtung des Reichsführer-SS mitgeteilt und dass er angehalten wird, den Degengriff zu üben. Diese Anordnung ist ebenfalls SS-Obersturmführer Ecke mitgeteilt worden.
3. Dem Reichsführer-SS ist aufgefallen, dass das Bandelier[4] des Standartenträgers der SS-Standarte »Deutschland« sehr unansehnlich war. Befehlsgemäss gab SS-Obersturmführer v. Hadeln an SS-Obersturmführer Ecke die Anordnung des Reichsführer-SS zur Erneuerung des Bandeliers weiter und bat um Vollzugsmeldung an den Persönlichen Stab RFSS.
4. Der Reichsführer-SS hat bemängelt, dass die Wachkompagnie der SS-Standarte »Deutschland« beim Aufziehen der Wache nicht nach dem Parademarsch der »Langen Kerls«[5], sondern nach dem »Badenweiler Marsch«[6] marschiert [ist]. Die Erkundigung von SS-Obersturmführer v. Hadeln ergab, dass der »Badenweiler Marsch« lediglich programmässig gespielt wurde.

[2] Um die Ecke in der Briennner Straße, das alte Partei-Hauptquartier (ehem. Barlowpalais).
[3] Prinzregentenplatz 16 II, gemeint ist jedoch der Hauseingang.
[4] Schulterriemen der Fahnenträger mit ledernem Schuh zum Einstecken der Fahne.
[5] Das I. Bataillon des 1. Garderegiments zu Fuß unter Friedrich Wilhelm I. von Preußen 1707–1740.
[6] Hitlers »Kennmelodie« und demnächst für ihn reserviert (vgl. Bd. III, Anm. 213-3).

[114] *19.1.1938 SS-Gruf. [Oswald] Pohl, Verwaltungschef der SS, an Himmler*
Mit Schreiben vom 8. Juni 1937 wurde der Erzbischof[1] Dr. Konrad Gröber aufgefordert, sein ehrenvolles Ausscheiden aus der FM[2]-Organisation zu beantragen und sein Mitgliedsbuch sowie sein FM-Abzeichen an die 65. SS-Standarte abliefern zu wollen. Sämtliche Ordinariatsbeamte sind der hiesigen Aufforderung, aus der FM-Organisation auszuscheiden, nachgekommen; dagegen nicht Erzbischof Dr. Gröber. Mit Schreiben vom 6. Oktober 1937 wurde Dr. Gröber nochmals gebeten, seinen Austritt erklären zu wollen. Da sowohl auf das erste wie auf das zweite Schreiben keine Mitteilung erfolgte, wurde mit Schreiben vom 7. Dezember 1937 ihm bekanntgegeben, dass die zuständige Dienststelle (65. SS-Standarte) beauftragt wurde, ihn aus den Listen der fördernden Mitglieder zu streichen und das Mitgliedsbuch sowie die FM-Nadel bei ihm abholen zu lassen. Trotz dieses Schreibens ist Dr. Gröber dieser Aufforderung nicht nachgekommen [...]

[115] *10.2.1938 Himmler an SS-Gruf. [Richard] Hildebrandt, Führer SS-Oberabschnitt Rhein (Wiesbaden)*
Sie haben einen Organisationsvorschlag eingereicht, in dem Sie ausführen, es wäre unmöglich, daß ein Oberabschnittführer von mehreren Hauptämtern Befehle bekäme.
Ich verstehe Ihre Vorschläge nicht, denn wenn es möglich ist[1], daß ein Oberpräsident und Reichsstatthalter von 10 Ministerien, die für die Fragen zuständig sind, die entsprechenden Befehle bekommt, dann wird es für einen Oberabschnittführer möglich sein, von ein paar Hauptämtern die entsprechenden Befehle bekommen zu können.

---

114 [1] von Freiburg (später zum entschiedenen Gegner des Nationalsozialismus gewandelt, vgl. Bd. III, Nr. 57)
[2] »Fördernde Mitglieder« – ein Trick Himmlers, sich finanzielle und sonstige Unterstützung wichtigerer Leute zu verschaffen, die nicht in der schwarzen Uniform herumlaufen wollten oder konnten.
115 [1] Wo das freilich ebenfalls problematisch war und immer wieder zu Erörterungen der Rolle der Sonderverwaltungen in der Mittelinstanz geführt hat.

Ich möchte klarstellen, daß diese Organisationsform von mir persönlich gewählt worden ist und so bleibt. Ich sehe die Aufgabe des Oberabschnittführers nicht darin, immer nur theoretische Vorschläge zu machen – wie ich es aus dem letzten Halbjahresbericht von Ihrer Seite entnommen habe –, sondern mehr darin, daß er sich fleißig der Truppe widmet und all den Fragen, die ich in der letzten Gruppenführerbesprechung als wichtig herausgestellt habe.

Lebhaft interessiere ich mich z. B. für die Frage, wieviele Führeranwärter und Junker Sie als Gruppenführer persönlich schon geworben und namhaft gemacht haben.[2]

[116 a, b]

[a] *12.1.1939 Aktenvermerk Himmlers über eine »Rücksprache« am 11.1. nachmittags*

Ich habe SS-Oberführer *Sattler* eingehend die Schwierigkeiten, die aus einer Heirat von ihm, dem 47-jährigen, mit einem 17- bezw. 18-jährigen Mädchen in Zukunft unbedingt entspringen müssen, vorgehalten. Ich habe ihm dabei auch unmißverständlich gesagt, daß ich mich in schwierigen Fällen und Konflikten, die aus diesem Altersunterschied entstehen, unbedingt auf die Seite seiner Frau stellen werde, da ich nicht dafür zu haben bin, daß derartige Ehen auf dem Rücken der Frauen, die ja dann die Leidtragenden sind, ausgetragen werden.

Ich habe ferner von SS-Oberführer Sattler bei seiner etwaigen Heirat gefordert, daß er dann die Größe haben müsse, falls durch Krankheit oder ein frühzeitiges Altern von ihm Konflikte gerade körperlicher Art für seine Frau auftreten, <er> in taktvollster und großzügigster Art die Wege frei zu machen.

SS-Oberführer *Sattler* will mit seiner Braut sprechen. Ich habe ihm bereits gesagt, daß er bei einem Beharren auf seinem Willen, sich mit seiner jetzigen Braut zu verloben, die Heirat auf seine eigene Verantwortung freigegeben bekommt.

---

[2] Was im gewöhnlichen Verständnis nicht gerade zu den Aufgaben eines Generals gehörte, aber so war Himmler nun einmal: ein ewiger Korinthenkacker.

[b] 25.1.1939 Himmler an SS-Oberf. [Carl] Sattler (Lippstadt i. W.)

Ich gebe Ihre Verlobung und Heirat mit Frl. Waltraut *Ronnebach* auf eigene Verantwortung des Antragstellers und der Braut frei.

Den Grund dafür, dass Ihre Heirat nicht genehmigt, sondern lediglich freigegeben wurde, ist in dem grossen Altersunterschied, über den ich mit Ihnen eingehend gesprochen habe, zu suchen.

Für Ihre Ehe mit Frl. Ronnebach wünsche ich Ihnen und Ihrer Braut von Herzen alles Gute.

[117] *9.2.1939 Beschluß Oberstes Parteigericht in Sachen SS-Hstuf. Hans Aichinger und SS-Ustuf. Walter Kopfgartner (beide aus Innsbruck)*
Das Verfahren wird *eingestellt*.

                Tatbestand:

In der Nacht vom 9. zum 10. November 1938 kam es auch in Innsbruck zu Aktionen gegen das Judentum.[1] In deren Verlauf wurde der Jude Richard Graubart und Dr. Wilhelm Bauer durch den SS-Hauptsturmführer Hans *Aichinger* und der Jude Richard Berger durch den SS-Untersturmführer Walter *Hopfgartner* getötet.

Auf Befehl des Führers des SS-Abschnittes XXXVI SS-Oberführer *Feil*[2] waren unter Führung der beiden Angeschuldigten sogenannte Rollkommandos gebildet worden. Aus bewährten SS-Männern wurden besonders zuverlässige Leute ausgesucht, die sich den beiden Angeklagten zur Verfügung zu stellen hatten. Die Mitnahme einer Pistole war allen Beteiligten untersagt worden, damit die ganze Aktion lautlos vor sich gehen soll. Aichinger erhielt den Auftrag, die Aktion gegen die in der Gensbacherstr. 5 wohnenden Juden Graubart und Bauer zu leiten, während Hopf-

---

117 [1] In Paris war (vgl. Anm. 224-1) Legationssekretär Ernst vom Rath am 9. den zwei Tage zuvor beim Attentat des polnischen Juden Herschel Grynzpan erlittenen Verletzungen erlegen. Die Parteiführerschaft war noch zu den Feiern des 9. November in München versammelt, als die Nachricht durchgegeben wurde und Goebbels den »spontanen« Pogrom anordnete. GL Franz Hofer hatte das aus München mitgebracht.
[2] Hanns (?) F.

gartner der Vorsteher der Israelitischen Kultusgemeinde Berger zugeteilt wurde.

SS-Oberführer Feil konnte bei der Kürze der zur Verfügung stehenden Zeit seinen Unterführern keine eingehenden Verhaltensmaßnahmen[3] mit auf den Weg geben. Er erklärte den Angeschuldigten nur, daß sie zunächst eine Durchsuchung nach Waffen vorzunehmen hätten und bei dem geringsten Anschein von Widerstand diesen mit jeden Mitteln zu brechen hätten. Er hat ihnen keinen ausdrücklichen Befehl gegeben, die Juden zu töten. Er gibt aber zu, daß die Angeschuldigten aus seinen Worten den Schluß hätten ziehen müssen und auch ziehen sollten, daß es bei der Durchführung der Ver[ge]ltungsmaßnahme auf das Leben eines Juden nicht ankomme.

Ausdrücklich hat er ihnen gesagt, daß ihnen nichts geschehen wird, ganz gleichgültig wie die Aktionen ausgingen.

Aichinger hat dann mit seinen Leuten die Wohnung der Juden Graubart und Bauer aufgesucht. Er ließ die Wohnungen durchsuchen und die Juden selbst aus ihren Schlafzimmern herausholen, während die Frauen der Juden die Schlafzimmer nicht verlassen durften. Aichinger trat auf den Juden Graubart zu, der bereits unter Bewachung einiger SS-Männer stand. In diesem Augenblick soll der Jude nach Darstellung Aichinger's die Arme erhoben und geschimpft haben. Aichinger hat dem Juden daraufhin mit seinem Dolch einen Stich in die Seite versetzt. Gleichzeitig gab ein anderer SS-Mann des Kommandos dem Juden einen Schlag auf den Kopf. Diese Verletzung wirkte sofort tödlich.

Aichinger begab sich dann sofort in die untere Etage des Hauses, wo der Jude Dr. Bauer wohnte. Bauer soll sehr kräftig gewesen sein und der Wache Schwierigkeiten bei der Verhaftung gemacht haben. Aichinger sprang hinzu und stach Bauer mit seinem Dolch in die Brust. Ausserdem erlitt Bauer Verletzungen am Kopf. Auf dem Transport zur Klinik ist er gestorben. Aichinger hat dann das Haus sofort mit seinen Leuten verlassen.

Zur gleichen Zeit begab sich der Angeschuldigte Hopfgartner

---

[3] Gemeint: Verhaltens*regeln*.

mit 4 Leuten in die Wohnung des Juden Berger. Er hielt es jedoch mit Rücksicht auf die Anwesenheit der Ehefrau nicht für richtig, Berger in seiner Wohnung zu töten, und nahm ihn deshalb mit den Kraftwagen mit. An einer abgelegenen Stelle hinter Kranebitten hieß er den Juden aussteigen. Als dieser merkte was ihm bevorstand, versuchte er laut um Hilfe zu rufen. Er wurde daraufhin zu Boden gedrückt. Hopfgartner nahm einen großen Stein und schlug damit 2 Mal auf den Hinterkopf des Juden. Als Berger keine Lebenszeichen mehr von sich gab, warf man ihn über die Böschung in den Inn. Auch Hopfgartner begab sich sofort mit seinen Leuten nach Innsbruck zurück und erstattete den Adjutanten des Abschnittführers Meldung.

Hopfgartner hatte mit Berger ebensowenig persönliche Differenzen gehabt wie Aichinger mit Graubart oder Bauer. Er kannte Berger nicht einmal persönlich. Zu seiner Tat vernommen hat er wörtlich ausgesagt:

»Nach Durchführung der Aktion hatten wir alle ein recht flaues Gefühl, da uns SS-Männern solche Aktionen nicht sonderlich sympathisch sind. Wir haben in Ausführung eines Befehls gehandelt ...«

Aichinger hat sich in ähnlichem Sinne geäussert, daß ihm Gewaltanwendung an sich nicht liege und er ohne erhaltenen Befehl aus eigenem Antrieb niemals gehandelt hätte [...]

[118 a, b]
[a]   *29.4.1939 Himmler an SS-Ogruf. Sepp Dietrich [Kommandeur SS-Leibstandarte Adolf Hitler]*

Lieber Sepp!
Ich will Dich nur davon unterrichten, dass Heinrich *Höflich*[1] offenkundig mit Führern der LSSAH in Verbindung steht und sich dabei auf Dich beruft. Ich bin Höflich trotz seiner grossen Korruption soweit entgegengekommen, dass ich ihm gnadenweise

---

118 [1] Vgl. Anm. 15-4. H. ist zwischen Dezember 1936 und Dezember 1937 aus der SS-Dienstaltersliste verschwunden.
[2] Zuständig für »Gnadensachen« im Parteibereich.

eine Stellung beim Roten Kreuz verschaffte, allerdings mit der Auflage, mit keinem SS-Führer zu verkehren.
Ich habe gegen Höflich eine neue Untersuchung eingeleitet. Ich vermute, dass er wieder schräge Geschäfte macht. Er hat bei seinem jetzigen Gehalt ein Vierzylinder-BMW-Kabriolett, ist anmassend und in seiner Arbeit faul wie immer. H. wird jetzt vom Roten Kreuz gekündigt.
Ergibt die Untersuchung seitens der Geheimen Staatspolizei auch nur die geringste Schuld, sperre ich Höflich diesmal in ein Konzentrationslager.

[b] *29.12.1944 Schwarz an RL Philipp Bouhler, Chef der Kanzlei des Führers der NSDAP*[2]
Höflich ist mir genauestens bekannt. Wenn ich mich nach Verlauf einer langen Reihe von Jahren für seine Wiederaufnahme[3] einsetze, dann geschieht dies in der Erkenntnis, dass Höflich ein zu getreuer Diener seines verstorbenen Herrn war. Nur Gründe der Pietät gegenüber dem verstorbenen Gauleiter[4] Adolf Wagner halten mich davon ab, Dinge hier zur Sprache zu bringen und breitzutreten, die das Verhalten Höflichs wenn auch nicht entschuldigen, so doch in einem milderen Licht erscheinen lassen müssen. Im übrigen steht für mich fest, dass eine Reihe in die Angelegenheit »Karl«[5] Verwickelter nicht bestraft worden ist. Die Bedeutung des Falles und ihre Begleitumstände werden wohl am besten durch die Tatsache beleuchtet, dass der damalige Generalfeldmarschall Göring den mit der Untersuchung und Ahndung

[3] In die Partei – Bormann gab dann am 18.1.1945 sein Plazet. H. – vor seinem Sturz SS-Oberführer – war jetzt Oberfeldwebel und lag z. Zt. im Lazarett Egern am Tegernsee.
[4] des »Traditionsgaues« München-Oberbayern
[5] Nicht ermittelt, der Name Göring läßt jedoch auf Korruption größeren Stils schließen, denn mit »peanuts« gab sich der Marschall gewöhnlich nicht ab. Bei dem »Karl« könnte es sich um jenen Anton K. handeln, der 1936/38 für den DAF-»Verband sozialer Baubetriebe« dem Intimus und Chefadjutanten Himmlers Karl Wolff in Rottach am schönen Tegernsee für ganze 41 600 RM ein 154 000-Mark-Landhaus erbaut hatte und dabei 11 500 RM unterschlagen haben sollte. Himmler bezeichnete K. als »Gauner«, der sein »Wölffchen« in »schmählicher Weise hereingelegt« hätte, zahlte aber 1941 der DAF 21 500 RM aus seinem »Sonderfonds«, um diese Korruption in Schwarz-Braun zu vertuschen.

des gesamten Fragenkreises befassten Stellen zur Pflicht machte, die Sache keinesfalls an den Führer heranzutragen [...]

[119] *15.8.1939 Himmler an SS-Oberf. Dr. med. Hans Deuschl (Alt-Rehse[1] bei Neubrandenburg)*
Lieber *Hansi*!
Besten Dank für Deinen Brief. – Dass Deine gute Frau einen anderen Namen bekommen soll, halte ich für sehr richtig und gut, denn dass eine Germanin wie Deine Frau »Sara« heissen soll, ist mir noch nie eingegangen. Warum macht Ihr es aber nicht einfacher! Lasst einfach das »S« weg, sodass der ohne Zweifel arische Name »Ara« daraus entsteht.
 Ich habe aber gegen Euren Plan, sie in Sigrid umzubenennen, ebenfalls nichts einzuwenden.
 Für den Oktober wünschen meine Frau und ich Euch von Herzen alles Gute. Ich hoffe wirklich, dass mich noch im Laufe dieses Jahres mein Weg einmal in Eure Gegend führt. Dass ich dann nicht an Alt-Rehse vorbeiziehen werde, versteht sich wohl von selbst.
 Herzliche Grüsse von Haus zu Haus.

[120] *18.8.1939 Gruppenkommando SS-Totenkopfstandarten/ K. L.[1] (SS-Gruf. [Theodor] Eicke) an SS-Personalhauptamt*
Am 17.7.39 wurde mir der SS-Standartenführer *Dolp*[2] als Schutzhaftlagerführer für das K. L. Sachsenhausen überwiesen. Inzwischen sind 4 Wochen vorübergegangen; diese genügen vollkommen für die Überzeugung, daß Standartenführer Dolp seinen

---

119 [1] Hier befand sich das »Lager« des NS-Dozentenbundes, dem »Hansi« bis zu seiner späteren Tätigkeit im Baltikum (vgl. Bd. I, Nr. 491) möglicherweise attachiert war.
120 [1] Die offizielle Abkürzung für »Konzentrationslager« (im Volksmund: KZ); die »Totenkopfstandarten« waren die Wachverbände.
[2] Hermann D.

Aufgaben nicht gewachsen ist, weil er sie mangels geistiger Beweglichkeit nie begreifen wird. Ich kenne Dolp sehr gut und habe gleich zu Anfang meine Bedenken geäußert. Er ist willig und äußerst fleißig und kann nichts dafür, daß er, mit einem hohen Dienstgrad behaftet, ohne genügende geistige Veranlagung von höherer Dienststelle vor Aufgaben gestellt wurde, die er einfach nicht meistern kann. Bereits jetzt schon sind im Lager Sachsenhausen durch den negativen Einschlag, den Standartenführer Dolp hinterläßt, Schäden entstanden, die nur mit eiserner Faust sich wieder ausmerzen lassen. Die Verbrecher haben rechtzeitig festgestellt, daß sie von Dolp nichts zu fürchten haben; sie stehen daher im ganzen Lager gemütlich auf die Schaufelstiele gelehnt und sehen sich die Gegend an. Es ist hier wieder wie zu Zeiten Hellwigs[3]; die Furcht und die Autorität geht flöten, weil Dolp schon durch sein gutmütiges, fast dummes Gesicht eine allgemein fidele Stimmung unter den Verbrechern[4] auslöst. Es geht schon wieder so weit, daß Anordnungen von Unterführern und Posten lächelnd ohne Gehorsam hingenommen werden.

Am 17.8.39 ist ein Häftling ausgebrochen, das ist nur der Anfang einer Kette von Fluchtversuchen, die nun bald einsetzen wird, wenn ich Dolp noch länger bei den Verbrechern dulde. Diese Zustände sind eine allgemeine Gefahr, für die ich dem Reichsführer-SS gegenüber die Verantwortung zu tragen habe. Der Lagerkommandant, SS-Oberführer *Baranowski*[5], ist zur Zeit krank und mußte sich einer Operation unterziehen. Es kann dem 57 Jahre alten SS-Führer nicht mehr zugemutet werden, nun auch noch den Pflichtteil der Arbeit seines Gehilfen auf sich zu nehmen. Die Zeiten, in denen man Nieten in den Konz.-Lagern unterbringen konnte, sind endgültig vorbei, wenn, wie vorgeschrieben, Ordnung und Sauberkeit herrschen soll [...]

---

[3] SS-Ostubaf. Otto H., bis 1939 Schutzhaftlagerführer in Sachsenhausen.
[4] Das waren die wenigsten, und »fidel« oder »gemütlich« war es allenfalls nach SS-Maßstäben.
[5] Hermann B.

[121] 30.8.1939 *[SS-Gruf. Theodor] Eicke, Kommandeur Gruppenkommando SS-Totenkopfstandarte/K. L., an SS-Gruf. [Karl] Wolff, Chef Persönlicher Stab Reichsführer-SS*
Betreff: Beschwerde gegen SS-Standartenführer Tamaschke[1] wegen Nichteinhaltung der Unterhaltspflicht.
[...] ich bitte Dich vorerst nichts zu veranlassen.

Tamaschke, dem ich genügend zugeredet habe, ist ein unvernünftiger, alter Bock, schwach umsäuselt von Frühlingslüften, die ihm früher oder später grimmige Kopfschmerzen verursachen werden. Seine jesuitische Charakterprägung verhindert das Aufkommen jeder Vernunft.

Als er Direktor des Frauenlagers Lichtenburg war, verliebte sich der Mann, den ich auf diesem Gebiete für eine tote Nulpe hielt, in eine Aufseherin des Lagers, die, mit 43 Jahren zwar schon über die Brutzeit hinaus, noch so viel Raffinesse besass, den klapprigen Tamaschke in der Zange festzuhalten. Seine Frau, deren schwache Konstitution dem seelischen Schmerz nicht gewachsen war, fiel aufs Krankenlager und wurde auf meine Veranlassung im Urbankrankenhause wieder auf die Beine gestellt. Alles Zureden konnte Tamaschke nicht davon abhalten [sic], sein Liebesverhältnis abzubrechen. Seine Frau erhielt Absage auf Absage und nicht mehr genügend Geld, um den Lebensunterhalt für sich und das 14 Jahre alte Töchterchen zu fristen. Hier habe ich bereits eingegriffen und eine Besserung erzielt. Der heutige Brief wird bei der furchtsamen Veranlagung des Tamaschke seine Wirkung nicht verfehlen.

Den Tamaschke selbst habe ich nach Feststellung seiner Liebelei zunächst nach Weimar und später nach Fürstenberg geschickt. Ein ehrenwörtlich nicht zu verlassender Sperrkreis von 50 km sollte weitere Zusammenkünfte mit seinem Weibsstück vermeiden. Anfangs ging es ganz gut, bis er eines Tages zu mir auf die Dienststelle kam und mir etwas von »wahrer« Liebe erzählte, für die ich wirklich keine Gefühle aufbringen konnte, weil es dafür volkstümlichere Bezeichnungen gibt. Als ich Tamaschke eröffnete, dass er seine Stellung als Lagerdirektor zu verlieren habe, er-

121 [1] Günther T.

klärte er mir, dass er auch unter diesen Umständen seine Geliebte nicht lasse und nun gezwungen sei, die Scheidung gegen seine Frau zu betreiben. Tamaschke wurde hierauf mit 3 monatiger Frist vom Amte entfernt und dem SS-Personalhauptamt zur Verfügung gestellt. Am 1.9.1939 soll er über den SD eine Werkschutzleiterstelle antreten.

Notwendig wird es, die spätere Heirat des Tamaschke mit seiner rassisch und körperlich nicht ansprechenden Geliebten durch das Rasse- u. Siedlungshauptamt rechtzeitig zu verhindern. Für die Schutzstaffel ist es kein Schaden, wenn Tamaschke unter diesen Umständen verhindert wird, Nachkommenschaft zu erzeugen.

Ich werde mich weiterhin um die Frau Tamaschke kümmern; sie ist kränklich, aber gesinnungsmässig hochanständig.

[122] *29.9.1939 [SS-Gruf.] Reinhard Heydrich (Chef Sipo) an Gen. Kurt Daluege (Chef Orpo)*
Deine mit Brief vom 22.9.1939 mitgeteilte Anregung[1] habe ich zum Gegenstand eingehender Erörterungen gemacht.

So bestechend an sich der Vorschlag ist, so gibt es doch eine Reihe von Gründen, die wenigstens zunächst bedacht werden müssen.

Es darf ohne weiteres vorausgesetzt werden, dass jedwede Ausschreitung gegen Juden in den besetzten Gebieten, auch wenn sie tatsächlich von Polen ausgeht, von der feindlichen Auslandspresse sofort uns in die Schuhe geschoben wird. Diesen Gefallen wollen wir aber den Herren Engländern nicht tun (insbesondere im Hinblick auf die möglichen Auswirkungen in den Vereinigten Staaten).

Zum anderen ist es unsere vordringlichste Aufgabe, den Polen zu entpolitisieren. Das wird zweifellos noch viel Arbeit erfordern. Nun soll er aber nicht auf der einen Seite von uns wieder politisiert werden; dieser Widerspruch könnte ebenfalls zu besonderen Auswirkungen führen.

122 [1] Die Polen gegen die Juden zu hetzen; das Schreiben ist nicht erhalten.

Schließlich soll das Judenproblem, wie Du ja schon weißt, einer besonderen Regelung unterworfen werden.[2]

Je nach der Entwicklung der Judenfrage in den besetzten Gebieten werde ich selbstverständlich auf Deine Anregung wieder zurückkommen.

[123]   *28.10.1939 Befehl Himmlers »für die gesamte SS und Polizei«*

Jeder Krieg ist ein Aderlaß des besten Blutes. Mancher Sieg der Waffen war für ein Volk zugleich eine vernichtende Niederlage seiner Lebenskraft und seines Blutes. Hierbei ist der leider notwendige Tod der besten Männer, so betrauernswert er ist, noch nicht das Schlimmste. Viel schlimmer ist das Fehlen der während des Krieges von den Lebenden und der nach dem Krieg von den Toten nicht gezeugten Kinder.

Die alte Weisheit, daß nur der ruhig sterben kann, der Söhne und Kinder hat, muß in diesem Kriege gerade für die Schutzstaffel wieder zur Wahrheit werden. Ruhig kann der sterben, der weiß, daß seine Sippe, daß all das, was seine Ahnen und er selbst gewollt und erstrebt haben, in den Kindern seine Fortsetzung findet. Das größte Geschenk für die Witwe eines Gefallenen ist immer das Kind des Mannes, den sie geliebt hat.

Über die Grenzen vielleicht sonst notwendiger bürgerlicher Gesetze und Gewohnheiten hinaus wird es auch außerhalb der Ehe für deutsche Frauen und Mädel guten Blutes eine hohe Aufgabe sein können, nicht aus Leichtsinn, sondern in tiefstem sittlichem Ernst Mütter der Kinder ins Feld ziehender Soldaten zu

---

[2] Dies war noch nicht die »Endlösung«, die erst nach Beginn des Ostfeldzugs in diesen kranken Gehirnen Platz griff. Die damaligen Planungen für Polen hatte Heydrich gerade eine Woche zuvor, am 21.9., in einer Geheimkonferenz so dargestellt: Es sollten alle auf dem Lande lebenden Juden in Städte mit Eisenbahnverbindung verbracht werden, Mindestzahl 500 pro Stadt; in den zur Eingliederung vorgesehenen Gebieten sollten die Juden in einigen wenigen leicht erreichbaren Städten konzentriert werden (beides war 1942, als der Abtransport in die Vernichtungslager begann, erst zum Teil durchgeführt). Hitler verkündete dann am 9.10. im Reichstag, es werde der »Versuch einer Ordnung und Regelung des jüdischen Problems« unternommen werden.

werden, von denen das Schicksal allein weiß, ob sie heimkehren oder für Deutschland fallen.

Auch für die Männer und Frauen, deren Platz durch den Befehl des Staates in der Heimat ist, gilt gerade in dieser Zeit die heilige Verpflichtung, wiederum Väter und Mütter von Kindern zu werden.

Niemals wollen wir vergessen, daß der Sieg des Schwertes und das vergossene Blut unserer Soldaten ohne Sinn wären, wenn nicht der Sieg des Kindes und das Besiedeln des neuen Bodens folgen würden.

Im vergangenen Krieg hat mancher Soldat aus Verantwortungsbewußtsein, um seine Frau, wenn sie wieder ein Kind mehr hatte, nicht nach seinem Tode in Sorge und Not zurücklassen zu müssen, sich entschlossen, während des Krieges keine weiteren Kinder zu erzeugen. Diese Bedenken und Besorgnisse braucht Ihr SS-Männer nicht zu haben; sie sind durch folgende Regelung beseitigt:

1. Für alle ehelichen und unehelichen Kinder guten Blutes, deren Väter im Kriege gefallen sind, übernehmen besondere, von mir persönlich Beauftragte im Namen des Reichsführers SS die Vormundschaft. Wir stellen uns zu diesen Müttern und werden menschlich die Erziehung und materiell die Sorge für das Großwerden dieser Kinder bis zu ihrer Volljährigkeit übernehmen, so daß keine Mutter und Witwe aus Not Kümmernisse haben muß.
2. Für alle während des Krieges erzeugten Kinder ehelicher und unehelicher Art wird die Schutzstaffel während des Krieges für die werdenden Mütter und für die Kinder, wenn Not oder Bedrängnis vorhanden ist, sorgen. Nach dem Kriege wird die Schutzstaffel, wenn die Väter zurückkehren, auf begründeten Antrag des einzelnen wirtschaftlich zusätzliche Hilfe in großzügiger Form gewähren.

SS-Männer
und Ihr Mütter dieser von Deutschland erhofften Kinder
zeigt, daß Ihr im Glauben an den Führer und im Willen zum ewigen Leben unseres Blutes und Volkes ebenso tapfer, wie Ihr für Deutschland zu kämpfen und zu sterben versteht, das Leben für Deutschland weiterzugeben willens seid!

[124] *[13.11.1939] Aktenvermerk Chef Rasse- und Siedlungshauptamt-SS (SS-Gruf. [Günther] Pancke)*

Am 13.11.39 wurde dem SS-Oberführer *v.* Gottberg[1] in Gegenwart von SS-Oberführer Hofmann[2] folgende Eröffnung bekannt gemacht:

1.) Sie haben sich sofort wegen einer schweren Herzattacke krank zu melden und allen Personen gegenüber krank zu *sein.*
2.) Die ärztliche Untersuchung wird von hier aus durch SS-Standartenführer Dr. Brustmann vorgenommen. Es ist Ihnen verboten, sich von einem anderen Arzt ohne meine Genehmigung untersuchen oder behandeln zu lassen.
3.) Die Anordnungen des Arztes SS-Standartenführer Dr. Brustmann sind als SS-Befehle aufzufassen.
4.) Sie haben dem RuS-Hauptamt[3] und als kommissarischer Leiter des Bodenamtes dem Reichsprotektor Ihre Erkrankung zu melden und als Ihren Vertreter den SS-Obersturmbannführer Bartholomeytzik zu benennen. Dieses Schreiben ist mir offen vorzulegen und wird von hier abgesandt.
5.) Sie haben aufgrund der Erkrankung Ihren Vorsitz bei allen Gesellschaften und Vereinen niederzulegen. Auch diese Briefe sind mir offen vorzulegen.
Ihr Gehalt wird ohne Amtschefzulage vom RuS-Hauptamt weitergezahlt.
6.) Sie haben sich jeden weiteren dienstlichen Verkehrs mit irgendwelchen Dienststellen der Partei, des Staates, der Wehrmacht und der freien Wirtschaft zu enthalten. Alle dienstlichen Schreiben von einer dieser Dienststellen, die bei Ihnen eingehen sollten, sind sofort an mich weiterzuleiten.

---

124 [1] Curt v. G., damals beim »Reichsprotektor in Böhmen und Mähren«, später Amtschef im SS-Hauptamt, HSSPF Rußland-Mitte und schließlich Kommandierender General des XII. SS-Korps.
[2] Otto H., damals Amtschef im Rasse- und Siedlungshauptamt-SS, der spätere HSSPF Südwest.
[3] Rasse- und Siedlungshauptamt-SS.

7.) Sie und Ihre Frau haben keinem Menschen gegenüber irgendeine andere Schilderung über die Notwendigkeit Ihres Rücktritts von diesen Geschäften als Ihre schwere Herzerkrankung zu geben.
8.) Sie setzen sich schwerster Bestrafung aus, insbesondere auch der Überweisung in ein Konzentrationslager, wenn Sie andere Gerüchte in Umlauf bringen.
9.) Die Gründe für diese Maßnahmen sind:
   a) Sie haben in größerem Kreise behauptet, SS-Obergruppenführer Darré[4] sei ein Judenabkömmling.
   b) Sie haben sich in größerem Kreise in mehr oder weniger angetrunkenem Zustand größenwahnsinnig geäußert: Sie gingen in die Geschichte ein als Wiedererneuerer des deutschen Bauerntums und entweder Sie oder der Reichsführer-SS würde Reichskommissar.
   c) Sie könnten nicht nur Oberlandräte, sondern auch den Staatssekretär und sogar den Reichsprotektor verhaften.
   d) Sie haben Volksdeutsche und die Ihnen unterstellten SS-Angehörigen wie auch Zivilangestellte unerhört herabwürdigend behandelt, insbesondere als Idioten, Bürgergesindel und Lumpenpack tituliert.
   e) Ferner haben Sie mich insbesondere über verschiedene wichtige Dinge Ihres Arbeitsgebietes falsch bzw. gar nicht unterrichtet (...).

Ich verwarne Sie nochmals eindringlichst, irgend etwas gegen den Sinn dieses Befehls zu unternehmen. Bei einer Verletzung dieses Befehls machen Sie sich einer staatsfeindlichen Handlung schuldig, deren Folgen in Kriegszeiten Ihnen bekannt sind.

Der Reichsführer-SS lehnt jede direkte Eingabe oder Vorstellung gegen diesen Befehl ab.

---

[4] Richard Walther Darré, Reichsernährungsminister und bis 1.7.1938 der Vorgänger Panckes (vgl. Anm. 32-1).

[125 a, b, c]
[a] *13.6.1940 g. – SS- und Polizeigericht I München an Gaugericht München der NSDAP*
Beiliegend überreicht das SS- u. Polizei-Gericht I München 2 beglaubigte Urteilsabschriften der vom SS- u. Polizei-Gericht I am 15. April 1940 verurteilten Parteigenossen
        Johannes Bergmüller u.
        Ludwig Wurmannstädter.
Das Urteil wurde am 17. April durch den Gerichtsherrn Reichsführer-SS u. Chef der Deutschen Polizei dahingehend gemildert, dass der Vollzug der Freiheitsstrafe bis nach Kriegesende ausgesetzt, ferner statt auf Ausstossung aus der SS auf Degradierung zum SS-Mann erkannt wurde.

Die Verurteilten sind auf Befehl des Reichsführers-SS dem »Verlorenen Haufen« überstellt worden.[1]

[b] *30.5.1941 Himmler an SS-Führungshauptamt, SS-Personalhauptamt und Hauptamt SS-Gericht*
1.) Ich verbiete, daß ein Mann des verlorenen Haufens für eine Tat, die er beim verlorenen Haufen leistet, eine Auszeichnung bekommt.

2.) Jede Rehabilitierung eines Mannes, der beim verlorenen Haufen ist und der durch sein Verhalten als rehabilitierungswürdig angesehen wird, ist mir persönlich unter Vorlage der bestandenen Gefechte, eines Berichtes über seine Bewährung und seine Kampfhandlungen sowie unter nochmaliger Vorlage der Straffälle, die zu seiner Versetzung in den verlorenen Haufen geführt haben, vorzulegen, über die Rehabilitierung entscheide ich selbst.

[c] *11.4.1942 Hauptamt SS-Gericht an SS-Richter beim Reichsführer-SS*
Die Überprüfung der hier vorhandenen Vorgänge über 104 Männer des alten[2] »Verlorenen Haufen« bei der SS-Totenkopf-Division hat folgende Statistik ergeben:

125   [1] Dies als Beispiel dafür, wie man da hineinkam.
[2] Vgl. Nr. 142.

1.) Von den 104 Männern sind 47 gerichtlich und 57 disziplinar bestraft worden. Es haben sich
   91 = 87,5 % bewährt,
   5 = 4,8 % nicht bewährt, während
   8 = 7,7 % noch keine ausreichende Gelegenheit zur Bewährung hatten.
2.) Es waren bestraft:
   Von den 91 Bewährten wegen Verfehlungen
   a) gegen das Eigentum bzw. Vermögen Anderer und aus Bereicherungsabsicht (Diebstahl, Unterschlagung, Plünderung, Betrug in Tateinheit mit Urkundenfälschung, Bestechung)   37 Männer,
   b) gegen die militärische Dienstpflicht, Zucht und Ordnung (Fahnenflucht, unerlaubte Entfernung, Urlaubsüberschreitung, Ungehorsam, Bedrohung und tätlicher Angriff gegen Vorgesetzte, Ausschreitungen in Trunkenheit mit Beleidigung und Körperverletzung)   52 Männer,
   c) gegen die Sittlichkeit   2 Männer,
   von den 5 Nichtbewährten wegen Verfehlungen
   wie zu a)   2 Männer,
   wie zu b)   3 Männer;
   von den 8 ohne ausreichende Gelegenheit zur Bewährung wegen Verfehlungen
   wie zu a)   6 Männer
   wie zu b)   2 Männer.
[...]

[126] *3.7.1940 Aktennotiz Himmlers für Ribbentrop*
Ich höre, daß im Baltikum noch 3 bis 4000 Deutsche, die bei der damaligen Umsiedlungsaktion[1] nicht für Deutschland optiert haben, nun den Wunsch geäußert und die dringende Bitte haben

---

126 [1] Ende 1939 nach entsprechenden Verträgen mit den Baltenstaaten, nachdem das Baltikum am 28.9. der Sowjetunion als Interessengebiet überlassen, es aber von ihr noch nicht besetzt und einverleibt worden war.

übermitteln lassen, nach Deutschland kommen zu können. Sie wollen lediglich, wie sie betonen, ihr nacktes Leben retten, da Rußland im Baltikum in der schärfsten Weise durchgreift und die Leute entweder sofort liquidiert oder nach Sibirien verbringt.

Dieses Problem hat m. E. zwei Seiten. Die eine ist die menschliche: Es handelt sich zwar um Leute, die im November/Dezember die Hand Deutschlands nicht annahmen und sich in falscher Überheblichkeit mehr als Esten und als Letten fühlten als als Deutsche; aber immerhin sind es Menschen deutschen Blutes. Die andere Seite ist die politische: Wir haben im November/Dezember m. W. den Russen gesagt, daß wir nach dieser Entscheidungsmöglichkeit des Einzelnen keine Deutschen mehr in Estland und Lettland anerkennen würden und daß es damit für uns ein Minderheitenproblem dort oben nicht mehr gäbe (ausgenommen sind selbstverständlich die [Reichs-] Deutschen).

Es erhebt sich nun die Frage, ob wir deswegen noch einmal an die Russen herantreten wollen. Weiterhin ist zu bedenken, daß wir damit für alle künftigen Optionen den Volksdeutschen ein schlechtes Beispiel geben. Wir haben bei den Baltendeutschen sowie bei den Südtirolern[2] erklärt, daß wir nach der Option von den Zurückbleibenden niemand mehr als Deutschen betrachten würden. Geben wir nun nach, so geben wir das Beispiel, daß beim ersten Mal noch niemand für Deutschland zu optieren braucht, weil sich später das mächtige Deutsche Reich, wenn es ihnen schlecht gehen sollte, doch für sie einsetzt.

Aus diesem Grunde möchte ich warnen, diese Deutschen herüberzulassen. Außerdem habe ich die Überzeugung, daß es nicht die besten Deutschen sind, sondern daß es der Teil des Baltikums ist, der Deutschland bereits sehr entfremdet ist.

---

[2] Von Hitler prinzipiell am 23.6.1938 (das die Sache in Gang setzende Durchführungsabkommen vom 21.10.1939) Italien überlassen mit Optionsmöglichkeit der Südtiroler für eine Umsiedlung ins Reich.

Ein erfreulicher Zuwachs werden diese 4 bis 5000 Menschen, die sicherlich überheblich und kritiksüchtig sind, bestimmt nicht sein.

Den einzigen Vorschlag, den ich hier machen kann, der auch politisch den Russen gegenüber tragbar wäre, wäre der, daß man die Mütter mit den Kindern herübernimmt.[3]

[127 a, b, c, d, e]
[a] *22.11.1940 SS-Brif. Popp[1] (Chemnitz) an Führer SS-Oberabschnitt Elbe (SS-Ogruf. [Udo] v. Woyrsch)*
In der letzten Nummer des »Schwarzen Korps« steht der anhängende Nachruf für den SS-Obersturmführer Hans Wiede. Wiede hat sich am 16. Oktober 1940 in Chemnitz erschossen.

Am gleichen Tage war der SS-Hauptsturmführer Lorenz vom SS-Art.-Regt. bei mir und verständigte mich davon, dass Wiede in einer Reihe von Fällen des Verbrechens gegen § 195[2] überführt worden sei. Lorenz habe nun den Auftrag, Wiede in die Heimat zu verbringen, wo er Zivil anlegen müsse. Er habe 24 Stunden Zeit, die Folgerungen aus seinen Taten zu ziehen, dann habe er mit Verhaftung zu rechnen. Sollte Wiede den zu erwartenden Freitod wählen, so wolle seitens der Allgemeinen SS davon keine Notiz genommen werden, insbesondere sei eine Beerdigung mit militärischen Ehren nicht erwünscht.

Wiede hat sich in der darauffolgenden Nacht erschossen und ist hier beerdigt worden. Unbegreiflicherweise sind der Vorfall und seine Gründe hier in Chemnitz bekannt geworden. Umsomehr ist man verwundert, dass der Kommandeur des Wiede einen Nachruf bringt, in dem steht, dass dieser für Führer und Volk gestorben sei.

---

[3] Entgegen diesem Votum Himmlers wurden am 10.1.1941 mit den Sowjets Vereinbarungen über die Umsiedlung dieser Deutschen abgeschlossen.
127 [1] Emil P., Kreishauptmann (1942 Regierungspräsident) des Regierungsbezirks Chemnitz; Führer SS-Abschnitt II (Sachsen).
[2] § 195 StGB handelte von der Beleidigung und Verleumdung von Ehefrauen.

Annonce:

> Am 16. Oktober 1940 starb für Führer und Volk der
> SS-Obersturmführer Hans Wiede
> Inhaber des E. K. II 1939
>
> Er wird als tapferer Führer im Polenfeldzug
> und Einsatz im Westen
> in unseren Reihen fortleben.
>
> gez. Hansen[3]
> Kommandeur eines SS-Artl.Regts.
> der Waffen-SS

[b]   26.11.1940 v. Woyrsch an SS-Staf. Hansen, Kommandeur eines Artillerie-Regiments der Waffen-SS

Der SS-Obersturmführer Hans *Wiede* hat im Schwarzen Korps durch Sie einen Nachruf erhalten. Ich bitte um Mitteilung, ob Ihnen die Vorgänge Hans Wiede bekannt sind und auf wessen Veranlassung Sie diese Annonce aufgegeben haben. Wiede gehörte bezw. gehört in den Bereich des SS-Oberabschnitts Elbe.

Für eine umgehende Erledigung bitte ich besorgt zu sein.

[c]   13.12.1940 SS-Gruf. [Paul] Hausser, Kommandeur SS-Division, an v. Woyrsch

Lieber Kamerad Obergruppenführer v. Woyrsch,

Obf. *Hansen*, Kdr. des Artl.Regts. meiner Div., legt mir Ihre Anfrage bezügl. Ostuf. *Wiede* vor.

Da ich annehme, dass der unfreundliche Ton nicht beabsichtigt ist, antworte ich zur Sache folgendes:

Mir ist unbekannt, dass Ostuf. Wiede früher dem Ob.Abschnitt Elbe unterstanden hat. Z. Zt. seines Todes gehörte er dem Artl.Regt. als Führer der Res. an; er sollte zur Ersatz-Abt. versetzt werden. Er unterstand also seinem Regt. bezw. mir. Er hat seine

---
[3] Peter H.

Verfehlungen gesühnt, indem er sich selbst richtete. Die Ehre des Toten ist wieder hergestellt. Das zu entscheiden ist Sache seines unmittelbaren Vorgesetzten, des Regts.Kdrs. Daher der Nachruf.
Mit kameradschaftlichem Gruss

[d]   *5.12.1941 v. Woyrsch an Hauser*
Auf Ihr Schreiben vom 27.1.41 habe ich Ihnen folgendes zu antworten:
1.) Die von Ihnen gewählte Anrede meiner Person gegenüber mögen Sie anderweitig anwenden, aber nicht bei mir. Die Voraussetzungen für eine solche Anrede sind daher von Ihnen mir gegenüber nicht gegeben, ganz abgesehen davon, dass der Dienstältere – in diesem Falle ich – über eine solche Anrede entscheidet.
2.) Ob Sie älter sind im Lebensalter interessiert mich in diesem Falle gar nicht. Interessieren darf mich nur Ihr SS-Dienstalter und das ergibt sich einerseits aus Ihrer SS-Nummer, andererseits aus Ihrer Parteinummer und letzten Endes aus der eben erst erfolgten Beförderung zum Gruppenführer.
Vorgesetzte und Untergebene hat es nie bei der SS gegeben. Wären nämlich solche vorhanden – besonders die Ersteren – dann hätten manche Ihrer Worte auf eine besondere Waagschale gelegt werden müssen.
3.) Der Fall Hans *Wiede* hat sich bei einem Ihrer Regimenter und damit in Ihrer Division abgespielt. Ich muss annehmen, dass Sie mindestens, wenn nicht sogar besser über den Fall orientiert sind, wie ich. Ich kann auch nicht glauben, dass Ihnen diese Anzeige unbekannt geblieben ist. Es ist aber tief beschämend, wenn Sie als Gruppenführer der SS die Handlungsweise des Standartenführers *Hansen*, der ehem. zum SS-OAE gehörte, nicht nur billigen, sondern auch noch abdecken. Aus diesem Grunde interessiert es mich ferner nicht, ob Sie sachlich oder persönlich meiner Ansicht sind. Von Interesse ist lediglich die Haltung, die Sie selbst einnehmen.

4.) Das Heimatgebiet des Hans *Wiede* gehört zum SS-Oberabschnitt Elbe. Der SS-OAE hatte daher ein berechtigtes Interesse, ob diese Anzeige von dem Standartenführer Hansen selbst ausging, oder ob er jemanden beauftragt hatte, diese aufzugeben, weil bei Abfassung des Schreibens vom 26.11.40 mir nicht bekannt war, dass W. zu dem Artl.Regt. *Hansen* gehört. Vielmehr war ich der Auffassung, dass er bei einem Reichswehr[4]-Regt. sei. Der Inhalt dieses Schreibens war daher in keiner Weise zu beanstanden; allerdings wird es mir jetzt klar, dass der »Kommandeur« *Hansen* ein sehr schlechtes Gewissen haben muss.

Im übrigen ist jenes Schreiben über das Kommando (der) der Waffen-SS geleitet worden, woraus hervorging, dass ausschliesslich das Kdo. d. Waffen-SS über die Beantwortung zu entscheiden hatte, aber nicht Ihre Person.

Es mag sein, dass Sie aus früherer Zeit gewisse Belastungen mitgebracht haben[5], um daraus herzuleiten, dass dieser Führer mir »unterstand«.

5.) Ihre sonstigen Bemerkungen im Schlußsatz beweisen heute eindeutig das, was man bisher bei Ihnen gefühlt, aber aus Gründen des Taktes nicht ausgesprochen hat. Ich spreche nicht von dem Grad jener Bescheidenheit, den Sie als eben gewordener Gruppenführer anscheinend nicht für sich in Anspruch nehmen [...]

[e] *23.4.1941 Himmler an v. Woyrsch*
Lieber Udo!
Mir liegt Dein Brief vom 5.2.1941, den Du an den Kommandeur der SS-Division »Reich«, SS-Gruppenführer Hausser, geschrieben hast, vor. Wenn auch vielleicht die äusseren formellen Umstände und die Tatsache, dass Du Obergruppenführer bist und

---

[4] v. W. dürfte genau gewußt haben, daß es die »Reichswehr« der Weimarer Zeit seit 1935 nicht mehr gab.
[5] Hier scheint am stärksten durch, was hinter dieser ganzen Holzerei steckt: die Aversion der alten SS-Marschierer gegenüber den durch Krieg und Waffen-SS-Aufstellung eingesickerten Seiteneinsteigern aus der Wehrmacht.

Hausser Gruppenführer, Dir Recht zu geben scheinen, so bin ich über Deinen Brief doch entsetzt. Er ist ein Rückfall in Deine schlimmsten Zeiten und Angewohnheiten. Solche Briefe schreibt man nicht.

Ich bitte Dich, von dieser Methode Abstand zu nehmen. Mich interessiert in einem solchen Falle nicht die Sachlage, sondern mich interessiert die menschliche Form der Austragung einer immer einmal vorkommenden Meinungsverschiedenheit.

Ich höre, dass Du zu gleicher Zeit mit SS-Brigadeführer Hilgenfeldt[6] Auseinandersetzungen und Streit hast. Auch hier interessiert mich nicht der Sachverhalt. Mich erfüllt lediglich die Tatsache, dass Du innerhalb kurzer Zeit mit zwei SS-Kameraden in einem wenig schönen Briefwechsel stehst, mit grosser Sorge. Mit wieviel anderen magst Du noch in Streit leben, wovon ich nichts weiss.

Ich darf Dich als Kamerad und als Freund zum letzten Mal bitten, Briefe, die Du Deinem Temperament nach im Ärger abschicken willst, in Deinem Panzerschrank zu verwahren, nach 14 Tagen noch einmal zu prüfen und erst nach 4 Wochen abzuschicken.

Es muss doch für einen Menschen, der einen so anständigen und sauberen Charakter hat wie Du, möglich sein, sich diese notwendige Selbsterziehung angedeihen zu lassen. Denke doch daran, dass die SS ein einziger Trümmerhaufen wäre, wenn alle so viel Streit hätten wie Du ihn hast und hattest. Ich verzichte darauf, die grosse Reihe bester Kameraden von Dir aufzuführen, mit denen Du – nur nach meiner geringen Kenntnis – im Laufe der letzten Jahre erzürnt und entzweit warst.

Lieber Udo, ich hoffe wirklich, es ist das letzte Mal, dass ich Dich mündlich oder schriftlich wegen solch einer, Deiner inneren Anständigkeit nicht würdigen Angelegenheit ansprechen muss.[7]

---

[6] Erich H., Leiter der NS-Volkswohlfahrt.
[7] Vgl. dazu Bd. I, Anm. 567-1.

[128]   *30.1.1941 gRs. – Himmler an SS-Gruf. [Theodor] Eicke,
       Kommandeur SS-Totenkopfdivision*
In einem Divisions-Befehl lese ich die Bekanntgabe von Bestrafungen von SS-Führern, darunter auch SS-Standartenführer Kleinheisterkamp[1], aus irgendeiner in meinen Augen nebensächlichen Ursache. Wegen derartiger Ursachen bestraft man einen Regimentskommandeur nicht.

Es ist richtig, dass ein Feldwebel einem Rekruten, der seinen Dienst nicht ordentlich macht, Strafen auferlegt in Form von Stubenarrest u. ä. Es ist ebenso richtig, dass ein Kompaniechef einen Mann wegen irgendeines Vergehens bestraft. Es ist absolut auch noch richtig, wenn in demselben Falle ein Regimentskommandeur einem jungen Leutnant Stubenarrest gibt. Es ist auch vertretbar, wenn in einem ganz seltenen Fall Hauptleute oder Stabsoffiziere Stubenarrest zudiktiert bekommen. Eine Unmöglichkeit ist es aber, einen Regimentskommandeur wegen einer Kleinigkeit zu bestrafen und diese Strafe zum Gaudium aller im Divisionsbefehl bekanntzugeben.

Noch wahnsinniger ist die Bekanntgabe von Bestrafungen von SS-Führern, weil sie geschlechtskrank geworden sind.

Lieber Eicke, wenn ich so etwas lese, zweifle ich an Ihrem Verstand. Und hier sind die Augenblicke, in denen ich zweifle, ob Sie wirklich eine Division führen können.

Kommen Sie mir nun nicht damit, dass irgend jemand Sie bei mir angeschossen hat. Erstens neige ich nicht dazu, auf Intrigen zu hören, und zweitens haben Sie ja derartige wahnsinnige Dinge selbst im Divisionsbefehl niedergelegt. Beschämend ist für die gesamte SS, dass ein SS-Gruppenführer und Generalleutnant aus ihren Reihen so etwas menschlich zu Verurteilendes und militärisch Unmögliches tun konnte.

Die Sachlage ist doch so:

Sie verlangen einesteils von den Führer, dass sie Ihnen mitteilen, wenn sie geschlechtskrank geworden sind. Andernteils

128   [1] Matthias K., vgl. Nr. 148.

verlangen Sie, dass die Führer sich beim Truppenarzt melden und sich behandeln lassen. Der Arzt steht im Zivilleben unter schwerer Strafe, wenn er sein Berufsgeheimnis bricht. Und das mit vollem Recht. Denn jeder, der noch ein bisschen Schamgefühl hat, wird sich genieren, wenn das Unglück, das ihm als gesunden Menschen durch die Ansteckung widerfahren ist, bekannt würde.

Der Erfolg Ihres wahnsinnigen Vorgehen wird der sein, dass sich Ihre Männer und Führer, wenn sie geschlechtskrank geworden sind, nicht bei uns melden, sondern zu irgendeinem Pfuscher gehen und sich für ihr ganzes Leben ruinieren lassen.

Für Ihre Division verbiete ich hiermit den Ärzten, Ihnen irgendeine Meldung über Geschlechtserkrankungen von Männern und Führern zu machen. Jeder Arzt, der dieses Verbot nicht befolgt, wird von mir bestraft. Ich betone hierbei, dass die Ärzte für diesen Befehl nichts können. Ich betone aber ebenso, so gern ich Sie persönlich habe und Sie sonst als einen ganzen Kerl schätze: wenn Sie diesmal versuchen, so wie Sie es oftmals bei Gelegenheiten, wo ich eingegriffen habe, taten, nun die SS-Führer, die in Ihrem Befehl genannt wurden, oder SS-Standartenführer Kleinheisterkamp oder die Ärzte insgesamt mit Ihrer kleinlichen, als Divisionskommandeur und auch als Kameraden unwürdigen Rache zu verfolgen, eine solche Handlung für Sie menschlich und dienstlich unabänderliche Konsequenzen nach sich ziehen würde.

[129] *19.3.1941 Int. Schr. Reichsorganisationsleitung (Ley an Leiter Hauptorganisationsamt)*
[…] bitte ich Sie, bei der Prüfung der Dienststelle Rosenberg darauf zu achten, dass die Aktive Christenverfolgung nicht von der Dienststelle Rosenberg, sondern vom Sicherheitshauptamt des Reichsführers-SS und da durch Gruppenführer Heydrich durchgeführt wird.

[130]   *9.5.1941 Bescheid des Oberbürgermeisters der Stadt Gnesen*

Der SS-Oberführer Josef *Stroop[1]*, geboren am 26.9.95 in Detmold (Lippe), eingetragen im Geburtsregister Nr. 187 des Jahres 1895, hat aufgrund weltanschaulicher Einstellung die Änderung seines Vornamens beantragt. An Stelle des Vornamens Josef[2] will der SS-Oberführer Stroop den Vornamen seines verstorbenen Sohnes Jürgen führen.

Die beantragte Vornamenänderung wird hiermit aufgrund des Gesetzes zur Änderung von Familien- und Vornamen vom 5.1.38 genehmigt.

[131 a, b]

[a]   *[Mitte/Ende] Mai 1941 gKs. – Chef Sipo und SD an Reichsführer-SS*

Dem Befehl des Reichsführers-SS entsprechend wurde SS-Oberführer Frey[1] am 12.5. vorläufig festgesetzt. Frey hat sich zu dem Vorwurf der heimlichen Trauung ausführlich geäußert. Zur Darstellung des Frey ist folgendes zu sagen:
1) Frey gibt zu, daß er sich heimlich in der Kapelle des Altersheimes St. Joseph trauen ließ. Für die Heirat hat er die Erlaubnis des Rasse- und Siedlungshauptamtes erst nachträglich eingeholt.
2) Als Beweggründe für die heimliche Trauung führt Frey an, daß er
   a) ohne kirchliche Trauung von seiner streng katholischen Schwiegermutter die Genehmigung zur Heirat nicht bekommen hätte, die Heirat aber notwendig war, weil seine Frau bereits ein Kind erwartete,
   b) er als SS-Angehöriger kein schlechtes Beispiel durch eine öffentliche kirchliche Trauung geben wollte.

---

130   [1] Im Frühjahr 1943 dann bei der Niederschlagung des Warschauer Ghetto-Aufstands besonders unrühmlich bekanntgeworden (Erfolgsmeldung: »Es gibt keinen jüdischen Wohnbezirk in Warschau mehr!«).
[2] Nach dem Alten Testament (vgl. Nr. 119) ist jetzt also bereits das Neue dran.
131   [1] Kurt F.

[b]   **12.11.1942** *Himmler an Chef Hauptamt SS-Gericht und Chef SS-Personalhauptamt*

Der SS-Oberführer *Frey*, gegen den wegen seiner kirchlichen Trauung und seiner Heirat ohne Genehmigung ein Verfahren durchgeführt wurde, war nach seiner schweren Verwundung als Leutnant bei der Panzertruppe, ausgezeichnet mit dem E. K. I und II, bei mir.

Das Verfahren ist damit abgeschlossen, Frey bleibt mit alter Nummer und altem Rang in der SS. Er erhielt mit dem heutigen Tage wiederum die Genehmigung zum Tragen der Uniform.

[132]   **22.7.1941** *Clemens August Graf v. Galen, Bischof von Münster[1], an Lammers*

[...] Unterdessen hat die Geheime Staatspolizei fortgefahren, unbescholtene, hochangesehene deutsche Männer und Frauen, Mitglieder bester deutscher Familien, ohne Untersuchung und Gerichtsurteil, einzig weil sie katholischen Orden angehören, ihres bescheidenen Besitzes zu berauben, sie mittellos innerhalb weniger Stunden aus der Heimat zu verjagen, aus der Heimatprovinz Westfalen und auch noch aus der Rheinprovinz auszuweisen. Ich verzichte darauf, Einzelheiten, welche die Roheit und Rücksichtslosigkeit dieses Vorgehens näher beleuchten, Ihnen vorzutragen. Aber ich darf Ihnen versichern: unser westfälisches Volk würde sich selbst untreu und wäre nicht wert seiner edlen Vorfahren, wenn es nicht von höchster Empörung und tiefster Erbitterung erfaßt wäre gegenüber den ausführenden Beamten und ihren Auftraggebern und gegenüber den Nutznießern dieser Gewaltakte. Soweit ich es beurteilen kann, ist das Bewußtsein der »Volksgemeinschaft« mit jenen Kreisen für die meisten von uns unheilbar zerstört und für jeden anständigen Menschen unmöglich geworden!

---

132   [1] Dies eine seiner zahlreichen Interventionen. Daß Hitler und sein Unrechtsstaat nicht gewagt haben, gegen diesen Mann vorzugehen, beweist, *was* möglich gewesen wäre, wenn ... (vgl. Bd. III, Nr. 54, 83 und 184).

[…] Ich hatte in meinem Telegramm vom 14.7.1941 durch Ihre Vermittlung den Führer und Reichskanzler unter Hinweis auf ganz bestimmte Taten der Geheimen Staatspolizei und auf die dadurch herbeigeführte Schwächung der inneren Front um den Schutz der Freiheit und des Eigentums deutscher Volksgenossen gegen die Willkür der Geheimen Staatspolizei und gegen Beraubung zu Gunsten der Gauleitung gebeten.

Ich muß annehmen, daß mein Telegramm auf Anweisung des Führers »dem Reichsführer SS und Chef der Deutschen Polizei zum weiteren Befinden zugeleitet« worden ist.

Gerade gegen die unter der Leitung des Herrn Himmler stehende Geheime Staatspolizei hatte ich um Schutz für Freiheit und Eigentum schuldloser deutscher Volksgenossen gebeten. Wenn nunmehr derselbe Herr Himmler über das Schicksal der gegen das Vorgehen der Geheimen Staatspolizei beim Führer und Reichskanzler erhobenen Beschwerde »zu befinden« hat, dann ist es schon von vornherein sicher, daß mein Eintreten für Freiheit und Gerechtigkeit, mein Bemühen um Erhaltung der inneren Front ohne jedes Ergebnis bleiben wird. Dann ist ja der Auftraggeber der Geheimen Staatspolizei, also der für ihr Vorgehen hauptsächlich Verantwortliche, zum Richter in eigener Sache gemacht! Dann wird also die Schreckensherrschaft der Geheimen Staatspolizei auch weiter als furchtbarer Druck auf allen Volksgenossen lasten. Dann wird sie auch in Zukunft willkürlich über die Freiheit und das Eigentum, ja auch über körperliche Unverletztheit und selbst das Leben deutscher Volksgenossen verfügen; dann wird sie auch in Zukunft nicht gehindert werden, aus niemals näher erklärten »staatspolizeilichen Gründen« ihr mißliebige, vielleicht von irgendeinem feigen Denunzianten verleumdete ehrenwerte deutsche Männer und Frauen zu enteignen, aus der Heimat zu verbannen, in ihren Kellern und Konzentrationslagern gefangen zu halten oder auch zu töten […]

Wenn es aber dahin kommt, daß die Geheime Staatspolizei ungehindert jetzt mitten im Kriege die innere Front des deutschen Volkes zersprengt dadurch, daß im deutschen Vaterland, während unsere Soldaten für Deutschland kämpfen, die Geheime Staatspolizei gefahrlose Siege über wehrlose deutsche Männer, über schutzlose deutsche Frauen erringt und die Gauleitung am leicht eroberten Gut deutscher Volksgenossen sich bereichert, wenn so ohne Eingreifen der zum Schutz der Rechtsordnung verpflichteten Stellen die Rechtssicherheit zerstört, das Rechtsbewußtsein untergraben und das Vertrauen auf die Staatsführung vernichtet wird, dann weiß ich mich als deutscher Mann, als berufener Vertreter und Verteidiger deutschen Rechts und deutscher Freiheit, als verantwortlicher Bischof über fast zwei Millionen deutscher Katholiken aufgerufen und verpflichtet, ungeachtet der Folgen, die daraus für mich persönlich entstehen mögen, laut meine Stimme zu erheben, anklagend gegen die inneren Feinde, die Volk und Vaterland zu Grunde richten, warnend, um das Volk und seine Regierung zurückzurufen von einem Wege, der nach den Erfahrungen der Geschichte und nach seiner naturnotwendigen Konsequenz dahin führen wird, daß »unser deutsches Volk und Vaterland trotz des Heldentums unserer Soldaten und ihrer ruhmreichen Siege an innerer Fäulnis und Verrottung zu Grunde gehen« wird […]

[133] *4.8.1941 Himmler an SS-Gruf. Alfred Rodenbücher (Salzburg)*

Ich habe nicht vor, im einzelnen zu Ihrem Brief Stellung zu nehmen, denn insgesamt zeigen Sie mir sowohl durch Ihre Bitte um Entlassung aus der Schutzstaffel als auch durch einige soldatisch wohl nicht übliche Redensarten, daß ich mit meiner Qualifikation, die ich über Sie erstellte, voll und ganz Recht hatte.

Ich halte es jedoch für notwendig, einige Dinge herauszugreifen und richtigzustellen.

1. Ich habe nicht Ihre Marine-Dienstzeit scharf, bitter und spöttisch kritisiert, sondern Ihnen unter Bezugnahme auf einen Teil Ihrer Tätigkeit nahegelegt, über den Gesichtskreis, der für den Feldwebel richtig ist, als höherer Führer endlich herauszukommen.

2. Ihr Satz, daß die Ihnen in Berlin gemachte Eröffnung über Ihre zukünftige Verwendung die »Form einer menschlichen Be-

handlung unterschreite«, gibt mir erneut völlig das Bild, daß Sie in Ihrem Selbsturteil und in Ihrer Selbstgefälligkeit jeden Boden unter den Füßen verloren haben. Die Ihnen in Aussicht gestellte Stellung war entsprechend der Neuorganisation der besetzten russischen Gebiete die eines SS- und Polizeiführers beim Generalkommissar[1], also eine Stellung im Range eines Generalmajors oder Generalleutnants, wobei das letztere für Sie zugetroffen hätte.

Ich wünsche Ihnen aufrichtig, daß Sie im Leben nie unmenschlicher behandelt werden mögen, als es Ihnen hier widerfahren ist.

3. Die Wahrung des Ansehens der SS und Polizei überlassen Sie beruhigt mir; dies ist nicht Ihre Angelegenheit.

Ihre Entlassung aus der Schutzstaffel genehmige ich nicht. Ich denke garnicht daran, Sie einen Weg gehen zu lassen, der nur aus augenblicklicher Verwirrung erklärbar ist. In der von Ihnen erträumten Marine-Laufbahn gelten die Gesetze, daß der Vorgesetzte qualifiziert und der Untergebene nun einmal die Qualifikation hinzunehmen hat, auch wenn er sie nicht versteht, in noch erheblich härterem Maße als in der SS.

Ich erwarte, daß Sie die Dienststelle, die ich Ihnen zuweise, sofort und ohne Widerrede übernehmen. Es liegt völlig an Ihnen, durch weitere tadellose Pflichterfüllung meinen durch Ihr jetziges Verhalten schwer erschütterten Glauben in Ihre soldatische Haltung wieder zu festigen und wieder durch Auftreten und Benehmen zu beweisen, daß Sie gewillt sind, sich nicht dauernd selbst zu bemitleiden, sondern Fehler, die Sie neben den vielen Vorzügen, die ich immer anerkannt habe und heute noch anerkenne, nun einmal haben, auszumerzen.

[134] *1.9.1941 g. – SS-Gruf. [Oswald] Pohl, Chef Verwaltungs- und Wirtschafts-Hauptamt, an Himmler*
Durch den Inspekteur der Konzentrationslager und durch den SS-Richter beim Reichsführer-SS habe ich in den letzten Tagen

---

133 [1] R. war in Salzburg »Höherer SS- und Polizeiführer« gewesen.

Kenntnis von Ihrem Auftrag an mich erhalten, für ein Entwöhnungsheim einen geeigneten Leiter vorzuschlagen.

Da die Person dieses Leiters den Charakter des Heimes bestimmen wird, bitte ich, zu dem vorgefaßten Plan meine Ansicht äußern zu dürfen.

Ich halte es für gefährlich, ein Zwangserholungsheim oder ein Entwöhnungsheim aufzumachen, nur um Menschen, die durch gelegentlichen reichen Alkoholgenuß die Haltung verloren haben, hiervon zu kurieren. Es ist nämlich leichter, notorische Säufer zu kurieren als Männer, die vielleicht noch nicht einmal als Trinker zu bezeichnen sind, die aber leider nicht die Fähigkeit besitzen, im Alkoholgenuß das richtige Maß zu halten. Das können oft ganz ordentliche und sonst sehr brauchbare Kerle sein.

Wenn man diese Männer nun zu einem Zwangsaufenthalt verurteilt, von dem es bald die Spatzen von den Dächern pfeifen werden, daß sich hierunter mehr oder weniger der Aufenthalt in einer Trinkerheilstätte versteckt, so ist die Gefahr nicht von der Hand zu weisen, daß man durch einen solchen Aufenthalt den Teufel durch Beelzebub austreibt, das heißt, ein Aufenthalt in diesem Heim könnte die davon Betroffenen erst recht im Bekanntenkreise als Säufer oder Trinker brandmarken.

Ich mache Ihnen deshalb den Vorschlag, Reichsführer, nicht von einem Zwangserholungsheim zu sprechen, sondern von einem »Urlaubs- oder Erholungsheim für naturgemäße Lebensweise«. Das Leben in diesem Heim darf sich deshalb nicht darauf beschränken, den Insassen nur den Alkohol und das Nikotin vorzuenthalten, sondern man muß ihnen gleichzeitig durch eine sehr sorgfältige und fachmännisch geregelte und vorgelebte Lebensweise zeigen, zu welcher Lebens- und Leistungsform man auflaufen kann, wenn man sich zusammenrafft und alte Sünden abstreift.

Ich nehme an, daß ein Aufenthalt in diesem Heim die Insassen nicht nur vom Alkohol erlösen, sondern ihnen gleichzeitig den Weg zeigen soll zu einer harmonischen naturgemäßen Lebensführung [...]

[135 a, b]
[a]   9.11.1941 *Adjutantur der Wehrmacht beim Führer an Chef OKW*

Der Führer und Oberste Befehlshaber der Wehrmacht hat sich heute auf Grund eines Sonderfalles noch einmal veranlaßt gesehen, zur Frage des Tragens der militärischen Rangabzeichen und der Wehrmachtsuniform seine Auffassung eindeutig darzustellen.

Die Auffassung des Führers ist nachstehend zusammengefaßt:
1) Die militärischen Dienstgradabzeichen sind einzig und allein den militärischen Waffenträgern, d. h. der Wehrmacht einschl. der Waffen-SS, vorbehalten.
2) Das Tragen der militärischen Rangabzeichen und des Grundtuches der Wehrmachtsteile durch Soldaten zur Ausübung ihres Berufes ist allein auf diesen Kreis zu beschränken [...]

[b]   27.1.1942 *SS-Ostuf. (in der Waffen-SS) Richter (z. Zt. Kassel in Urlaub*[1]*) an Lammers*

Ich fühle mich berufen, auf eine Unsitte der Heimat hinzuweisen, die bei Soldaten und Offizieren der Wehrmacht und Waffen-SS viel Kritik hervorgerufen hat.

Der Führer und unser oberster Befehlshaber hat einen Erlass gegeben, der uns als Frontsoldaten genau bekannt ist, in dem es heisst: Feldgraue Uniform, Schulterstücke und Stahlhelme dürfen nur von der Wehrmacht und der Waffen-SS getragen werden. Wie wird nun dieser Erlass des Führers in der Heimat beachtet.

Ich habe mich nun in meinem Urlaub selbst davon überzeugt, dass in der Heimat der Erlass des Führers keine Beachtung findet.

Die Herren vom Sicherheitsdienst und der Gestapo, die bei der Wehrmacht und in der Waffen-SS sich überhaupt keinen Dienstgrad erdient haben, tragen feldgraue Uniformen und haben sich Schulterstücke bis zum Standartenführer der Waffen-SS auf die Schultern gelegt.

Es ist der Wunsch aller Soldaten der Wehrmacht und der Waffen-SS, dass nun endlich diese Unsitte unterbunden wird.

Der Führer will es auch, sonst hätte er den Erlass nicht gegeben.

135   [1] Vermutlich anonym, jedenfalls ohne Absenderanschrift.

Durch das unberechtigte Tragen von Wehrmachts-stücke wird das Ansehen herabgewürdigt.

Ich besuchte einen Bekannten von mir in meinen Urlaub, derselbe ist beim Sicherheitsdienst, [hat] bis zur Stunde noch keine Stunde Dienst in der Waffen-SS getan und besitzt auch keinen Dienstgrad und siehe da, ich treffe ihn in feldgrauer Uniform und in Schulterstücke eines Hauptsturmführers der Waffen-SS.

Ich musste lachen, und auf meine Frage hast Du gedient in der Waffen-SS antwortete er mit nein, und sagte, die anderen im SD und Gestapo tragen alle Offiziersschulterstücke und haben auch nicht gedient und haben auch kaum einen Dienstgrad bei der Wehrmacht oder Waffen-SS.

Die Kritik der Soldaten ist berechtigt und bitten darum, dass dies Übel beseitigt wird.

[136] *15.11.1941 g. – Aktenvermerk Lammers' mit dem Text eines Führererlasses*

Der Führer hat den anliegenden Erlaß unterschrieben. Gegen eine Veröffentlichung des Erlasses im Reichsgesetzblatt hatte der Führer Bedenken, weil hierdurch im In- und Auslande der Eindruck entstehen könnte, daß die in Rede stehenden Delikte in der SS und in der Polizei sehr häufig vorkämen und deshalb so dragonische [sic] Maßnahmen erforderlich seien. Der Führer meinte, wir hätten ja schon in verschiedenen Fällen Rechtsnormen geschaffen, die nicht veröffentlicht worden seien, man könne daher den vorliegenden Fall ebenso behandeln. Ich erhob den Einwand, daß bei einer Strafbestimmung, im besonderen aber [bei] der Androhung der Todesstrafe, die in Betracht kommende Rechtsnorm dem Täter doch mindestens vor der Begehung der Tat bekannt gewesen sein müsse, unter der Voraussetzung, daß die Aburteilung in einem ordnungsmäßigen Verfahren erfolge. Der Führer erwiderte hierauf, daß es Sache des Reichsführers-SS und Chefs der Deutschen Polizei sein müßte, die neue Rechtsnorm den gegenwärtigen Angehörigen der SS und der Polizei sowie auch den neu Eintretenden in geeigneter Weise bekanntzugeben.

[Anlage:]
           Erlaß des Führers
   zur Reinhaltung von SS und Polizei.
        Vom 15. November 1941.

Um die SS und Polizei von gleichgeschlechtlich veranlagten Schädlingen reinzuhalten, bestimme ich:
                    I.
Für die Angehörigen der SS und Polizei tritt an die Stelle der §§ 175 und 175 a des Reichsstrafgesetzbuches folgende Strafbestimmung:

Ein Angehöriger der SS und Polizei, der mit einem anderen Mann Unzucht treibt oder sich von ihm zur Unzucht mißbrauchen läßt, wird mit dem Tode bestraft.

In minder schweren Fällen kann auf Zuchthaus oder auf Gefängnis nicht unter sechs Monaten erkannt werden.

Bei einem Angehörigen der SS oder Polizei, der zur Zeit der Tat noch nicht einundzwanzig Jahre alt war und zu der Tat verführt worden ist, kann das Gericht in besonders leichten Fällen von Strafe absehen.
                    II.
Die Erkennung der unter I angedrohten Strafen ist unabhängig von dem Alter des Täters.
                    III.
Die unter I bezeichneten Straftaten unterliegen der SS- und Polizeisondergerichtsbarkeit nach den für diese geltenden Bestimmungen [...]

[137] *17.12.1941 FS Himmler an die HSSPF Ostland, Ukraine und Rußland Nord, Mitte und Süd*
Die bei den Juden gefundenen und beschlagnahmten und die bei den noch vorhandenen Juden sofort zu beschlagnahmenden Pelzmäntel und Pelze, gleich welcher Art, sind sofort, nachdem sie einmalig entlaust sind, für SS-Gruppenführer Pohl zur weiteren

Verwendung zu sammeln¹ und mir u. SS-Grf. Pohl zu melden. Es gilt dieser Befehl auch für alle im Generalgouvernement vorhandenen Ghettos. Mein Befehl ist beschleunigt durchzuführen.

[138 a, b, c, d]
[a]   2.2.1942 *GL und RPräs.*¹ *Karl Wahl (Augsburg) an Himmler*
Nehmen Sie mir es nicht übel, wenn ich mir erlaube, bei Ihnen höflichst anzufragen, was ich verbrochen habe, daß ich in der Beförderung zum Obergruppenführer der SS am 30. Januar übergangen worden bin. Alle meine Freunde, wie Murr, Sauckel, Hildebrandt² etc., die mit mir auf dem Parteitag 1934 zum Gruppenführer befördert wurden, sind ohne Ausnahme am 30. Januar zum Obergruppenführer befördert worden. Ich bin der Letzte, der unbescheiden wäre, aber bei der gegebenen Sachlage ist mir diese Zurücksetzung schon wegen der anderen Kollegen nicht nur peinlich, sondern sie beunruhigt mich in einer Weise, daß mir als altem Soldaten des Führers wohl das Recht eingeräumt werden muß, um baldige Aufklärung bitten zu dürfen.
Weil ich mir keiner Schuld bewußt bin, weil ich mich nach wie vor im Dienste des Führers und seiner Bewegung verzehre, bitte ich Sie, sehr geehrter Parteigenosse Himmler, mir in aller Offenheit die Gründe meiner Zurücksetzung bzw. meiner Unwürdigkeit zu nennen.
Ich baue auf Ihre altbewährte Kameradschaft […]

[b]   *12.2.1942 Himmlers Persönlicher Referent, SS-Stubaf. [Rudi] Brandt, an SS-Ogruf. [Karl Friedrich Frhr.] v. Eberstein [HSSPF München]*
Der Reichsführer-SS lässt Sie bitten, ihm doch einmal mitzuteilen, wie Sie den Gauleiter und SS-Gruppenführer *Wahl* SS-mässig

---

137 ¹ für die auf einen Winterfeldzug, und noch dazu auf den extrem kalten Winter 1941/42, nicht vorbereiteten Truppen in Rußland
138 ¹ des bayerischen Regierungsbezirks Schwaben
² GL Wilhelm M. (Württemberg), GL Fritz S. (Thüringen), GL Friedrich H. (Mecklenburg) – alle dort jedoch auch Reichsstatthalter.

beurteilen. Hat er sich für die SS in seinem Bereich eingesetzt? Trägt Wahl überhaupt die SS-Uniform und den Totenkopfring der SS?

[c]   *18.2.1942 SD-Hauptaußenstelle Augsburg an SD-Leitabschnitt München*

Der genaue Zeitpunkt, zu dem Gauleiter *Wahl* in die SS übernommen wurde, konnte noch nicht festgestellt werden, vermutlich erfolgte die Übernahme jedoch 1935 mit dem Dienstgrad eines SS-Gruppenführers. Auf die Vorhaltungen aus SA-Kreisen, warum er (der Gauleiter) in die SS übergetreten sei, soll er sich dahin geäussert haben, dass die SA seine Verdienste nicht anerkannt habe, dass er diese Anerkennung aber heute bei der SS finde.

In SS-Uniform ist der Gauleiter bisher nur selten in Erscheinung getreten. Gelegentlich seiner Übernahme in die SS und der damit verbundenen Beförderung war in der Presse ein Photo, das den Gauleiter als SS-Gruppenführer zeigte, zu finden. Das seltene Auftreten beschränkte sich nicht nur auf die schwarze Uniform, sondern auch auf die graue. Soweit bis jetzt ermittelt werden konnte, soll Gauleiter *Wahl* die graue Uniform gelegentlich einer Morgenveranstaltung der Partei im Augsburger Stadttheater, darüber hinaus bei einigen besonderen Anlässen (Empfang von Ritterkreuzträgern usw.) getragen haben. Erwähnt muss allerdings werden, dass Gauleiter *Wahl* auch die Uniform des Gauleiters nicht öfter als erforderlich trägt.

Der Gauleiter trägt keinen Schmuck, im besonderen auch keine Ringe, also auch nicht den Totenkopfring.

Hinsichtlich der Frage nach einer Förderung oder besonderen Förderung der SS ist festzustellen, dass diese über das Ausmass der anderen Gliederungen der Partei gezeigten Förderung nicht hinausgeht. Allerdings liegen mehrfach Wahrnehmungen vor, dass der Gauleiter verdienten alten Kämpfern, darunter auch wiederholt SS-Führern, in Notfällen eine besondere Unterstützung sowohl in finanzieller als auch in sonstiger Hinsicht angedeihen liess.

[d] *31.3.1942 Himmler an Wahl*
Dass Sie am 30.1.42 nicht befördert worden sind, hat eine sehr einfache Begründung. Es sind nämlich nur die Reichsleiter und ausserdem die Gauleiter, die zugleich Reichsstatthalter sind, zum SS-Obergruppenführer befördert worden. Ein anderer Grund liegt nicht vor.

[139] *16.2.1942 Himmler an SS-Ogruf. [Reinhard] Heydrich [Chef Sipo und SD] und den HSSPF Nord, SS-Ogruf. [Wilhelm] Rediess*
Ich habe seit langem schon eine Denkschrift des Fylkemannes von Trondheim, Frederik *Prytz*, in meinen Händen. Die Denkschrift befaßt sich mit Nordrußland als neues Siedlungsprojekt für die germanische Rasse.

Was Prytz über Landschaft, Bevölkerung und die wirtschaftlichen Möglichkeiten von Nordrußland sagt, kann nur bestätigt werden. Nordrußland ist ohne Zweifel – wie es ja auch die Berichte über die nordrussischen Straflager im Petschora- und Archangelskgebiet sagen, ein wirtschaftlich reiches und zukunftsvollstes Gebiet.

Zum zweiten Thema, das auf Seite 5 beginnt, in dem Prytz eine skandinavische Verteidigungsunion vorschlägt, kann ich mich nicht einverstanden erklären, sondern ich bin völlig anderer Meinung. Die größte Gefahr für uns als germanisches Reich wäre, wenn wir in Niederdeutschland[1] eine dietsche Reichsidee oder Staatsidee dulden würden, also die Zusammenfassung der Niederländer, belgischen Flamen und französischen Flamen zu einem Staat.[2] Dies wäre einer der schlimmsten Hemmschuhe für die Entwicklung eines germanischen Reiches.

Genau dasselbe trifft für die Idee mancher Skandinavier zu, also auch für die Idee der skandinavischen Verteidigungsunion. Dabei ist noch zu berücksichtigen, daß sowohl ein dietscher Staat als auch ein skandinavischer Gesamtstaat doch nur errichtet werden

---

139 [1] Sic!
[2] Diets (dietsch die damalige Eindeutschung) = Großniederländisch, nach dem Ersten Weltkrieg in Flandern antifranzösisch aktivierte Ideen des 19. Jahrhunderts einer Wiedererrichtung der alten Niederlande.

könnte aus dem Blut und dem Opfer der deutschen Armee heraus, die durch ihre Taten in diesem Krieg erst die Möglichkeiten für diese Herren Politiker schuf, an die praktische Durchführung ihrer Privat-Reichspläne zu denken. Es wäre noch etwas anderes, wenn diese Völker aus eigener Kraft in den vergangenen Jahrhunderten solche Reiche geschaffen hätten.

Insgesamt bitte ich, alle derartigen Gedankengänge in netter, aber weltanschaulich klarer und bestimmter Form abzulehnen.

Den Gedanken, daß die Skandinavier statt nach Nordamerika nach Nordrußland auswandern sollen, halte ich für sehr richtig. Wie die Form der Erschließung solcher Gebiete in der Zukunft sein wird, kann ich noch nicht sagen. Ich kann es mir aber nicht vorstellen, daß einzelne Staaten dieses germanischen Reiches nun besondere Gebiete bekommen, also daß Nordrußland norwegische oder dänische Provinzen bekäme, daß die Niederlande irgendeinen anderen Teil Rußlands als Provinz bekämen. Dies halte ich für völlig unmöglich. Ich glaube aber, daß man in erster Linie die Wirtschaft auffordern wird, sich an Rußland wirtschaftlich zu beteiligen, um in ungezählten Privatunternehmungen die Erschließung des Landes mit in die Wege zu leiten. Darüber hinaus müßten die Bauernsöhne aufgefordert werden, als Bauern nach Rußland zu kommen, wobei man selbstverständlich die Leute nicht total auseinandersiedeln wird, sondern immer in irgendeinem Landkreis oder einigen Landkreisen einen Volksstamm im Schwerpunkt ansiedeln wird.

Die letzte Frage auf Seite 8 über die Ausdehnung Finnlands ist meines Erachtens überholt, da die Tatsache, daß Finnland Ost-Karel[i]en bekommen soll, bereits ziemlich fest steht.

Über Leningrad sich den Kopf zu zerbrechen, ist müßig, da das Schicksal Leningrads vom Führer persönlich bestimmt wird.

[...]

[140]   *23.3.1942 Himmler an [SS-Ogruf.] Udo v. Woyrsch*[1]
Lieber Udo!
Von verschiedenen Seiten höre ich, dass Du es kürzlich bei dem

140   [1] Vgl. Nr. 127.

Staatsbegräbnis von Reichsminister Dr. Todt[2] nicht unterlassen konntest, Dich darüber zu unterhalten und ausfällig zu werden, dass es für Euch Höhere SS- und Polizeiführer zum General der Waffen-SS nicht gereicht habe, und dass Ihr zweitrangige, nämlich Polizeigeneräle seid.

Ich stelle hier fest: Der General der Polizei wird genauso vom Führer ernannt und befördert wie der General der Waffen-SS oder der General des Heeres. Von erstrangig oder zweitrangig hier zu sprechen, ist wirklich nicht gerechtfertigt. Wenn Du selbst diese Ansicht hast, kann ich Dich nicht daran hindern. Ich darf Dich aber bitten, diese Deine Ansicht für Dich zu behalten und die Dir vom Führer verliehene Stellung nicht selbst gering zu achten.

Ausserdem bitte ich Dich sehr herzlich, Deiner persönlichen Aversion gegen SS-Obergruppenführer Wolff und SS-Gruppenführer Jüttner[3] nicht immer wieder Luft zu machen. Wie Du weisst, führen wir den schwersten Krieg. In diesem Krieg trägt die SS ein unendliches Mass an Last. Wir können es uns nicht leisten, dass einzelne, gerade von Euch Alten, dauernd kritisieren und ihren persönlichen Gefühlen innerhalb des Korps freien Lauf lassen. Solange ich Reichsführer-SS bin, müsst Ihr eben die Befehle und Regelungen annehmen, so wie ich sie treffe. Wenn ich jedem freien Lauf liesse, dann könnte ich wahrscheinlich niemanden mehr behalten; denn dem einen würde dieser und dem anderen jener nicht passen. Ich müsste dann jeweils diesen und jenen entfernen, und wir kämen auf diese Weise einem Zustand der absoluten Auflösung sehr bald nahe.

Ich bitte Dich noch einmal herzlich: Verringere doch nicht die gute Arbeit und die pflichttreue Tätigkeit, die ich an Dir so hoch schätze, durch Deine immer wieder auftretenden impulsiven Gefühlsregungen und durch Dein Dich-Gehenlassen in Deinen Reden und Äusserungen.

---

[2] Fritz T., Reichsminister für Bewaffnung und Munition und Generalinspektor für das deutsche Straßenwesen, am 8.2.1942 tödlich verunglückt.
[3] Karl W.: Chef Hauptamt Persönlicher Stab Reichsführer-SS; Hans J.: Chef SS-Führungshauptamt (d. h. der Waffen-SS).

[141] 6.4.1942 *Befehl Himmlers »an alle Männer der SS und Polizei«*

Viele Väter und sonstige Erziehungsberechtigte stehen heute im Waffendienst oder erfüllen in anderweitigem Einsatz fern ihrer Familie kriegsnotwendige Aufgaben. Sie sind deshalb gezwungen, den Schutz ihrer Kinder mehr denn je der Volksgemeinschaft anzuvertrauen.

Diese Tatsache verpflichtet jeden Deutschen, unsere Jugend, die heranwachsenden jungen Söhne und Töchter unseres Volkes, vor den Gefahren zu bewahren, denen sie in den durch die Kriegszeiten bedingten außergewöhnlichen Verhältnissen ausgesetzt sind.

Ich verlange von Euch, meine Männer der SS und Polizei, daß Ihr dieser Pflicht stets eingedenk seid.

Es ist eines anständigen Mannes unwürdig, ein junges unmündiges Mädel zu verführen, im leichtsinnigen Spiel ins Unglück zu stürzen und damit meistens unserem Volke eine künftige Ehefrau und Mutter zu nehmen.

Vergeßt nie, wie entrüstet Ihr sein würdet, wenn Eure eigene unmündige Tochter oder Schwester ruiniert werden würde. Mit Recht würdet Ihr die unnachsichtige Verfolgung des Schuldigen verlangen.

Ich glaube, Ihr wißt, daß ich über die Gesetze und Dinge des Lebens absolut natürlich und großzügig denke. Ebenso aber müßt Ihr wissen, daß ich Jeden in unseren Reihen rücksichtslos bestrafen werde, der die Unerfahrenheit oder den Leichtsinn eines unmündigen Mädels gemein und verantwortungslos ausnutzt.

Die Dienstvorgesetzten haben mir jedes Vorkommnis dieser Art zu melden.

[142 a, b]

[a] 11.5.1942 Aktenvermerk Persönlicher Stab Reichsführer-SS (für Himmler)

Anläßlich des Vortrags vom 10.5.42 zogen Reichsführer-SS in Erwägung, den Verlorenen Haufen wieder aufzurichten.[1]

142 [1] Vgl. Nr. 125. – Man beachte die muntere Verwendung der verpönten 3. Person.

Mit Rücksicht auf die bestehenden Arbeitsabteilungen (für nicht-frontverwendungsfähige Bestrafte) und die Bewährungseinheit zogen Reichsführer-SS in Erwägung, den Verlorenen Haufen für solche Männer einzurichten, die ihr Leben verwirkt haben, denen aber die Möglichkeit eines anständigen Soldatentodes eingeräumt werden soll.

Reichsführer wollten das bei nächster Gelegenheit mit SS-Gruppenführer *Jüttner*[2] besprechen.

[b] *29.8.1942 g. – SS-Richter beim Reichsführer-SS an Hauptamt SS-Gericht*
In der obengenannten Angelegenheit habe ich dem Reichsführer-SS Vortrag gehalten.

In Kenntnis der dortigen Bedenken hat der Reichsführer-SS jedoch angeordnet, daß innerhalb der Bewährungsabteilung der Waffen-SS ein besonderer »VH« zu errichten ist. Dorthin werden lediglich Männer überstellt, denen Gelegenheit gegeben wird, einen anständigen Soldatentod zu sterben und damit eine begangene Verfehlung zu sühnen.

Soweit es sich hierbei um rechtskräftig zum Tode oder zu Zuchthaus verurteilte Männer handelt, wird man vor der Überstellung richtigerweise eine widerrufliche Umwandlung in eine Gefängnisstrafe und gleichfalls widerrufliche Zuerkennung der Wehrwürdigkeit vornehmen müssen, da dieses für die versorgungsrechtlichen Folgen des Todesfalles von größter Bedeutung ist.

[143] *Mai*[1] *1942 Himmler an [SS-Staf. Gunter] d'Alquen [Hauptschriftleiter »Das Schwarze Korps« und Chef der SS-Kriegsberichter-Kompanie]*
Anliegend übersende ich Ihnen ein sehr schwieriges Heiratsgesuch eines Staffelmannes, Adrian Graf *Alegiani,* der bei Ihnen

---

[2] Vgl. Anm. 140-3.
143 [1] Tagesdatum nicht ausgefüllt, also vermutlich nicht abgegangen, sondern »anderweitig erledigt«, etwa mündlich.

in der Kriegsberichter-Kompanie aufgetaucht ist. Er scheint ein etwas merkwürdiger Vogel und noch eigenartiger erscheint seine Braut zu sein.

Ich glaube, es wäre am besten, wenn A. wieder aus der SS heraus wäre. Wenn dazu bei ihm kein greifbarer Grund vorliegt und er also bei uns bleibt, so kann man in diesem Fall ihm lediglich nur folgendes nahelegen:

Eine Heirat mit SS-Genehmigung hat in diesem Alter, wie er sich befindet, nur einen Sinn, wenn die Frau mit einigermaßen Aussicht Kinder erwarten kann. Bei dieser Frau scheint das mehr als zweifelhaft zu sein. Es besteht nur eine Möglichkeit, daß Herr Graf sich vor der Heirat schon bemühen. Ich bin dann, falls der gewünschte Erfolg eingetreten ist, gern bereit, die Heiratsgenehmigung zu geben. Dieses Probat, vielfach bewährt in unzähligen deutschen Bauerndörfern, könnte selbst in einem so hochgräflichen Haus einmal zu einem Erfolg führen [...]

[144] *30.7.1942 Himmler an StSekr. [Herbert] Backe [Reichsernährungsministerium]*

Ich habe Ihren Brief vom 23.7. wegen der Lebensmittelzulagen für Prostituierte der Ausländerlager erhalten. Ich gebe sehr gern zu, dass dieser Wunsch bei dem ersten Anblick unmöglich und ungerechtfertigt erscheint. Die Sache verhält sich jedoch folgendermaßen.

Wenn ich die Bordelle nicht einrichte, gehen diese Millionen Ausländer auf die deutschen Frauen und Mädchen los.[1] Ich muss diese Einrichtung also treffen, um dieses noch viel grössere Unheil zu verhindern. Die Zahl der Bordelle und ihre Insassen muss ich selbstverständlich beschränken. Dadurch ist es leider notwendig, diesen Insassen für ihre zwar im deutschen Interesse nützliche, sonst aber wenig erfreuliche Betätigung genügend Ernährung zu geben.

144 [1] Was nach damaligen Vorstellungen (auch außerhalb von SS und NSDAP) unerwünscht war.

Ich schliesse mich Ihrer Ansicht an, dass es psychologisch gefährlich wäre, eine Zuteilung von Lebensmitteln in Form der Schwerarbeiterzulage zu machen. Lässt sich aber nicht irgendeine andere Form finden? Irgendwie müssen wir versuchen, dieses unappetitliche Problem zu lösen.

[145 a, b, c]
[a]   *16.8.1942 Himmler an SS-Brif. GenMaj. Wilhelm v. Grolman*
Sie haben im Laufe des Juli den in der Anstalt Beetz-Sommerfeld befindlichen Dr. *Jakob* besucht.
Ich verstehe Ihre Handlungsweise nicht. Als bisheriger Personalchef der Ordnungspolizei besuchen Sie einen im höchsten Maße belasteten, rauschgiftsüchtigen Mann. Ich darf Sie dringend ersuchen, die Auswahl Ihrer Bekannten in jedem Fall ernsthaft zu überprüfen.

[b]   *17.9.1942 Himmler an Grolman*
Ich habe Sie nach Ihrem Ausscheiden aus dem Hauptamt Ordnungspolizei zum Polizeipräsidenten von Leipzig ernannt. Sehen Sie in dieser Ernennung eine ganz besondere Auszeichnung und Verpflichtung.
Leipzig ist eine Stadt, die sehr viel an Vergnügungen und Gesellschaften bietet. Verfallen Sie nicht in den Fehler, sich diesen rein repräsentativen lukullischen und alkoholischen Genüssen der Messestadt Leipzig hinzugeben, sondern führen Sie Ihr Polizeipräsidium fest und seien Sie der beste Soldat dieser gesamten Behörde. Nehmen Sie sich mit allen Kräften aller Luftschutzaufgaben an, denn Leipzig kann eines Tages in dem vor uns liegenden Jahr genauso gefährdet sein wie Hamburg. Ich wünsche, dort in keiner Weise Pannen zu erleben, die für uns als Polizei insgesamt blamabel wären und die in Kriegszeiten für den Höchstverantwortlichen Konsequenzen bedeuten würden.

Ich habe die feste Zuversicht, daß Sie als alter Nationalsozialist in dem neuen, großen Aufgabenbereich, das Ihnen übertragen ist, Ihre Pflicht tun werden und mich in keiner Form enttäuschen.

[c]   27.4.1943 g. – *Himmlers Persönlicher Referent, SS-Ostubaf. [Rudi] Brandt, an Chef SS-Personalhauptamt*
Der Reichsführer-SS hat während seiner Reise nach Charkow auch Ihren Brief vom 16.3.1943 durchgelesen. Die Bemerkungen des Reichsführers-SS gebe ich Ihnen nachstehend wieder. [...]
Zu Punkt 5), der den SS-Brigadeführer von *Grolman* betrifft, lautet der handschriftliche Vermerk des Reichsführers-SS »nein, Grolman ist ebenso dumm wie leichtfertig, er wird pensioniert.«[1]

[146]   24.8.1942 *Himmler an SS-Brif. [Walther] Schröder (Riga)*
Ihre Sucht, dauernd in der Zeitung genannt zu werden, hat sich offenkundig nicht gelegt.
Ich eröffne Ihnen, daß ich Sie bei der nächsten Erwähnung in einem Zeitungsartikel in deutscher oder lettischer Sprache absetzen werde.
Die Aufgabe des SS- und Polizeiführers ist nicht zu repräsentieren und den Etappenort Riga mit seinem Namen zu erfüllen, sondern ist Arbeit von früh morgens bis spät abends, die Sorge um die Truppe, Erziehung und Führung der Männer, Kenntnis von Land und Leuten und Kenntnis auch des kleinsten Dienstvorganges. Repräsentation und Zeitungspropaganda sind hierzu nicht notwendig. Es ist aber notwendig, daß Ihre Vorgesetzten von Ihrer Tüchtigkeit überzeugt sind und nicht das Publikum, denn dieses befördert Sie nicht und setzt Sie auch nicht ab.
Sie wollen diese meine letzte Mahnung beherzigen.

---

145 [1] Als Leipzig am 4. Dezember von den Engländern zerstört wurde, war v. G. noch immer Polizeipräsident.

[147] 31.8.1942 Tel. SS-Ostubaf. Gregor Schwartz-Bostunitsch an Himmler
MELDE REICHSFUEHRER WAEREND VORTRAGSDIENST LEISTENBRUCH ZUGEZOGEN MUSS SOFORT OPERIERT WERDEN LIEGE CHIRURGISCHE KLINIK ES LEBE DER FUEHER

[148] 9.10.1942 g. – Himmler an SS-Brif. [Matthias] Kleinheisterkamp
Ich habe Ihren Bericht vom 23.8.1942 erhalten, ebenso die merkwürdige Erklärung des SS-Sturmbannführers Kunstmann[1], der – wie ich weiß – an diesem Abend ebenfalls betrunken war und der größte Hetzer gewesen ist. Einen ebensolchen Bericht wie den von Ihnen geforderten habe ich auch von dem SS-Richter angefordert.

Ich kann Ihnen über den ganzen Vorfall nur mein schärfstes Mißfallen aussprechen. Sie haben Ihre Ablösung als Divisions-Kommandeur mehr als hinreichend verdient. Als Hauptmann oder Bataillonskommandeur konnten Sie sich einmal diese oder jene Entgleisung leisten. Nachdem ich Ihnen trotz schwerer Bedenken das Vertrauen geschenkt habe, eine Division zu führen, mußten Sie sich darüber klar sein, daß nun ein für alle Mal die Zeit, in der Sie sich besaufen konnten – wenn Sie das schon zu den Höhepunkten Ihres Lebens zählen wollen –, vorbei ist.

Von Ihrer Absetzung sehe ich lediglich mit Rücksicht auf den Eindruck ab, den die Versetzung bei der Wehrmacht machen würde, denn ich müßte ja dann offen aussprechen, warum ich Sie absetze.

Daß Sie diese ganzen widerlichen Saufszenen, aufgehetzt von Ihrem Adlatus Kunstmann, in Gegenwart eines Majors der Wehrmacht über die Bühne gehen ließen, kennzeichnet Sie ganz besonders. Die Art, andere Leute Cognac trinken zu lassen unter Mißbrauch Ihres Vorgesetztenverhältnisses, selbst dabei das Glas unter dem Tisch auszugießen, zeigt mir einen Charakterfehler, um

148 [1] Eugen K.

dessen Ausmerzung Sie sich bis zum Ende Ihrer Dienstzeit erheblich bemühen müssen [...]

Sie wollen sich klar sein, daß dies der erste und letzte Fall dieser Art gewesen sein kann. Ich erwarte von Ihnen, daß Sie in den nächsten zwei Jahren keinen Alkohol mehr trinken, nachdem Sie im Alter von 49 Jahren noch nicht fähig sind, damit umzugehen.

Die Geld-Angelegenheit mit dem »Schwarzen Fonds« wollen Sie so rasch wie möglich in Ordnung bringen. Für die Zukunft sei Ihnen jedes Geld aus derartigen Kassen unberührbar. Diese Gelder sind nicht dazu da, damit sie zu privaten Dingen benutzt werden.

[149] *4.11.1942 g. – Himmler an [SS-Oberf. Kurt] Ellersieck*
Ich habe Ihren Brief von sieben Seiten erhalten. Glauben Sie wirklich, daß ich mit meiner Arbeit auch nur zu einem Teil fertig würde, wenn jeder meiner Kommandeure eine Sache, die er mir vorzutragen hat, in einem sieben Seiten langen Brief vortragen würde.

Sie könnten ja eigentlich bei mir die Grundlagen für einen nationalsozialistischen Menschen und SS-Führer voraussetzen, so daß diese lange Belehrung nicht notwendig war. Es hätten zwei einfache Briefe genügt. Der eine, in dem Sie anregen, daß Standartenführer *Knochen*[1] bei unseren beiden Divisionen in Frankreich Vorträge hält, das läßt sich auf sechs Zeilen machen. Die Anregung wäre gern und dankbar von mir aufgegriffen [worden], und dann ist diese Frage geklärt.

Der andere Brief dürfte sich nicht in allgemeine Andeutungen ergehen, die mein an und für sich an Ärger reiches Leben mit noch mehr Ärger füllen; sondern die konkrete Meldung:

»Der Ustuf. X sowie der Ustuf. Y der Division A des Regiments B[2] hat sich über die Allgemeine-SS eine Bemerkung erlaubt; er hat sich über den Reichsführer-SS jene Bemerkung erlaubt.«

149 [1] Helmut K., Befehlshaber der Sipo und des SD (BdS) in Frankreich.
[2] Gemeint natürlich umgekehrt.

Dieses ließe sich sachlich auf einer Seite mitteilen. Eine solche Tatsache ärgert mich nicht, weil junge Menschen immer wieder einmal Dummheiten begehen und Kommandeure immer wieder in eine falsche Bahn laufen.

Ich glaube jedoch bewiesen zu haben, daß ich relativ rasch begreife und keinen sieben Seiten langen Privatunterricht brauche. Nach dieser konkreten Meldung würde der Ustuf. X oder Y bestraft und die Kommandeure versetzt, diese Tatsache in einem Befehl an die gesamte Waffen-SS bekannt gegeben.

Daß die gesamte Erziehung unseres Führerkorps ganz energisch in die Hand genommen werden muß, ist mir sehr klar.

Zum Abschluß dieses Briefes bitte ich Sie ebenso herzlich wie dringend

1. teilen Sie mir Schäden, die Sie in der Schutzstaffel sehen, mit, das brauche ich,

2. teilen Sie es aber bitte nicht in einer Form mit, die nun den Alten endlich einmal aufputscht, damit er sich über seinen faulen Laden klar wird, sondern teilen Sie es kurz und sachlich mit. Dafür habe ich immer ein Ohr gehabt, und dann wird die Sache abgestellt.

[150] *13.11.1942 Adjutantur Reichsführer-SS (SS-Hstuf. [Werner] Grothmann) an SS-Gruf. [Hans] Jüttner [Chef SS-Führungshauptamt]*

Zu dem Heiratsgesuch eines SS-Mannes, der eine geschiedene Frau heiraten will, mit der er schon während der Zeit ihrer Ehe längere Zeit ein Verhältnis gehabt hatte, aus dem ein Kind hervorgegangen war, wurde von dem Einheitsführer folgende Stellungnahme abgegeben: »Die Erteilung der Genehmigung wird nicht befürwortet, weil lt. BGB Ehe G 9[1] eine Eheschließung zwischen

---

150 [1] Das Ehegesetz vom 6.7.1938 war Anhang des BGB und ersetzte dessen §§ 1303–1352. EheG 9 (1) wie der hier folgende Satz; (2): »Von dieser Vorschrift kann Befreiung bewilligt werden. Sie soll nur versagt werden, wenn schwerwiegende Gründe der Eingehung der neuen Ehe entgegenstehen.« (1) war der alte BGB-§ 1312, (2) war neues NS-Recht, Eheverbot der völkischen Ordnung statt wie bisher der privaten Genugtuung – aber offenbar nicht bis zu Himmler durchgedrungen.

einem wegen Ehebruch geschiedenen Ehegatten und demjenigen, mit dem der Ehebruch begangen wurde, nicht gestattet ist. Es sei denn, daß eine Befreiung von dieser Vorschrift stattgegeben ist. Eine derartige Befreiung liegt der Kompanie nicht vor. Sonst bestehen von seiten der Kompanie keine Bedenken.«

Der Reichsführer-SS nahm obige Stellungnahme zum Anlaß, um den Kommandeur der Einheit zu sich zu befehlen und noch einmal grundsätzlich zu der Behandlung der Heiratsgesuche Stellung zu nehmen. Er brachte dabei etwa folgendes zum Ausdruck:

1.) Oberster Grundsatz, daß Deutschland Kinder braucht.

2.) Wenn ein Mann an der Front mit seinem Leben für Deutschland eintreten darf, so ist er auch reif genug, eine Ehe einzugehen.

3.) Der Reichsführer-SS wünscht auf keinen Fall, daß, wie in obiger Stellungnahme, Gesetze zur Ablehnung eines Heiratsgesuches herangezogen werden, die schon 1936 vom Führer abgelehnt wurden, da sie »echt juristisch« im negativen Sinne und völlig lebensfremd seien.

4.) Insgesamt wünscht der Reichsführer-SS, daß die Beurteilungen aller Heiratsgesuche nicht nach bürokratischen Grundsätzen abgefaßt werden, sondern vor allem bei ihnen vom Leben selbst ausgegangen wird. Maßgebend für die Heiratsgesuche sind die Anordnungen und Vorschriften, die durch den Reichsführer-SS gegeben sind. Der Reichsführer-SS wünscht keine juristisch spitzfindige, sondern natürliche und klare Stellungnahmen.

[151] *19.12.1942 Himmler an eine Frau Schneider*
Mir ist Ihr Brief vom 8.11.1942 an den Führer zugeschickt worden. Ich ersehe daraus, wie gerade auch wieder in Ihrem Ort die Priester der katholischen Kirche, die Hirten des Volkes sein sollten, unwahre Dinge unter das Volk streuen. Ich nehme zu Ihren Fragen im einzelnen kurz Stellung.

1.) Die SS hat nie eine GPU[1] dargestellt und wird auch nie eine darstellen.

---

151 [1] Gossudarstwennoje polititscheskoje uprawlenie, von 1922 (ex Tscheka) bis 1934 (in NKWD) Bezeichnung der sowjetischen Politischen Polizei.

2.) Ich habe in der SS immer darauf gesehen, daß die SS-Männer gute Söhne ihrer Eltern sind und, so wie es das Gesetz Gottes und das Gesetz anständiger Menschen verlangt, Vater und Mutter ehren.
3.) Ich dulde in der SS niemanden, der nicht an Gott glaubt.
4.) Welcher Konfession der Einzelne angehört oder ob er sich als gottgläubig bekennt, ist seine eigene Sache.
5.) Sie haben recht, die Gerüchte müßten zum Verstummen gebracht werden. Hier muß ich ein ganz hartes Wort aussprechen: Sie könnten erst zum Verstummen gebracht werden, entweder wenn die katholischen Geistlichen wirkliche Priester und keine Hetzpriester wären, oder wenn sie – was wir gar nicht tun – in jedem einzelnen Fall vor Gericht und vom Staat zur Verantwortung gezogen würden. Dies würde bedeuten, daß sie in ein Gefängnis oder sogar ins Zuchthaus kämen.

Seien Sie also völlig unbesorgt und geben Sie ruhigen Herzens Ihre Söhne in die SS.²

[152]   *19.12.1942 Himmler an SS-Gruf. [Ernst] Kaltenbrunner [Chef Sipo und SD]*

Für was bringen Sie *Behrends¹* in Vorschlag? Behrends ist für eine höhere als seine augenblickliche Stelle nicht reif. Er vergisst völlig, dass er mit seinen 35 Jahren als SS-Brigadeführer und Generalmajor eine geradezu sagenhafte Karriere gemacht hat. Die ohne Zweifel vorhandenen Fähigkeiten und guten Eigenschaften Behrends' werden durch einen nicht zu überbietenden ungesunden Ehrgeiz überwuchert. Überwindet Behrends diesen Ehrgeiz nicht und findet er nicht den Maßstab für sich selbst wieder, wird er weder in der SS noch aber sonst irgendwo in Deutschland eine höhere Stellung bekommen; solange ich lebe, werde ich dafür sorgen. Überwindet Behrends jedoch seinen fressenden Ehrgeiz und die damit verbundenen schlechten Eigenschaften und kann ich das feststellen, so ziehe ich einen so

---

² Wie frech dieser sonst so ehrpusselige Bursche hier lügt, zeigen z. B. Nr. 129 und 131.
152   ¹ SS-Brif. Dr. Hermann B.

fähigen Mann wie Behrends selbstverständlich zu höheren Stellungen heran.
[...] der charakterlich Schwächste ist immer der Überehrgeizige.

[153 a, b]
[a] 7.1.1943 SS-Brif. *Hans Krebs, Regierungspräsident Aussig[1], an Himmler*
Am 26./27. Januar sind es 20 Jahre, seit ich als *einziger* Nationalsozialist aus dem Sudetengau am Reichsparteitag *München* teilnahm. Seit 25 Jahren bin ich in der sudetendeutschen Bewegung tätig, und das Jahr 1943 ist das 35. Jahr, seit ich gemeinsam mit Gruppenführer *Jung*[2] in der alten Ostmark in der *völkischen* Deutschen Arbeiterpartei tätig wurde.

Ich würde mich aufrichtig freuen, wenn Sie, Reichsführer, diesen Anlass einer langjährigen treuen Dienstzeit in der völkischen und nationalsozialistischen Bewegung ebenso wie bei Pg. Jung damit krönen wollten, dass Sie dem *Führer* vorschlagen, mich anlässlich des Erinnerungsjahres an den *ersten Reichsparteitag* und der *zehnjährigen Wiederkehr des Tages der Machtergreifung*
zum Gruppenführer in der Schutz-Staffel
zu ernennen.
In alter Treue!

[b] *19.1.1943 Himmler an Krebs*
Ihren Brief vom 7.1.1943 habe ich mit Erstaunen gelesen. Parteigenosse Krebs, in der Schutzstaffel schlägt man sich nicht selbst zur Beförderung vor.

---

153 [1] Nach 1919 Landesleiter Deutschböhmen der nun autonomistischen sudetendeutschen DNSAP und seit 1925 Abgeordneter im Prager Parlament, nach Auflösung der Partei 1933 Flucht nach Deutschland; dort nach Verwendung im Reichsinnenministerium 1938 Gauleiter ehrenhalber, SS-Oberführer und Regierungspräsident.
[2] Rudolf J., seit 1913 in der böhmischen DNSAP, 1920 Abgeordneter im Prager Parlament, von 1926 bis zur Selbstauflösung 1933 Vorsitzender in Mähren–Schlesien, Verfasser des Buches »Der nationale Sozialismus« (1919), 1932 zusammen mit Krebs u. a. im Brünner »Volkssportprozeß« angeklagt, 1935 nach Deutschland geflüchtet, dort Dozent an der Hochschule für Politik und MdR, 1938 von Hitler mit dem Professortitel und dem Ehrenrang eines Gauleiters ausgezeichnet. In der SS war er im April 1942 zum Gruppenführer ernannt worden.

Es tut mir wirklich leid, daß ausgerechnet Ihr beiden Sudetendeutschen, *Jung* und Sie, dieser Unsitte huldigten, sodaß ich Ihnen beiden dieses selbstverständlichste Gesetz des Ordens nun deutlich und schriftlich mitteilen muß.

[154]   *11.1.1943 SS-Richter beim Reichsführer-SS, SS-Ostubaf. [Horst] Bender, an SS-Gruf. [Ernst] Kaltenbrunner, Chef Reichssicherheitshauptamt*
In der Angelegenheit *Janowsky*[1] bitte ich Ihnen folgendes mitteilen zu dürfen:
Wie Sie wissen, trug der Reichsführer-SS sich mit dem Gedanken, den Führer zu fragen, ob dieser dem J. Gelegenheit geben wolle, an der Front zu fallen. Bevor der Reichsführer-SS indessen diesen Gedanken in die Tat umsetzen konnte, hat der Führer bereits auf den übereinstimmenden Vorschlag des Reichsjustizministers, des Reichsleiters Bormann und des Reichsschatzmeisters Schwarz hin einen Gnadenerweis abgelehnt und aus Gerechtigkeits- und Abschreckungsgründen die Vollstreckung des Todesurteils angeordnet. Angesichts dieser wohlerwogenen und eindeutigen Stellungnahme des Führers wäre auch für eine Fürsprache des Reichsführer-SS im obengenannten Sinne kein Raum gewesen.
Der Reichsführer-SS hat an Frau Janowsky entsprechend geschrieben und ihr zugesagt, daß sie sich, sofern er ihr behilflich sein könne, in Zukunft an ihn wenden könne [...]

[155]   *29.1.1943 g. – SS-Gruf. [Gottlob] Berger, Chef SS-Hauptamt, an SS-Gruf. [Maximilian] v. Herff, Chef SS-Personalhauptamt*
Wenn wir unsere Männer auf Ehre erziehen und wenn wir gerade dem Ehrbegriff wieder den alten Sinn geben wollen, dann dürfen

---

154   [1] Gauamtsleiter SS-Staf. Wilhelm J. hatte von der NSV für Lübecker Bombengeschädigte gesammelte Lebensmittel und Kleidungsstücke veruntreut.

wir uns nicht darüber wundern, wenn unsere Männer gerade in Beförderungsdingen übermässig, ich möchte sagen mimosenhaft empfindlich sind.[1]

Wie es einem ums Herz ist, wenn man Tag und Nacht arbeitet, um etwas Besonderes zu leisten, und dann sieht, dass ausgesprochene Faulenzer und Nichtstuer, Schwätzer und Tagediebe (ich benütze mit Absicht diese scharfen Ausdrücke, denn was die beiden Männer, die ich hier im Auge habe[2], zusammengeschlagen haben an guter Gesinnung, davon hat Reichsführer-SS keine Ahnung) *vor* einem befördert werden, das habe ich selbst am eigenen Leibe erfahren [...]

Wenn ich nun heute aus meinem Hauptamt gehen muss[3], dann gehe ich, und ich möchte das schriftlich festlegen, mit einem sehr bitteren Geschmack auf der Zunge, dass alles das, was ich gearbeitet habe, nichts ist, aber auch gar nichts, und das, was ich sage, ebenso keinen Wert und keine Bedeutung hat, während alles, was Jüttner tut, sehr gut ist, auch wenn er nie in die Ferne sieht, nie vorbereitet! [...]

Der Reichsführer-SS kann in diese Verhältnisse nicht überall hineinsehen. Er weiss nicht, wie er gerade in solchen Dingen oft beschwindelt wird. Aber ich bitte Sie um unserer Staffel willen, hier jetzt Ordnung zu schaffen und dafür zu sorgen, dass diese Fälle der Ungerechtigkeit die letzten sind. Es ist mir wirklich um die Staffel zu tun, und das glaube ich bewiesen zu haben, dass persönliche Gründe bei mir keine Rolle spielen, sondern ich meinen Dienst um der Sache, d. h. um des Reiches willen mache.

[156 a, b]
[a]   *20.2.1943 g. – Chef SS-Hauptamt an Persönlichen Stab Reichsführer-SS*
Wie aus dem anliegend übersandten Vorgang hervorgeht, will sich

---

155 [1] Die Mimose: SS-Brif. Heinrich Jürs, Chef des Amtes II im SS-Hauptamt, dessen Beförderung zum Gruppenführer abgelehnt worden war.
[2] SS-Brif. Anton Vogler beim SS-Oberabschnitt Süd (vgl. Bd. III, Anm. 209-1) und SS-Stubaf. Walter Neumann in Jüttners SS-Führungshauptamt (vgl. Anm. 140-3).
[3] Er mußte nicht.

der Leg.-Schütze¹ *Bennink* kirchlich taufen lassen. Daß der Mann SS-mäßig untragbar ist, steht wohl außer Zweifel. Es entsteht aber die Frage, welche Konsequenzen aus seinem Verhalten zu ziehen sind. Gegen eine Entlassung aus den Legionen bestehen Bedenken, da Gefahr besteht, daß dieses Beispiel Schule macht. Ich würde es daher für notwendig erachten, daß diese Angelegenheit dem Reichsführer-SS vorgetragen wird, um über derartige Fragen von autoritärer² Seite eine unzweideutige Klärung herbeizuführen.

[b] *5.3.1943 g. – Persönlicher Stab Reichsführer-SS an Chef SS-Hauptamt*
Der Reichsführer-SS hat wie folgt entschieden:
Nachdem die bereits in seiner Jugend vollzogene Taufe offenbar noch nicht genügt hat, wird dem Leg.-Schützen Bennink die Möglichkeit gegeben, sich ein zweitesmal taufen zu lassen. Der Reichsführer-SS nimmt dabei an, daß er durch die aus der Taufe fließende seelische Stärkung ein noch besserer Kämpfer gegen den Bolschewismus wird als bisher.
Selbstverständlich soll Bennink weiterhin Angehöriger der Legion bleiben.³

[157] *8.3.1943 g. – Himmler an SS-Staf. [Fritz] Freitag, Kommandeur SS-Kavalleriedivision*
1. Ich habe den Tätigkeitsbericht der SS-Kavallerie-Division vom 16.2.1943 erhalten. Ich ersehe daraus, daß die Division nach den beim Heer üblichen Grundsätzen brav und anständig versucht hat, mit den Banden fertig zu werden. Ich muß jedoch ganz nüchtern soldatisch feststellen, daß gegenüber diesem Einsatz der Division der Erfolg in der Bekämpfung der Banden ein verschwindender und geringer ist. Auch die Beute empfinde ich als mehr wie

---

156 ¹ In den »Legionen« dienten »germanische« (mehr oder weniger) Freiwillige. W. Bennink war anscheinend Flame oder Niederländer.
² Gemeint: autoritativer
³ Auch Himmler hielt offenbar eine Demonstration, auf wie elegante Weise man aus den Legionen wieder herauskam, für inopportun.

unbedeutend. Insgesamt habe ich den Eindruck, daß die Division die Bandenbekämpfung nach sturen militärischen Gesichtspunkten macht. Ich habe diese Erfahrung schon öfter feststellen müssen.

Ich wünsche, daß Sie oder wenigstens der I a[1] von Ihnen so rasch wie möglich bei meinem Beauftragten für die Bandenbekämpfung, SS-Obergruppenführer von dem *Bach*[2], sich auf 14 Tage bis 4 Wochen melden, um dort aus der reichsten Erfahrung, die man an dieser Stelle hat, ohne die übliche Voreingenommenheit einer aktiven Division, daß man alles kann und an anderer Stelle nichts zu lernen braucht, sich in der Praxis die dort gesammelten Erfahrungen zunutze zu machen.

2. Bei Ihren Ausbildungsrichtlinien vom 12.2.1943 bin ich über den Punkt »Innerer Dienst« geradezu entsetzt. SS-Standartenführer Freitag, wir befinden uns in der SS. Sie haben keine Heeres-Division vor sich. Ich darf Sie bitten, sich an den Russen ein Beispiel zu nehmen, bei denen der Politruk seinen weltanschaulichen kommunistischen Unterricht sogar in den Gräben durchführt.

Wie kommen Sie dazu, diese eigenartige Einteilung zu machen, daß also der weltanschauliche Unterricht, den Sie ausserdem für nicht durchführbar halten, kurz vor der gesundheitlichen Betreuung, unter der Sie die Befreiung der Männer von Läusen verstehen, unter Ausgestaltung der Unterkünfte kommt. Leben Sie noch im Jahre 1914? Was bei diesem eigenartigen Unterricht, so wie Sie ihn anordnen, herauskommt, kann ich mir ja vorstellen [...] Sollten Sie dafür kein grösseres Verständnis aufbringen, so spreche ich deutlich aus, haben Sie die längste Zeit eine Division geführt.

3. Mit Ihrem Zustandsbericht über die Division bin ich äusserst unzufrieden. Dasselbe können Sie Ihrem I a mitteilen. Ich habe des öfteren bereits befohlen, daß ich keine Märchenerzählungen meiner Herren Divisions-Kommandeure will [...]

---

[1] Der für den taktischen Einsatz zuständige Generalstabsoffizier.
[2] Erich v. d. B.-Zelewski, der Chef von Himmlers berüchtigten »Bandenkampfverbänden«.

[158] *18.5.1943 Himmlers Persönlicher Referent, SS-Ostubaf. [Rudi] Brandt, an SS-Gruf. [Ernst] Kaltenbrunner, Chef Sipo und SD – mit Anlage (datiert Kattowitz, den 4.5.)*
Ich übersende Ihnen anliegend einen von SS-Obergruppenführer Schmauser[1] überschickten Bericht des SD-Leitabschnittes Kattowitz über die Führertagung am 1.5.1943.
Der Reichsführer-SS hält diesen Bericht für abwegig. Er ist der Ansicht, daß entweder ein ernster oder gar kein Bericht abgegeben werden soll, nicht aber ein Bericht, der auch im »Si[m]plizissimus« erscheinen könnte.
Der Reichsführer-SS wünscht Ablösung des für diesen Bericht verantwortlichen SS-Führers.

[Anlage:]
Zusammenkunft der Gauleiter Greiser und Bracht[2] anläßlich der Führertagung vom 30.4. bis 1.5.43 in Kattowitz.

Das Zusammentreffen der Gauleiter Greiser und Bracht in Kattowitz ist von den Tagungsteilnehmern insgesamt als ein imponierendes Ereignis bezeichnet worden. Eingedenk der Machtfülle, die heute ein Gauleiter verkörpere, habe die Zusammenkunft von Anfang an das Fludium eines »altgermanischen Königstreffens« umgeben.
Dieser Grundeindruck sei im Verlaufe der Führertagung – insbesondere aufgrund der Reden der beiden Gauleiter – durch einige Einzelsymptome noch besonders unterstrichen worden.
So sei z.B. die Feststellung des Gauleiters Greiser, daß in seinem Gau kein Kreis- oder Ortsgruppenleiter verhaftet oder sonst zur Rechenschaft gezogen werden könne, wenn er, der Gauleiter, nicht zuvor dazu seine Einwilligung erteilt habe, verschiedentlich als Ausdruck des Bestrebens aufgefaßt [worden], daß der Gauleiter neben seiner sonstigen Machtfülle nunmehr auch noch die Zuständigkeiten der Polizei, vor allem auch der Sicherheitspolizei, an

---
158 [1] Heinrich Sch., HSSPF Südost (Breslau).
[2] Arthur Karl G. (Wartheland); Fritz B. (Oberschlesien).

sich zu ziehen [beabsichtige]. Gauleiter Bracht, der in seinen späteren Ausführungen die Richtigkeit der vorerwähnten Feststellung des Gauleiters Greiser noch unterstrich, sei daraufhin ebenfalls als ein Vertreter stärkeren Machtstrebens der Gauleiter erkannt worden [...]

Eine Erscheinung bei der Tagung, die außerordentlich stark an altgermanisches Herzogtum erinnert habe, sei das Geschenk des Gauleiters Greiser an Gauleiter Bracht gewesen. Mit diesem Geschenk in Gestalt eines Erbhofes, der von Gauleiter Bracht an einen oberschlesischen Arbeiter weitergegeben werden sollte, so sei in lebhaften Gesprächen erörtert worden, habe eine Einzelpersönlichkeit Grund und Boden, der der Gesamtheit des deutschen Volkes gehöre, verschenkt. Die Stellungnahmen von Tagungsteilnehmern gingen in den darüber geführten Gesprächen zumeist dahin, daß derartige Schenkungen nach nationalsozialistischer Auffassung nur das deutsche Volk selbst vornehmen könne, nicht aber Einzelpersönlichkeiten. In den sich daran knüpfenden Diskussionen sei auch darauf eingegangen worden, daß der Gauleiter Bracht nach Entgegennahme dieses Geschenkes, der Eigenart seines Geschenks entsprechend, dem Gauleiter Greiser hätte eigentlich ein Bergwerk schenken müssen. Die Sprecher hätten dabei zum Ausdruck bringen wollen, daß sich die Gauleiter neuerdings gewissermaßen in einer für den kleinen Volksgenossen unerreichbaren Sphäre fürstlich beschenkten.

Die Person und Rede des Gauleiters Greiser haben, wie in sämtlichen Meldungen ausnahmslos hervorgehoben wird, außerordentlich stark beeindruckt und imponiert. Man habe allgemein den Eindruck einer sehr starken Führerpersönlichkeit gehabt, seine Worte hätten durch ihre absolute Klarheit und Zielsicherheit sowie besonders durch die Unabdenkbarkeit [sic] seiner Forderungen einen äußerst tiefgehenden und nachhaltigen Eindruck hinterlassen. Ganz besonders sei man dabei durch seine Forderung beeindruckt worden, daß zwar heute noch die spitzen Glockentürme der Kirchen das Ortsbild beherrschen, daß aber künftig in den neuen Dörfern des Ostens sich die machtvollen Kuppeln über den Glockentürmen der nationalsozialistischen

Gemeinschaftshäuser wölben würden. Auch die Feststellung, daß wir daran denken mögen, einstmals die Großväter der Generation von 1970 zu sein, habe stark zum Nachdenken Anlaß gegeben. Es sei überhaupt ein sehr positives Merkmal der Rede [des] Gauleiters Greiser gewesen, daß er ein weitgefaßtes und tiefschürfendes geschichtliches Bild entworfen habe.

Insgesamt habe Gauleiter Greiser einen durch und durch kämpferischen Eindruck gemacht. Zuhörer in maßgeblichen Berufsstellungen hätten geäußert, daß es trotz aller gegen die neuen »Sta[mm]esherzöge« zu machenden Vorbehalte ungeheuren Spaß bereiten müsse, mit so einem Manne zusammenzuarbeiten.

Gauleiter Bracht habe nach dieser gewaltigen Rede [des] Gauleiters Greiser keinen ganz einfachen Start gehabt [...]

Insgesamt habe die Tagung den Zuhörern einen ungewöhnlich[en] und nachhaltigen politischen Impuls vermittelt. Es sei ein »Königstreffen« im wahrsten Sinne des Wortes gewesen, das allen Beteiligten eben wegen dieses Eindruckes »erheblichen Spaß« bereitet, aber auch reichen Gewinn an politischen Gedanken und Eindrücken vermittelt habe.

Der nachhaltigste Eindruck sei jedoch, wie aus vielen Gesprächen hervorginge, der geblieben, daß in Deutschland eine Art »neuer Stammesherzogtümer« in der Entstehung begriffen sei, deren weitere Entwicklung im Gesamtbild der Neuformung des großdeutschen Reiches von allen stärker politisch interessierten Volksgenossen mit größtem Interesse weiter verfolgt werde. In diesem Sinne sei auch das Schlußwort des Gauleiters Bracht aufgefaßt worden, der ein Führerheil »für uns selbst« und »für die, den[en] wir befehlen« ausgebracht habe. Es sei dies das gleiche gewesen, so verlauten Stimmen, wie zur wilhelminischen Zeit »wir König und Kaiser von Gottes Gnaden.«

[159 a, b, c]
[a] *18.5.1943 Himmler an GL Konrad Henlein (Sudetengau)*
[...] haben Sie Andeutungen folgender Art gemacht, daß Sie verdächtigt worden sind, Lebensmittel oder bezugscheinpflichtige

Waren auf nicht ordnungsmäßigem Wege erhalten bzw. sich verschafft zu haben. Es wird Ihnen genau so wie mir bekannt sein, daß es allen Partei- und Staatsstellen verboten ist, derartige Erhebungen über führende Persönlichkeiten anzustellen. Daraus ergibt sich, daß weder bei mir noch bei den meiner Dienstaufsicht unterstehenden bzw. in meinem Bereich liegenden Dienststellen Vorgänge solcher Art vorhanden sind. Nachdem ich Ihnen diese Erklärung abgegeben habe, muß es für Sie, lieber Parteigenosse Henlein, ein Leichtes sein, mir mitzuteilen, wer Ihnen etwas derartiges gemeldet bzw. zur Kenntnis gebracht hat. Ich möchte Sie bitten, diese Frage schon aus Gründen der Staatsautorität mir umgehend zu beantworten, zumal ich die Absicht habe, nunmehr alle Dienststellen anzuweisen, sofort nachzuprüfen, ob irgendwo und -wann Gerüchte dieser Art im Umlauf sind.

[b]   *14.7.1943 Henlein an Himmler*
Durch eine etwas schwerere Erkrankung komme ich leider erst heute dazu, Ihnen herzlich zu danken für Ihre mir übermittelten Glückwünsche zu meiner Beförderung zum SS-Obergruppenführer.

Meinen Dank Ihnen gegenüber, Reichsführer, möchte ich aber noch besonders zum Ausdruck bringen, weil diese Beförderung ja über Ihren Vorschlag[1] und damit durch Ihr mir damit erwiesenes Vertrauen erfolgt ist.

Es wird mir neuerlich Verpflichtung in meiner Arbeit für Führer, Volk und Heimat sein.

[c]   *16.7.1943 SS-Ogruf. Udo v. Woyrsch (HSSPF Elbe) an SS-Gruf. [Maximilian] v. Herff (Chef SS-Personalhauptamt)*
[…] Wir haben nun leider einmal in der SS Personen, die gern unsere Uniform tragen, aber innerlich und äußerlich gegen uns eingestellt sind. Dazu gehört auch die Person Henleins.

---

159   [1] *Hitler* beförderte.

[160]   *25.5.1943 gKdos. – FS Himmler an SS-Gruf. [Ernst] Kaltenbrunner [Chef Sipo und SD]*
Habe Ihr Fernschreiben vom 24.5.43 erhalten. Ich bitte der Wehrmacht mitzuteilen, dass ich den Bau des interimistischen Schießstandes in der Nähe von Theresienstadt[1] nicht erlauben kann. Dieser Bau würde die ungeahntesten Schwierigkeiten für Deutschland hervorrufen und wahrscheinlich schreckliche Greuelmeldungen zur Folge haben.[2]
Mit der Abstellung eines gewissen Kontingentes arbeitsfähiger Juden für den Bau des Schießstandes an anderer Stelle bin ich einverstanden.

[161 a, b, c, d]
[a]   *5.6.1943 Vorlage Persönlicher Stab Reichsführer-SS*
Marquier, Ltn. d. Sch. d. R., 38 Jahre alt, ledig, Verlagsbuchhändler, […] nicht bestraft. M. stand bereits 36 u. 38 zweimal im Verdacht homosexueller Betätigung.
1. Im Sommer 41 lernte er in einem von Homosexuellen bevorzugten Lokal einen 17jährigen Burschen kennen, mit dem er am gleichen Abend in seiner Wohnung wechselseitig onanierte. Später noch zweimal Verkehr, letztmalig im März 1942 (Reinhaltungserlass[1] bekannt).
2. Um die Wende der Jahre 41/42 verführte er einen 17jährigen Lehrling zur einseitigen Onanie.
3. Um Pfingsten 42 übte er mit einem 18 Jahre alten Burschen nach vergeblichem Versuch der Onanie Schenkelverkehr aus.
Urteil: Todesstrafe. Zur Bestätigung ist der Führer zuständig.
Stellungnahme: Bestätigung. Gnadenerweis ablehnen.

[b]   *6.6.1943 Vorlage Persönlicher Stab Reichsführer-SS*
In einem nochmaligen Gnadengesuch weist der Verteidiger und die Mutter des Verurteilten auf folgendes hin:

160 [1] Wo die SS ein »Altersghetto« für die deutschen Juden eingerichtet hatte, in dem serienweise an »Herzversagen« und dergleichen gestorben, das manchmal aber auch überlebt wurde.
[2] Eher dürfte zuviel Wehrmachtbetrieb in der Nachbarschaft gestört haben.
161 [1] Vgl. Nr. 136. – M. gehörte der Sch(utzpolizei) an.

Ungünstige Entwicklung in der Pubertätszeit. Ehe der Eltern geschieden. Der 13jährige hatte mit einem 18jährigen Mädchen Geschlechtsverkehr und musste deshalb von der Schule entfernt werden. Kam in eine sehr strenge puritanische Erziehung bei einem Pfarrer, der ihn von jedem Verkehr mit Mädchen wegen der Verfehlung fernhielt. Daher Tendenz zum laufenden Umgang mit Männern.

Anregung der Verteidigung, die das Hauptamt SS-Gericht übernimmt:

Untersuchung durch einen Sachverständigen zur Frage der Art und evtl. Überwindbarkeit der gleichgeschlechtlichen Veranlagung.

Vorschlag: Keine Veranlassung. Fehling[2] bezeichnete ihn als unverbesserlichen Homosexuellen.

[c]   *30.6.1943 Stellungnahme Himmlers*
[...] Vor M., einem geistig hochstehenden, weit über den Durchschnitt begabten Menschen, der seine Opfer durch schöngeistige Reden und Freihalten mit Alkohol umgarnte, muss die Allgemeinheit, insbesondere die Jugend, geschützt werden. Marquier muss deshalb ausgemerzt werden.

Ich schlage die Bestätigung und Vollstreckung des Urteils vor.

[d]   *15.8.1943 Verfügung Hitlers*
Ich bestätige das Feldurteil des SS- und Polizeigerichts II Berlin vom 22. April 1943 gegen Reginald *Marquier*.

Einen Gnadenerweis lehne ich ab. Der Gerechtigkeit ist freier Lauf zu lassen.

[162 a, b]
[a]   *17.7.1943 Himmler an SS-Gruf. Erwin Rösener (Salzburg*[1]*)*
[...] Mit Ihrer Bandenbekämpfung bin ich in keiner Weise zu-

---

[2] Kriminalinspektor F., »Spezialsachbearbeiter« im Reichssicherheitshauptamt.
162 [1] R., schon seit längerer Zeit HSSPF im Wehrkreis VIII, hatte nach einem großen Ehespektakel jetzt in der Villa Wagner in Hellbrunn eine ihm zusagende Wohnung an seinem Dienstsitz Salzburg gefunden. Zu seinem Bereich gehörte auch die eingegliederte Oberkrain (vgl. Nr. 169).

frieden. Kommen Sie mir nicht mit der Ausrede, daß Sie nicht genügend Kräfte haben. Bleiben Sie mehr in Ihrem Oberabschnitt und fahren Sie nicht so oft nach Berlin. Kümmern Sie sich um die Dinge selbst, dann werden auch alle Sachen besser gehen.

Lassen Sie sich ebenso ermahnen, Ihre Ehe zu pflegen. Seien Sie sich darüber klar, daß ich einem dritten Schiffbruch nicht zusehen würde.

[b] *22.7.1943 Rösener an Himmler*
[...] Zu den Fahrten nach Berlin darf ich Reichsführer gehorsamst folgendes melden:

SS-Obergruppenführer Wolff[2] hatte mir seinerzeit gesagt, daß ich mindestens alle 4 Wochen einmal nach Berlin fahren solle, um dort das Eheleben zu pflegen. Reichsführer, ich habe von diesem Angebot in der Form Gebrauch gemacht, da ich zugleich dienstliche Angelegenheiten in Berlin regeln konnte. Da die für mich in Aussicht gestellte Wohnung in Salzburg nun frei geworden ist, kann ich also jetzt von Berlin nach Salzburg umziehen.

[163] *20.7.1943 gRs. – Himmler an SS-Ogruf. [Ernst] Kaltenbrunner [Chef Sipo und SD]*
Wie ich höre, überwinden die Russen einen Teil ihrer Transportschwierigkeiten aus ihren im Ural und über dem Ural liegenden Fabrikationsstätten bis zur Front nicht durch die Eisenbahn, sondern durch einen in diesem Land durch Jahrhunderte, vielleicht durch Jahrtausende, bewährten Schlitten- und Panjewagenverkehr, bei dem über Berge, durch Wald und Sumpf jedes Gespann nur ein paar Kilometer fährt. Jeder von diesen kleinen Schlitten oder Panjewagen transportiert allerdings nur ein paar Granaten oder ähnliches. Diesen Zug könnte man mit dem Zug von Ameisen vergleichen.

---

[2] Vgl. Anm. 140-3.

Ich gebe nun den Auftrag, daß wir uns überlegen, ob man nicht diese Transportmöglichkeit durch Einschleppung mörderischer Pferdekrankheiten lahmlegt. Es wären hier Krankheiten wie Rotz, Brustseuche und andere in Betracht zu ziehen, immer jedoch nur solche, die wir selbst bei uns restlos bekämpfen können [...]
Die Einschleppung solcher Krankheiten wäre durch die Absetzung von Fallschirmspringern, die sonst nichts zu tun hätten, wie diese Krankheiten an die Pferde heranzubringen, sehr leicht möglich.
Ich sehe die ganze Angelegenheit als sehr eilig an.

[164] *30.[1]7.1943 FS Himmler an SS-Gruf. [Georg-Henning Graf] v. Bassewitz [-Behr, HSSPF Nordsee], Hamburg*
Ich habe Ihr Fernschreiben erhalten. Helft mit allen Kräften, die Ihr zur Verfügung habt. Laßt jedoch besonders unter den Ausländern nicht den geringsten Ungehorsam oder eine Widersetzlichkeit aufkommen. Für scharfes und sofortiges Durchgreifen bei den Russen ausspreche meine Anerkennung. So habt Ihr stets zu handeln!

[165] *31.7.1943 SS-Gruf. Hanns Johst an Himmler*
In die tausend und abertausend Sorgen dieser Tage und gepressten, explosiven Stunden will dieser Brief die Freude einer Bestätigung bringen; die Bestätigung Ihrer Planung, daß in Tölz eine Hochschule Ihres Ordens erstand[1], die in ihrem Stil und ihrem Charakter ohne ihresgleichen in der Welt ist. Die Kadettenkaserne wurde vermieden, ohne daß die Disziplin vernachlässigt wurde, das englische Erziehungssystem wurde zu Nutze genommen, ohne sklavischer Nachäffung zu verfallen. Alles ist als Leben und Architektur ausgeglichen und stellt als Ganzes das Neue, Junge

---

164 [1] So die Absende-Datierungen, auf dem Eingangsstempel falsch 20. – Die fünf Luftangriffe auf Hamburg: 24.–30.7.
165 [1] Die SS-Junkerschule.

und Schöpferische dar, von dem aus alle starken Impulse der Politik, der Wehrmacht, des Wehrbauerntums, der Wissenschaft und der Kultur ausgehen können.[2]

[166]   11.8.1943 g. – OBefL SS-Gruf. *[Erich] Hilgenfeldt (Leiter Hauptamt für Volkswohlfahrt) an Himmler*
Vor einigen Tagen war ich mit meinem Gauamtsleiter SS-Oberführer Langoth[1] in Spital am Phyrn und habe das dort gelegene Säuglingsheim für Säuglinge und Kleinkinder von Ostarbeiterinnen in Augenschein genommen [...]
Bei der Besichtigung habe ich festgestellt, daß sämtliche in dem Heim befindlichen Säuglinge unterernährt sind. Wie mir SS-Oberführer Langoth mitteilte, werden auf Grund einer Entscheidung des Landesernährungsamtes dem Heim täglich nur 1/2 l Vollmilch und 1 1/2 Stück Zucker für den einzelnen Säugling zugewiesen. Bei dieser Ration müssen die Säuglinge nach einigen Monaten an Unterernährung zugrunde gehen. Es wurde mir mitgeteilt, daß bezüglich der Aufzucht der Säuglinge Meinungsverschiedenheiten bestehen. Zum Teil ist man der Auffassung, die Kinder der Ostarbeiterinnen sollen sterben, zum anderen Teil der Auffassung, sie aufzuziehen. Da eine klare Stellungnahme bisher nicht zustande gekomken ist und, wie mir gesagt wurde, man »das Gesicht gegenüber den Ostarbeiterinnen wahren wolle«, gibt man den Säuglingen eine unzureichende Ernährung, bei der sie, wie schon gesagt, in einigen Monaten zugrunde gehen müssen.
Ich habe SS-Oberführer Langoth gebeten, Gauleiter Eigruber[2] von der Sachlage in Kenntnis zu setzen und ihn zu bitten, eine ausreichende Ernährung der Säuglinge bis zum Eingang Ihrer Stellungnahme zu veranlassen. Die augenblickliche Behandlung der Frage ist m. E. unmöglich. Es gibt hier nur ein Entweder–

---

[2] Der »Dichter« J. (vgl. Bd. I, Nr. 544), als Poeta laureatus des Regimes gewissermaßen der Nachfolger von Thomas Mann und Vorgänger von Günter Grass, war einer der übelsten (Pardon, aber *dafür* gibt es keinen salonfähigen Ausdruck) Arschkriecher seiner Zeit.
166   [1] Franz L., auch MdR.
   [2] August E. (Oberdonau).

Oder. Entweder man will nicht, daß die Kinder am Leben bleiben
– dann soll man sie nicht langsam verhungern lassen und durch
diese Methode noch viele Liter Milch der allgemeinen Ernährung
entziehen; es gibt dann Formen, dies ohne Quälerei und schmerzlos zu machen. Oder aber man beabsichtigt, die Kinder aufzuziehen, um sie später als Arbeitskräfte verwenden zu können. Dann
muß man sie aber auch so ernähren, daß sie einmal im Arbeitseinsatz vollwertig sind [...][3]

[167]   *16.8.1943 Himmler an Generalgouverneur [Hans] Frank
(Krakau)*
Ich höre aus verschiedenen Kreisen, daß Sie und Ihre Umgebung
sich rühmen, Sie hätten mit Ihrer Unterredung mit mir einen der
größten politischen Siege Ihres Lebens davongetragen.
   Ich möchte Sie von diesem Irrtum befreien. Ich habe mit Ihnen
gesprochen, um die notwendige Arbeit im Generalgouvernement
nicht Schaden leiden zu lassen. Seien Sie sich darüber klar, daß ich
auch ohne jeden Kontakt mit Ihnen im Generalgouvernement
weiter tätig sein kann und daß ich gern bereit bin, diesen meinen
Standpunkt vor dem Führer zu vertreten. Ich weiß, daß der Führer mir hier ebenso recht geben wird, wie in dem Fall, als Sie meine berechtigten Maßnahmen im Ghetto Warschau durch Ihr Dazwischentreten verhindern wollten[1] [...]

[168 a, b]
[a]   *18.8.1943 g. – Himmler an SS-Gruf. [Maximilian] v.
Herff, Chef SS-Personalhauptamt*
Anliegend übersende ich in Abschrift einen Erlaß des Führers
über die Fernhaltung international gebundener Männer von maß-

166 [3] Offenbar ist dies ein beispielhaftes »document inhumain« – indes: Wer kann
schon sicher sein, daß H. nicht auf diesem, Himmlers Mentalität angepaßtem, Wege
die Kinder retten wollte?
167 [1] Im Sommer 1942 Einspruch Franks gegen die von Himmler beabsichtigte
vollständige Liquidierung des Warschauer Ghettos. Grund war die Sorge um seine
Rüstungsindustrie, in der 300 000 Juden, auch aus dem Ghetto Warschau, Zwangsarbeit leisteten.

gebenden Stellen in Staat, Partei und Wehrmacht vom 19.5.1943[1] und eine Parteianordnung von Reichsleiter *Bormann* A 4/43 g vom 8.8.1943.[2]

Ich bitte Sie, diese Anordnung durchzuführen, mir aber die Meldung vorher vorzulegen.

Gemeldet müssen bei dieser Gelegenheit werden alle unsere Prinzen. Bei einem Teil – wie z. B. bei dem SS-Obergruppenführer Erbprinz von Waldeck[3] – kann die internationale Verflechtung in der engeren Familie ohne weiteres ausgeschaltet werden. Bei unserem guten Prinzen Christoph von *Hessen*[4], der eine Griechin zur Frau hat, liegt diese Ausschaltung nicht vor.

Genannt werden müsste z. B. auch SS-Standartenführer *Voss*[5], der meines Erachtens eine südamerikanische Spanierin zur Frau hat.

Dies sind nur einige Beispiele, die mir gerade einfallen.

168 [1] »... Die Erfahrungen dieses Krieges haben mir eindeutig bewiesen, daß verwandtschaftliche Beziehungen deutscher Männer zu ausländischen Kreisen sehr leicht schädliche Folgen für das Gemeinwohl haben können. Insbesondere gilt das für die internationalen verwandtschaftlichen Verpflichtungen regierender und ehemals regierender Fürstenhäuser. Ich ordne daher an, daß in Staat, Partei und Wehrmacht Männer nicht in maßgebenden Stellen verwandt werden dürfen, ihnen auch der Aufstieg in maßgebende Stellen von vornherein verwehrt werden muß, 1. wenn sie mit Frauen aus den mit uns in Kriegszustand oder politischem Gegensatz befindlichen Ländern verheiratet sind, oder 2. wenn sie aus Kreisen stammen, die durch ihre verwandtschaftlichen Beziehungen zu heute oder früher einflußreichen Gesellschafts- oder Wirtschaftskreisen des uns feindlich gesinnten Auslandes als international gebunden zu betrachten sind. In Zweifelsfällen behalte ich mir die Entscheidung vor.«
[2] »... Auftragsgemäß bestimme ich hierzu folgendes. 1.) In der Partei sind a) alle vom Führer ernannten Politischen Leiter, b) alle Unterführer der Gliederungen, die einen höheren Dienstrang als Obersturmbannführer (NSKK-Oberstaffelführer) und HJ-Bannführer bekleiden, zu überprüfen. 2.) Über internationale verwandtschaftliche Beziehungen der unter 1) genannten Parteiführer muß mir unter Beifügung der notwendigen Unterlagen und einer ausführlichen Stellungnahme bis zum 30.9.1943 berichtet werden, damit ich die Entscheidung des Führers einholen kann. Der Bericht ist auch zu erstatten, wenn Zweifel bestehen, ob verwandtschaftliche Beziehungen als international anzusehen sind ...«
[3] Josias Erbprinz zu W. und Pyrmont, SS-Führer seit April 1930 und seit 1936 schon Obergruppenführer, war – gewissermaßen zu Hause – HSSPF Fulda–Werra.
[4] SS-Oberführer in Himmlers Stab, aber erst nach der Machtergreifung, im Juni 1933, zur SS gestoßen. H. ist in den SS-Dienstalterslisten von 1944 – anders als all die übrigen hier Genannten – nicht mehr aufgeführt.
[5] Dr. Wilhelm V. in Himmlers Stab (oder der – seit Februar 1931 – alte Marschierer Oscar V.).

[b] ...⁶*11.1943 g. – Himmler an v. Herff*
Ihre Meldung vom 25.10.1943 habe ich erhalten. Ich muß rein aus dem Gedächtnis feststellen, daß hier zwei SS-Führer fehlen. Der eine ist SS-Standartenführer *Voss*, verheiratet mit einer Mittel- oder Südamerikanerin. Der zweite ist SS-Oberführer *Deuschl*[7], verheiratet mit einer Schwedin. Ebenso ist SS-Obergruppenführer *Taubert*[8] nicht angegeben, der eine Niederländerin zur Frau hat.

Ich bitte Sie dafür zu sorgen, daß derartige Feststellungen genauer getroffen werden.

Wenn schon SS-Standartenführer Jonas *Lie*[9] in dieser Liste erscheint, der garnicht aufgenommen werden dürfte, dann müßte in gleicher Weise auch SS-Standartenführer Feldmejyer[10] verzeichnet sein.

Ich glaube, es wäre doch gut, wenn Sie dem Bearbeiter einige Tage Stubenarrest geben würden, um ihn zu gewissenhafter und genauer Arbeit anzuhalten.

Insgesamt kenne ich die Verhältnisse im großen und ganzen persönlich. Ich halte sie in keinem Fall für gefährlich.[11]

[169] *6.9.1943 SS-Gruf. Erwin Rösener (Veldes/Oberkrain)*[1] *an SS-Ogruf. Richard Hildebrandt [Chef Rasse- und Siedlungshauptamt-SS]*
[...] In der Bandenbekämpfung ist nun eine neue politische Linie eingeschlagen worden, nicht mehr so blutrünstig wie bisher, sondern es wird versucht, die Leute politisch zu gewinnen. Das wäre

---

[6] Tagesdatum nicht ausgefüllt, Himmler hat dieses Schreiben nach einiger Verzögerung am 21.1.1944 Herff selbst übergeben.
[7] Vgl. Nr. 119 sowie Bd. I, Nr. 491.
[8] Siegfried T. in Himmlers Stab.
[9] Norwegischer Polizeioffizier, Polizeiminister in der Quisling-Regierung; Vertrauensmann Himmlers und des Reichskommissars Terboven gegenüber Quisling, den durch L. zu ersetzen diese 1940 vergeblich versucht hatten.
[10] Johannes Hendrick Feldme*i*jer, »Voorman« der Niederländischen SS – später, am 22.2.1945, bei einem Jagdbomberangriff gefallen.
[11] Vgl. Nr. 293.
169 [1] HSSPF im Wehrkreis VIII, einige Tage vor seinem Umzug nach Salzburg (vgl. Anm. 162-1). In Veldes (slowenisch: Bled) hatte R. eine »Befehlsstelle«.

an sich ja auch sehr richtig, wenn nicht dann die sog. Etappe hergehen würde und das, was die Truppe geschaffen hat, wieder zerschlägt. Ich könnte mir vorstellen, daß bei einer loyaleren Haltung und bei gewissen Zugeständnissen an Fremdvölkische wir sehr viel gewonnen hätten. Aber sehr oft stehen wir auf dem Standpunkt, daß wir andere Völker zu Nationalsozialisten machen müßten. Ich halte das für verkehrt. Immer predigen wir, der Nationalsozialismus ist keine Exportware, und dann kommen die kleinen und kleinsten Führerchen und halten den Leuten immer wieder vor, das, was sie machen, hat mit Nationalsozialismus nichts zu tun. Die Leute in den fremden Ländern brauchen uns ja auch nicht zu lieben, aber zumindest kann man eine loyalere Haltung erreichen. Daß wir jetzt eine andere Linie einschlagen, wird uns als Schwäche ausgelegt. Na, wir werden dieses Jahr noch ernsten Zeiten entgegen gehen, wobei ich überzeugt bin, daß auch das nächste Jahr noch hart sein wird. Wir als die ältesten müssen eben zu einer beruhigenden Stimmung beitragen. Vor allen Dingen dürfen wir hier draußen schon garnicht den Kopf hängen lassen. Gottseidank bin ich persönlich – trotz der scharfen Luftangriffe – immer noch so zuversichtlich und optimistisch, ohne dabei Vogel-Strauß-Politik zu treiben, und der festen Überzeugung, daß wir siegen werden, wenn wir siegen wollen. Wir haben 3 Jahre unentwegt in einem Siegesrausch gelebt. Die anderen haben ja auch nicht geschlafen. Nun kommt auf einmal ein Wachrütteln und alle sehen ihre Felle wegschwimmen. Leider Gottes auch ältere Nationalsozialisten.

[170] *6.10.1943 g. – Himmler an [SS-Ogruf. Ernst] Kaltenbrunner [Chef Reichssicherheitshauptamt]*
Ich erfahre aus einem Brief des SS-Obergruppenführers *Rauter*[1] vom 27.9.1943, daß im Rahmen des E-Spiels[2] von den Engländern auch eine neue, lautlos schiessende Pistole abgeworfen worden ist.

170 [1] Hanns R., HSSPF Niederlande.
     [2] Nicht ermittelt.

Derartige Dinge muß ich innerhalb von 24 Stunden, nachdem sie entdeckt worden sind, wissen. Innerhalb weiterer 24 Stunden müssen mir in wichtigen Fällen diese Sachen mit einem Flugzeug zugeleitet werden. Sperren Sie bitte die Verantwortlichen im Reichssicherheitshauptamt rücksichtslos auf 3 Tage ein und veranlassen Sie, daß dieses schlechte Meldesystem grundsätzlich geändert wird. Ich muß mir sonst auf einem anderen Weg die Nachrichten beschaffen. Es geht nicht so weiter, daß ich als Reichsführer-SS jeweils der schlechtest und spätest Unterrichteste bin [...]

[171 a, b]
[a]   *12.11.1943 Gutachten SS-Staf. Prof. Dr. B[runo] K. Schultz, Chef Rasseamt im Rasse- und Siedlungshauptamt-SS*
Gutachten
zur Frage weit zurückreichendem fremden (jüdischen) Rasseneinschlags
Es ist die grundsätzliche Frage zu prüfen, wie weit die Erbanlagen *einer* Person einer weit zurückliegenden Ahnenreihe die Erbmasse eines Nachkommen der X-ten Nachfahrenreihe noch bestimmt.

Die praktische Fragestellung betrifft eine Person, in deren 9. Vorfahrenreihe sich ein jüdischer Ahne befindet.

Die 9. Vorfahrenreihe umfaßt 256 Personen, die insgesamt 256 × 48 Erbanlagenträger (Chromosomen) besessen haben. Von diesen 12 288 Erbanlagenträgern konnten aber bloss 48 auf den Nachfahren der 9. Generation übertragen werden.

Unter diesen Umständen ist die Wahrscheinlichkeit, dass wirklich eine grössere Anzahl sowohl von Anlagenträgern wie auch einzelnen Anlagen eines bestimmten Vorfahren in den Nachkommen enthalten sind, *sehr gering. Die unmittelbar nächstliegenden Vorfahren sind in ungleich stärkerem Masse an der Zusammensetzung des Erbgutes eines Menschen beteiligt als die weiter zurückliegenden.* Die Wahrscheinlichkeit, dass die Person der 9. Nachfahrengeneration überhaupt *keine* Erbanlagen eines bestimmten

Vorfahren besitzt, ist ebenso gering wie die, dass er die volle Anzahl der halben Chromosomenreihe jenes einen Vorfahren hat.

Verfolgen wir den Weg des Erbgutes von Generation zu Generation, indem wir von der 9. Vorfahrenreihe, in der der Jude vertreten ist, ausgehen:

Der Sohn des Juden (8. Vorfahrenreihe) mit einer deutschen Frau, der Mischling I. Grades, hatte unzweifelhaft den halben Erbanlagensatz, also 24 Chromosomen von dem jüdischen Vater und 24 von der nicht-jüdischen Mutter. Der Enkel des Juden bezw. Sohn des Halbjuden (7. Vorfahrenreihe) mit einer Deutschen, der Mischling II. Grades, kann in seinem Erbanlagensatze durch seinen halbjüdischen Vater 0 bis 24 Chromosomen, die ursprünglich von dem jüdischen Grossvater stammen, vererbt erhalten. Die beiden Extremfälle 0 oder 24 werden unter den sonst möglichen Kombinationen von Geschlechtszellen – es sind das 2^{24} = 16777216 Kombinationen – nur einmal, also unendlich selten, vorkommen. Die mittlere Wahrscheinlichkeit bewegt sich dagegen um einen Anteil von 1/4 des ursprünglichen jüdischen Chromosomensatzes, d. h. 12 Chromosomen.

Für die nächste Generation (6. Vorfahrenreihe) gilt grundsätzlich dasselbe, nur ist die mittlere Wahrscheinlichkeit auf 1/8 herabgesunken, also durchschnittlich 6 Chromosomen des jüdischen Vorfahren. In der 5. Generation beträgt der Anteil 1/16 (3 Chromosomen), in der 4. nur 1/32 mit noch 1 1/2 fremden Chromosomen und in der 3. Generation 1/64, in der 2. Generation 1/128. *Praktisch kann von der 3. Generation an nicht mehr mit dem Vorhandensein auch nur eines vom Juden stammenden Chromosoms gerechnet werden.*

Die bisherigen Ausführungen gingen von der Voraussetzung aus, dass sämtliche Erbanlagen des jüdischen Vorfahren der 9. Generation andersartig gewesen seien. Diese Voraussetzung trifft aber sicherlich nicht zu. Die Zahl der den Juden speziell auszeichnenden Erbanlagen ist jedenfalls wesentlich kleiner und wird vermutlich nur in einzelnen Chromosomen lokalisiert sein. Es kann daher, wenn die fremdrassige Beimischung soweit zurückliegt, eine Belastung mit an Sicherheit grenzender Wahrscheinlichkeit ausgeschlossen werden, wenn diese Personen selbst sowie ihre nächsten Vorfahren hinsichtlich des rassischen Erscheinungsbildes, ihrer charakterlichen Veranlagung und in ihrer Lebensbewährung keinerlei Anhaltspunkte auf jüdische Wesensart und jüdisches Aussehen bieten. In diesem Falle sind die betreffenden Personen mit vollem Recht als frei von jüdischer Belastung anzusehen und verdienen dementsprechende Behandlung.

[b] *17.12.1943 g. – Himmler an SS-Ogruf. [Richard] Hildebrandt, Chef Rasse- und Siedlungshauptamt-SS*
[...]
Das Gutachten des Prof. Dr. B. K. Schultz kann ich in keiner Weise anerkennen. Es ist wissenschaftlich in meinen Augen überhaupt nicht haltbar. Denn mit derselben Berechtigung, mit der er erzählt, daß in der dritten Generation von dem Vorhandensein auch nur eines vom Juden stammenden Chromosoms nicht mehr gerechnet werden kann, könnte man behaupten, daß die Chromosome aller anderen Vorfahren ebenfalls verschwinden. Dann muß ich die Frage stellen: woher bekommt der Mensch überhaupt das Erbgut, wenn nach der dritten Generation von den Chromosomen seiner Vorfahren nichts mehr vorhanden ist? Für mich steht eines fest: Herr Prof. Dr. Schultz ist als Chef des Rassenamtes nicht geeignet.

[172 a, b]
[a] *28.12.1943 g. – Himmler an Chef Orpo*
Auf die Erklärung des SS-Brigadeführers und Generalmajors der Polizei *Herf*[1] vom 18.10.43 antworte ich wie folgt:

Herf ist keineswegs deswegen entfernt worden, weil er als fanatischer Wahrheitsapostel im Gegensatz zu anderen mir allein die Wahrheit über die Bandenlage gesagt hatte.

Ich habe die Absetzung Herfs als Chef des Stabes beim Chef Banden-Kampfverbände[2] verfügt, da ich nach dem dritten Vortrag von Herf zur Überzeugung kam:

172 [1] Eberhard H.
[2] Vgl. Anm. 157-2.

1. Herf ist ein bereits so seniler und verbrauchter Offizier, daß er einen logischen Vortrag bei seinem Vorgesetzten nicht mehr zuwege bringt.
2. Ich hatte ferner den Eindruck, daß Herf sich auf diese Vorträge in keiner Weise vorbereitete, und habe es, das sei hier ausgesprochen, für eine Anmaßung gehalten, daß ein Kommandeur zu seinem Oberbefehlshaber derartig unvorbereitet geht. Für solch schlechte Vorträge habe ich keine Zeit; ich kann sie besser verwenden.
3. Herf hat sich in diesen Vorträgen nicht deswegen abqualifiziert, weil er mir unangenehme Wahrheiten über die schlechte Lage sagte; denn diese kannte ich aus dem Vortrag des SS-Obergruppenführers von dem Bach ebensosehr wie aus eigener Anschauung, sondern weil mir der im Etappengebiet hinlänglich bekannte tränenreiche Pessimismus des Herrn Herf zuwider war. Ich habe die Überzeugung, daß alle großen Kriege unter den schlechtesten Verhältnissen, aber von tapferen Generalen und Offizieren gewonnen wurden. Die geistige Einstellung eines Generals wie Herf bildet nicht die Voraussetzung für das Gewinnen eines Krieges; deswegen müssen solche Männer in den nicht immer wohlverdienten, aber in den Ruhestand versetzt werden. In schlimmeren Fällen wie bei Herf bin ich für Pensionsentzug.
SS-Brigadeführer und Generalmajor der Polizei *Herf* entlasse ich hiermit aus der SS.

[b]   *15.1.1944 SS-Oberf. und Oberst d. Gendarmerie [Paul Otto] Geibel (Reichsinnenministerium) an SS-Gruf. [Maximilian] v. Herff, Chef SS-Personalhauptamt*
Der Reichsführer-SS hat sein Schreiben vom 28.12.43 an den Chef der Ordnungspolizei betr. SS-Brigadeführer und Generalmajor d. Pol. Herf insofern abgeändert, als er den letzten Absatz betr. Entlassung aus der SS gestrichen hat. Aus dem eigenhändigen Randvermerk des Reichsführers-SS geht hervor, daß H. in der SS verbleiben soll.

[173 a, b]
[a]   2.3.1944 SS-Personalhauptamt an Auswärtiges Amt
[...] Nach Überprüfung der P-Akte des SS-Oberführers Rodde[1] habe ich festgestellt, dass aus seiner Ehe nur ein Kind geboren ist. Bei der Einstellung des Reichsführers-SS zur Kinderfrage wirft er bestimmt die Frage auf, warum in den letzten sechs Jahren seit der Geburt des ersten Kindes keine weiteren Kinder geboren wurden. Sollten gesundheitliche Gründe massgebend sein, so ist die Vorlage eines ärztlichen Attestes, das eine hinreichende Auskunft über die Art der Krankheit gibt, erforderlich [...]

[b]   13.3.1944 SS-Personalhauptamt an Auswärtiges Amt
[...] bittet das SS-Personalhauptamt die angeforderte Erklärung des SS-Oberführers *Rodde* zur Kinderfrage umgehend noch herzureichen, da der Reichsführer-SS die Vorlage der Erklärung bzw. eines ärztlichen Attestes verlangt, wenn zwei Jahre nach der Geburt des letzten Kindes keine Kinder mehr geboren sind.

[174]   *19.4.1944 Hauptamt SS-Gericht an SS- und Polizeigerichte u. a.*
Es ist festgestellt worden, daß die Benachrichtigung der nächsten Angehörigen von der Vollstreckung der Todesstrafe häufig in sehr unzweckmäßiger Form oder lediglich durch die Geschäftsstelle des Gerichts mit der Unterschrift eines Unterführers erfolgt ist.

Es genügt nicht und entspricht nicht der Auffassung des Reichsführers-SS, daß den Angehörigen zum Tode Verurteilter nur die Tatsache der Verurteilung zum Tode und die Vollstreckung mitgeteilt wird. Die Benachrichtigung muß vielmehr nähere Angaben über die Straftat und insbesondere über die Notwendigkeit eines so harten Urteils enthalten, sie muß in taktvoller Form abgesetzt und von dem die Vollstreckung durchführenden beauftragten SS-Richter unterzeichnet sein.

173   [1] Wilhelm R., Generalkonsul beim Konsulat Kronstadt, sollte zum SS-Brigadeführer befördert werden.

Nachstehend folgt das Beispiel eines die Mindesterfordernisse enthaltenden Benachrichtigungsschreibens, das als Richtlinie, nicht jedoch etwa als Formular dienen soll.

..............................., den ....
(Hinrichtungsort)

Ich muß Ihnen die für Sie schmerzliche Nachricht geben, daß Ihr Sohn (Mann) der ehem. SS-Rottenführer .... geb. .... mit Urteil des SS- und Polizeigerichts .... St. L. .... vom .... wegen .... zum Tode verurteilt werden mußte.

....
(kurze Darstellung des Sachverhalts)

Während das gesamte Deutsche Volk in schwerstem Abwehrkampf steht, hat Ihr Sohn (Mann) in gröbster Weise seine Pflicht als Deutscher und als Soldat außer acht gelassen und gegen die Gesetze, die der Erhaltung der Kampfkraft und des Lebens des deutschen Volkes dienen, verstoßen. Im Hinblick auf die Schwere der Tat und die Erfordernisse des 5. Kriegsjahres konnte als Sühne nur die härteste Strafe ausgesprochen werden.

Nach der Bestätigung durch den zuständigen Gerichtsherrn (zutreffendenfalls: und nach Ablehnung eines Gnadenerweises) ist das Urteil am ... vollstreckt worden. Damit hat Ihr Sohn (Mann) seine Schuld gesühnt.

(Nachstehender Absatz ist wegzulassen, falls der Inhalt nicht zutrifft, oder entsprechend abzuändern).

Ich darf Ihnen versichern, daß Ihr Sohn (Mann) die Strafe aufrecht auf sich genommen hat und mannhaft gestorben ist. Sein letzter Gedanke galt seinen Eltern (seiner Familie).

Die Bestattung erfolgte auf dem Friedhof ....

Ich weise darauf hin, daß Todesanzeigen oder Nachrufe in Zeitungen, Zeitschriften u. dgl. nicht statthaft sind.

Heil Hitler!

....
(Unterschrift eines SS-Richters, Dienstgrad, Dienststellung).

[175 a, b, c]

[a] *31.5.1944 Himmler an SS-Ogruf. [Ernst] Sachs, Chef Fernmeldewesen*
SS-Standartenführer *Dilcher*[1] ist – wie Sie sicherlich auch schon gehört haben werden – alt und wunderlich geworden. Er war als Kommandeur der Reichsschule-SS Oberehnheim nicht mehr tragbar. An mich kamen eine Unzahl von Klagen, so daß ich mich nunmehr genötigt gesehen habe, *Dilcher* seines Postens zu entheben. Ich glaube, daß es richtig ist, wenn Dilcher in Pension geht [...]

[b] *25.6.1944 Himmler an Sachs*
Bei Übernahme des Dienstschreibtisches des Kommandeurs Oberehnheim durch SS-Obersturmbannführer Prechter wurde ein Buch »Freude[2] – Sexualtheorie« gefunden. Ich ersuche Sie, den SS-Standartenführer Dilcher sofort zu sich zu bestellen und ihn zu befragen:
1. wie kommt dieses Buch in den Dienstschreibtisch.
2. Ist Dilcher der Besitzer dieses Buches?
Bitte um baldigste schriftliche Antwort. Das Buch befindet sich bei mir. SS-Staf. Dilcher hat Berlin nicht zu verlassen, bis ich es wieder genehmige.

[c] *27.6.44 Sachs an Himmler*
SS-Standartenführer *Dilcher*, den ich befehlsgemäß persönlich befragt habe, hat mir gemeldet:
»Zunächst muß ich berichten, daß das Buch z. Zt. der Übergabe sich nicht in meinem Dienstschreibtisch, sondern im Mittelfach des als kombinierter Bücher- und Kleiderschrank dienenden Schranks unter Verschluß befand. Das Buch ist von dem berüchtigten Sexualjuden Sig. Freud verfasst und hat, wenn ich mich recht erinnere den Titel ›Sexualtheorie und Träume‹ [...]
Damit dieses Buch nicht in unrechte Hände käme, habe ich es

175 [1] Rudolf D.; am 13.10.1893 geboren, damals also 50!
[2] Für einen anständigen SS-Angehörigen war Freud natürlich kein Begriff.

unter Verschluss genommen, um es zusammen mit den Büchern und Broschüren politischen Inhalts an den SD weiterzugeben [...]
Ich bin nicht Besitzer des Buches, Eigentümer ist nach wie vor der Treuhänder für das volks- und reichsfeindliche Vermögen beim C. d. Z.[3] Strassburg, aus diesem Grunde kam die an sich richtig gewesene sofortige Vernichtung des Buches nicht in Frage, um für den Fall, daß dasselbe irgendwo in einem Nachlassverzeichnis[4] inventarisiert ist, mich nicht des Vorwurfes der Unterschlagung schuldig zu machen.«

[176]   *25.6.1944 g. – Vermerk Himmlers*
Nach Rücksprache mit SS-Obergruppenführer *Wolff*[1] ordne ich an, daß von dem vorhandenen Gold 3 kg an die Reichsbank abgegeben werden unter der Festlegung und Abmachung, sie wieder zu bekommen, falls wir sie für Bestechungs- oder sonstige Nachrichtenzwecke brauchen.
Der Rest von 1 kg 339 g bleibt bei uns.

[177]   *27.6.1944 Himmler an [SS-Ogruf. Hans] Jüttner [Chef SS-Führungshauptamt] und [SS-Ogruf. Maximilian v.] Herff [Chef SS-Personalhauptamt]*
Ich möchte Ihnen diesen Brief miteinander schreiben.
Sie haben mich kürzlich – selbstverständlich ohne es zu wollen – in eine äußerst peinliche Lage versetzt, als in Sonthofen bei den Generalkursen der Wehrmacht plötzlich, und ohne daß ich es wusste, SS-Obergruppenführer *Pfeffer*[1] anwesend war. Er teile

---

[3] Chef der Zivilverwaltung (in den eingegliederten Gebieten).
[4] Es stammte aus der Bibliothek des an die Schule »übergegangenen« (Elsaß!) Schlosses Leonhardsau.
176 [1] Mit dem inzwischen (23.9.1943) im Persönlichen Stab (vgl. Anm. 140-3) abgelösten und seitdem in Italien als Höchster SS- und Polizeiführer eingesetzten W. vielleicht deshalb, weil es sich um einen alten Bestand handelte. Himmler kam auf verschiedenen Wegen zu Gold, darunter recht makabren.
177 [1] Karl Pfeffer-Wildenbruch, 1940 Kommandeur SS-Polizeidivision, 1945 dann als Kommandierender General X. SS-Korps in Budapest gefangengenommen worden.

mir mit, er wäre von Ihnen Beiden aufgefordert worden, dorthin zu kommen, weil er bei dieser Gelegenheit mit mir sprechen könnte.

Ich bitte Sie herzlich, derartige Abmachungen nicht zu treffen; denn einmal möchte ich bei einer Veranstaltung mit den Generalen des Heeres keine SS-Führer darunter haben, damit Erstere sich nicht beobachtet oder bespitzelt fühlen. Es ist psychologisch bestimmt richtiger. Zum anderen kann jemand nur zu mir bestellt werden, wenn ich es selbst mache; denn ich muß doch meine Zeit genau wie Sie Beide selbst einteilen.

[178 a, b]
[a]   *14.7.1944 g. – FS Himmler an SS-Ogruf. [Friedrich] Jeckeln, HSSPF Ostland*
SS-Obergruppenführer *Krüger* hatte von mir Befehl, Baukräfte für das VI. Korps sofort in Marsch zu setzen.

Am 13.7. haben sich daraus zwischen Ihnen und SS-Obergruppenführer Krüger Streitigkeiten entfacht. Mein lieber Jeckeln, Sie haben 4 Wochen Urlaub gehabt. Sie haben die Aufgabe mit den diktatorischen Vollmachten nicht deswegen bekommen, um mit überreizten Nerven Streit innerhalb der SS-Kameraden zu entfachen, während der Feind vor den Toren steht.

Ich wünsche Ihre sofortige Versöhnung mit SS-Obergruppenführer *Krüger,* Zurückstellung aller unnötigen Kompetenzschwierigkeiten und wünsche, daß frei von Aufregung und Nervosität und ähnlichen Begleiterscheinungen gehandelt wird.

Ich stelle mir vor, daß meine Vertreter ein Hort der Ruhe, Festigkeit und besserer Nerven sind.

Handeln Sie danach!

[b]   *14.7.1944 gKdos. – FS Himmler an SS-Ogruf. [Friedrich-Wilhelm] Krüger, Befehlshaber der Waffen-SS »Ostland«*
Es ist eine schlechte Manier, in der Zeit, in welcher der Feind vor den Toren steht, aus Empfindlichkeit heraus um seine Ablösung zu bitten.

Die Unsitte, um die Ablösung zu bitten, lasse ich in der SS nicht einreissen. Wenn jemand abgelöst werden muß, bestimme ich das!

Sie wollen sich innerhalb der nächsten 24 Stunden mit SS-Obergruppenführer Jeckeln aussöhnen und Ihren Dienst in der von mir geschätzten tadellosen Weise durchführen.

Außerdem stelle ich mir vor, daß meine SS-Führer ein Hort der Ruhe, der Festigkeit und bester Nerven sind.

[179]   *15.7.1944 Lisamaria Kräntzer (Lübeck) an Himmler*
Durch eine Bekannte erfuhr ich, daß von der SS aus sog. »Begattungsheime« eingerichtet sind. Gibt es solche tatsächlich[1] und würden Sie mir bitte eine Adresse nennen. Durch den hiesigen Sturmbannführer konnte ich nichts erfahren.

[180 a, b, c]
[a]   *19.11.1944 SS-Gruf. [Walter] Schimana (HSSPF Donau) an Reichsführer-SS/Persönlicher Stab*
Betrifft: Schroffe Zurücksetzung der SS durch Oberstleutnant *Freßen*[1] von der Adjutantur des Führers.
Oberstleutnant Freßen war angeblich vom Führer beauftragt, die Beisetzungsfeierlichkeiten für den gefallenen Major Novotny[2] vorzubereiten. Während er für sämtliche Wiener Gliederungsführer (SA, NSFK, NSKK) in der ersten Reihe namentlich bezeichnete Plätze reservierte, wies er mir einen Platz in den für die Allgemeinheit vorgesehenen rückwärtigen Plätzen zu. Auf meine Reklamation vor der Feier erklärte er mir, dass in den ersten Reihen dienstgradmässig höhergestellte Persönlichkeiten untergebracht werden müssten und ich daher erst einen Platz in der 3. Reihe bekommen könnte. Erst als ich im Saal erschien, konnte ich feststellen, dass nicht dienstgradmässig höhere, sondern im Gegenteil rangmässig unter mir stehende Führer der Parteiglie-

---

179   [1] Nein (gemeint wohl der »Lebensborn«), aber Bedarf war offenbar vorhanden.
180   [1] Franz F.
[2] Brillantenträger Walter Nowotny, am 8.11.1944 gefallen.

derungen und sogar Angehörige meines Stabes, die bekanntere Wiener Persönlichkeiten sind, in der ersten Reihe reservierte Plätze hatten. Mich aber hatte der Oberstleutnant Freßen sogar hinter meinen Befehlshaber der Ordnungspolizei und hinter den mir unterstellten Kommandeur des Kriegsgefangenenwesens gesetzt.

Unter diesen Umständen war es mir nicht möglich, ohne Gefährdung des Ansehens des Höheren SS- und Polizeiführers der Trauerfeierlichkeit beizuwohnen, und ich verliess daher wieder den Saal [...]

[b]   21.11.1944 SS-Ogruf. [Maximilian] v. Herff [Chef SS-Personalhauptamt] an Schimana

SS-Gruppenführer v. Behr[3], der als persönlicher Vertreter des Reichsführers-SS zum Staatsakt für Major Novotny nach Wien entsandt war, hat mir mitgeteilt, dass Sie Anspruch erhoben haben, als Vertreter des Reichsführers-SS bei dem Staatsakt zu erscheinen. Zur Richtigstellung der Angelegenheit darf ich Ihnen mitteilen, dass der Reichsführer-SS zu Staatsakten jedesmal einen persönlichen Vertreter entsendet. Dieses ist im allgemeinen nicht der jeweils örtlich zuständige Höhere SS- und Polizeiführer. Zum Staatsakt Novotny war nun SS-Gruppenführer v. Behr an meiner Stelle bestimmt, da ich dienstlich nicht abkömmlich war. SS-Gruf. v. Behr war ausgesucht, weil er dienstrangälter als Sie ist. Es hatte somit die Entsendung seine Richtigkeit.

Dass Sie selbst bei diesem Staatsakt in der dritten Reihe sitzen sollten, scheint mir allerdings von der Organisationsleitung des OKW nicht rangentsprechend ausgesucht zu sein. Sie haben das Recht, jeweils mit dem stellv. Kommandierenden General und Wehrkreis-Kommandeur gleichrangig zu sitzen, wobei der Dienstrangältere den Vorrang hat. Sie hätten also bei dem Staatsakt neben General d. Inf. Schubert Ihrer Stellung entsprechend placiert werden müssen.

---

[3] Max v. B., SS-Standortkommandant von Berlin.

[c]   *8.12.1944 v. Herff an SS-Ostubaf. [Werner] Grothmann, [Adjutantur] Reichsführer-SS*
An sich ist es von SS-Gruf. Schimana lächerlich und unverständlich, vor dem Staatsakt wegzugehen, nachdem ihm ein Platz in der ersten Reihe angeboten war.
Persönlicher Vertreter des Reichsführers-SS beim Staatsakt war der dienstrangältere SS-Gruppenführer v. Behr. Er sass richtig.
SS-Gruf. Schimana konnte und musste aber beanspruchen, in seiner Eigenschaft als Höherer SS- und Polizeiführer ranggleich mit dem Wehrkreisbefehlshaber gesetzt zu werden. Beide sind stellungsgleich, das muss dem Oberstleutnant Fressen eindeutig gesagt werden. Sind der Wehrkreisbefehlshaber, der Luftgaubefehlshaber und der Höhere SS- und Polizeiführer bei einer Veranstaltung beteiligt, so sitzen sie nebeneinander, und zwar in der Reihenfolge ihres Rangalters.
Es geht nicht an, dass – wie hier – der Wehrkreisbefehlshaber und der Luftgaubefehlshaber in der ersten und der Höhere SS- und Polizeiführer in der dritten Reihe sitzt.[4]

[181]   *15.1.1945 Himmler an SS-Brif. [Adolf] Katz [Amtschef im SS-Personalhauptamt]*
Ich muß in diesem Brief mit Ihnen als altem SS-Führer ein ernsthaftes Wort sprechen. Den Vorwurf, den ich Ihnen bereits einmal machte, daß Ihr Amt bürokratisch ist, muß ich Ihnen abermals machen. Auf meine Anfrage, ob die Witwe des SS-Gruppenführers *Fitzthum*[1] verständigt wurde, bekommt SS-Standartenführer *Dr. Brandt*[2] von einem SS-Hauptsturmführer *Heitner* die Antwort, daß das SS-Personalhauptamt die Witwe nicht verständigt hat. Die Aufgabe meiner Ämter und meiner Mitarbeiter ist ja nicht, daß sie Bürostunden absitzen, sondern daß sie mir in meiner Tätigkeit eine wirkliche Hilfe darstellen. Es wäre für diesen

---
[4] Sorgen hatten diese Leute am Jahresende 1944!
181 [1] Josef F.
[2] Himmlers Persönlicher Referent Rudi B.

Stabsangehörigen wohl ein wenig leichter gewesen als für mich hier in dieser Ecke des deutschen Reiches[3], zusätzlich festzustellen, ist Frau Fitzthum inzwischen verständigt worden, was ja wahrscheinlich ist, nachdem sie in Wien wohnt, und wer hat sie verständigt. Es wäre auch absolut keine Schande, wenn Sie, mein Herr Amtschef, so ein Telefongespräch für Ihren Reichsführer-SS persönlich übernehmen würden.

Ich muß Ihnen ganz offen mitteilen, daß die Arbeit mit dem Heerespersonalamt, mit General *Burgdorf*[4], dreimal so angenehm und so unbürokratisch ist wie mit dem Teil des SS-Personalhauptamtes, der Ihnen untersteht. Vielleicht fahren Sie in diesen bequemen Stabsbetrieb einmal herein und ändern das grundsätzlich.

---

[3] Himmler spielte damals Feldherr im restlichen Elsaß (Oberbefehlshaber Heeresgruppe Oberrhein) – bis zum 24.1.1945, wo er dann weiterzog an die Weichsel. Die militärische Lage war rund um die Hohkönigsburg offenbar so glänzend, daß er viel Zeit hatte für andere wichtige Dinge.
[4] Wilhelm B.

3. ... und sein Staat,

[182]   *10.3.1933 Tel. Oberbürgermeister Dr. Lehr (Düsseldorf) an Reichskanzler Hitler*
heute mittag erscheinen in meinem amtszimmer 3 herren in sa-uniform und ein schutzpolizeibeamter in uniform und muetze stop ich hatte gerade eine unterredung mit dem beigeordneten dr thelemann und dr haas stop der fuehrer wandte sich an den beigeordneten dr. haas mit der erklaerung ich fordere sie auf aus ihrem verhalten waehrend der besatzungszeit die konsequenzen zu ziehen stop auf eine kurze frage um aufklaerung des herrn dr. haas schlug ein anderer mit einer dicken lederpeitsche herrn beigeordneten dr. haas wiederholt ueber das gesicht auf den kopf und auf den ruecken stop erbitte sofortiges eingreifen stop[1]

[183 a, b]
[a]   *10.3.1933 Aufzeichnung Auswärtiges Amt*
Soeben telephonierte der Französische Botschafter, um von den bereits bekannten Zwischenfällen Mitteilung zu machen, die sich anläßlich eines Tee-Empfangs bei Frau Bella Fromm[1] vor deren Hause zugetragen haben. SA-Leute hätten die Chauffeure der wartenden Wagen von Mitgliedern des diplomatischen Corps mißhandelt und die Wagen zu durchsuchen versucht. Die Chauffeure hätten sich diesen Versuchen widersetzt mit dem Hinweis auf die diplomatische Eigenschaft der Wagenbesitzer. Die Nazis

---

182 [1] Darauf Stempel und Vermerk des Empfängers: 1) Der Herr Reichskanzler hat Kenntnis. 2) zu den Akten L[ammers].
183 [1] Die Journalistin Bella (lt. Adreßbuch Belle) Fromm, verehelichte Steuermann, bewohnte mit ihrem Mann, dem Kaufmann Karl Julius St., die Villa Hohenzollernkorso 40 in Berlin-Tempelhof. Sie war vermutlich ebenfalls im Hause Ullstein tätig (Fritz U. gehörte zur dritten U.-Generation), wo (der später erwähnte) Fritz Stein Chefredakteur der B. Z. am Mittag war.

hätten darauf mit groben Beschimpfungen geantwortet: die Angaben der Chauffeure seien unwahr, und bei den Besitzern handle es sich um Judenpack. Die auf dem Wagen des Rumänischen Gesandten befindliche Fahne wurde zerrissen. Schlimmeres sei nicht passiert, da dem Zwischenfall durch das Einschreiten eines höheren SA-Führers ein Ende bereitet sei.

Der Französische Botschafter wies darauf hin, daß die Sicherheit der Mitglieder des Diplomatischen Corps, insbesondere der Damen, nicht mehr gewährleistet schiene.

[b]   *11.3.1933 Aufzeichnung Auswärtiges Amt*
Aufgrund der von mir von Frau Bella Steuermann-Fromm gemachten Mitteilungen, die sich mit den mir gleichfalls zugegangenen Äusserungen der Französischen Botschafterin und der Belgischen Gesandtin[2] decken, glaube ich folgendes als Tatbestand der gestrigen Zwischenfälle feststellen zu können:

Am gestrigen 10. März nachmittags fand bei Frau Steuermann-Fromm ein Tee-Empfang für ausländische Diplomaten statt. Es nahmen an demselben unter einigen deutschen Gästen teil: Madame François-Poncet, Signora Cerruti, das Gesandtenpaar der Tschechoslowakei, Frau und Fräulein Comnen, Gräfin Kerchove, der Ägyptische Gesandte, Frau Staatssekretär Dr. Meissner[3], Frau von Huhn[4], der rumänische Minister Aurelian, der französische Marineattaché Tracou, Marquis Maurigi, ein Faschistenführer, der zurzeit bei den Rumänen zu Besuch ist, Herr von Mumm, Chefredakteur Stein von der B.Z. und Fritz Ullstein.[5] Kurz vor dem Eintreffen der Gäste wurde am Eingang der Kolonie Tempelhof,

---

[2] Gemeint: der *Frau* des Botschafters bzw. des Gesandten, denn außer der Madame Kollontai gab es noch keine Frauen auf solchen Posten. Es waren zu jener Zeit André François-Poncet Französischer und Vittorio Cerrutti Italienischer Botschafter, André Graf de Kerchove de Denterghem war belgischer Gesandter.
[3] Die Frau von Hindenburgs Staatssekretär.
[4] Über Wera v. Huhn (Berlin W. 10) war ebenso wie über die offenbar nicht in der Stadt Berlin wohnhaften Damen Comnen nichts zu ermitteln.
[5] Mumm (Legationssekretär Dr. Herbert M. v. Schwarzenstein, damals stellvertretender Leiter des Protokolls im Auswärtigen Amt, wegen seiner Verbindung mit dem Widerstand 1942 verhaftet, 1944 zum Tode verurteilt und 1945 hingerichtet), Stein und Ullstein nachträglich gestrichen, offenbar vom Verfasser (Graf Bassewitz).

wenige Schritte von dem Hause entfernt, eine Hakenkreuzfahne gehisst und eine schwarz-rot-goldene Fahne verbrannt. Dadurch hatte sich eine erhebliche Menschenmenge versammelt, unter der auch zahlreiche uniformierte SS und SA sich befand. Als diese Menge der fremden Autos ansichtig wurde, versammelte sie sich um die Autos und stiess Drohungen aus, da sie der Meinung war, dass etwas in dem Hause vor sich gehen müsse. Frau Steuermann, die die Unruhe bemerkt hatte, ging auf die Strasse herunter, wo ihr die Chauffeure auch aufgeregt berichteten, dass die Menge ihr Haus stürmen wolle und dass sie selbst belästigt würden, trotzdem sie erklärt hätten, dass es sich um Diplomatenautos handele [...]

[184]   28.3.1933 *Auswärtiges Amt an die deutschen Vertretungen in Den Haag (1), London (2), Brüssel (3), Paris (4), Prag (5), Wien (6), Kopenhagen (7), Stockholm (8) und Bern (9)*
zu 1.–4.
Redakteur Viktor Schiff
zu 5.–6.
Sozialdemokratischer Reichstagsabgeordneter Friedrich Stampfer
zu 7.–8.
Sozialdemokratischer Reichtstagsabgeordneter Karl Hertz
zu 9.
Sozialdemokratischer Abgeordner Emil Kirschmann
zu 1.–9.
eintrifft dort nächster Tage mit Einverständnis Reichsminister Göring zwecks Aufklärung dortiger sozialdemokratischer Kreise zur Lügenabwehr. Gegebenenfalls bitte Unterstützung und Hilfe zuteil werden lassen.

[185]   5.4.1933 *Hitler an Reichspräsident [Paul] v. Hindenburg*
Die Abwehr des deutschen Volkes gegenüber der Überflutung gewisser Berufe durch das Judentum hat zwei Gründe:

Erstens das ersichtliche Unrecht, das durch die unerhörte Zurücksetzung des deutschen Staatsvolkes gegeben ist. Denn es gibt heute eine ganze Reihe von Intelligenzberufen, z. B. die Berufe der Rechtsanwälte und der Ärzte, in denen an einzelnen Orten des Reiches – in Berlin und in anderen Städten – das Judentum bis zu 80 % und darüber alle Stellen besetzt hält. In derselben Zeit gehen hunderttausende deutsche Intellektuelle, darunter zahllose ehemalige Kriegsteilnehmer, stempeln oder befinden sich in irgendeiner gänzlich untergeordneten Nebenstellung und verkommen vollständig.

Zweitens die schwere Erschütterung der Autorität des Staates, die dadurch bedingt wird, daß hier ein mit dem deutschen Volk nie ganz verwachsener Fremdkörper, dessen Fähigkeit in erster Linie auf geschäftlichem Gebiet liegt, in die Staatsstellungen drängt und hier das Senfkorn für eine Korruption abgibt, von deren Umfang man auch heute noch keine annähernd genügende Vorstellung besitzt. Die Sauberkeit des alten preußischen Staates hing nicht zum wenigsten davon ab, daß das Judentum nur sehr beschränkten Eingang in das Staatsbeamtentum besaß.[1] Das Offizierskorps hatte sich davon fast vollständig reingehalten. Das deutsche Volk hat in überwältigender Zahl auch gefühlsmäßig diese Schäden erkannt und leidet gemeinsam unter ihren Folgen. Die Abwehr dagegen wurde in der heutigen Form selbst wieder nur ausgelöst durch den gänzlich ungerechtfertigten Angriff, den das Judentum durch seine internationale Greuel- und Boykotthetze vollzog.

Daß die Abwehr in einer so verfahrenen Lage für den Einzelnen schwere Folgen mit sich bringt, ist verständlich. Allein die Arbeitslosigkeit für einen jüdischen Intellektuellen ist nicht härter als die Arbeitslosigkeit, die Millionen unserer eigenen Volksgenossen getroffen hat. Und zwar getroffen in der Auswirkung allgemeiner Verhältnisse, die nicht ihnen zur Last gelegt werden können, für die man aber im Großen jene Faktoren verantwortlich machen muß, die schon vor dem November 1918 und beson-

---

[1] Das ist natürlich völliger Unsinn, es hat genügend jüdische »Preußen« gegeben.

ders seitdem eine planmäßige Zerstörung des Reiches betrieben haben.

Herr Generalfeldmarschall setzen sich in menschlich großherziger Weise für jene Angehörigen des jüdischen Volkes ein, die einst infolge der allgemeinen Wehrpflicht gezwungen waren, Kriegsdienste zu leisten. Ich verstehe diese Ihre menschlich hohe Empfindung, Herr Generalfeldmarschall, vollständig. Allein ich darf doch ehrerbietigst darauf hinweisen, daß die Mitglieder und Anhänger meiner Bewegung, die nur Deutsche waren, jahrelang aus allen Staatsstellungen getrieben worden sind, ohne Rücksicht auf Frau und Kind und ohne Rücksicht auf ihre geleisteten Kriegsdienste [...]

Überhaupt soll ja das erste Ziel dieses Reinigungsprozesses nur sein, ein gewisses gesundes und natürliches Verhältnis wieder herzustellen und zweitens aus bestimmten staatswichtigen Stellen Elemente zu entfernen, denen man nicht Sein oder Nichtsein des Reiches anvertrauen kann. Denn es wird sich in den nächsten Jahren nicht vermeiden lassen, dafür zu sorgen, daß gewisse Vorgänge, die der übrigen Welt aus höheren Staatsgründen nicht mitgeteilt werden können, auch tatsächlich verschwiegen bleiben. Garantiert werden kann dies nur durch eine innere Homogenität der dabei in Frage kommenden Verwaltungen.

Ich bitte Sie, Herr Reichspräsident, überzeugt zu sein, daß ich mich bemühen werde, Ihrem edlen Gefühl in weitestem Umfange gerecht zu werden. Ich verstehe Ihre inneren Beweggründe und leide im übrigen selbst oft unter der Härte eines Schicksals, das einen zu Entschlüssen zwingt, die man menschlich tausendmal vermeiden möchte[2] [...]

[186 a, b]

[a]   *10.4.1933 RdErl. Reichsinnenministerium*
Der grundlegenden Wandlung, die in der Wertung der mit dem 9. November 1918 eingetretenen Entwicklung durch den Sieg der

---

[2] Sollte Hitler überhaupt je gelitten haben – *darunter* gewiß nicht.

nationalen Erhebung herbeigeführt worden ist, entspricht es, daß die Ausschmückung der Dienstgebäude mit Bildern und Büsten einer Revision unterzogen wird. Abbildungen usw. von Persönlichkeiten, die an dem Novemberumsturz 1918 beteiligt waren, können nicht länger in Dienstgebäuden geduldet werden, in denen nunmehr ein anderer Geist als der des November 1918 herrschen soll.
Ich ersuche ergebenst, hiernach das Erforderliche zu veranlassen.

[b] *4.7.1934 Reichsinnenministerium an Oberste Reichsbehörden*
Mit Rundschreiben vom 10. April 1933 hatte ich gebeten, die Ausschmückung der Dienstgebäude mit Bildern und Büsten einer Nachprüfung zu unterziehen und Abbildungen von Persönlichkeiten, die am Novemberumsturz 1918 beteiligt waren, zu entfernen. Wie mir mitgeteilt wird, sind bei einzelnen Dienststellen derartige Gegenstände nach wie vor vorhanden. Ich bitte, für Ihren Geschäftsbereich anzuordnen, dass diese Gegenstände ausnahmslos vernichtet und von dem Geräteverzeichnis abgeschrieben werden. Dies gilt auch für etwa noch im Besitz der Dienststellen befindliche Hoheitszeichen des Novembersystems, insbesondere für die schwarz-rot-gelben[1] Flaggen. Von dieser Anordnung werden das Reichswappen und die Amtsschilder auszunehmen sein.

[187] *26.4.1933 Reichspräsident [Paul] v. Hindenburg an Prinz Carl von Schweden, Präsident des Schwedischen Roten Kreuzes*
Eurer Königlichen Hoheit
bestätige ich ehrerbietigst das Schreiben, das Höchstdieselben als Präsident des Schwedischen Roten Kreuzes am 4. April d. J. an mich gerichtet haben. Ich habe mit Aufmerksamkeit von seinem Inhalt Kenntnis genommen und auch den Herrn Reichskanzler vertraulich über den Inhalt des Briefes unterrichtet.

186 [1] So damals gern statt schwarz-rot-*gold*.

Nach sorgfältiger Prüfung kann ich Eurer Königlichen Hoheit versichern, dass die nationale Umwälzung, die Deutschland in den letzten Wochen und Monaten erlebte, sich in aller Ruhe und Ordnung vollzogen hat. Wo Übergriffe einzelner vorgekommen sind, ist behördlicherseits eingeschritten worden. Wenn im Ausland anderes behauptet wird, so handelt es sich um Übertreibungen, ja in manchen Ländern um eine systematisch betriebene Greuelhetze. Das deutsche Volk in seiner Gesamtheit hat in dieser Zeit eine mustergültige Disziplin bewahrt, die umsomehr anzuerkennen ist, als gerade von jüdischer und jüdisch-marxistischer Seite der jetzt zum Siege gelangten nationalsozialistischen Bewegung früher schweres Unrecht zugefügt worden ist. Inzwischen hat, wie Euere Königliche Hoheit aus der Presse entnommen haben werden, die Stellung von Reichsangehörigen nichtarischer Abstammung im öffentlichen Dienst eine gesetzliche Regelung[1] gefunden, die sicher geeignet ist, in weitem Umfange die Befürchtungen zu zerstreuen, wie sie Euerer Königlichen Hoheit Schreiben zugrunde lagen.

Zum vollen Verständnis dieser Maßnahmen muss man sich die besonderen Verhältnisse vor Augen halten, die sich in Deutschland in den letzten Jahrzehnten entwickelt hatten und die von denen anderer Länder erheblich abweichen. Die geographische Lage Deutschlands hat unser Land in besonderem Maße der Zuwanderung unerwünschter Elemente aus Osteuropa ausgesetzt. Besonders seit dem Umsturz von 1918 und durch diesen begünstigt, hatte das Judentum in der Besetzung öffentlicher Ämter und sonst im öffentlichen Leben einen Platz eingenommen, der in keinem Verhältnis zu seinem Anteil an der Gesamtbevölkerung stand. Dabei waren vielfach im Gefolge der Revolution Elemente emporgekommen, von denen das alteingesessene Judentum selbst weit abrückte. Die nun eingeleitete gesetzliche Regelung soll die in dieser Hinsicht notwendige Neuordnung gerade von jeder Willkür befreien und diese Frage auf dem Boden des Rechts lösen.

Euere Königliche Hoheit bitte ich, aus der Ausführlichkeit meiner nur für Höchstdieselben persönlich bestimmten Antwort

---

[1] »Gesetz zur Wiederherstellung des Berufsbeamtentums« vom 7. April.

entnehmen zu wollen, wie sehr ich die freundschaftliche Gesinnung zu schätzen weiss, von der Ihr Schreiben getragen war.

Mit dem Ausdruck meiner gleichbleibenden Verehrung verharre ich als
    Eurer Königlichen Hoheit
    sehr ergebener

[188] *17.5.1933 Oberpräsident Wilhelm Kube MdL (Berlin) an Hitler*
Als Fraktionsführer und Wahlleiter der NSDAP in Preussen unterbreite ich Ihnen im Einverständnis mit einer Anzahl von preussischen Gauleitern folgenden Vorschlag:

Durch die Berufung einer ganzen Anzahl von Parteigenossen in Staatsämter fällt die Notwendigkeit fort, die Versorgung der Betreffenden durch das Landtagsmandat in Preussen parteigemäss[1] sicherzustellen. Es besteht die Möglichkeit, an Stelle der Betreffenden eine[r] Anzahl von nichtgesicherten Parteigenossen das Nachrücken in den Landtag zu gewährleisten. Zum Beispiel schlägt Reichsstatthalter und Gauleiter Hauptmann a. D. Loeper[2] vor, die Parteigenossen Dr. Kanzler und v. Kalben aufzufordern, ihre Landtagsmandate niederzulegen, sobald beide Herren als preussische Landräte in den Genuss ihres Gehaltes kommen. Ich persönlich schlage vor, den Regierungspräsidenten Dr. Nicolai – Magdeburg –, der für die Fraktion gegenwärtig garnichts bedeutet, ebenfalls aufzufordern, das Mandat niederzulegen, damit irgendein armer SA-Führer oder ein Führer der NSBO an seine Stelle kommt. Bei dem Regierungspräsidenten Dr. Nicolai ist das Mandat umso überflüssiger, als er keinerlei Funktion als Gauleiter, Kreisleiter oder SA-Führer inne hat […]

---

188 [1] Soll im damals beliebten, bis heute nachwirkenden Jargon heißen: parteimäßig, d. h. von seiten der Partei. – Die Nationalsozialisten haben die »Schwatzbuden« zwar wüst beschimpft, haben sie aber nach ihrer Machtergreifung in der Nebenfunktion als staatliche Versorgungsanstalten für verdiente Parteipolitiker, wie man hier sieht, gern und völlig skrupellos weiter benutzt.
[2] Friedrich Wilhelm L., seit 1924 GL Magdeburg–Anhalt und seit kurzem auch RStatth. in Braunschweig und Anhalt. Vgl. Nr. 295.

[189] *18.5.1933 Deutsche Studentenschaft an Zigarettenfabrik »Sturm« (Dresden)*
Für das soeben eingerichtete Büro der Reichsgeschäftsstelle der Deutschen Studentenschaft bitten wir Sie, uns ca. 20 Ihrer Reklameaschenschalen zu überlassen, da in unserem Betrieb nur Nationalsozialisten tätig sind und fast ausschließlich Ihre Zigaretten rauchen.
Wir bitten Sie, uns die gewünschten Aschenschalen baldmöglichst zusenden zu wollen.

[190] *5.7.1933 Hauserlaß Reichsernährungsminister R[ichard] Walther Darré*
Da ich als Nationalsozialist nur mit dem Hitlergruß grüße oder danke, bitte ich die Angehörigen des Ministeriums, daß innerhalb des Reichsernährungsministeriums mir und den von mir mitgebrachten Herren meines persönlichen Stabes gegenüber mit dem Hitlergruß begegnet wird. Ich stelle anheim, sich auch untereinander des Hitlergrußes zu bedienen als Zeichen der Verbundenheit des Ministeriums mit der Lebensarbeit unseres Reichskanzlers.

[191 a, b]
[a] *28.9.1933 Aktenvermerk Stadtkommissar Bad Kissingen*
Aus einem im Wege der Postüberwachung aufgefangenen Brief des Josef Bloemendal in Hamburg an Siegfried Bloemendal in Bad Kissingen wurde entnommen, dass Prof. Held mit Bloemendal (Zeitschriftenvertrieb?) in geschäftlicher Verbindung steht. Der betr. Brief enthielt folgenden Satz: »Hätte es Wert an Professor Held ein persönliches Schreiben zu richten, ihm evtl. frei Hauslieferung anzubieten?« Offenbar handelt es sich hier um Studienprof. Held dahier, da andere Personen gleichen Namens und Standes hier nicht bekannt sind. Bei dem Zeitschriftenhandel des Bloemendal handelt es sich ausschließlich um der nationalen Regierung absolut fernstehende Druckerzeugnisse. Zur Feststellung

des Sachverhalts erscheint eine vorübergehende Postsperre angezeigt.

[b]   28.9.1933 Stadtkommissar an Postamtsvorstand Kissingen
Auf Grund § 1 VO. v. 28.2.33 zum Schutze von Volk und Staat[1] wird gegen nachgenannte Person in Bad Kissingen Postsperre angeordnet: *Held* Emil, Studienprofessor, Bad Kissingen, Maxstraße.

Ich ersuche sämtliche für den Genannten ankommenden Postsachen einschließlich Telegramme zu beschlagnahmen und auch dafür Sorge zu tragen, dass auch nicht über ein etwaiges Schließfach Post an diesen gelangt.

Das hienach anfallende gesamte Material ersuche ich alsbald dem Bezirksamt zu übermitteln.

Die Oberpostdirektion Würzburg hat Abdruck dieser Verfügung erhalten.

Vorstehende Anordnung und ihre Durchführung ersuche ich entsprechend vertraulich zu behandeln.

[192]   *3.10.1933 Tel. Stadtrat Baden-Baden, Oberbürgermeister [Hermann] Elfner und Bürgermeister [Hans] Schwedhelm an Hitler*
DEM HERRN REICHSKANZLER UND FUEHRER BEEHREN SICH DIE UNTERFERTIGTEN ZU MELDEN, DASS DIE SPIELBANK, DEREN ZULASSUNG DER INITIATIVE UND TATKRAFT DES FUEHRERS ZU DANKEN IST[1], HEUTE AM DRITTEN OKTOBER 1933 ABENDS ACHT UHR EROEFFNET WIRD. DIE GESAMTE BEVOELKERUNG DANKT IHREM FUEHRER IN TREUE UND VERBUNDENHEIT

---

191   [1] Die berüchtigte Notverordnung nach dem Reichstagsbrand; ihr § 1: »Die Artikel 114, 115, 118, 123, 124 und 153 der Verfassung des Deutschen Reiches werden bis auf weiteres [das dauerte dann bis zum Ende] außer Kraft gesetzt. Es sind daher Beschränkungen der persönlichen Freiheit, des Rechts der freien Meinungsäußerung, einschließlich der Pressefreiheit, des Vereins- und Versammlungsrechts, Eingriffe in das Brief-, Post-, Telegraphen- und Fernsprechgeheimnis, Anordnungen von Haussuchungen und von Beschlagnahmen sowie Beschränkungen des Eigentums auch außerhalb der sonst hierfür bestimmten gesetzlichen Grenzen zulässig.«
192   [1] Nach der Reichsgründung waren die deutschen Spielbanken 1872 geschlossen worden, und das blieben sie auch in der Weimarer Republik. Erst Hitler hat sie 1933 im Zuge seiner »Ankurbelung« der deutschen Wirtschaft wieder zugelassen.

[193 a, b]
[a] 24.3.1934 *[Reichspräsident] Generalfeldmarschall [Paul] v. Hindenburg an »den Adelsmarschall, Seine Durchlaucht Fürst zu Bentheim-Tecklenburg«*
Euerer Durchlaucht
beehre ich mich, folgendes mitzuteilen:
Von privater Seite ist mir mitgeteilt worden, der Hauptvorstand der Deutschen Adelsgenossenschaft beabsichtige, den § 1 der Satzung dahin abzuändern, dass das bisherige Bekenntnis zur monarchischen Staatsform fallengelassen wird. Nach der mir gewordenen Mitteilung soll der § 1 Absatz 1 der Satzung künftig wie folgt lauten: »Die ›Deutsche Adelsgenossenschaft‹ (DAG), am 26. Februar 1874 von deutschen Edelleuten gegründet, verfolgt das Ziel, den deutschen Adel, soweit er reinblütig und in Haltung und Lebensführung seiner Tradition würdig ist, zu sammeln und ihn durch Leistung zur Mitarbeit im Staate zu verpflichten. Unbeschadet der gerade im Adel lebendigen, auf alter Tradition beruhenden Verbundenheit mit den zu ihr gehörenden Fürstenhäusern anerkennt die DAG, dass die Frage der Staatsform entsprechend dem Willen des Führers und der gegenwärtigen innen- und aussenpolitischen Lage gegenüber den entscheidenden Aufgaben der weltanschaulichen Fundamentierung des neuen Staates zurückzutreten hat.«
Ich wäre Euerer Durchlaucht für eine Antwort dankbar, ob tatsächlich eine solche Satzungsänderung geplant ist und ob ausser dem § 1 auch noch andere Paragraphen der Satzung abgeändert werden sollen. Schon jetzt bemerke ich, dass ich mich mit der vorstehend wiedergegebenen Satzungsänderung nicht einverstanden erklären könnte.

[b] *5.8.1936 Aktenvermerk Reichskanzlei*
Der Geschäftsführer der Deutschen Adelsgenossenschaft, Oberstleutnant a. D. von Bogen[1], teilte gestern (4.8.) in persönlicher Aussprache folgendes mit:

---

193 [1] Nicht ermittelt; nicht einmal im Gotha steht die Familie des Geschäftsführers der Adelsgenossenschaft.

Die Geschäftsstellen der Ortsgruppen der Deutschen Adelsnossenschaft in Weimar und Wernigerode und die der Landesabteilung in Heidelberg seien in letzter Zeit von Beamten der Kriminalpolizei aufgesucht worden. Die Beamten hätten ein Mitglieder-Verzeichnis mitgenommen und auf Befragen erklärt, daß sie auf Anweisung der Geheimen Staatspolizei handelten. Weiteres habe sich bisher nicht ereignet.

Er, von Bogen, habe die Besorgnis, daß es der Deutschen Adelsgenossenschaft ähnlich ergehen könne wie dem Stahlhelm, d. h., daß sie allmählich aufgelöst werden würde.[2] Wie er selber zugeben müsse, sei Nr. 2 des § 1 der Satzung der Deutschen Adelsgenossenschaft nicht unbedenklich, wonach die Genossenschaft u. a. »treue vaterländische monarchische Gesinnung« erstrebt. Die Adelsgenossenschaft habe nach der Machtergreifung auch diesen Passus ändern wollen. Der damalige Ehrenvorsitzende, Herr Reichspräsident Generalfeldmarschall von Hindenburg, habe jedoch durch Schreiben vom 24. März 1934 dagegen protestiert. Der jetzige Ministerialdirigent von Detten habe kurze Zeit darauf als Weisung des Führers und Reichskanzlers mitgeteilt, es solle alles unterbleiben, was die Mißstimmung des Herrn Reichspräsidenten hervorrufen könnte. Daraufhin habe die Adelsgenossenschaft von einer Abänderung dieser Vorschrift der Satzung Abstand genommen.

Auf meine Frage erklärte Oberstleutnant a. D. von Bogen, daß eine Abänderung des § 1 Nr. 2 der Satzung wahrscheinlich im Oktober ds. Js. erfolgen werde [...]

[194] *[9.5.1934] Verfügung Reichsinnenminister*
Nach Artikel 129 Abs. 3 Satz 3 der Weimarer Verfassung ist dem Beamten Einsicht in seine Personalakten zu gewähren. Es widerspricht jedoch dem im nationalsozialistischen Staat durchgeführten Führergrundsatz, wenn dem Beamten durch die Akteneinsicht Gelegenheit gegeben wird, die Urteile seiner Vorgesetzten über

---

[2] Der den Deutschnationalen nahestehende »Bund der Frontsoldaten ›Der Stahlhelm‹« ist stückweise am 21.6. (»Jungstahlhelm«) und 6.11.1933 (»Kernstahlhelm«) in die SA eingegliedert und der widerstrebende Rest am 7.11.1935 aufgelöst worden.

ihn zu kontrollieren und zu beanstanden. Die Bestimmung ist daher als durch die Verhältnisse überholt anzusehen und ohne ausdrückliche gesetzliche Anordnung ausser Kraft getreten [...]

[195 a, b]
[a]   1.6.1934 *Institut für Rassenhygiene der Universität München ([Prof. Lothar] Tirala) an Kultusminister Hans Schemm*
Ihrer Einwilligung gemäss erlaube ich mir, Ihnen meine Anregung bezüglich der Ausschaltung der Bastarde, welche die marokkanische Besatzung im Rheinland zurückgelassen hat, schriftlich zu wiederholen.

Schon im Jahre 1918/19 habe ich als Operateur an der ersten Universitätsfrauenklinik in Wien den versammelten Gynäkologen den Vorschlag gemacht, die durch Zwang und Verführung und sonstige Umstände (gemeinsames Wohnen, Einquartierung) durchgeführte Schwängerung von deutschen Frauen durch die Besatzungstruppen dadurch wiedergutzumachen, dass man die künstliche Unterbrechung dieser Schwangerschaften gesetzlich erlauben würde bezw. von Staats wegen durchführen sollte.

Damals konnte mein Referat aus leicht begreiflichen Gründen nicht weitergegeben werden. Jetzt sind diese Früchte der Besatzung 14 bis 15 Jahre alt geworden, stehen also knapp davor, die Rasse des deutschen Volkes weiter durch ihre sexuelle Betätigung zu verschlechtern. Es ist daher die Frage, ob man ein eigenes Gesetz zur Sterilisierung dieser 700 bis 800 Bastarde der marokkanischen Besatzung herausgeben soll oder nicht; denn in unserer jetzigen Gesetzgebung haben wir keine Handhabe dazu. Auf der anderen Seite würde ein solches Gesetz möglicherweise im Ausland unangenehm bemerkbar werden.

Ich schlage daher als Ausweg vor, alle diese Knaben und Mädchen zu röntgenkastrieren, d. h. durch Röntgenbestrahlung ihre Zeugungs- bezw. ihre Befruchtungsfähigkeit zu vernichten. Diese Röntgenbestrahlung könnte ohne Aufsehen durchgeführt werden. Die Kinder wüssten nicht, was diese Röntgenbestrahlung für Folgen hat. Auch die Mütter würden es ja niemals erfahren. Ich lege ganz besonderes Gewicht darauf, dass in diesem Falle nicht die Operation, welche grosses Aufsehen hervorrufen würde, durchgeführt, sondern lediglich strahlentherapeutisch vorgegangen wird, weil auf diese Weise diese Menschen nicht nur an der Fortpflanzung verhindert werden, sondern durch die Röntgenbestrahlung auf einer kindlichen Stufe bleiben. Denn gesetzten Falles, wir könnten durch Operation die reine Sterilisation durchführen, so würden doch Hunderte von diesen Bastarden, Männer und Frauen, durch den Reiz ihrer Fremdheit deutsche Volksgenossen, welche eine nicht genügende Bildung und Festigkeit auf diesem Gebiet haben, eventuell zu sterilen Verhältnissen und sterilen Eheschliessungen verführen. Das wollte ich durch eine solche Röntgenkastration verhindern. Ich bitte Sie, sehr verehrter Herr Minister, dem Führer selbst diese meine Anregung vorzutragen und ihn aufmerksam zu machen, dass wir da keine Zeit verlieren dürfen. Im Reichsinnenministerium, wo ich bereits versucht habe, diese Dinge zur Sprache zu bringen, sind die einzelnen Stellen nicht in der Lage und befugt, solche Entscheidungen zu treffen. Dennoch drängt die Angelegenheit, je später wir uns zu einer Massnahme entschliessen, desto unangenehmer werden sie auffallen.

[b] 4.10.1934 *Stab Stellvertreter des Führers an NS-Lehrerbund (Bayreuth, [= Schemm[1]])*
[...] teile ich mit, dass aus rein politischen Gründen die angeschnittene Frage am besten noch für einige Zeit vertagt werden soll. Durch ungeschickte Zeitungsaufsätze ist vor einiger Zeit das Ausland in grossem Ausmass auf die Be[mü]hungen aufmerksam geworden, die Negerbastarde am Rhein in irgendeiner Weise von der Fortpflanzung auszuschalten. Bei der Wichtigkeit der Frage ist jede öffentliche Erörterung unter allen Umständen zu vermeiden, da aus aussenpolitischen Gründen die grössten Schwierigkeiten daraus entstehen würden.

195 [1] Sch. war bayerischer Kultusminister und Führer des NS-Lehrerbundes.

In welcher Form die notwendige Lösung der Angelegenheit herbeigeführt werden kann, sobald das Auslandsinteresse in einigen Monaten abgeflaut sein wird, muss zentralen Entscheidungen vorbehalten bleiben [...]

[196 a, b]
[a] *26.10.1934 Jugendamt Stettin an den Deutschen Gemeindetag*
[...] In einem Falle, der uns jetzt noch beschäftigt, hat die Mündelmutter für ihr Kind, das von einem Juden erzeugt ist, bei der jüdischen Gemeinde Anschluss gesucht und gefunden. Wir haben uns ihr gegenüber auf den Standpunkt gestellt, dass sie als Inhaberin des Sorge- und Erziehungsrechtes ihr Kind im Sinne unserer nationalsozialistischen Staatsführung zu erziehen hat. Der Einrede gegenüber, dass das Mädchen, das das 14. Lebensjahr vollendet hat, nunmehr seinen Glauben selbständig bestimmen könne, haben wir den Standpunkt vertreten, dass die jüdischen Kindergärten, Horte und sonstigen Fürsorgeeinrichtungen nicht Einrichtungen der jüdischen Religionsgemeinschaft, sondern solche des jüdischen Volkes sind. Wir haben daher von der Mutter gefordert, dass sie ihr Kind in diese Einrichtungen nicht schicken dürfe, und haben der jüdischen Gemeinde die Aufnahme eines solchen Kindes untersagt.

[b] *7.12.1934 Jugendamt Nürnberg an den Deutschen Gemeindetag*
[...] Judenmischlinge sind für die deutsche Volksgemeinschaft verloren. Aus diesem Grunde werden, falls Hilfsbedürftigkeit eintritt, für Judenbastarde keine besonderen Aufwendungen gemacht. Schulpflichtigen ist auch der Besuch unserer Horte verboten.
Was den geschilderten Fall anlangt, so erscheint uns die Lösung, die das Jugendamt Stettin anstrebt, nicht sehr glücklich. Eine Mutter, die so handelt, ist von der jüdischen Ideenwelt schon so stark durchdrungen, dass wohl alle Aufklärungsarbeit vergeb-

lich sein wird, und der Versuch, ihr jüdisches Kind »im Sinne der nationalsozialistischen Staatsführung zu erziehen«, muss scheitern, denn die blutsmässig bedingte nationalsozialistische Weltanschauung kann nur dem nahe gebracht werden, der deutsches Blut in den Adern hat. Hier sollte das Wort Nietzsche's: »Was fallen will, soll man noch stossen« in die Tat umgesetzt werden.

[197 a, b, c]
[a]   18.5.1935 Tel. aus Doorn
KOENIG RUPPRECHT BERCHTESGADEN – HERZLICHSTE GLUECKWUENSCHE ZUM 66 GEBURTSTAGE AUCH VON DER KAISERIN[1] BESTE GRUESSE – WILHELM

[b]   31.5.1935 Führeradjutant Hptm. a. D. [Fritz] Wiedemann an Herrn v. Möllner[2], »Adjutant Se. Kaiserlichen Hoheit des Kronprinzen Wilhelm v. Preußen«
Beiliegende Abschrift eines Telegramms des ehemaligen Kaisers an den Kronprinzen Rupprecht von Bayern leite ich Ihnen zu, mit dem Anheimstellen, Se. Kaiserlichen Hoheit dem Kronprinzen davon Kenntnis zu geben. Die Anschrift hat selbstverständlich bei den Stellen, durch deren Hand sie ging, Anstoss erregt. Vielleicht hat Se. Kaiserliche Hoheit Gelegenheit, im Sinne der letzten Aussprache mit dem Führer vermittelnd einzugreifen.

[c]   11.6.1935 Generalverwaltung des vorm. regierenden Preußischen Königshauses an Wiedemann
Zu Ihrem unter dem 31. Mai an den früheren Adjutanten Seiner Kaiserlichen Hoheit des Kronprinzen, Herrn Major a. D. von Müldner, gerichteten Schreiben beehre ich mich mitzuteilen:
Gelegentlich meiner letzten Anwesenheit in Doorn habe ich festgestellt, daß das Hofmarschallamt seit dem Tode Seiner Majestät des Königs Ludwig III. für den nunmehrigen Chef des bayeri-

---

197 [1] Kaiserin Auguste Viktoria war längst (1921) tot, gemeint ist Wilhelms zweite Frau Hermine, eine Prinzessin Reuß ä. L. (vgl. Bd. III, Nr. 166).
[2] Recte: v. Müldner, vgl. [c].

schen Königshauses die Anschrift »König Rupprecht« gebraucht hat. Um diese Anschrift hat Seine Majestät der Kaiser nicht gewußt. Auch mir war ihre Anwendung bis jetzt nicht bekannt. Es ist Vorsorge getroffen, daß die Anschrift in Zukunft nicht mehr Verwendung findet.

[198 a, b]
[a]   *31.8.1935 Reichssportblatt Nr. 35*
Boykotthetze gegen die Olympischen Spiele. Eine Abrechnung und Richtigstellung.[1]
Um die vielfachen Behauptungen ausländischer Blätter richtigzustellen und um zu beweisen, dass Deutschland seine eingegangenen Verpflichtungen einhält, stellen wir folgendes fest:
1) Juden können sich ohne jede Einschränkung in jüdischen Sportvereinen zusammenschliessen. Als Vertretung der jüdischen Sportler hat der Reichssportführer den Bund jüdischer Frontsoldaten und den Makkabe-Bund anerkannt. Die jüdischen Sportvereine haben die Wahl, sich einem dieser Verbände anzuschliessen.
2) Die Juden besitzen teils eigene Sportanlagen, teils benutzen sie gemietete Anlagen.
3) Der Sportverkehr jüdischer Vereine untereinander unterliegt keiner Einschränkung, und der Sportverkehr mit anderen, nichtjüdischen Vereinen ist staatlich nicht verboten.
4) Ein staatlicher[2] Zwang für die deutschen Sportvereine, Juden nicht aufzunehmen, besteht nicht.
5) Für die als veranlagt gemeldeten jüdischen Sportler und Sportlerinnen sind besondere Olympia-Förderungskurse durchgeführt worden.
6) Die jüdischen Sportler und Sportlerinnen sind, soweit Olympia-Ausscheidungskämpfe durchgeführt worden sind, davon nicht ausgeschlossen worden.

198 [1] Verfasser war der Pressereferent des Reichssportführers.
[2] »staatlicher« von einem Kenner im Auswärtigen Amt unterstrichen – besonders damals (aber nicht nur damals) gab es noch wirkungsvollere Arten von Zwang.

[b]   *3.9.1935 Reichsinnenminister an Auswärtiges Amt*
[...] Mit Schreiben vom 7.9.1934 habe ich nach vorheriger Fühlungnahme mit dem Stellvertreter des Führers dem Reichssportführer eröffnet, dass das Verbot über den Verkehr von Parteigenossen mit Juden sich weder auf den sportlichen Verkehr im allgemeinen noch auf die bereits eingeleiteten Trainingskurse für jüdische Sportler und deren Zulassung zu den Olympischen Spielen erstrecke. Es verbleibe daher auch bei der in meinem Schreiben vom 31. Mai 1933 enthaltenen Erklärung, dass ein grundsätzlicher Ausschluss jüdischer Sportsleute von der deutschen Mannschaft nicht erfolge.

General Sherrill[3] hat daher bei der Unterredung mit dem Führer und Reichskanzler an sich zutreffend darauf hingewiesen, dass sich die seinerzeitige deutsche Zusage nicht nur auf das Auftreten von Juden in ausländischen Olympia-Mannschaften, sondern auch auf die Aufnahme von Juden deutscher Staatsangehörigkeit in die deutsche Olympia-Mannschaft bezogen habe [...]

Die in der Unterredung zum Ausdruck gebrachte Auffassung des Führers und Reichskanzlers, dass sich unsere Zusage auf die Beteiligung der Juden allgemein bezogen hätte und keinesfalls etwa eine Verpflichtung übernommen worden sei, für eine jüdische Beteiligung innerhalb der deutschen Olympiamannschaft Sorge zu tragen, ist selbstverständlich dahin zutreffend, dass wir nicht verpflichtet sind, dafür zu sorgen, jüdische Sportler deutscher Staatsangehörigkeit in olympiareifen Zustand zu bringen. Dem Reichssportführer als Präsidenten des Deutschen Olympischen Ausschusses bleibt es überlassen, auf Grund der Leistungsprüfungen in allen Sportarten diejenigen Spieler deutscher Staatsangehörigkeit auszusuchen, die für die olympische Mannschaft in Frage kommen, wobei er allerdings die olympischen Regeln beachten muss.

---

[3] Brigadegeneral Charles H. Sh. (früher selbst einer der besten Kurzstreckenläufer und Erfinder des Tiefstarts), Mitglied des Amerikanischen und des Internationalen Olympischen Komitees.

[199 a, b, c, d, e, f]
[a] 21.9.1935 *Reichssportführer [Hans] v. Tschammer-Osten an General [Charles H.] Sherrill*
Sehr verehrter Herr General!
Lieber Freund!
In Beantwortung Ihres Schreibens vom 15. September übersende ich Ihnen beiliegend die Abschrift des Schreibens, mit dem ich bei Helene Mayer angefragt habe, ob sie meiner Einladung, innerhalb der deutschen Mannschaft an den Olympischen Spielen teilzunehmen, Folge leisten will.

Als zweite Anlage sende ich Ihnen Abschrift eines Briefes von mir an unseren lieben Freund Karl Halt, in dem ich ihn auffordere, sich um Fräulein Bergmann zu kümmern. Auch hier sehen Sie, dass wir ganz im Sinne des Olympischen Statutes arbeiten, denn Fräulein Bergmann wird nun, wie bisher, als Jüdin wie alle deutschen Olympia-Kandidatinnen behandelt.

Ich hoffe, dass dies Ihre Bemühungen, für die Beteiligung Amerikas einzutreten, nicht unwesentlich unterstützen wird.

Ich lasse Ihnen gleichzeitig mein Bild zugehen. In der Hoffnung, dass Ihnen die Nürnberger Tage wie auch der Aufenthalt in unserem neuen Deutschland gut gefallen haben, begrüsse ich Sie mit der bestimmten Zuversicht auf ein Wiedersehen 1936.

In gewohnter Verehrung

[b] 5.10.1935 *RdErl. Auswärtiges Amt an alle Missionen und Berufskonsulate*
In der Anlage wird abschriftlich ein Briefwechsel zwischen dem früheren amerikanischen Botschafter, General *Sherrill*, Mitglied des Internationalen Olympiade-Komitees, und dem Reichssportführer von Tschammer und Osten, sowie Abschriften von Schreiben des Reichssportführers an Fräulein Helene *Mayer* in Los Angeles und an den Leichtathletikführer Dr. Karl Ritter von Halt, betreffend Fräulein *Bergmann* in Stuttgart, übersandt. Fräulein Helene Mayer, bekannt als Fechterin, ist Halbjüdin, und die Leichtathletin Fräulein Bergmann ist Volljüdin.[1]

199 [1] Die Weltklasse-Hochspringerin Gretel B. ist nicht nominiert worden.

Aus dem Schriftwechsel ergibt sich die grundsätzliche Gleichstellung der Juden bei der Auswahl und Vorbereitung der deutschen Nationalmannschaft für die Olympischen Spiele 1936. Geeignete Verwertung wird anheimgestellt.

[c]   *o. D. v. Tschammer an Helene Mayer (Sprachlehrerin an der Südkalifornischen Universität Los Angeles)*
In meiner Eigenschaft als Präsident des Deutschen Olympischen Komitees habe ich an den Vorsitzenden des Deutschen Fechterbundes das Ersuchen gerichtet, die Olympia-Kernmannschaft nunmehr zusammenzustellen. Da Sie schon zwei Mal von Deutschland für die Olympischen Spiele gemeldet worden sind, bitte ich um Mitteilung, ob Sie an den Olympischen Spielen 1936 in Berlin teilnehmen wollen. Bejahendenfalls betrachte ich Sie als Mitglied der deutschen Auswahlmannschaft [...]

[d]   *22.10.1935 Helene Mayer an v. Tschammer*
[...] Auf Ihre Anfrage, ob ich an den Olympischen Spielen 1936 in Berlin teilnehmen will, teile ich Ihnen mit, daß ich Ihre Einladung, zum dritten Mal als Repräsentant Deutschlands zu fechten, annehme; jedoch kann ich nur als deutsche Staatsbürgerin für Deutschland kämpfen, und da ich die Tragweite der neuen Gesetze[2] von hier aus nicht übersehe, so bitte ich Sie, mich über meine staatsbürgerliche Stellung zu informieren [...]

[e]   *3.12.1935 Deutsches Generalkonsulat San Francisco an Deutsche Botschaft Washington*
Nachdem Helene Mayer gestern ein Telegramm ihrer Mutter erhielt, wonach ihre Brüder Reichsbürger sind, und sie daraus schliesst, dass auch sie die Reichsbürgerschaft besitzt, hat sie sich endgültig entschlossen, an den Olympischen Spielen teilzunehmen [...]

[f]   *Georg Bernhard: Helene Mayer (in: Pariser Tageblatt*[3]*)*
Dr. Lewald[4] ist von jeher ein in allen Ränken besonders erfinderi-

---
[2] Gemeint das Reichsbürgergesetz vom 15.9., eines der »Nürnberger Gesetze«.
[3] Nr. 687 vom 30.10.35, also bereits nach H. M.s vorläufiger Entscheidung erschienen. – G. B., der frühere Chefredakteur der Vossischen Zeitung in Berlin, war Chef des P. T.
[4] StSekr. a. D. Theodor L., Präsident des Organisations-Komitees der XI. Olympischen Spiele.

scher Kopf gewesen. Von den ausländischen Pressevertretern in die Enge gedrängt und klar die Gefahr erkennend, infolge Mangels von Beweisen von Deutschlands Unschuld die nicht wiederkehrende Reklamemöglichkeit einer Berliner Olympiade zu verlieren, griff er zu einem smarten Trick. Er erklärte, er wolle den geforderten Beweis dadurch erringen, dass er noch in derselben Nacht an Helene Mayer und an die jüdische Leichtathletin Bergmann kabeln und sie als deutsche Vertreter zur Olympiade einladen würde. In Wirklichkeit ändert das nicht das Mindeste an den deutschen Verhältnissen. Denn schon die Tatsache, dass diese beiden Sportgrössen nur eine kleine Zahl derjenigen jüdischen Leistungssportler darstellen, die alle miteinander ihre Heimat verlassen mussten, weil sie keine Betätigungsmöglichkeit mehr dort fanden, beweist, wie die Rassengesetze im deutschen Sport durchgeführt werden. Aber die Arglosen fallen natürlich auf solche Bluffs herein. Und alle von Göbbels bezahlten Scheinwerfer werden nunmehr die Jüdinnen Helene Mayer und Bergmann als lebende Dementis der über das – ach so schamlos verleumdete! – Hitlerdeutschland ausgestreuten Greuelmärchen erstrahlen lassen.

Helene Mayer hätte es in der Hand gehabt, der Lewaldschen Finte mit einer gutgezielten Tiefquart zu begegnen. Sie konnte die verlogene Schminke, mit der Herr Lewald die Mörderfratze des Hitlerregimes unkenntlich zu machen versuchte, durch ein paar kräftige Maulschellen wieder herunterwischen. Sie brauchte nur abzusagen. Aber sie hat sich statt dessen mit ihrer Zusage zur Helfershelferin jenes geistigen Weltbetruges des Dr. Göbbels gemacht, der dem wirtschaftlichen Weltbetrug des Dr. Schacht[5] ebenbürtig ist [...]

[200] *16.12.1935 Bayerische Politische Polizei an alle [bayerischen] Polizeidirektionen, Bezirksämter u. a.*
In der letzten Zeit mehren sich die Anmeldungen jüdischer Unternehmer und ehem. Kapelleninhaber über die Veranstaltungen

---

[5] Reichsbankpräsident (und damals – bis 26.11.1937 – geschäftsführender Reichswirtschaftsminister) Hjalmar Sch. (vgl. Bd. I, Anm. 423-1).

von Tanzfestlichkeiten in einem solchen Masse, dass es nicht immer möglich ist, für eine geordnete Überwachung der Veranstaltungen Sorge zu tragen. Wiederholt konnte festgestellt werden, dass zu diesen Veranstaltungen auch Ariern Zutritt gewährt wurde.

Im Einvernehmen mit dem Geschäftsführer der Reichskulturkammer wird daher ersucht, in Zukunft jüdische Tanzveranstaltungen nur dann zu genehmigen, wenn die Antragsteller eine Bescheinigung darüber vorlegen, dass von der Reichskulturkammer gegen die Veranstaltung keine Bedenken erhoben werden und von den Veranstaltern die Gewähr gegeben wird, dass ausschliesslich Juden die Veranstaltung besuchen.

[201] *30.12.1935 Oldenburgisches Innenministerium an Reichsinnenministerium/Sonderbüro für Befreiungen von § 3 des Blutschutzgesetzes*[1]

Der Landgerichtsrat Dr. Mendelsohn ist 48 Jahre alt. Er ist mit einer Arierin verheiratet. Die Ehe ist kinderlos. Dr. Mendelsohns sittlicher Ruf ist einwandfrei. Nach seiner Persönlichkeit und seiner Bewährung in dem von ihm bisher wahrgenommenen Amte ist anzunehmen, dass die bei ihm als Morgenhilfe beschäftigte Arierin durch ihn nicht gefährdet wird. Weitere jüdische Männer gehören dem Haushalt nicht an.

[202] *13.3.1936 Verbalnote Auswärtiges Amt an die Rumänische Gesandtschaft*

In der mit der Verbalnote der Königlich Rumänischen Gesandtschaft vom 10. Oktober v. J. dem Auswärtigen Amt zugegangenen Liste, betreffend Beschwerden über Ausweisungen usw. rumänischer Staatsangehöriger, ist unter II 32 der Fall Salomon Rennert aufgeführt.

Hierzu gestattet sich das Auswärtige Amt zu bemerken, dass das

---

201 [1] Vom 15.9.1935: »Juden dürfen weibliche Staatsangehörige deutschen oder artverwandten Blutes unter 45 Jahren in ihrem Haushalt nicht beschäftigen.«

Verhalten des genannten rumänischen Staatsangehörigen jüdischer Abstammung – unzüchtige Berührung einer arischen deutschen Staatsangehörigen zwecks Herbeiführung des ausserehelichen Geschlechtsverkehrs – nach dem deutschen Volksempfinden unsittlich ist; seine Ausweisung ist daher gemäß [...] gerechtfertigt.

[203] *17.3.1936 Bayerisches Innenministerium an Auswärtiges Amt*
Über die Entführung und Mißhandlung des österreichischen Staatsangehörigen Wilhelm Frieser in München wurde [...] schon ausführliche Meldung erstattet. Die Inschutzhaftnahme des Frieser war sowohl zu seiner eigenen Sicherheit als auch im öffentlichen Interesse erforderlich [...] Gegen die Deutsche Arbeitsfront hat er sich in gemeinster Weise geäußert. In den Kreisen der Deutschen Arbeitsfront ist bekannt, daß er mit einem großen Teil der weiblichen Angestellten des Deutschen Theaters, auch noch nach dem nationalsozialistischen Umbruch, geschlechtlich zu tun hatte, auch sollen Mädchen, die ihm nicht gefügig waren, nicht zur Einstellung gekommen sein. Dieses rasseschänderische Verhalten des Frieser hat in der Öffentlichkeit viel Erbitterung erregt. Unter diesen Umständen konnte die Polizeidirektion München die 3 von verschiedenen Seiten aus erfolgten fernmündlichen Anrufe nicht unbeachtet lassen und war ihre Befürchtung, daß mit weiteren Tätlichkeiten gegen Frieser zu rechnen sei, durchaus gerechtfertigt. Den Hauptgrund für die Schutzhaft gab jedoch die Befürchtung ab, daß Frieser, der Beziehungen zum Ausland hat und dessen Mutter in Amsterdam wohnt, entweder ins Ausland gehen werde, um mit den ihm zugefügten Verletzungen Greuelpropaganda gegen Deutschland zu betreiben, oder doch fotografische Aufnahmen von sich herstellen und diese irgendwie ins Ausland bringen könnte. Dies ließ sich nur dadurch vermeiden, daß Frieser, wenigstens solange bis seine Verletzungen einigermassen abgeheilt waren, in Verwahrung genommen wurde. Um den Heilungsprozeß zu beschleunigen, bot der Sachbearbeiter der Polizeidirektion München dem Frieser seine Unterbringung in der

Krankenabteilung in Stadelheim an. Frieser hat jedoch selbst gebeten, hiervon abzusehen, da er sich nicht klinikbedürftig fühle, und ihn im Gewahrsam der Polizeidirektion zu belassen, bis seine persönliche Sicherheit die Aufhebung der Schutzhaft gestatte.

Die Schutzhaft wurde in durchaus loyaler Weise gehandhabt. [...] Es wurde ihm erlaubt, sich selbst zu verköstigen, eigene Kissen als Unterlagen zu verwenden und seine Angehörigen jederzeit zu sprechen.

Frieser wurde, als weitere Tätlichkeiten gegen ihn nicht mehr zu befürchten waren und der Polizeiarzt festgestellt hatte, daß die blutunterlaufenen Stellen am Gesäss im wesentlichen zurückgegangen waren und damit die Möglichkeit der Anfertigung und Verwendung fotografischer Aufnahmen von den Spuren der Mißhandlung nicht mehr bestand, am 31.12.1935 aus der Schutzhaft wieder entlassen [...]

Abschließend sei erwähnt, daß die Schutzhaft des Frieser nach außen hin selbstverständlich nur mit der Notwendigkeit seiner persönlichen Sicherheit begründet wurde.

[204] *30.3.1936 RdSchr. Nr. 55/36 des Stellvertreters des Führers/Stabsleiter an alle Gauleiter*
Betrifft: Arbeitsverhältnisse der deutschen Kolonialneger

In Deutschland leben etwa 50 Neger[1] mit ihren Familien, die aus den ehemaligen deutschen Kolonien stammen. Sie haben grösstenteils im Kriege auf deutscher Seite gekämpft.

Diese Eingeborenen sind fast sämtlich ohne feste Arbeit und wenn sie Arbeit gefunden haben, so wird der Arbeitgeber angefeindet und zur Entlassung der Neger gezwungen.

Ich weise darauf hin, dass diesen Negern eine Lebensmöglichkeit in Deutschland geboten werden muss. Es muss bei der Entscheidung dieser Frage auch in Betracht gezogen werden, dass die Neger teilweise noch mit ihrer Heimat in Verbindung stehen und

---

204 [1] Tatsächlich: fünfzig! – N. war die vor der Sprachregelung geläufige Bezeichnung der jetzigen »Schwarzen«.

über die Verhältnisse in Deutschland und ihre Behandlung dorthin berichten werden.

Ich bin daher mit dem Reichsaussenminister dahin übereingekommen, dass festgestellt wird, welche Neger wegen ihres Einsatzes für Deutschland unter besonderen Schutz zu stellen sind. Diesen wird dann vom Auswärtigen Amt eine Bescheinigung etwa in dem Sinne ausgestellt, dass gegen ihre Beschäftigung keine Bedenken bestehen. Mit der Herausgabe der Bescheinigung ist jedoch erst in einiger Zeit zu rechnen. Ich gebe hiervon vertraulich Kenntnis. Von einer allgemeinen Weitergabe an die unteren Parteidienststellen ist abzusehen, da es sich nur um etwa 50 Neger im ganzen deutschen Reichsgebiet handelt und da ich vermeiden will, dass eine Unterstützung dieser Neger falsch aufgefasst wird. Ich bitte also, nur die örtlichen Parteistellen, in deren Gebiet derartige Neger leben, in geeigneter Form davon in Kenntnis zu setzen, dass gegen eine Beschäftigung der deutschen Kolonialneger keine Bedenken bestehen und dass jede Einzelaktion gegen sie zu unterlassen ist.

[205 a, b]
[a] *24.4.1936 Int. Schr. Reichsorganisationsleitung (Hauptamt für Kommunalpolitik an Haupt-Organisationsamt)*
Uns wird aus einem Gaugebiet folgende Wahrnehmung mitgeteilt, die ich unterbreiten möchte:

Es tragen die Beamten der Deutschen Reichspost (Briefträger und Schalterbeamte) auf ihren Uniformkragenspiegeln den fünfzackigen Freimaurerstern (man kann auch sagen »Sowjetstern«).

Es wird angeregt, diesen Stern vom Spiegel beseitigen zu lassen. Vielleicht kann diese Angelegenheit mal etwas näher geprüft werden.

[b] *24.7.1936 Stab Stellvertreter des Führers an Reichsorganisationsleiter*
[...] Ich habe mich deswegen an den Herrn Reichspostminister gewandt. Von diesem erhielt ich nunmehr die Mitteilung, daß der Ersatz der bisher verwendeten 5-zackigen Sterne durch den sonst

üblichen 4-zackigen Stern bereits vorgesehen sei und in kurzem verfügt werde.

[206] *28.7.1936 GL [Jakob] Sprenger (Frankfurt) an Gaugericht Hessen-Nassau*
Im Juni 1936 haben in der Karosserieabteilung der Opelwerke in Rüsselsheim 262 Mann die Arbeit niedergelegt. Unter diesen Streikenden befinden sich ca. 70 Angehörige der Partei und der nationalsozialistischen Gliederungen[1] sowie der angeschlossenen Verbände.[2]
Zum selben Zeitpunkt sind in ganz Deutschland verschiedene gleichartige Streiks vorgekommen, die augenscheinlich einer marxistischen Parole zufolge, die von Prag ausgegeben wurde, organisiert wurden.
Die Rädelsführer befinden sich im Konzentrationslager.[3] Aber auch allen anderen Beteiligten muss mit Entschiedenheit und Härte vor Augen geführt werden, dass im nationalsozialistischen Deutschland ein Streik unmöglich ist.[4]
Das Verhalten der Parteigenossen und der Mitglieder nationalsozialistischer Gliederungen und Verbände ist naturgemäss noch schwerer zu bestrafen. Ich ersuche daher um Ausschluss aller Parteigenossen im Schnellverfahren und bitte Sie, dafür zu sorgen, dass auch die Mitglieder der anderen [sic] Gliederungen und der angeschlossenen Verbände ausgeschlossen werden [...]

[207] *[Sommer 1936] Aufzeichnung von [MinR Alfred-Ingemar] Berndt[1] (Reichspropagandaministerium)*
Auf dem beigefügten Schmucktelegramm für den Reichsparteitag 1936 ist im Vordergrund der ehemalige Gruppenführer Ernst[2] zu

---

206 [1] SA, SS, NSKK, NSFK, HJ, NS-Frauenschaft, Studentenbund, Dozentenbund.
[2] NSV, DAF, die übrigen Bünde u. a.
[3] Von Sprenger hs. korrigiert: »in Schutzhaft«.
[4] Daher hat es auch offiziell keine gegeben.
207 [1] Damals Leiter der Presseabteilung (12/38 Schrifttum, 9/39 Rundfunk, 9/41 Propaganda – »Greuel-Berndt«).
[2] SA-Gruf. Karl E., Führer der SA-Gruppe (ab 15.5.1934 Obergruppe) Berlin–Brandenburg, im Verlauf der Röhm-Aktion von der SS liquidiert.

sehen. Die Veröffentlichung des Schmucktelegramms, die nach beigefügtem photographischem Abzug heute durch eine Reihe von Zeitungen erfolgte, hatte im Gau Berlin auf Grund der Veröffentlichung des VB[3] eine Fülle von Protesten aus der Partei zur Folge, die sowohl beim Gau als auch bei der SA-Gruppe Berlin–Brandenburg und beim Propagandaministerium erfolgten. Auch an die Presseabteilung sind zahlreiche Anrufe ergangen.

Ich habe gleich morgens, als ich die Abbildung im VB sah, mich an den Herrn Reichspostminister persönlich gewandt und von ihm die Zusicherung erhalten, dass der Druck des Schmuckblattes sofort eingestellt und die 35 000 ausgelieferten Exemplare eingezogen würden. Gruppenführer Heydrich[4], der sich wegen des Telegramms an mich gewandt hatte und den ich an den Reichspostminister verwies, erhielt ebenfalls die feste Zusage, dass kein Exemplar des Schmuckblattes in die Öffentlichkeit gelangen werde. Ich habe ferner die gesamte Presse angewiesen, von dem Schmuckblatt keine Notiz zu nehmen und den Abdruck von Photowiedergaben einzustellen.

Das Schmuckblatt ist auf Grund einer Photomontage nach Aufnahmen der Firma Hoffmann[5] von früheren Reichsparteitagen entstanden. Der Reichspostminister behauptet, dass das Schmuckblatt vom Führer persönlich genehmigt worden sei, und die Firma Hoffmann hat in einem mit »Krämer« unterzeichneten Schreiben dem Reichspostminister diese Bestätigung auch schriftlich gegeben. Soweit sich feststellen lässt, bezieht sich diese Bestätigung jedoch nicht auf die endgültige Ausführung, sondern auf den Entwurf, in dem das Gesicht des im Vordergrund stehenden Gruppenführers sehr unklar und die Person daher nicht zu erkennen war.

Das Schmuckblatt ist entstanden aus einem Bild, das den Führer bei der Rundfahrt durch das Stadion anlässlich der HJ-Kund-

---

[3] Völkischer Beobachter, das Zentralorgan der NSDAP.
[4] Reinhard H., der Chef der Sipo und des Sicherheitshauptamtes (so die damalige Bezeichnung).
[5] Heinrich H., der »Reichsbildberichterstatter«, ein früher Anhänger Hitlers und sein Leibfotograf (vgl. Bd. I, Anm. 64-1) – tüchtig als Fotograf, noch tüchtiger aber als Geschäftemacher.

gebung im Jahre 1935 zeigt. Aus diesem Bilde ist der Hintergrund entfernt und durch Nürnberger Silhouetten ersetzt worden. In den Vordergrund wurden zwei Gruppenführer gestellt und links marschierende SA hineinkomponiert. Der Künstler Ludwig Hohlwein hat nun als Vorlage für die Bilder eines der beiden Gruppenführer ausgerechnet ein Bild des ehemaligen Gruppenführers Ernst erwischt [...]
Ich mache noch darauf aufmerksam, dass der Führer bei Vorbeimärschen der SA niemals hinter der Windschutzscheibe stand, niemals die Mütze in der Hand hielt, nie den Uniformrock, sondern stets das Braunhemd trug und dazu keinen weissen Kragen um hatte, dass ferner die Führer der vorbeimarschierenden SA-Gruppen rechts vom Führer an seinem Wagen stehen und nicht links. Zur Identifizierung des Gruppenführers Ernst mag noch der Hinweis dienen, dass Ernst den Kinnriemen der SA-Mütze stets vorne in der Kinnrundung trug und versuchte, das bei der ganzen SA einzuführen und ferner auch die Rune der Reichsführerschule am Ärmel hatte. Beide Merkmale treffen auf den dargestellten Gruppenführer ebenfalls zu. Irgendwelche Zweifel an der Identität bestehen nicht.

[208] *22.10.1936 Führeradjutant Hptm. a. D. [Fritz] Wiedemann an Reichsbankpräsident [Hjalmar] Schacht – mit Anlage*
In der Anlage übersende ich Ihnen aufgrund unserer gestrigen Besprechung die Aktennotiz betr. Frau Käthe *Schmidt*.[1]

---

208 [1] Recte: Schmid. Der Musikschriftsteller und -schriftleiter der Münchner Neuesten Nachrichten Dr. Willi Sch. war am Abend des 30.6.1934 aus seiner Wohnung geholt, nach Dachau gebracht und sofort erschossen worden. Seine Leiche wurde am 3.7. in einem Sarg mit der Aufschrift »Nicht zu öffnen!« den Beauftragten der Witwe bzw. der Zeitung unter einer Bahnüberführung bei Dachau übergeben. Mit wem der politisch völlig harmlose Sch. verwechselt worden war, ist mit Sicherheit nicht geklärt worden. Vermutlich mit dem Münchener SA-Gruf. Willi Sch., der zwar bereits mehrere Stunden vor der Verhaftung des Musikers in Dachau erschossen worden war, doch ist bei »Revolutionen« die Infrastruktur ja leicht in Mitleidenschaft gezogen.

[Anlage:]
Aktennotiz
betr. d. am 30. Juni 1934 durch ein Versehen der Geheimen Staatspolizei ums Leben gekommenen Wilhelm Schmidt, München.
 Frau Schmidt bekommt vom Staat eine monatliche Rente von RM 1 000.– (RM 400.– für sich und je RM 200.– für jedes ihrer drei Kinder bis zur Volljährigkeit.) Da Frau Schmidt Nichtarierin ist, haben ihre Kinder in Deutschland erhebliche Schwierigkeiten. Ich habe ihr deshalb selbst den Rat gegeben, auszuwandern, und würde es begrüssen, wenn die Auszahlung der Frau Schmidt gewährten Pension im Ausland sichergestellt werden könnte.
 Ich bemerke noch folgendes: Frau Schmidt hat anlässlich des traurigen Vorfalles eine bewundernswerte Haltung gezeigt und nie eine gegen das Reich oder das Regime gerichtete Handlung oder Äusserung getan, trotzdem man vom Ausland wiederholt an sie herangetreten ist, um den Fall Schmidt politisch auszuwerten. Sie hat den Wunsch, ihre Kinder zu aufrechten deutschen Staatsangehörigen zu erziehen, und will deshalb im deutschen Sprachgebiet im Ausland ihren Aufenthalt wählen[2] [...]

[209 a, b, c]
[a]   *20.1.1937 Leipziger Tageszeitung*
  Achtung: Fußball auf dem Augustusplatz!
 Und was es am Tag der Professoren und Studenten alles noch zu sehen gibt.
Wer erinnert sich nicht mit einem Schmunzeln, einem inneren Vergnügen jener Tage vor zwei und drei Jahren, als unsere Professoren und Studenten schon einmal von der Stätte ihrer Wissenschaft herabzogen in die Straßen des »einfachen« Volkes, um ihr »anderseitiges Können« zu zeigen – und dabei für das Winterhilfswerk zu sammeln. Das Sammeln war natürlich die Hauptsache, aber durch die Dinge, die darum geschahen, wurde es so leicht gemacht, daß man ganz besonders freudig gab. So wird es auch diesmal wieder sein. Durch das interessante Drum und Dran

---
[2] So dann geschehen: in Salzburg, mit der Rente.

wird die Hand *von selbst* zum Geldbeutel greifen und opfern, denn wer wollte geizig sein, wenn er reich beschenkt wird [...]

Um 15 Uhr öffnen die Universitätsinstitute ihre Tore und laden die Bevölkerung zur kostenlosen Besichtigung ein. Bis 19 Uhr wird man in der Gerichtlichen Medizin Verbrecher-Werkzeuge, Verbrecher-Schädel und ähnliche grausige Dinge, mit denen der Alltagsmensch nicht zu tun hat, in aller »Gemütsruhe« studieren können. Es kommt aber noch erschrecklicher! Auch in den Seziersaal der Anatomie, wo sonst kein Uneingeweihter hineinkommt, haben Erwachsene Zutritt. Wer aber empfindsame Nerven hat, der wende seine Schritte lieber zur Wandelhalle der Universität [...]

[b]   *15.2.1937 Else Jahrmarkt geb. Nietzschmann (Leipzig) an Reichsjustizministerium*

Am 22.10.1935 ist unser Verwandter *Bruno Nietzschmann* aus Leipzig-Leutzsch in Dresden hingerichtet worden. Der Mörder stammt aus einer alten angesehenen, ortsansässigen Familie. Der Verwandtenkreis ist ziemlich groß, und wir alle sind der festen Überzeugung, daß dieser entgleiste Volksschädling seine gerechte Strafe erhalten hat. Andererseits hat dieser Unmensch eine Menge Schimpf und Schande auf uns abgeladen, die unbeschreiblich ist.

Vom Tage seiner Verhaftung an war das elterliche Haus von Neugierigen umstellt, und Tausende von Augen der Empörung schauten aus den Volksmassen zu meinen Fenstern empor. In unbewachten Augenblicken sind die schaulustigen Volksgenossen in den Hofraum des Grundstücks truppweise eingedrungen, um sich über die genaue Lage der Mordstelle zu orientieren. Die Eltern und Großeltern des umgebrachten Kindes ließen ihre Wut und ihren Schmerz in unverzeihlicher Weise an mir aus. Kurz bemerkt sei an dieser Stelle, daß wir Angehörige des Mörders gezwungen waren, uns lange Zeit von der Straße, Versammlungen, Friedhofsbesuch pp. fern zu halten und ganz zurückgezogen zu leben.

Um Ruhe zu bekommen und über diese Angelegenheit möglichst schnell Gras wachsen zu lassen, haben wir auf die telegraphische Anfrage der Gefangenenanstalt Dresden den Beschluß gefaßt, den Leichnam nach der Hinrichtung nicht zu übernehmen.

Erstens waren wir nicht in der Lage, die Überführung der Leiche einschließlich der Bestattungskosten zu bezahlen, und zweitens lag uns nichts daran, auf einem der Leipziger Friedhöfe einen Grabhügel zu wissen, unter dem die Überreste dieses Rohlings ruhen. Drittens wollten wir einer Grabschändung in ein oder mehreren Fällen vorbeugen.

Unter keinen Umständen hätte aber irgend jemand von uns Verwandten daran gedacht, daß uns Leutzscher Einwohner jetzt wieder auf der Straße oder [an] anderen Orten ansprechen mit der Behauptung, *sie hätten den Mörder gesehen*. Zu unserer größten Entrüstung mußten wir natürlich feststellen, daß die uns zahlreich zugetragenen Behauptungen auf Wahrheit beruhen und die ganze Affaire von neuem aufgerollt worden ist, unter de[re]n Folgen wir nun wieder zu leiden haben, nachdem einigermaßen etwas Ruhe und Beruhigung eingetreten war.

Während die hiesige Polizei in der Woche vom 20. bis 27. Januar 1937 eine Ausstellung zum Besten des Winterhilfswerks im Grassimuseum in Leipzig veranstaltet und dort die letzten vier hingerichteten Leipziger Verbrecher in auffälliger Weise im Bild zeigt, hat es die Anatomische Anstalt der Universität fertig gebracht, am 24.1.1937, als am Tage der Professoren und Studenten, die 4 Köpfe beziehungsweise [die] ganze Sammlung dieser Präparate im Spiritus *öffentlich zur Schau gestellt* zu demselben Zwecke von jedermann besichtigen zu lassen.

In den Leipziger Zeitungen ist auf die Besichtigung hingewiesen und ganz besonders auf die Mörder Nietzschmann u. Gen. aufmerksam gemacht [worden] mit der Bemerkung, daß die Besucher *starke Nerven* haben müssen.

Während der Leiter der Polizei-Ausstellung auf meine Rückfrage den Aushang des Bildes von Nietzschmann zugibt, hat der Stellvertreter des Vorstandes der Anatomischen Anstalt anfangs behauptet, daß der Kopf des N. im Zimmer des Herrn Chefs steht und eine Besichtigung gänzlich ausgeschlossen ist. In meiner Gegenwart mußte sich jedoch der junge Arzt von seinen Mithelfern belehren lassen, daß der fragliche Kopf in der Sammlung steht und am genannten Tage besichtigt werden konnte […]

Wir Angehörige können doch unmöglich für diese Tat weiter büßen und von Zeit zu Zeit durch eine öffentliche Besichtigung von neuem beunruhigt und belästigt werden [...] Am wenigsten können wir glauben, daß es Ansicht der heutigen Regierung ist, auf diese Weise für das Winterhilfswerk zu sammeln [...]

[c]   20.4.1937 *Prof. [Max] Clara, Vorstand der Anatomischen Anstalt der Universität Leipzig, an den Rector magnificus*
Die Leiche des Hingerichteten Bruno Nietzschmann wurde an die Anatomische Anstalt Leipzig eingeliefert und infolge der guten Konservierung, welche unmittelbar nach der Hinrichtung durchgeführt wurde, für wissenschaftliche Untersuchungen ausgewertet. Der Kopf des Nietzschmann wurde nach Entnahme verschiedener Teile und Präparation der mimischen Muskulatur auf der linken Seite der Anstaltssammlung für Forschungs- und Lehrzwecke eingegliedert.
Die Sammlung ist nicht öffentlich zugänglich, nicht einmal die Studenten haben zu der Sammlung Zutritt ohne besondere Erlaubnis, die immer nur fallweise bei wirklich vorhandenen wissenschaftlichen Notwendigkeiten erteilt wird. Nur im Rahmen des von der Universität veranstalteten »Tages der Professoren und Studenten« zugunsten des WHW wurde die Sammlung unter sachkundiger Führung am 24.1.1937 der Öffentlichkeit zugänglich gemacht. Bei dieser Führung durch die Sammlung handelt es sich keineswegs um die Befriedigung von irgendwelchen Sensationsbedürfnissen, sondern [um] eine allgemein verständliche Aufklärung über die Aufgaben der Anatomie und über den Sinn und Zweck dieser Arbeit [...]

[210]   *16.2.1937 Vermerk Hauptamt für Kommunalpolitik*
Über die Gründe, die den Gauleiter der Bayer. Ostmark bewogen haben, von einer Betrauung des Pg. Vielweib[1] mit irgendwelchen Parteiämtern über die bisher von ihm bekleideten hinaus abzuse-

---

210 [1] Karl V.; seine Funktion im Gau B. O. war nicht zu ermitteln; bald wurde er Kreisamtsleiter und 1940 Oberbürgermeister in Landshut, also in Niederbayern.

hen, hat Pg. Gauamtsleiter Gortner ergänzend folgendes vertraulich mitgeteilt:
Parteigenosse Vielweib sei nicht allein dem Trunke mehr ergeben, als es sich für einen Bürgermeister schicke, obwohl diese Tatsache an und für sich schon die Öffentlichkeit stark beschäftigt habe, denn es gebe kaum einen Markt, eine Messe oder eine sonstige öffentliche Veranstaltung, bei der nicht schliesslich Pg. Vielweib auffällig betrunken sei. Darüber hinaus aber weise er erhebliche Charakterfehler auf. So lasse er – der Oberbürgermeister – trotz eines Einkommens von 800 bis 900 RM netto monatlich seine Eltern im städt. Armenasyl dahinvegetieren, ohne sich irgendwie auch nur um sie zu kümmern. (Pg. Vielweib ist kinderlos verheiratet.) Geradezu ungeheures Aufsehen in der Öffentlichkeit errege vor allem die allbekannte Tatsache, dass Pg. Vielweib ruhig zusehe, wie seine Ehefrau seit längerer Zeit ein ehewidriges (wenn nicht ehebrecherisches) Verhältnis mit einem SA-Brigadeführer unterhalte, ja es müsse sogar festgestellt werden, dass er dieses Verhältnis nicht nur dulde, sondern auch noch fördere [...]

[211] *8.4.1937 RdErl. Reichsinnenminister*
Mein Rundschreiben vom 7. Dezember 1936, das dem deutschblütigen Ehegatten, der in einer deutsch-jüdischen Mischehe lebt, verbietet, in seiner Wohnung die Reichs- und Nationalflagge zu hissen, gilt auch für Beamte. Da der Zustand, daß ein Beamter nicht flaggen darf, auf die Dauer nicht tragbar ist, ist der jüdisch versippte Beamte in der Regel gemäß § 6 BBG[1] in den Ruhestand zu versetzen [...]
Eine Danksagung für die geleisteten Dienste ist mit der Pensionierung nicht zu verbinden [...]

---

211 [1] Berufsbeamtengesetz (s. Anm. 187-1). – Der § 6: Zur Vereinfachung der Verwaltung können Beamte in den Ruhestand versetzt werden, auch wenn sie noch dienstfähig sind ...

[212] 7.9.1937 g. – *Aktenvermerk Allgemeines Wehrmachtamt
(J. für Ausl.)*
Betr.: Spionageverdächtiger Gervais-Käse
   J. hält es aus grundsätzlichen Erwägungen für wünschenswert, daß die Wehrmacht beim Einkauf von Lebensmitteln deutsche Firmen bevorzugt und Firmen, deren Kapital ausschließlich in ausländischen Händen ist, nicht heranzieht. Es wird gebeten, zu prüfen, ob eine eventuelle Anordnung, nicht mehr bei der französischen Firma Gervais A. G. in Rosenheim/Bayer. Allgäu[1] zu kaufen, Weiterungen nach sich ziehen kann (Handelsvertrag?).

[213] 5.11.1937 *»Die Polizei«, Nr. 21*
   *Kein Geschäftsverkehr zwischen Beamten
   und Juden!*
Der Jude ist gegen das Dritte Reich und das deutsche Volk und Reich feindlich eingestellt. Der Jude bejaht nur sein Volk und betreibt den Untergang aller anderen Völker. Das nationalsozialistische Deutschland Adolf Hitlers hat auf dem Reichsparteitag 1936 dem gesamten Judentum der Welt den Kampf angesagt. Der Beamte im Dritten Reich hat erhöhte Pflichten. Der Beamte muß im deutschen Volke wurzeln, von der nationalsozialistischen Weltanschauung durchdrungen und dem Führer in Treue verbunden sein. Der Beamte handelt diesen Pflichten zuwider, wenn er Verbindungen mit Juden unterhält. Der Aufklärungsfeldzug gegen das Judentum ist seit Jahren geführt. Beamte, die im fünften Jahre des Dritten Reiches noch geschäftliche oder andere Verbindungen mit Juden unterhalten, stellen sich gegen die nationalsozialistische Weltanschauung und damit auch gegen den Führer und sind nicht würdig, weiter Beamte zu bleiben.
   Gegen die Pflichten des Beamten verstößt es, wenn der Beamte freundschaftliche Beziehungen zu Juden unterhält, wenn er freundschaftlichen Briefwechsel mit Juden pflegt, wenn gemeinsa-

---

212 [1] Hier irrt »J.«: das Allgäu hatte mit dem Rosenheimer Spionagekäse nichts zu tun.

me Ausflüge oder Reisen unternommen werden, wenn der Beamte bei Juden wohnt oder an Juden vermietet, wenn er jüdische Rechtsanwälte, Ärzte, Apotheker usw. in Anspruch nimmt. Ein besonders grober Verstoß gegen Beamtenpflichten ist es, wenn der Beamte Geschäftsverkehr mit Juden pflegt […]
Vor allem ist es geboten, daß die Beamten – es kommen hier im wesentlichen nur in ländlichen Verhältnissen lebende Beamte in Betracht – zu jüdischen Viehhändlern nicht in geschäftliche Beziehungen treten. Es ist bekannt, daß der Viehhandel früher fast ausschließlich in jüdischen Händen lag. Dieses Übergewicht zu beseitigen, ist nicht nur aus wirtschaftlichen Gründen geboten, sondern insbesondere auch deshalb, weil infolge des Eindringens der jüdischen Händler in die Wohnungen und Stallungen der ländlichen Bevölkerung Mißstände auch auf anderen Gebieten als den rein wirtschaftlichen entstanden sind[1] […]

[214 a, b]
[a]   *7.11.1937 RdSchr. Nr. 170/37 des Stellvertreters des Führers*
In verschiedenen Badeorten traten in letzter Zeit Juden in grösseren Mengen auf, so dass die deutschblütige Bevölkerung daran Anstoss nahm.[1] Der Reichs- und Preussische Minister des Innern hat daher mit meiner Beteiligung Richtlinien erlassen. Auf Grund dieser Richtlinien können Juden in allen Bädern und Kurorten von den Kureinrichtungen usw. ausgeschlossen oder auf bestehende jüdische Betriebe beschränkt werden. Durch die Beschränkung der Juden auf bestehende Betriebe ist auch der Neuerrichtung jüdischer Betriebe in Bädern und Kurorten ein Riegel vorgeschoben worden.
Für sogenannte *Heil*bäder liess sich im Hinblick auf die besondere Natur dieser Bäder eine so weitgehende Regelung wie für sonstige Bäder und Kurorte nicht treffen. Deshalb sind Juden in

213   [1] Hier hat der Polizei-Autor der Phantasie seiner Leser weiten Raum gelassen. – Im übrigen beachte man den in den letzten zwei Jahren zurückgelegten weiten Weg (s. Nr. 26).
214   [1] Das muß nicht einmal gelogen sein – dergleichen hat es (leider) durchaus und gar nicht einmal so selten gegeben.

Heilbädern zuzulassen, wenn die Möglichkeit besteht, sie getrennt von den übrigen Kurgästen unterzubringen [...]
Der Erfolg dieser Richtlinien, die Juden von Bädern und Kurorten fernzuhalten, sie in Heilbädern in besondere jüdische Häuser zurückzudrängen, wird wesentlich von der Mitarbeit der Parteidienststellen abhängen. Wenn auch für die Durchführung der Richtlinien die Badeverwaltungen zuständig sind, so ist es doch Aufgabe der Parteidienststellen, ihren Einfluss dahin geltend zu machen, dass die Richtlinien nach Möglichkeit überall durchgeführt werden. Die deutschblütige Bevölkerung soll zukünftig in deutschen Badeorten von Juden nicht mehr belästigt werden.

[b]   *4.2.1938 Kreisorganisationsleiter Berchtesgaden an Hauptschriftleitung »Der Hoheitsträger« im Hauptschulungsamt/ Amt für Schulungsbriefe*[2]

Im Kreis Berchtesgaden beschränkte sich bisher der Besuch von Juden fast nur auf Bad Reichenhall. Der Kurort Berchtesgaden blieb schon früher von jüdischen Gästen verschont, wohl hauptsächlich aus dem Grund, weil die Judenfrauen hier ihre Toiletten nicht zur Schau tragen konnten (bequeme Gebirgstracht ist hier notwendig), und dann fehlt hier die Bequemlichkeit. In Berchtesgaden gehört Bergsteigen zur Erholung, und das ist zu anstrengend für Juden.

Der Abwehrkampf mußte in Bad Reichenhall unter ganz anderen Umständen sceniert werden. Der Bedeutung des Bades entsprechend, hatten sich sehr viele jüdische Ärzte und jüdische Pensionshäuser niedergelassen. Der Zustrom der in- und ausländischen Juden bis vor der Machtübernahme war ein beträchtlicher Faktor, mit dem unbedingt gerechnet werden mußte.

Vom Tag der Machtübernahme an setzte denn auch der Abwehrkampf der NSDAP zusammen mit dem Staatl. Badkommissariat ein.

Ansässige jüdische Ärzte wurden boykottiert, bis sie von sich aus ihren Sitz – meist nach dem Ausland – verlegten. Jüdische

---

[2] Dieser Bericht befindet sich in zwei Versionen in der Akte, die an einigen Stellen leicht voneinander abweichen, insbesondere hat die eine Fassung einen Anfangsteil, welcher der anderen fehlt, und umgekehrt verhält es sich beim Schlußteil. Hier sind beide Versionen zusammengefügt.

Pensionen verfielen ebenfalls dem Boykott und wurden durch Steuern usw. seitens der Stadt drangsaliert, bis auch sie entweder schlossen oder auch »auswanderten«.

Der Stürmer[3] wurde sehr eifrig und auffällig angeschlagen und vertrieben.

Zu Beginn des Jahres 1937 wurde von der Ortsgruppe Bad Reichenhall eine Aktion derart durchgeführt, daß sich jeder Hotel- und Pensionsbesitzer ehrenwörtlich verpflichten mußte, keine Juden mehr aufzunehmen. Die Aktion hatte den vollen Erfolg, daß während der Saison wohl Juden genug angereist kamen, sie aber überall abgewiesen wurden und schon vom Badkommissariat die Auskunft erhielten, daß das Bad »überfüllt und überbelegt« sei. Wenn dies auch den Tatsachen nicht immer entsprach, der Erfolg war die Abreise der Juden, also der Zweck war erreicht. Die übrigen Juden wurden dem einen noch vorhandenen jüdischen Pensionsbetrieb zugewiesen.

Nach dem Erlaß des Reichs- u. Preußischen Ministers des Innern v. 24.7.37 wurden die Fremdenmeldezettel dahin ergänzt, daß die Gäste in Zukunft angeben müssen, ob sie Juden sind. Die Kurkarte wird dann in einer sogen. »jüdischen« Farbe ausgestellt, sodaß jeder Kurdiener usw. sofort weiß, wen er vor sich hat. Dementsprechend erfolgt auch die Zuteilung und Behandlung.

In den Kurmittelhäusern sind Badekabinen und Inhalationsapparate für jüdische Gäste gesondert bereitgehalten, wie dies auch bei den pneumatischen Kammern der Fall ist.

Die Sportplätze, besonders der Tennisplatz, wurden in den letzten Jahren fast garnicht mehr von Juden aufgesucht.

Mieten sich doch irgendwo noch Juden ein, dann wird das Essen für diese auf den Zimmern serviert statt im Speise-Saal, und auch andere Räume dienen abgesondert zum Aufenthalt.

Von Jahr zu Jahr sind die Gastzahlen der Juden gesunken. Jede Möglichkeit [wird] wahrgenommen, jüdische Zureisen zu vermeiden. Prospekte werden auf jüdische Anfragen hin überhaupt nicht versandt. Selbstverständlich wurden in keinem Fall, trotz vorlie-

---

[3] Vgl. Anm. 26-2.

gender Anträge, irgendwelche Vergünstigungen bei Kurtaxe und Kurmittel[n] genehmigt.

In den bekannten und großen Gaststätten Bad Reichenhalls werden jedes Jahr neu Plakate angeschlagen: »Juden unerwünscht«. Das Personal des Kur- und Fremdenverkehrsvereins ist angewiesen, in der Judenfrage eine eindeutige NS-Haltung gegenüber Pensionsbesitzern und Kurgästen einzunehmen. Tatsächlich kommt es fast nur noch in einem Lokal vor, daß ab und zu Juden dort anzutreffen sind. Der Besitzer dieses Lokales wird noch und noch vorgeladen, bis er Mittel und Wege der Reinhaltung seines Lokales findet.

Zusammengefaßt kann gesagt werden, daß durch die einwandfreie Zusammenarbeit der NSDAP mit dem Kurverein, dem Badkommissariat, den Vermietern und der gesamten Parteigenossenschaft es erreicht ist, daß Bad Reichenhall mehr und mehr von Juden gemieden wird.

Die judenreinen Lokale werden vertraulich in den Sprechabenden und von Mund zu Mund wiederholt bekanntgegeben, sodaß innerhalb kurzer Zeit jeder Partei- und anständige Volksgenosse unterrichtet ist. Andererseits melden die Parteigenossen fast immer umgehend, in welchen Lokalen Juden angetroffen worden sind.

Ideal wäre es zweifelsohne, wenn den Juden samt und sonders der Besuch von Bädern und Kurorten überhaupt verboten werden würde, doch scheitert diese Maßnahme wohl an zu vielen berechtigten Überlegungen.

[215] *29.12.1937 Reichsinnenminister an RStatth. Bayern*
Betrifft: Ernennung des Oberarztes Dr. Jakob Thielen zum Bezirksarzt.

Unter Bezugnahme auf meinen RdErl. vom 14. Dezember 1937 ersuche ich, Dr. Thielen zu einer schriftlichen Äusserung darüber zu veranlassen, warum seine Ehe kinderlos ist. Weiter ist Dr. Thielen auf die Bedeutung der Ehe sowie des Kinderreichtums für den Bestand und das Schicksal des deutschen Volkes besonders hinzuweisen.[1]

215 [1] Jetzt ist dies von der SS auf die (weitgehend bereits von der SS durchsetzte) staatliche innere Verwaltung übergeschwappt.

[216 a, b]
[a]   10.3.1938 Vorstand Zuchthaus Freiendiez/Lahn an Generalstaatsanwalt Frankfurt a. M.
Der Ortsgruppenleiter der NSDAP Freiendiez hat mich zu der Anzeige eines Parteigenossen gegen mich vernommen, wonach ich den Gruss des Rabbiners Dr. Laupheimer erwidert hätte.

In der Tat habe ich den Gruss des Rabbiners Dr. Laupheimer auf dem Bahnhof Limburg durch Hutabnehmen erwidert.

Im Anschluss an die Vernehmung eröffnete mir der Ortsgruppenleiter, dass die Erwiderung des Grusses eines Juden für ein Mitglied der NSDAP nicht gestattet sei. Dieser Auffassung des Ortsgruppenleiters schliesst sich, wie ich durch Rücksprache festgestellt habe, der Kreisleiter für die Kreise Limburg–Unterlahn an.

Ich kann die Auffassung der beiden Politischen Leiter nicht teilen, wonach die einfache Erwiderung des Grusses eines Juden parteischädigend sein beziehungsweise mit den Grundsätzen der Partei nicht übereinstimmen soll. Meine Erziehung hat mir bisher verboten, den Gruss eines Mannes, gegen den persönlich nichts vorzubringen ist, vorsätzlich nicht zu erwidern.

Darüberhinaus komme ich aber in dem vorliegenden Falle nur deswegen in die Lage, mit den vorbenannten Politischen Leitern nicht einer Meinung zu sein, weil ich mit dem Rabbiner Dr. Laupheimer amtlich zu tun habe. Ich halte es daher für richtig, wenn eine amtliche Entscheidung ergehen könnte […]

[b]   23.4.1938 Aktenvermerk Reichsjustizministerium
Die Angelegenheit ist am 23.4.1938 dem Herrn Staatssekretär Dr. Freisler[1] vorgetragen worden. Herr Staatssekretär hat die Auffassung gebilligt, daß ein Anstaltsvorstand es nicht ablehnen kann, den Gruß eines in der Anstalt tätigen Rabbiners zu erwidern. Würde der Jude einen Beamten nicht grüßen, würden mit Recht dem Juden schwere Vorwürfe gemacht werden. Umgekehrt kön-

216 [1] Roland F. vor seinem Absturz in den Volksgerichtshof, wo er dann die ihm vorgeworfene »Schlappheit« mit der Entwicklung zum Blut- und Terrorrichter zu kompensieren suchte.

ne man nicht anordnen, daß der Beamte die Erwiderung des Grusses unterläßt.

[217] *21.3.1938 Reichsjägermeister an Reichsjustizminister*
In letzter Zeit habe ich verschiedentlich festgestellt, daß immer noch – wenn auch nur vereinzelt – in der Tagespresse Gerichtsberichte wiedergegeben worden sind, die den Freispruch eines Angeklagten auf Grund § 51 StGB[1] oder die Verurteilung zu einer geringen Strafe teils in ernster und teils in satyrischer [sic] Betrachtung unter Anspielung auf den »Jagdschein« behandeln. Es sind da gewöhnlich Wendungen zu lesen wie etwa: »Dem Angeklagten konnte kein Staatsanwalt und kein Richter beikommen, denn er hatte ja den Jagdschein, der ihn vor Strafe schützte.«
Mitunter war auch in Spottgedichten Tat oder Täter in Beziehung zum Jagdschein gesetzt [...] Will man den Täter oder die Tat charakterisieren oder mit anderen Begriffen in Beziehung setzen, so ist es gewiß nicht notwendig, hierzu ein altgermanisches Kulturgut wie die Jagd zum Vergleich heranzuziehen [...]
Die Jagd ist im Dritten Reich eine Tätigkeit geworden, die nur von absolut zuverlässigen und ehrbaren deutschen Menschen ausgeübt werden darf; andere Personen, insbesondere Vorbestrafte, Zurechnungsunfähige oder Juden, finden keine Aufnahme in die Deutsche Jägerschaft und erhalten damit auch keinen Jagdschein. Die Entziehung des Jagdscheins ist gleichbedeutend mit der Ehrloserklärung des Betreffenden in jagdlicher Beziehung und hat für den Betroffenen sehr nachteilige Folgen.
Es mag vielleicht in früherer Zeit angängig gewesen sein, den Jagdschein in dem oben wiedergegebenen Zusammenhang in der Öffentlichkeit zu erwähnen, als nämlich die Erlangung eines Jagdscheins lediglich eine Geldfrage war und nichts mit Ehre und Ansehen des Jagdscheininhabers zu tun hatte. Heute ist das wesentlich anders und die Jagd selbst, die von der Systemregierung ver-

---

217 [1] Im damaligen Strafgesetzbuch eine Strafe ausschließende oder mildernde Bewußtseinsstörung oder Geistesschwäche betreffend.

nachlässigt wurde, ist heute aufs Engste mit dem Namen des Reichsjägermeisters, Generalfeldmarschall Hermann Göring, verbunden.[2] Deswegen sollte man nach meiner Überzeugung auch alles vermeiden, was etwa geeignet wäre, die Jagd und den Jagdschein irgendwie verächtlich zu machen [...]

[218] *13.6.1938 Aktennotiz Führeradjutantur*
Anruf des Staatssekretärs [Max] *Köglmaier*, München, Staatsministerium des Innern:

Minister Adolf *Wagner* habe nach Verhandlungen mit dem ev. Landesbischof erreicht, dass die Matthäus-Kirche an der Sonnenstrasse in München abgerissen wird.[1] Gestern sei der letzte Gottesdienst darin gewesen.

Ebenso hätten sich keine Schwierigkeiten [er]geben bezüglich des Abbruches der Synagoge hinter dem Künstlerhaus.

Mit dem Abbruch ist heute bereits begonnen worden.[2]

[219] *7.7.1938 Beauftragter für den Vierjahresplan/Arbeitsgebiet Keppler[1] (Industrielle Fette und Öle) an Hitler*
Wie Sie, mein Führer, wissen, habe ich schon vor mehreren Jahren nach verschiedenen Seiten die Anregung gegeben, sich mit der Synthese von Fett aus deutschen Rohstoffen zu befassen.

---

[2] Und das war ihr Glück, denn der oberste Chef war ein ebenso leidenschaftlicher Gegner dieses seltsamen Sports, wo man das an sich wohl unvermeidliche Töten von Tieren mit einem heldischen Kitsch verbrämt, als stünde man noch mit bloßen Händen Bären oder Auerochsen gegenüber.
218 [1] Nach der damals umlaufenden Anekdote sollte Hitler bei einer Vorbeifahrt beiläufig geäußert haben: »Ich wönsche, daß dieser Drreck da verschwindet!«, und Wagner, der Gauleiter und Innenminister, dachte, der Führer meine die Kirche, während dieser sich nur über einen Haufen Bauschutt geärgert hatte.
[2] So auch auf dem Gedenkstein hinter dem Künstlerhaus korrekt angegeben. Für den flüchtigen Leser scheint ein Schlußsatz dann aber doch eine Verbindung zur »Reichskristallnacht« herzustellen.
219 [1] Wilhelm K., von Hitler geschätzter Wirtschaftsexperte mit vielseitiger Verwendung, seit März auch Reichsbeauftragter für Österreich mit dem Titel Staatssekretär (z. b. V. im Auswärtigen Amt).

Diese Bemühungen haben nun zu einem schönen Erfolg geführt. Das Reichsgesundheitsamt hat mit entsprechendem Material weitgehende Ernährungsversuche an Tieren und anschließend an Menschen[2] gemacht und ist zu dem Ergebnis gekommen, daß das Problem der Herstellung von Speisefetten durch Synthese grundsätzlich gelöst ist.

Eine Modellfabrik mit einer Kapazität von 10 t Speisefett täglich habe ich in Bau nehmen lassen; diese Anlage wird im Herbst dieses Jahres in Betrieb kommen. Es ist kein Zweifel, daß auch das Produkt dieser Fabrikation so gestaltet wird, daß das Reichsgesundheitsamt die Zulassung als Speisefett definitiv aussprechen wird.

Das Ausgangsmaterial für die Speisefettproduktion ist Stein- oder Braunkohle. Die Preisgestaltung wird sich im Rahmen der bisherigen Speisefettpreise halten.[3]

[220] *[23.]7.1938 Reichspropagandaminister an Reichsinnenminister*
Auf meine Weisung hat der Reichsverband der deutschen Zeitungsverleger folgendes Anzeigenverbot erlassen:
»Es ist festgestellt worden, daß Heiratsangebote unfruchtbar gemachter Erbkranker von Tageszeitungen unter ausdrücklichem Hinweis auf die Unfruchtbarkeit bzw. Sterilisierung veröffentlicht worden sind. Da die Gesundheitsämter Anweisung haben, heiratswillige unfruchtbar gemachte Erbkranke bei ihrer Suche nach einem Ehepartner zu unterstützen, und außerdem derartige Heiratsangebote dem gesunden Empfinden des rassisch wertvollen Teils der Bevölkerung widersprechen[1], wird die Veröffentlichung derartiger Heiratsangebote hiermit grundsätzlich verboten.«

---

[2] Woher dieses »Material« genommen worden war, läßt sich denken.
[3] M. W. nicht auf den Markt gekommen. Der Volksmund delektierte sich mittlerweile an einem unappetitlichen Witz über diese Bemühungen, aus allem möglichen eine neue Margarine zu gewinnen, der in dem Zwischenergebnis gipfelte: »Schmieren läßt sie sich schon, nur mit dem Geschmack hapert es noch etwas.«
220 [1] In Wahrheit vermutlich: »... nicht immer widersprechen und möglicherwei-

[221] *1.8.1938 FS Staatspolizeistelle Kiel an Geheimes Staatspolizeiamt (Berlin)*
Wenn auch die Nordseebäder auf den Inseln Föhr, Pellworm und Amrum zu einem großen Teil von jüdischen Kurgästen freigehalten werden konnten, haben doch die Erfahrungen der letzten Wochen gezeigt, daß die Insel Sylt nach wie vor von Juden gern zu Kuraufenthalten bevorzugt wird. Insbesondere lassen sich die Juden in den Badeorten Westerland, Wenningstedt und Kampen nieder. Ich habe zwar wiederholt Fühlung mit den zuständigen Bürgermeistern aufnehmen lassen und darauf hingewiesen, daß zum mindesten Tafeln, die die Juden als unerwünschte Kurgäste bezeichnen, angebracht werden sollten. Diese meine Anregungen sind bisher jedoch nahezu erfolglos geblieben.[1] Unverständlicherweise werden in diesen Badeorten die Juden immer noch mehr oder weniger mit offenen Armen aufgenommen, da bei der Mentalität der Inselbewohner ein geldlicher Vorteil die nationalsozialistische Weltanschauung aufzuwiegen geeignet erscheint […]
So wurden weder in den Lese- und Trinkhallen besondere Benutzungszeiten für Juden festgesetzt, noch wurden im Warmbadehaus in Westerland den Juden besondere Kabinen zur Verfügung gestellt. Der gesamte Badestrand steht nach wie vor den Juden zur freien Benutzung zur Verfügung. Ein besonders abgeteilter Strand für die Juden wurde bisher nicht geschaffen.
Besonders überlaufen von Juden ist z. Zt. der Badeort Kampen, der augenblicklich auch eine jüdische Gymnastikschule beherbergt. Dieser Schule ist allerdings inzwischen das Betreten des Strandes in der Gemeinde Kampen verboten worden. Diese Gemeinde beabsichtigt auch, in den nächsten Tagen an beiden Enden des Strandes durch Verbotstafeln den Juden das Betreten des gesamten Strandes zu verbieten. Nachdem meine wiederholten Vorstellungen im übrigen zu einem Ergebnis nicht geführt haben, hat sich heute der Herr Ministerpräsident, Generalfeldmarschall Göring, der sich z. Zt. in Kampen zur Erholung befindet, einen

se Offerten bewirken …«
221 [1] Am gleichen Tage wurde Oberpräsident GL Lohse »persönlich« »dringend« gebeten, den drei Bürgermeistern die Leviten zu lesen – »etwaige finanzielle Nach-

eingehenden Bericht über die Judenfrage auf der Insel Sylt vorlegen lassen.

Ich habe den Herrn Oberpräsidenten und Gauleiter und den Herrn Regierungspräsidenten in Schleswig von diesem Sachverhalt in Kenntnis gesetzt und gebeten, im Wege der Kommunalaufsicht die Bürgermeister der Kurorte auf der Insel Sylt anzuweisen, nunmehr unverzüglich die Richtlinien über den Aufenthalt von Juden in Badeorten auch auf der Insel Sylt durchzuführen.

Darüber hinaus beabsichtige ich, auf Grund des § 1 der Verordnung vom 28.2.33[2] den Juden grundsätzlich den Aufenthalt in den Badeorten Kampen, Wenningstedt und List zu untersagen. Ich sehe mich zu dieser Maßnahme veranlasst, da einmal in Kampen mehrere Herren Reichsminister ihren Urlaub verbringen werden. So halten sich z. Zt. in diesen Badeorten Herr Generalfeldmarschall *Göring* nebst Gattin sowie Herr Reichsminister *Darré* auf, während für die nächste Zeit die Herren Reichsminister *Dr. Gürtner* und *Rust* sowie der österreichische Wirtschaftsminister *Fischböck*[3] erwartet werden. Zum Schutze dieser Herren der Reichsregierung erscheint mir die von mir vorgesehene Maßnahme unbedingt erforderlich. Darüber hinaus befinden sich aber an dem Nordrande der Insel, insbesondere in List, zahlreiche Befestigungsanlagen, zu deren Geheimschutz das Aufenthaltsverbot für Juden in gleicher Weise erforderlich erscheint.

[222] *2.8.1938 Reichskommissar für die Wiedervereinigung Österreichs mit dem Deutschen Reich an Landeshauptmann Steiermark*

Aus Kreisen der Bevölkerung ist der Wunsch an mich herangetragen worden, den Namen der Gemeinde Judenburg ändern zu lassen. Ich ersuche um Bericht, wie der Name der Gemeinde Judenburg geschichtlich entstanden ist. Dabei wird auch die Frage geklärt werden müssen, ob die Verwendung des Wortes »Juden« in

---

teile der Pensionsinhaber wird man selbstverständlich in Kauf nehmen müssen«.
[2] Vgl. Anm. 191-1.
[3] Reichsernährungsminister R. Walther D., Reichsjustizminister Franz G., Reichserziehungsminister Bernhard R., Hans F. (noch gab es Reste einer österreichischen

dem Gemeindenamen einen Hinweis auf jüdische Beziehungen darstellt oder ob etwa andere Zusammenhänge bestehen und aus rein sprachlichen Gründen das Wort »Judenburg« gebildet worden ist, ohne dass es einen sachlichen Zusammenhang mit Juden hat.

Die Erörterung dieser Frage ist notwendig, um den richtigen neuen Namen für die Gemeinde finden zu können. Denn bei der Wahl des neuen Namens[1] ist unbedingt an die geschichtliche Entwicklung der Gemeinde und der ihr danach zukommenden Bezeichnung anzuknüpfen.

[223] *[Anfang Nov.[1] 1938] Merkblatt [Wirtschaftsgruppe Einzelhandel]*
Weihnachtswerbung des Einzelhandels 1938.
[...] Die Weihnachtswerbung des Einzelhandels muss geschmackvoll sein. Es soll insbesondere stets geprüft werden, ob nicht die Verbindung jener Weihnachtssymbole, die den völkischen und sakralen Charakter des Festes betonen, mit der Warenwerbung aufdringlich wirkt und dem Volksempfinden widerspricht (z. B. Weihnachtsbaum, Adventskranz, Tannenzweig, Weihnachtsschmuck, Kerzen, Lametta, Christkind, Engel, Krippe, Knecht Ruprecht und Weihnachtsstern usw.). Die Verwendung völkischer oder sakraler Symbole ist demnach nicht untersagt, es soll aber auf die Vermeidung von Geschmacklosigkeiten geachtet werden. Auch soll die Werbung durch diese Richtlinien keineswegs eingeengt werden. Es wird vielmehr Wert auf eine intensive Weihnachtswerbung gelegt.

Zur Weihnachtswerbung der *jüdischen* Geschäfte gibt das Hauptamt für Handwerk und Handel der NSDAP folgendes bekannt: Die jüdischen Geschäfte haben sich zu Weihnachten besondere Zurückhaltung bei der Werbung aufzuerlegen. Es widerspricht dem Volksempfinden im nationalsozialistischen Staat und ist deswegen nicht gestattet, dass die jüdischen Geschäfte die un-

Landesregierung).
222 [1] Es ist merkwürdigerweise nicht dazu gekommen.
223 [1] Mit Gewißheit *vor* der Reichskristallnacht, die und deren Folgen den zwei-

ter I als Beispiel aufgeführten völkischen und sakralen Symbole des Weihnachtsfestes bei ihrer Dekoration verwenden. Aus gegebenem Anlaß wird darauf hingewiesen, dass auch stilisierter Weihnachtsschmuck bei den Dekorationen jüdischer Geschäfte unstatthaft ist. Ferner dürfen die jüdischen Geschäfte bei ihrer Werbung keinerlei Hinweise auf das Weihnachtsfest in irgendeiner Form bringen. Es ist also untersagt, z. B. ausgestellte Waren als Festgeschenke zu bezeichnen. Die Werbung der jüdischen Geschäfte darf keinen weihnachtlichen Charakter tragen [...]

[224] *15.11.1938 RdErl. Reichserziehungsminister*
Nach der ruchlosen Mordtat von Paris[1] kann es keinem deutschen Lehrer und keiner deutschen Lehrerin mehr zugemutet werden, an jüdische Schulkinder Unterricht zu erteilen. Auch versteht es sich von selbst, daß es für deutsche Schüler und Schülerinnen unerträglich ist, mit Juden in einem Klassenraum zu sitzen. Die Rassentrennung im Schulwesen ist zwar in den letzten Jahren im allgemeinen bereits durchgeführt, doch ist ein Restbestand jüdischer Schüler[2] auf den deutschen Schulen übriggeblieben, dem der gemeinsame Schulbesuch mit deutschen Jungen und Mädeln nunmehr nicht weiter gestattet werden kann.

[225] *15.11.1938 Oberbürgermeister [Walter] Kießling (Erfurt) an Regierungspräsident Erfurt*
Ich bitte Sie, bei der Reichsregierung vorstellig zu werden, daß die Frage der Judenfriedhöfe baldigst geregelt wird.
Dem Streben, den Juden im öffentlichen Leben nicht mehr in Erscheinung treten zu lassen, ist auf einem Gebiet noch nicht

ten Absatz ja gegenstandslos machten.
224 [1] Am 7.11.1938 hatte der polnische Jude Herschel Grynszpan (in Deutschland gewöhnlich »Grünspan« genannt) aus Hannover, dessen Eltern aus Deutschland ausgewiesen worden waren, in der Pariser Deutschen Botschaft ein Revolverattentat auf den Gesandtschaftssekretär Ernst vom Rath verübt. Dessen Tod zwei Tage darauf hatte die Schandtaten der »Reichskristallnacht« (vgl. Anm. 117-1 und Bd. I, Anm. 302-1) ausgelöst.
[2] Durchweg Frontkämpfer-Kinder, die von heute auf morgen aus ihren Klassen verschwanden.

Rechnung getragen: dem Friedhofswesen. Wohl in fast allen größeren und mittleren Städten haben die jüdischen Kultusgemeinden eigene Friedhöfe. Diese liegen z. T. an hervorragenden Stellen des Stadtgebietes oder doch an wichtigen öffentlichen Wegen, so daß sie von Vorübergehenden eingesehen werden können. So liegt z. B. der Judenfriedhof in Erfurt unmittelbar am Fuße des Steigerwaldes – des wichtigsten Ausflugszieles aller Erfurter – und in unmittelbarer Nähe der Stätten, in denen die Feiern der nationalsozialistischen Bewegung in Erfurt veranstaltet werden. Wie aus dem beigefügten Lageplan ersichtlich ist, grenzt der Erfurter Judenfriedhof unmittelbar südlich an das Aufmarschgelände des Schützenhausplatzes an. In westlicher Richtung neben dem Friedhof – und zwar zwischen ihm und dem Schützenhaus – entsteht zur Zeit eine große Versammlungshalle, die etwa 8000 Personen fassen und insbesondere großen Veranstaltungen der Partei dienen soll. Die Schützenhausstraße und die zu beiden Seiten – westlich und östlich – des Friedhofs entlang führenden Wege werden von Spaziergängern viel benutzt.

Dieser Zustand, der für viele andere Städte ähnlich sein wird, ist nicht mehr länger zu ertragen. Der Einzelne muß es als eine Belästigung empfinden, an dem Friedhof vorbeizugehen und während einer nationalsozialistischen Feierstunde auf jüdische Gräber und vielleicht sogar Trauerfeiern blicken zu müssen.

Die bisherigen Bestrebungen, diesem offensichtlich unerträglichen Mißstand durch eine Verlegung des Friedhofs zu begegnen, mußten an der Unzulänglichkeit der derzeitigen gesetzlichen Bestimmungen scheitern. Ich halte nunmehr den geeigneten Zeitpunkt für eine den heutigen Anschauungen angepaßte gesetzliche Regelung für gekommen und bitte, darauf hinzuwirken, daß die erforderlichen Maßnahmen schon jetzt – wenn nötig im Verordnungswege – getroffen werden. Meiner Ansicht nach müßte den Gemeinden allgemein die Befugnis eingeräumt werden, Judenfriedhöfe sofort zu schließen. Der erstrebte Erfolg wäre aber damit allein nicht erreicht. Vielmehr müßten die Gemeinden auch das Recht erhalten, die Judenfriedhöfe einzuebnen und anderen Benutzungszwecken zuzuführen. Deshalb ist es erforderlich,

u. U. auch eine Umbettung der in den letzten Jahren beerdigten Juden vorzunehmen [...]

[226 a, b]
[a] 18.2.1939 *Reichskommissar für die sudetendeutschen Gebiete an SS-Gruf. [Oswald] Pohl, Verwaltungschef der SS*
Der Gauleiter und Reichskommissar Konrad Henlein hat sich über Ihr grosses Interesse an der Fortführung des Bergwerkes in Skt. Joachimsthal herzlich gefreut.

Auf Veranlassung des Gauleiters findet zur Zeit eine Überprüfung der Sachlage durch den zuständigen Landrat in Joachimsthal und den Regierungspräsidenten in Karlsbad statt. Es ist nämlich zu besorgen, dass wenn das Bergwerk durch Schwerverbrecher betrieben wird, die zur Beaufsichtigung dieser Verbrecher notwendige hochwertige Mannschaft ebenfalls gefährdet wird. Andrerseits laufen zur Zeit grundlegende Untersuchungen ärztlicher Spezialisten, um festzustellen, ob sich nicht wirksame Schutzmassnahmen gegen den Lungenkrebs treffen lassen [...]

[b] *6.7.1939 Pohl an Himmler*
Meine Verhandlungen wegen Übernahme des Radiumbergwerkes Joachimsthal sind heute zum Abschluß gekommen.

Ich habe heute den Beauftragten des Reichsstatthalters SS-Gruppenführer Henlein, nämlich den Oberregierungsrat *Bukow*, hier gehabt. Er überbrachte mir die schriftliche Stellungnahme aller beteiligten Kreise (Ortsgruppe der NSDAP, Ärzteschaft Joachimsthal, DAF Joachimsthal, Bergdirektion Joachimsthal, Stadtamt Joachimsthal, Vertreter der Bergarbeiterschaft).

Alle diese Stellen lehnen übereinstimmend die Beschäftigung von Schutzhäftlingen in Joachimsthal ab.[1]

Ich schlage daher vor, die Angelegenheit für uns als erledigt zu betrachten.

226 [1] Hier ist es der SS schon gegangen wie denen, die heute »Asylbewerber« unterbringen sollen – im Nahbereich angesprochen, sind selbst die großen Theoretiker der jeweiligen Ideologie meist recht zurückhaltend.

[227 a, b]
[a]   *21.3.1939 Reichskommissar für die Wiedervereinigung Österreichs mit dem Deutschen Reich an Hauptamt für Kommunalpolitik*
Die Leichenbestattung der Stadt Krems hat die Absicht, zur würdigen Gestaltung von Begräbnissen gottgläubiger Nationalsozialisten ein Bahrtuch mit Hakenkreuzemblemen anzuschaffen. Es sollen nun für die Herstellung solcher Bahrtücher seitens der Reichspropagandaleitung bestimmte Vorschriften erlassen sein, um deren Bekanntgabe ich bitte.

Ferner bitte ich um die Beschaffung von Gräberfotos von Ehrenzeichenträgern[1], da die Stadt Krems würdige Gräber für Ehrenzeichenträger errichten will.

[b]   *29.3.1939 Reichspropagandaleitung an Hauptamt für Kommunalpolitik*
Zu Ihrer Anfrage teilen wir Ihnen mit, daß von seiten der Reichspropagandaleitung gegen die Verwendung von Bahrtüchern, die das Hakenkreuz als Symbol tragen, bei Bestattungen von gottgläubigen Nationalsozialisten keine Bedenken vorliegen. Nur darf das Hoheitszeichen[2] in einem solchen Falle als Ornament nicht verwendet werden. Bestimmte Vorschriften wurden über die Herstellung von Bahrtüchern nicht erlassen.

[228 a, b]
[a]   *13.4.1939 g. – Reichsinnenminister an RStatth. Bayern*
Wie mir mitgeteilt worden ist, hat der Landrat Dr. Franz *Fux* in Nördlingen am 25.1.1939 aus Anlass des 80. Geburtstags des ehemaligen Kaisers ein Glückwunschschreiben nach Doorn gesandt und darin u. a. zum Ausdruck gebracht, dass ihm die »Auszeichnung« zuteil geworden sei, »Seine Majestät in Haus Doorn selbst kennenlernen zu dürfen«.

---

227 [1] Das am 13.10.1933 gestiftete »Goldene Ehrenzeichen der NSDAP«, vulgo »Goldenes Parteiabzeichen«; die Parteigenossen mit Mitgliedsnummern bis 100 000 erhielten es, daneben wurde es von Hitler auch als Auszeichnung verliehen.
[2] Der Adler mit dem Hakenkreuz im Eichenlaubkranz in den Fängen.

Dr. *Fux*, der vom 1.11.1926–1.6.1936 Vorstand des Bezirksamts und gleichzeitig Badekommissar in Bad Kissingen war, soll in letzterer Eigenschaft mit zahlreichen Angehörigen des Adels und auch mit der Gattin des ehemaligen Kaisers, die in Bad Kissingen wiederholt zur Kur geweilt habe, zusammengekommen sein. Auch soll Dr. *Fux* die Gattin des früheren Kaisers schon in seiner Familie in Nördlingen zu Besuch gehabt haben.

Ich ersuche ergebenst, Dr. *Fux* hierzu verantwortlich zu vernehmen.

Wenn er das ihm zur Last Gelegte nicht mit Erfolg widerlegen kann, so bietet er auf Grund der genannten Vorgänge nicht mehr die Gewähr dafür, dass er jederzeit für den nationalsozialistischen Staat eintritt. Er müßte dann nach § 71 Abs. 1 DBG[1] in den Ruhestand versetzt werden [...]

[b] 20.6.1939 g. – *Bayerisches Innenministerium an RStatth. Bayern*

[...] Nach der örtlichen Beurteilung durch den Kreisleiter und durch den 1. Bürgermeister von Nördlingen ist Dr. Fux trotz seiner Parteizugehörigkeit nach Haltung und Gesinnung kein Nationalsozialist, sehr eitel und von einem ungeheuren Geltungsbedürfnis, dazu offenbar noch konfessionell stark gebunden.

Wenn nun der Regierungspräsident und Gauleiter Karl Wahl in Augsburg in voller Würdigung dieser Beurteilung zu dem Ergebnis kommt, Fux sei für den Gau Schwaben nicht mehr tragbar, eine Ruhestandsversetzung nach § 71 DBG dagegen zu weitgehend, so vermag ich dem nicht zu folgen. Fux ist seiner inneren Einstellung nach kein Nationalsozialist und wird es niemals werden [...] Als oberste Dienstbehörde des Fux stelle ich daher den Antrag, Fux nach § 71 DBG in den Ruhestand zu versetzen, und bitte das Einvernehmen des Reichsministers des Innern hierzu zu erwirken.

Abschließend möchte ich nicht verfehlen, noch auf folgendes

---

[1] Deutsches Beamtengesetz § 71 (1): »Der Führer und Reichskanzler kann einen Beamten ... in den Ruhestand versetzen, wenn der Beamte nicht mehr die Gewähr dafür bietet, daß ...«

hinzuweisen. Fux äußert sich in seinem Schreiben an den ehem. Kaiser in positiver Weise zu den heutigen Geschehnissen. Er als Landrat mußte sich darüber klar sein, daß der Brief, der noch dazu seinen Namen als Absender mit seiner Amtsbezeichnung trug, geöffnet werden könnte.[2] Es erscheint mir völlig unglaubwürdig, daß der ehemalige Kaiser im Jahre 1929 (!!) die Führereigenschaften Adolf Hitlers erkannt und einem Dritten gegenüber anerkannt haben soll. Dies erweckt den Eindruck, daß es sich hierbei um eine wohlüberlegte, allerdings nicht nachweisbare Berechnung des Briefschreibers handelte.

[229] *29.4.1939 RStatth. [Friedrich] Hildebrandt (Mecklenburg) an Staatsminister Dr. [Friedrich] Scharf (Schwerin)*
[...] Allgemeine Verbitterung löst die Tatsache im Lande aus, daß in einige Städte, wie Schwerin, insbesondere aber Rostock, bevorzugt das Steueraufkommen geleitet wird und sich dort mit allen Auswüchsen ein Großstadtleben entwickelt, das demoralisierend auf die Landbevölkerung wirkt. Auf die vielen Einzelheiten einzugehen würde zu weit führen. Es ist aber unverständlich, daß so große Summen für den Neubau der Universität eingesetzt werden und daß in einer so kurzen Zeit die Universität vollkommen erneuert wird. Ich kann dazu nur erklären: Mögen, wenn die große Agrarkrise so oder so vor den Führer tritt und eine Entscheidung gefällt werden muß, alle Verantwortlichen, die dazu beigetragen haben, dann auch mutig die Verantwortung übernehmen [...]

[230] *29.6.1939 Valerie Spielberg (Wien) an GL [Josef] Bürckel [Reichskommissar für die Wiedervereinigung Österreichs]*
– Reichskanzlei bewilligte im Wege des Reichsstatthalters trotz Judenausmietung[1] Beibehaltung meiner Wohnung 17 Kalvarienbergg. 34 wegen Frontverdienste des verstorbenen Gatten trotz-

---

[2] Dergleichen hätte man sonst nicht behaupten dürfen – ob rechts oder links, die Verlogenheit um Dinge wie das Briefgeheimnis war überall gleich.
230 [1] Zwecks Konzentration in bestimmten Judenhäusern.

dem werde ich Samstag früh von Kreisleitung 9 delogiert bitte dringendst Hilfe –

[231] 21.8.1939 *Reichskommissar für die Wiedervereinigung Österreichs an Milch- und Fettwirtschaftsverband Wien – mit Aktenvermerk dazu (Begründung)*
Ich ermächtige Sie, jenen Wiener Kaffeehäusern, die vorwiegend von Juden besucht werden, den Bezug von Schlagsahne einzuschränken oder nach der besonderen Lage des Falles ganz zu entziehen [...]

Begründung
Die Anregung zu dieser Anweisung stammt vom Milch- und Fettwirtschaftsverband und von der Landesbauernschaft Donauland. Ihre allgemeine Zulässigkeit vom wirtschaftlichen Standpunkt aus ist dadurch gegeben, dass bei dem bestehenden Mangel an Schlagsahne deren Verkauf an Juden nicht für tragbar gehalten werden kann [...]
Da unter dem Druck dieser Massnahme ein Abwandern der Juden aus den heute von ihnen besuchten Kaffeehäusern zu erwarten ist, musste eine zeitliche Beschränkung, allerdings mit der Möglichkeit der Verlängerung vorgesehen werden, um diese Betriebe nicht dauernd unter Druck zu setzen [...]

[232] 6.9.1939 *Aktenvermerk Reichskommissar für die Wiedervereinigung Österreichs*
Gemäss Auftrag des Herrn Regierungspräsident Barth werden die Unzuträglichkeiten, die sich bei der gegenwärtigen Situation aus der weiteren Belassung sogenannter Juden-Kaffees ergeben würden, in der Weise abgestellt, dass die in Frage kommenden Betriebe auf Grund des Berufsbereinigungsgesetzes vom 5. Juli 1939 zum 15. d. M. einen Stillegungsbescheid erhalten.
Die Kaffeehausbetriebe und Gasthäuser, die, in den meisten Fällen auf Grund besonderer Ausnahmebedingungen von Parteidienststellen, Juden vom Lokalbesuch nicht ausgeschlossen ha-

ben, sind von der Kreisgruppe des Gaststätten- und Beherbergungsgewerbes in einer Liste zusammengestellt worden. Die Feststellungen, auf Grund deren die Aufnahme in die Listen erfolgt ist, wurden von den Durchführungsorganen der Arbeitsgemeinschaft der DAF und der Kreisgruppe für das Gaststättengewerbe getroffen. Nach der vorgelegten Liste handelt es sich in Wien dabei um 44 Betriebe.

Die Stillegungsbescheide, die den Betriebsinhabern ohne Hinweis auf den besonderen Grund der Betriebsschliessung zugestellt werden, werden von dem unterzeichneten Referenten unterfertigt […]

Gegen diejenigen Betriebsinhaber, die die erforderliche Gewähr in persönlicher Hinsicht bieten und bis zum 15. September d. J. dafür sorgen, dass ihre Betriebe von Juden restlos bereinigt werden, wird der Stillegungsbescheid nicht vollzogen. Die Arbeitsgemeinschaft wird die betreffenden Betriebe ständig durch ihre Organe auf ihr weiteres Verhalten kontrollieren lassen.

[233] *9.10.1939 Oberbürgermeister Frankfurt a. M. an den Deutschen Gemeindetag*

In Frankfurt am Main werden zurzeit Rassejuden, die zum christlichen Glauben übergetreten sind, auf den städtischen Friedhöfen in den Reihen der deutschen Volksgenossen bestattet. Es hat sich die Frage aufgeworfen[1], ob diese Bestattungsweise auch nach der verschärften Judengesetzgebung beibehalten werden darf.

Ich bitte um Klarstellung durch Nachfrage an zuständiger Ministerialstelle. Es wären insbesondere folgende Fragen zu stellen:

1.) Dürfen getaufte Juden in Reihengräbern zwischen Volksgenossen bestattet werden?
2.) Ist auch weiterhin die Bestattung von getauften Juden in gekauften Wahlgrabstätten zwischen Volksgenossen zuzulassen?
3.) Ist zuzulassen, daß Rassejuden, die keiner Religionsgemeinschaft, auch keiner jüdischen, angehören, außerhalb der Judenfriedhöfe bestattet werden?

233 [1] Sie sich selbst also!

[234] *20.11.1939 Hauptamt für Technik an Stab Stellvertreter des Führers*

Der Verband Deutscher Elektrotechnik im NSBDT[1] hat den Vorschlag gemacht, für die Einheit der Frequenz in Zukunft die Bezeichnung »Helmholtz« statt »Hertz« zu verwenden.[2] Diese Lösung erlaubt es, die Abkürzung »Hz« für die Einheit der Frequenz, die sich bereits überall eingebürgert hat, beizubehalten. Wir halten diese Lösung für den besten Vorschlag, der bisher auf diesem Gebiete gemacht worden ist und pflichten ihm vollkommen bei. Auch der Herr Reichspostminister, der Herr Reichsverkehrsminister, der Präsident des staatlichen Materialprüfamtes und die Wirtschaftsgruppe Elektroindustrie schliessen sich diesem Vorschlag vollkommen an.

Wir bitten Sie, auch seitens der Reichsleitung für die Umänderung der Bezeichnung der Einheit der Frequenz im vorgeschlagenen Sinne eintreten zu wollen.[3]

[235] *[Ende 1939] Merkblatt des Landrats und des Kreisleiters eines Kreises im Gau Weser–Ems*

Richtlinien über die Behandlung fremdvölkischer Arbeiter, insbesondere Polen, für die gewerbl. Wirtschaft.

[…] Der Pole war unser Feind und bleibt unser Feind.

Da es sich nicht verhindern lässt, dass auch die Betriebe der gewerblichen Wirtschaft mit Polen, soweit sie ihren täglichen Bedarf eindecken müssen, in Berührung kommen, werden nachstehende

---

234 [1] NS-Bund Deutscher Technik, die Organisation der Techniker, die Parteigenossen waren. Der Verbandsname richtig: … Elektrotechnik*er*.
[2] Hermann v. Helmholtz war Heinrich Hertz' Lehrer gewesen, dessen Abstammung unklar war: Theodor Fritsch hat ihn in seinem berüchtigten Handbuch der Judenfrage durch Berichtigung wieder gestrichen, in den nicht minder obskuren Sigilla Veri wird lediglich Geschwätz aus Bonn vorgebracht, und im »braunen Meyer« figuriert er als »jüdischer Mischling«.
[3] Trotz dieser starken Befürwortung ist der Vorschlag nicht realisiert worden. Ob etwa durch Ablehnung Hitlers, der diesem Dokument zufolge damit befaßt worden sein müßte, oder doch schon im Vorfeld zurückgewiesen, dann wohl durch Hess, war nicht zu ermitteln. Einige befragte Kollegen aus dem Lehrfach Elektrotechnik hatten von den vorliegenden Bemühungen noch nie etwas gehört.

Richtlinien über die Behandlung aufgestellt, die strengstens zu beachten sind:
1. Betritt ein Pole den Laden bzw. Betrieb, so ist ihm ohne jegliche Unterhaltung das von ihm gewünschte Stück zu verkaufen, sofern er ein Anrecht darauf hat und die Voraussetzungen, wie Vorhandensein der erforderlichen Marken usw., erfüllt sind. Bei der augenblicklich[en] stellenweisen Verknappung an Waren darf unter keinen Umständen der Pole mehr oder ein besseres Stück erhalten als die deutschen Volksgenossen. Diese gehen bei Abgabe von Waren jeglicher Art in allen Fällen vor.
2. Es ist die Feststellung gemacht worden, dass die Polen durch Handeleien oder sonstiges langes Gerede versuchen, sich mehr oder ein besseres Stück zu erbetteln, als ihnen zusteht. Hierauf hat sich der Geschäftsinhaber nicht einzulassen, sondern den Polen ohne weiteres aus dem Laden zu verweisen.
3. Auseinandersetzungen mit Polen im Laden oder Betrieb gibt es nicht. Der Pole ist in solchem Falle ohne weiteres aus dem Laden zu verweisen. Es liegt unter der Würde eines deutschen Volksgenossen, bei polnischen Arbeitern handgreiflich zu werden und diese zu schlagen. Polen, die sich in irgendeiner Form im Laden vergehen, sind sofort fernmündlich der örtlich zuständigen Gendarmerie zu melden. Diese wird dann die notwendigen Massnahmen ergreifen.
4. Es ist Vorschrift, dass der Pole an jedem Kleidungsstück das »P« trägt. Die Betriebe der gewerblichen Wirtschaft haben mit darüber zu wachen, dass diese Vorschrift auch tatsächlich eingehalten wird. Kommt ein Pole in ein Geschäft, ohne dass er das »P« trägt und der Inhaber stellt dieses fest, so ist ebenfalls sofort die Gendarmerie zu benachrichtigen.
5. Die Abgabe von Rauchwaren und Alkohol hat sich nur in ganz kleinen Grenzen zu bewegen. Der Pole darf auf keinen Fall mehr zu rauchen und zu trinken bekommen als der deutsche Volksgenosse. Der Verkauf von Spirituosen über die Strasse ist grundsätzlich verboten.
6. Es kann keinem deutschen Volksgenossen zugemutet werden, sich längere Zeit zusammen mit Polen in einem Raum aufzu-

halten. Deshalb ist in solchen Fällen, wo auf die Abfertigung längere Zeit gewartet werden muss, dafür Sorge zu tragen, dass die Polen an einer besonderen Stelle oder Raum warten, bis sie an die Reihe kommen. Dabei ist darauf zu achten, dass die Polen erst dann abgefertigt werden, wenn keine deutschen Volksgenossen mehr warten. Sonderwünsche der Polen gibt es auch hier nicht.

7. Bei der augenblicklichen Arbeitsüberlastung der Friseure können Polen und Polinnen überhaupt nicht bedient werden. Denselben ist vielmehr während ihrer Freizeit Gelegenheit gegeben, sich gegenseitig ihr Haar in Ordnung zu bringen. Die Friseure haben Polen, die ihren Betrieb aufsuchen, aus dem Laden zu weisen.
8. [...] Die Polizei hat Anweisung, durch Stichproben jederzeit das Tun und Lassen der Polen zu überwachen.

[236] *5.2.1940 Lammers an Oberste Reichsbehörden und RStatth.*

Der Schriftverkehr der Behörden untereinander einschließlich der Obersten Reichsbehörden hat in der letzten Zeit zum Teil Formen angenommen, die mit der Würde der Behörden nicht mehr vereinbar sind. So ist es, um nur einige Beispiele zu nennen, vorgekommen, daß eine Oberste Reichsbehörde einer anderen schreibt: »Diese Ihre Feststellung ist unwahr«. Der Chef einer nachgeordneten Behörde glaubt in einem anderen Falle, seinen vorgesetzten Reichsminister bitten zu können, seinen Staatssekretär »auf das Unkorrekte und Illoyale seiner Handlung hinzuweisen« und das Verhalten des Staatssekretärs als »ungehörig« zu bezeichnen.

Verschiedenen an mich herangetragenen Beschwerden entsprechend habe ich dem Führer über die Angelegenheit Vortrag gehalten. Der Führer hat derartige Formlosigkeiten schärfstens mißbilligt. Der Führer erwartet, daß die Behörden in ihrem Schriftverkehr unter allen Umständen die Form wahren, die ihrer Stellung und ihrer Aufgabe, Vorbild zu sein, entspricht; anderenfalls sehe er sich genötigt, seinerseits mit entschiedenen Maßnahmen einzugreifen.

[237] *22.2.1940 Beanstandungen des Rechnungshofes des Deutschen Reiches (Vizepräsident [Fritz] Mussehl) gegenüber dem Reichspostminister*
1. Einrichtung einer Sommerdienststelle des Reichspostministeriums in Graz.
Der Reichspostminister hat erstmalig 1939 die Leitung der Deutschen Reichspost von Berlin nach Graz verlegt und dort von etwa Mitte Juli bis Ende August eine Sommerdienststelle eingerichtet. 14 Beamte des Reichspostministeriums waren in dieser Zeit ständig in Graz, hauptsächlich der Personalstab des Reichspostministers mit einigen Büro- und Schreibkräften. Daneben waren zahlreiche Beamte des Reichspostministeriums vorübergehend in Graz. Für die Einrichtung dieser Dienststelle sind 2 Grundstücke zum Preise von rd. 177 000.– RM gekauft worden [...] In mündlichen Erörterungen glaubte der Reichspostminister darauf hinweisen zu sollen, daß auch der Führer und Reichskanzler auf dem Obersalzberg eine solche Sommerdienststelle habe und demgemäß gegen ein ähnliches Vorgehen eines Reichsministers wohl kaum Bedenken erhoben werden könnten.

[2.–8. ...]
9. Ankauf einer Motoryacht
Der Reichspostminister hat im August 1939 eine gebrauchte Motoryacht für 42 000.– RM angekauft. Er begründet die Beschaffung damit, daß die Yacht im Sinne des Auswärtigen Amtes aus Anlaß des Besuches des italienischen Postministers Benni gekauft und gleichzeitig auch für funktechnische Versuche der Forschungsanstalt der Deutschen Reichspost mit Dezimeterwellen beschafft worden sei. Der Rechnungshof kann nicht anerkennen, daß für den Reichspostminister eine Veranlassung und Berechtigung bestand, eine Motoryacht aus Reichsmitteln zu beschaffen, um mit dem italienischen Postminister die Wasserstraßen um Berlin zu befahren. Es würde zu einem bedenklichen Aufwande von Reichsmitteln führen, wenn die einzelnen Ressortminister aus Anlaß von Besuchen ausländischer Minister zu Beschaffungen dieser Art schreiten würden. Wenn der Reichspostminister mit

dem italienischen Postminister die Wasserstraßen um Berlin befahren wollte, so hätte ihm nach Meinung des Rechnungshofs der Reichsverkehrsminister eines seiner Motorboote, insbesondere die erstklassig ausgerüstete Motoryacht »Deutschland« zur Verfügung gestellt [...]

10. Ankauf von Ölgemälden von der Firma Heinrich Hoffmann, Berlin – München[1]

Der Rechnungshof verkennt durchaus nicht, daß es angebracht ist, nach dem Grundsatz »Schönheit der Arbeit«[2] auch Diensträume der Deutschen Reichspost mit künstlerischen Bildern zu schmücken. Ebenso hält er es nicht nur für angemessen, sondern für geboten, Diensträume, die dem Publikum zugänglich sind, mit Bildern des Führers zu schmücken. Daß aber für solche Diensträume Ölgemälde des Führers im Einzelpreis von 1 500.– RM bis 2 000.– RM beschafft werden und daß andere Diensträume mit solchen Ölgemälden im Einzelpreis bis zu 7 000.– RM ausgestattet werden, erscheint dem Rechnungshof nicht immer notwendig.

Der Reichspostminister hat die Ölgemälde des Führers ausschließlich durch die Firma Heinrich Hoffmann in Berlin – München beschafft, obwohl auch andere namhafte Künstler den Führer gemalt haben. Vergleichende Feststellungen des Rechnungshofs haben ergeben, daß die vom Reichspostminister an die Firma Heinrich Hoffmann gezahlten Preise für Ölgemälde des Führers erheblich über den von anderen Reichsministerien aufgewendeten Kosten liegen.

11. Herstellung von Bildabzügen und Matern über Sonderwertzeichen der Deutschen Reichspost durch die Firma Heinrich Hoffmann, Berlin – München

Die Deutsche Reichspost hat bisher bei der Herausgabe neuer Sonderwertzeichen Bildabzüge und Matern, die der Presse übersandt werden, durch die Reichsdruckerei mit einem Kostenaufwande von insgesamt etwa 115.– RM herstellen lassen. Für Künst-

237 [1] Vgl. Anm. 207-5. – Postminister Wilhelm Ohnesorge war im Reichskabinett ein besonders williger Diener seines Herrn – und auch stets zu dessen und seiner Trabanten finanziellen Unterstützung aus dem Postsack bereit.
[2] Aktion der DAF »zur ästhetisch und sozialhygienisch befriedigenden Gestaltung der Arbeitsräume und Arbeitsplätze«.

lerentwürfe zu den Postwertzeichen mit Einschluß des Vervielfältigungsrechts zahlte die Deutsche Reichspost bis zu 800.– RM für jeden übernommenen Entwurf. Der Reichspostminister läßt seit 1936 die Bildabzüge usw. durch die Firma Heinrich Hoffmann herstellen. Ihr sind im Einzelfall bis zu 18 000.– RM einschließlich des Entgeltes für den Künstlerentwurf und für das Vervielfältigungsrecht gezahlt worden. Dieser an die Firma Hoffmann gezahlte Preis ist nach Auffassung des Rechnungshofs ungerechtfertigt hoch. Eine Prüfung des Preises im einzelnen war nicht möglich, weil die von der Firma Hoffmann nur mündlich mitgeteilte Kostenaufteilung völlig ungenügend war.

[12. ...]

13. Bezug von Telegramm-Schmuckblättern von der Firma Heinrich Hoffmann

Der Reichspostminister hat der Firma Heinrich Hoffmann unter Ausschluß jedweden Wettbewerbs Telegramm-Schmuckblätter in Auftrag gegeben. Die Firma Hoffmann hat diese Blätter nicht im eigenen Betriebe hergestellt, sondern sich hierzu selbständiger Künstler und eines fremden Druckereibetriebs bedient. Dem Reichspostminister sind Künstler und Druckereien, die für die Herstellung von Schmuckblättern in Betracht kommen, in ausreichender Zahl bekannt. Die Einschaltung der Firma Heinrich Hoffmann lediglich als Vermittlerin eines Auftrags mußte die Kosten unnötig erhöhen. Der Rechnungshof konnte dies ebensowenig wie den Ausschluß jeden Wettbewerbes billigen.[3]

[238] *23.2.1940 Landrat Hammelburg an Ortspolizeibehörde Untererthal*

In letzter Zeit ist verschiedentlich beobachtet worden, daß die Juden in ihrem Auftreten in der Öffentlichkeit sich nicht die notwendige Zurückhaltung auferlegen. Es wird besonders darüber geklagt,

---

[3] Entweder wußten die Leute vom Rechnungshof nicht, wer dieser H. H. eigentlich war, oder aber es war ganz schön mutig von ihnen, diese hübschen Korruptionsfälle aufzudecken.

daß Juden, namentlich aus Untererthal, öfters auf den Straßen der Stadt Hammelburg herumstehen und dadurch bei der deutschblütigen Bevölkerung Ärgernis erregen. Sämtlichen Juden ist daher gegen Unterschrift zu eröffnen, daß ein derartiges Verhalten keinesfalls geduldet werden kann. Juden ist der Aufenthalt in der Öffentlichkeit verboten. Ferner ist ihnen bekanntzugeben, daß Juden und Jüdinnen, die sich gegen diese Weisung oder irgendeine andere Anordnung vergehen oder sonst ein herausforderndes oder staatsabträgliches Verhalten an den Tag legen, in Polizeihaft genommen werden. Die Eröffnungsnachweise sind vorzulegen.

Die für Juden notwendige Zurückhaltung wird vor allem darin zu ersehen sein, daß kein Jude ohne zwingenden Grund einen Bahnhof betritt oder sich dort längere Zeit aufhält; ferner, daß kein Jude deutschblütige Personen in ihren Wohnungen, Geschäftsräumen usw. aufsucht, mit Ausnahme der ihnen zugewiesenen Ladengeschäfte. Der Aufenthalt von Juden in Wirtschaften wird stets eine Beunruhigung der Bevölkerung hervorrufen und ist deshalb aus diesem Grunde überall unerwünscht. Gegenseitige Besuche von Juden aus verschiedenen Orten, die größtenteils doch nur zur Nachrichtenübermittlung dienen, sind auf das notwendigste Maß zu beschränken.

Mit vorstehenden Richtlinien kann einer Beunruhigung der deutschblütigen Bevölkerung vorgebeugt werden. Eine Veröffentlichung von Verboten für Juden hat auf alle Fälle zu unterbleiben.

[239] *20.6.1940 Aktenvermerk Bormanns*
Gen. Reinecke[1] richtete heute die Frage an mich, wie der Geschlechtsverkehr von Franzosen und Engländern mit deutschen Frauen behandelt werden solle. Ich erwiderte, er sei genauso anzusehen und zu bestrafen wie bei Polen! Gen. Reinecke wird entsprechend verfahren und die betr. Gefangenen an Gestapo zur Erschiessung abgeben.

---

239 [1] GenLt. Hermann R., der Chef des Allgemeinen Heeresamtes (AHA) im OKW, einer der profiliertesten NS-Generäle.

[240 a, b]

[a] *Juli 1940 Tätigkeitsbericht des Gauamtes für Kommunalpolitik Schwaben*
Zu erwähnen ist, dass Augsburg seit kurzem den neuen Trauungssaal fertiggestellt hat. Der eigentliche Trauungssaal sowie das Vorzimmer sind architektonisch vorbildlich ausgestattet. Auch die ganze Durchführung der Trauung entspricht unserer nationalsozialistischen Haltung. Der Beamte trägt mit Erlaubnis der Gauleitung den braunen Uniformrock (ohne Abzeichen) und schwarze Hose. Auch ist für eine Musikanlage gesorgt (Harmonium bzw. Schallplattenübertragung). Der Trauakt ist wirklich so feierlich, dass, wie der Standesbeamte versichert, sehr viele Brautpaare nach der Trauung vor Rührung ihre Namen nicht mehr schreiben können.

[b] *März–April 1941 Tätigkeitsbericht des Gauamtes für Kommunalpolitik Sudetenland*
Im Frühjahr des Vorjahres entschloss sich der Bürgermeister von Bautsch, Pg. Kreisamtsleiter Leo Thomas, seiner Stadt ein würdiges Standesamt zu errichten. In dem akademischen Maler Raimund Mosler aus Hohenstadt fand er den künstlerischen Berater, der, angeregt durch die schönen Deckengewölbe in der Bürgermeisterkanzlei, diese zur Umgestaltung in ein Trauungszimmer vorschlug, die Umgestaltung künstlerisch leitete und zum Teil auch selbst ausführte. Der früher unscheinbare Vorraum wurde zu einem würdigen Repräsentationsraum. Die echten Butzenscheiben tauchen ihn in ein zartes Dämmerlicht. Die Fresken zeigen eine wuchtige Eiche, auf deren Wurzeln die Steinmale zweier Hühnengräber[1] ruhen, »Vergangenheit«. Endlos weitet sich dahinter der Himmelsdom, den Blick in die ferne Zukunft freigebend. Die Worte Hermann Görings »Ewiger Wald, ewiges Volk« kreuzen unsere sinnende Betrachtung. Dieses Mittelstück wird von einem holzgeschnitzten Hoheitszeichen gekrönt. Und die Gegenwart? Die beiden Seitenflügel zeigen uns jene Menschen, die unsere Zeit geformt haben. Links das junge

---

240 [1] Die freilich mit Hühnern wenig zu tun haben – sofern nicht welche auf ihnen scharren.

Paar in Erwartung froher Zukunft und die Jugend in zagem Aufblick zum Erwachsenen, rechts hingegen die Menschen der Kampfzeit, die Mutter mit dem Kinde, der leuchtende Blick des Jungmädels[2] und die schon mannhafte Haltung des Hitler-Jungen. Unterhalb der Fresken befindet sich der Spruch: »Des Blutes Reinheit ein festes Band, es bindet das Volk und das Vaterland«. In der gegenüberliegenden Ecke ist auf einem mit dem Stadtwappen geziertem Sockel eine wertvolle Bronzbüste des Führers aufgestellt [...]

[241] 19.7.1940 *Gauamt für Kommunalpolitik Köln–Aachen an Hauptamt für Kommunalpolitik*
[...] gebe Ihnen nachstehend die von dem Kreisamtsleiter und gleichzeitigem Landrat Pg. Classen, Kreis Aachen-Land, festgestellten Preissteigerungen bekannt. Es handelt sich hierbei allerdings nur um einige Beispiele:

Brötchen je Stück			Juni 39	2¹/₂ Pfg.	Juni 40 3 Pfg
Erbsen je Pfd.	Sept. 38	30 Pfg.	"	34 "	" 35 "
Haferflocken (lose)[1]			"	26 "	" 27 "
Speisebohnen			"	24 "	" 26 "
Linsen	Sept. 38	33 Pfg.	"	26 "	" 27 "
Malzkaffee Pfd.			"	25 "	" 27 "
Salzheringe je Stck.	Aug. 38	5 Pfg.	"	7 "	" 10 "
Wirsing je Pfd.			Aug. 39	8 "	" 12 "
Weisskohl je Pfd.			Sept. 39	6 "	" 27 "
Rotkohl je Pfd.			Aug. 39	9 "	" 11 "
Spinat je Pfd.			"	10 "	" 19 "
Speisemöhren[1]			"	9 "	" 18 "
Sauerkraut			"	14 "	" 17 "
Vollmilch			"	22 "	" 24 "
Butter			Juni 39	1.60 RM	" 1.80 RM
Margarine			"	0.63 RM	" 0.98 RM

[...]

[242] 24.8.1940 *Reichsinnenminister an Reichskanzlei*
Über die Verwendung des Straßburger Münsters eine endgültige und ausdrückliche Entscheidung zu treffen, ist im gegenwärtigen

---

[2] Die weiblichen »Pimpfe« (von zehn bis vierzehn Jahren), also nicht das Pendant zum »Hitler-Jungen« im engeren Sinne.
241 [1] Nachfolgend weiter gemeint: je Pfd. bzw. Liter.

Augenblick m. E. noch nicht ratsam. Die Verhältnisse im Elsaß sind zurzeit noch zu sehr im Fluß, die Einwohner von Straßburg zu einem großen Teil noch nicht zurückgekehrt.[1] Die erste Ausrichtung der elsässischen Bevölkerung auf den Nationalsozialismus und das Großdeutsche Reich hat gerade erst begonnen. Wenn in diesem Zeitpunkt öffentlich verkündet wird, das Straßburger Münster sei zum Nationalheiligtum des deutschen Volkes erklärt oder in eine protestantische Kirche[2] umgewandelt worden, so wird diese Feststellung in dem zu 3/4 katholischen und bisher streng kirchlichen Elsaß weittragende Folgen für die zukünftige Entwicklung haben können. Dabei ist nicht zu verkennen, daß nach der Auffassung der elsässischen Bevölkerung ein Teil der katholischen Priesterschaft gegen die von Paris betriebene Verwelschung erheblichen Widerstand geleistet hat. Es würde daher im Elsaß schwer verständlich sein, wenn als eine der ersten Maßnahmen die ausdrückliche Überführung des Straßburger Münsters in einen anderen als kirchlichen Zweck oder in protestantische Hände stattfindet [...]

[243] *30.8.1940 g. – Reichssicherheitshauptamt ([SS-Gruf. Reinhard] Heydrich) an Reichsinnenministerium*
Der Exkronprinz Rupprecht v. *Bayern* hat sich in den vergangenen Jahren viel im Ausland – hauptsächlich in Ungarn und Italien – aufgehalten. Nachdem er zuletzt vom 13.8. bis 1.10.1939 bei seinem in Sarvar/Ungarn wohnhaften Bruder geweilt hatte, ist er nur für kurze Zeit nach Deutschland zurückgekehrt, um sich am 30.12.1939 erneut ins Ausland – nach Italien – zu begeben. Von dieser Reise, die angeblich auf Einladung des Italienischen Königs erfolgt sein soll, ist der Exkronprinz bisher nicht zurückgekehrt, obwohl er am 28.12.1939 vom Landrat in Starnberg[1] lediglich einen bis zum 1.3.1940 für eine einmalige Aus- und Wiedereinreise gültigen Sichtvermerk erhalten hatte [...]

242 [1] Von der Evakuierung ins Innere Frankreichs.
[2] Was es seit der Reformation bis 1681, dem Jahr der französischen Okkupation, gewesen war.
243 [1] R. war in Schloß Leutstetten nördlich vom Starnberger See wohnhaft (seine Münchener Residenz: das Leuchtenberg-Palais am Odeonsplatz). – Vgl. Nr. 197.

Die Ehefrau des Exkronprinzen Rupprecht, Antonia v. Bayern, geborene Prinzessin von Luxemburg und von Nassau, hat sich im August 1939 zu ihrer Schwester, der Großherzogin Charlotte v. Luxemburg, begeben, um dort ihre vier ältesten Töchter abzuholen, die sich bezeichnenderweise gemeinsam mit den Kindern des Großherzogs v. Luxemburg seit etwa 2 Jahren in einem Internat in England befanden [...] Am 27.1.1940 hat sie ebenfalls Antrag auf Erteilung eines Aus- und Wiedereinreisesichtvermerks für sich und ihre Kinder für eine einmalige Reise nach Italien gestellt und ist dann mit ihren Kindern [...] nach Italien ausgereist, wo sie sich zur Zeit bei ihrem Ehemann aufhält.

Bezüglich des Aufenthaltes des Exkronprinzen Rupprecht und dessen Familie in Italien ist hier noch bekannt geworden, daß Rupprecht am 7.1.1940 vom Papst in Audienz empfangen worden ist, ohne vorher die Deutsche Botschaft beim Vatikan, wie sonst üblich, in Anspruch zu nehmen.

Der Exkronprinz sowie dessen Familie haben durch ihre unmittelbar in der Spannungszeit vor Kriegsausbruch sowie während des Krieges unternommenen Reisen ins Ausland eindeutig unter Beweis gestellt, daß sie dem Kampf des deutschen Volkes zumindest gleichgültig gegenüberstehen und sich diesem nicht verbunden fühlen. Die Vermutung, daß sie sich in dem zur Zeit ihrer Ausreise noch nicht kriegführenden Italien sicherer als in Deutschland glaubten und aus diesem Grunde das Reichsgebiet verlassen haben, bedarf hier keiner näheren Begründung. Welch schlechtes Beispiel Rupprecht als Chef des Hauses Wittelsbach mit seinem Verhalten gegeben hat, zeigt die Tatsache, daß sich – von ihm selbst, seiner Ehefrau und seinen Kindern aus zweiter Ehe abgesehen – zur Zeit zwanzig weitere Wittelsbacher im Ausland aufhalten. Der Umstand, daß der Exkronprinz Rupprecht lediglich einen bis zum 1.3.1940 befristeten Sichtvermerk erhalten hatte und sich nach wie vor in Italien aufhält, obwohl eine Verlängerung des Sichtvermerks weder erfolgt ist noch überhaupt beantragt wurde, zeigt weiter, daß der Genannte glaubt, sich willkürlich über behördliche Anordnungen des nationalsozialistischen Staates hinwegsetzen zu können. Auch dieses Verhalten beweist wiederum seine Interesselosigkeit an dem Schicksalskampf des deutschen Volkes. Daß das feindliche Ausland aus dem Verhalten der Wittelsbacher und insbesondere des Exkronprinzen Rupprecht gewisse Rückschlüsse zieht und diese propagandistisch zum Nachteil des Deutschen Reiches verwertet, geht aus verschiedenen Presseveröffentlichungen und Rundfunksendungen hervor [...]

Eine offen staatsfeindliche Betätigung konnte dem Exkronprinzen Rupprecht bisher nicht nachgewiesen werden. Doch sind die Gerüchte, daß er mit illegalen monarchistischen bezw. legitimistischen Organisationen in Verbindung stehe oder zumindest derartige Bestrebungen fördere bezw. wissentlich dulde, seit Jahren nicht mehr verstummt. Bereits im Jahre 1936 soll der Genannte an Besprechungen im Ausland teilgenommen haben, die sich mit der Frage der Wiedereinsetzung einer Monarchie befassten.

Der geschilderte Sachverhalt zeigt, daß der Genannte als Kristallisationspunkt aller monarchistischen bezw. legitimistischen Bestrebungen in Bayern und zum Teil auch in den angrenzenden süddeutschen katholischen Gebieten anzusehen ist. Diese Tatsache wird durch verschiedene Gerüchte, die sich mit seiner Person befassten, wie auch durch zahlreiche Ergebenheits- und Glückwunschschreiben sowie die seit Jahren beim Portier des Leuchtenberg-Palais ausgelegten Audienzbücher belegt, die die Namenszüge von Tausenden von Verehrern enthalten [...]

Wenngleich dem Exkronprinzen eine ausgesprochen staatsfeindliche Betätigung bisher nicht nachgewiesen werden konnte, zeigt doch sein geschildertes Verhalten, insbesondere sein jetziger Aufenthalt in Italien, daß er sich nicht als zu dem im Nationalsozialismus geeinten deutschen Volk zugehörig fühlt und daß er dem nationalsozialistischen Staat feindlich gegenübersteht. Er hat damit die ihm gegenüber Volk und Reich obliegende Treuepflicht gröblich verletzt und die deutschen Belange erheblich geschädigt. Ich halte daher die Voraussetzungen für die Aberkennung der deutschen Staatsangehörigkeit und die Erstreckung[2] der Ausbür-

---

[2] Gemeint: auf R.s Frau Antonia und die sechs Kinder.

gerung sowie die Vermögensbeschlagnahme und Verfallerklärung für gegeben und bitte, das Weitere zu veranlassen.[3]

[244]   *12.10.1940 FS Botschaft Paris an Auswärtiges Amt für Botschafter Abetz*[1]
Major Schmidtke, der heute von Berlin zurückkam, hat Befehl Reichspropagandaministers mitgebracht, dass jede französische Modebetätigung zu unterdrücken sei. Die französische Mode soll nach Berlin verpflanzt werden und keine französische Modezeitschrift würde mehr zugelassen werden. Vertraulich konnte in Erfahrung gebracht werden, dass dasselbe auch auf dem Gebiete der Filmherstellung beabsichtigt ist [...]

[245]   *28.11.1940 Bayer. Innenminister GL Adolf Wagner an Führeradjutant SS-Gruf. [Julius] Schaub*
[...] Richtiger ist der Gedanke Ley's, in München, Wien, Berlin und Hamburg große, gut ausgestattete Modeschulen zu errichten, die dann in ehrlichem Wettbewerb schaffen können. Die jetzigen städtischen Einrichtungen wären in diese Institute einzubauen.

Da auch ich der Meinung bin, daß die Mode am besten in künstlerischer Atmosphäre gedeihen wird, hoffe ich, daß sich München durch Leistung an die Spitze schiebt. Allerdings wird es schwer sein, gegen Wien anzukommen, da dort gerade die Mode sehr gepflegt ist. Gelingt es aber tatsächlich, wie mir vorschwebt, München in seiner Weltgeltung an die Stelle des absackenden Paris zu bringen, dann löst sich auch diese Frage [...]

[3] Aus der Ausbürgerung ist nichts geworden, da R., der tatsächlich Deutschland am 31.12.1939 mit einer – erbetenen – Einladung des italienischen Königs verlassen hatte, mehrmals Rückreisevisas beantragt hatte, die abgelehnt worden waren. Er hat sich, nach kurzem Aufenthalt in Rom, in Florenz nieder- und dort im Sommer 1944 in einem Versteck von der Front überrollen lassen; Frau und Kinder freilich, die ihm 1940 – wieder mit italienischer Hilfe – nach Brixen hatten folgen können, wurden kurz nach dem Juliattentat von der Gestapo in den Dolomiten festgenommen und traten einen qualvollen Weg durch die deutschen Konzentrationslager an.
244   [1] Otto A., Ribbentrops Spezialist für Frankreich, damals seit 8.8.1940 »Botschafter« in Paris bzw. bei der Vichy-»Regierung«. A. war kein Karrierediplomat, sondern stammte aus der »Dienststelle Ribbentrop« – R.s Konkurrenzunternehmen zu Rosenbergs »Außenpolitischem Amt« in der Partei –, wo er seit 1935 das Referat »Frankreich, Italien, Schweiz, Belgien« innegehabt hatte.

[246 a, b]
[a]   10.1.1941 *Gauamt für Kommunalpolitik Ostpreußen an Hauptamt für Kommunalpolitik*
Eine grosse Anzahl der ostpr. Städte ist judenfrei geworden. Die jüdischen Begräbnisplätze sind zum Teil verwahrlost, zum Teil ist mit ihrer baldigen Verwahrlosung zu rechnen, da niemand vorhanden ist, der ihre Pflege übernehmen könnte.

Da ausserdem in diesen Städten keine Aussicht besteht, dass auf den vorhandenen Begräbnisplätzen in Zukunft Juden beerdigt werden oder die Juden diesen Begräbnisplatz zum Besuche ihrer verstorbenen Angehörigen aufsuchen können, beabsichtigen die Bürgermeister, diesen Platz anderen Zwecke[n] zuzuführen. In Einzelfällen würde es genügen, wenn die bestatteten Leichen umgebettet werden könnten.

Die Inanspruchnahme des jüdischen Friedhofplatzes ist aber nach dem geltenden Recht mit Schwierigkeiten verbunden [...] Diese bestehenden umständlichen Rechtsvorschriften genügen keineswegs den praktischen Bedürfnissen. Dem Vernehmen nach soll sich bereits ein Gesetz über die Entwidmung von Friedhöfen in Vorbereitung befinden, in dem auch die Frage der Behandlung von Friedhöfen geregelt werden soll. Da die Städte vielfach die Absicht haben dürften, bei dem kommenden Wohnungsbau die früheren Begräbnisplätze als Bauland zu verwerten, bitte ich dafür einzutreten, dass die Entwidmungs- und gegebenenfalls auch die Enteignungsbestimmungen möglichst bald ergehen.

[b]   24.3.1941 *Stab Stellvertreter des Führers an Hauptamt für Kommunalpolitik*
[...] erscheint es mir unangebracht, jetzt an die jüdischen Friedhöfe heranzugehen, da jedes Vorgehen hier als Maßnahme im Zuge der Judenpolitik ausgelegt würde, wozu sich die Schließung jüdischer Friedhöfe nicht gut eignet.[1]

246 [1] Und daran hat sich nichts mehr geändert, so daß sich das Endergebnis des Nationalsozialismus auf diesem Gebiet reichlich paradox präsentiert: die deutschen Kulturdenkmäler weitgehend in Schutt und Asche, die Judenfriedhöfe hingegen meist heil und unversehrt (und darüber hinaus noch liebevoll inventarisiert).

[247]   13.5.1941 g. – *Notiz Auswärtiges Amt ([Ernst] Neuwirth[1] für Ges. Luther)*
Parteigenosse Dr. Arntz, Reichspropagandaamt München, teilte mir heute telefonisch mit, dass der Chef der Liechtensteinischen Regierung, *Dr. Vogt*[2], sich mit ihm bezw. den Herren Kureck und Geisenhofer vom SD in München in Verbindung gesetzt habe, um die Frage der Eingliederung Liechtensteins in das Grossdeutsche Reich und, wie Dr. Arntz andeutete, auch schweizer Fragen mit ihnen zu besprechen [...]

[248 a, b]
[a]   *11.6.1941 Vorlage Partei-Kanzlei (Verbindungsmann zu Goebbels [OBefL Walter] Tießler für Bormann)*
Im Zusammenhang mit dem Tode *Wilhelms II.* wurde festgelegt, daß für die Auslandswochenschau einige Bilder gebracht werden. Für die Gesamtpresse ist je ein Bild freigegeben worden. Unter diesen Bildern befand sich auch ein Bild mit der Kranzschleife des *Führers*.
Ich habe darauf hingewiesen, daß, während die anderen Bilder harmlos wären, dieses Bild *Wilhelm II.* zu viel Ehre antut und wohl auch bei einem Teil der arbeitenden Bevölkerung nicht verstanden wird.
Dr. Goebbels vertrat denselben Gesichtspunkt und zog das Bild zurück. Dagegen bestanden bei ihm keine Bedenken gegen ein Bild, in dem unter anderem auch *Seyß-Inquart*[1] bei der Totenfeier gezeigt wird.

[b]   *15.6.1941 Reichskriegerzeitung/Bundesamtlicher Teil »Parole-Buch« Nr. 24*

247   [1] Legationssekretär in Luthers Abteilung Deutschland.
[2] Dr. A. Vogt war *stellvertretender* Regierungschef von L., er stand der den Anschluß ans Reich betreibenden »Volksdeutschen Bewegung« nahe (an sich konsequent, lehnte sich das Fürstentum ja immer an den stärksten Nachbarn an).
248   [1] Dr. Artur S.-I., 1938 der »Anschließer« Österreichs (vgl. Bd. I, Anm. 463-1), jetzt wohl zwecks Verwertung der von ihm gewonnenen Erfahrungen »Reichskommissar für die besetzten niederländischen Gebiete«.

Am Mittwoch, dem 4. Juni, wurde nach kurzer, schwerer Krankheit in die Ewigkeit abberufen der Oberste Kriegsherr im Weltkriege *Kaiser und König Wilhelm II.*
Was der Verewigte während seiner Regierungszeit persönlich für die Wehrkraft des deutschen Heeres und für den Aufbau der Marine getan hat, bleibt in den Reihen der alten Soldaten unvergessen.

In Ehrfurcht senken wir vor diesem unserem einstigen höchsten Kriegskameraden unsere Fahnen.

Für alle ehem. Soldaten der früheren Armee und Marine
Der Reichskriegerführer
Reinhard
General der Infanterie[2]

[249] *3.7.1941 Bormann an Lammers*
Die frühere Königin Wilhelmina von Holland hielt am 27.6.41 eine Rundfunkrede, in der sie erklärte, dass ihr Haus tiefes Mitleid mit dem russischen Volke, das sich bald schrecklichen Prüfungen gegenüber befinden werde, empfinde. Heute sei Russland an der Reihe, sie wisse aber, dass morgen und übermorgen die mächtigen Bollwerke unserer Zivilisation – Grossbritannien und Nordamerika – der Hauptwucht der deutschen Kriegsmaschinen widerstehen müssten; deshalb würden sie an der Seite des russischen Volkes kämpfen. Abschliessend lobte Wilhelmina dann die entschlossene Haltung und die weise und mutige Politik des Britischen Imperiums angesichts des neuen Konflikts.

Der Führer hat nunmehr die schon früher vom Reichskommissar[1] erbetene Genehmigung, das Vermögen des niederländischen Königshauses einziehen zu dürfen, gegeben.

---

[2] SS-Gruf. Wilhelm Adolf R., im Ersten Weltkrieg Regimentskommandeur, 1919 Niederwerfung der Spartakisten in Berlin und Ende des Jahres als Oberst ausgeschieden, 1934 Bundesführer des Deutschen Reichskriegerbundes »Kyffhäuser« (ab 1938 NS-Reichskriegerbund »K.«), 1938 Charakterisierung als GenMaj., 1939 als Gen. d. Inf.
249 [1] Vgl. Anm. 248-1.

[250]   14.7.1941 *Int. Schr. Auswärtiges Amt (Sonderkommando [v. Künsberg]¹ an UStSekr. [Martin] Luther)*
Das Sonderkommando des Auswärtigen Amtes gestattet sich, Ihnen zur Ernennung zum Unterstaatssekretär die herzlichsten Glückwünsche auszusprechen und Ihnen als Ausdruck seiner Verehrung eine Thora-Rolle zu überreichen, in der dem König Peter von Jugoslawien eine Ehren-Zeder im Libanon gewidmet ist.

[251]   *15.7.1941 Gauschulungsleiter Wien Hugo Rößner an SA-Brif. Philipp W. Jung, Bürgermeister von Wien – mit Vermerk Jungs vom 17.7.*
Von der städtischen Leichenbestattung wurde mir am 7. Juli 1941 eine Beschwerde des Kreises 2 übermittelt, der zu Folge am Zentralfriedhof ein glaubensloser Jude in dasselbe Schachtgrab beigesetzt wurde, in dem auch Arier begraben wurden. Die städtische Leichenbestattung teilt mir dazu mit, daß der Zentralfriedhof so wie auch andere städtische Friedhöfe interkonfessionell sei und daß von der Leichenbestattung aus daher das Begräbnis glaubensloser Juden nicht abgelehnt werden kann. Die jüdische Kultusgemeinde, deren Friedhof als konfessioneller Friedhof zu betrachten sei, hat sich bisher geweigert, glaubenslose Rassegenossen zu begraben.

Da ich der Meinung bin, daß hier eine grundsätzliche Regelung notwendig ist, bitte ich Sie, nach Rücksprache mit dem Stellvertretenden Gauleiter die Kultusgemeinde anzuweisen, daß sie auf ihrem Friedhof sämtliche Juden, gleichgültig ob mosaischer Konfession oder nicht, zu beerdigen haben.

Um noch anfallende Beschwerden gleich beantworten zu können, bitte ich Sie, mich von Ihrer Stellungnahme zu benachrichtigen.

[Vermerk:] Jüdische Leichen müssen ohne Rücksicht auf die Religionszugehörigkeit auf dem jüdischen Friedhof beigesetzt werden. Auf anderen Friedhöfen verbiete ich die Beisetzung.

250   ¹ Eine zur Beteiligung an der Ausplünderung der besetzten Gebiete (nämlich im Bereich der dortigen Außenministerien und diplomatischen Vertretungen) aufgestellte Spezialeinheit unter Legationsrat SS-Stubaf. Eberhard Frhrn. v. Künsberg (vgl. Bd. I, Anm. 471-1).

[252] *16.7.1941 Gauamt für Beamte Baden an Kultusminister [Karlsruhe]*
Der als Erscheinung aus Preussens Geschichte überlieferte sogenannte Beamtenton ist in manchen Hirnen Deutscher Beamten und sonstiger Behördenbediensteten auch heute noch nicht ausgetilgt. Mag dieser harte und herrschende Ton in vergangenen Zeiten zur Aufrechterhaltung einer strengen Zucht erklärlich gewesen sein, im nat.soz. Staat jedenfalls ist er falsch und verwerflich.

Der Nationalsozialismus steht im fortschreitenden Begriff, einen Beamtentyp zu gestalten, dem gesunder Stolz und uneigennütziges Dienen am Volke höchste innere Berufung ist. Die Zeiten, wo sich der Beamte mehr oder weniger als Herrscher fühlen und dies durch entsprechenden »Beamtenton« zum Ausdruck bringen konnte, gehören endgültig der Vergangenheit an. Es gibt unter Deutschen Menschen keine Herren und Knechte, erst recht nicht zwischen beamteten und nichtbeamteten Volksgenossen. Jeder ist für den Anderen da.

Jeder Beamte muß sich in Vollzug seiner Aufgabe und damit im Verkehr mit anderen Volksgenossen bewußt sein, daß er mitberufen ist, im Alltag eine Weltanschauung darzustellen. Seine beamtenmässige Eignung und Befähigung erkennt man meistens schon im Ton. Alle Beamten, Beamtinnen und sonstige Bediensteten aller Verwaltungen haben sich im dienstlichen Verkehr mit anderen Volksgenossen eines stets höflichen, wenn auch bestimmten Tones zu bedienen. Ebenso ist überall ein hilfsbereites Entgegenkommen im Rahmen der gegebenen Gesetze und Verordnungen zu zeigen. Die Anwendung eines aufreizenden Beamtentones und eine unnötige Verärgerung von Volksgenossen an Behördenschaltern, in Büros und Warteräumen ist unter allen Umständen zu unterlassen. Beamte und Behördenbedienstete, die über die genannten primitivsten Voraussetzungen im dienstlichen Verkehr mit anderen Volksgenossen nicht verfügen, haben ihren Beruf verfehlt und sind daher untauglich. Ob gewollt oder ungewollt, sind sie Schädlinge an der Stimmung im Volke und darüber hinaus am Ansehen der Gesamtbeamtenschaft [...]

[253] *25.7.1941 Staatspolizeileitstelle Berlin an Auswärtiges Amt*
Frau Käthe *Skylstad* ist Jüdin und die frühere Ehefrau des ehemaligen Ministers Stresemann.[1] Sie ist am 1.8.1939 unbekannt zur Abmeldung gelangt und hat sich offenbar nach Norwegen begeben. Dort hat sie den norwegischen Staatsangehörigen Skylstad geheiratet. Frau Käthe Stresemann geb. Kleefeld ist als solche noch im Einwohnermeldeamt mit deutscher Staatsangehörigkeit gemeldet.

Das Umzugsgut ist im Zuge einer allgemeinen Beschlagnahme jüdischen Umzugsgutes erfolgt, soweit es bei hiesigen Speditionsfirmen noch lagert und die Eigentümer sich volks- und staatsfeindlich betätigt haben. Eine Betätigung im volks- und staatsfeindlichen Sinne ist der Genannten als Jüdin und als Ehefrau des früheren Ministers Stresemann ohne Weiteres zu unterstellen[2] [...]

[254] *31.7.1941 GL Franz Hofer (Innsbruck) an Franz Burri (Wien IV)*
Ich danke Ihnen für die Übersendung Ihrer Flugblätter. Zum Flugblatt »650 Jahre Eidgenossenschaft« möchte ich Ihnen doch Folgendes zur Erwägung geben:

Die Tell-Sage ist nordisch-germanisch und wird heute sowohl von französischer sowie von italienischer Seite her bekämpft, die an Stelle des Wilhelm Tell Julius Cäsar setzen wollen, der Helvetien als Bollwerk gegen die Germanen organisiert hat.

Meines Erachtens muß daher der Tell-Mythus unbedingt erhalten bleiben. Daß er sich gegen Habsburg richtet, ist gleichfalls nur erwünscht.

Tell war Vorkämpfer der freien germanischen Bauern der Urschweiz gegen Habsburg, das versuchte, aus partikularistischen Gründen die Schweiz aus dem Verbande des Reiches zu lösen.

253 [1] Gustav St. (Deutsche Volkspartei), 1923 Reichskanzler und bis zu seinem Tod am 3.10.1929 langjähriger und erfolgreichster Reichsaußenminister.
[2] Das wagt dieser Lümmel, der hier die deutsche Sprache notzüchtigt, bei einem großen Deutschen seiner Zeit zu »unterstellen«.

Wilhelm Tell ist Kämpfer *für* das Reich.
Es ist unrichtig, wenn in dieser Flugschrift behauptet wird, daß die Urschweizer sich deswegen gegen Habsburg erhoben haben, weil sie im Hause Habsburg den Vertreter des Reiches sahen.
Historisch und politisch richtig ist es hingegen, den Kampf der Urschweizer als Kampf für die Erhaltung ihrer Reichsunmittelbarkeit gegen die habsburgische *Hausmacht* anzusehen [...]

[255] *4.8.1941 Generalgouverneur Hans Frank (Krakau) an [Maria] Brigitte Frank*

... Ich freue mich schon jetzt darauf, wenn ich Dich als »Landesmutti« in dieses »Dein neues Land« Mitte September geleite. (Es gibt auch noch allerhand.) ... So fehlst nur Du mir, liebes Weibelein. Ich habe Dich sehr, sehr lieb und bin Dir sehnsüchtig verbunden.

[256] *5.8.1941 Bürgermeister Königsberg/Neumark an den Deutschen Gemeindetag*

Die hiesige Judengemeinde, die aus 6 Personen besteht, besitzt hierselbst noch einen Judenfriedhof, der an der Straße nach Nahausen gegenüber der Feierstätte der Stadt gelegen ist.

Die sogenannten Paascheberge sind die einzige Stätte der Stadt, wo alle nationalen Feiern abgehalten werden müssen.

Unwillkürlich ist man gezwungen, immer wieder das Judenbabel anzusehen. Es kann den deutschen Volksgenossen nicht zugemutet werden, stets diese Stätte vor Augen zu haben.

Außerdem liegt hinter diesem Judenfriedhof eine bereits angekaufte Fläche, die für das zu errichtende Ehrenmal der Stadt Kgb. Nm. zum Gedenken an die gefallenen Söhne des vorigen und jetzigen Krieges hergerichtet werden soll.

Dieser Judenfriedhof ist dieser Fläche vorgelagert, sodaß keine Möglichkeit besteht, zu dieser Fläche zu gelangen. Bemerken möchte ich noch, daß der Judenfriedhof unter allen Umständen verschwinden muß, da dann erst das Ehrenmal von der Straße aus gesehen einen herrlichen Anblick erhält.

[257] **16.8.1941 Aufzeichnung Auswärtiges Amt (StSekr. [Ernst Frhr. v.] Weizsäcker für Ribbentrop)**
Ich habe heute mit dem *Nuntius*[1] - wegen seiner vielfachen Beziehungen zu den Südamerikanern im Diplomatischen Korps – das Gespräch auf die angebliche Friedensaktion gebracht, die deutschen Stellen nachgesagt wird.

Der Nuntius fiel mir ins Wort: Daran könne ja nichts Wahres sein. Er sage jedem: »Wer heute von Frieden redet, ist ein Stalinist.« Ueber die Kriegslage urteilte der Nuntius sehr zuversichtlich.

[258] *24.8.1941 Reichspropagandaleiter Goebbels an alle RL und GL*
[...] Der Krieg erfordert die absolute Konzentration der gesamten materiellen, seelischen und geistigen Kräfte des Volkes auf den Sieg. Fragen, die nicht unmittelbar damit zusammenhängen, und Probleme, deren Lösung nicht für die Erringung des Sieges vordringlich erscheinen, haben deshalb in der öffentlichen Diskussion keinen Platz. Insbesondere ist es verboten, Fragen oder Probleme anzuschneiden, deren öffentliche Behandlung nur unnötigen Ärger verursacht und schädlichen Zündstoff in das Volk hineinträgt.

Es ist z. B. nicht zur Erkämpfung des Sieges unbedingt notwendig, daß ausgerechnet jetzt, wo Millionen Soldaten Raucher sind, die Nikotingefahr in einer vielfach für den Raucher beleidigenden und herabsetzenden Weise dargestellt wird, was auch psychologisch umso wirksamer ist, wenn Mangel an Rauchwaren besteht. Zu den Themen, die augenblicklich nicht diskutiert werden dürfen, gehört auch die Religions- oder Konfessionsfrage.

Der Führer hat mich beauftragt, dafür Sorge zu tragen, dass solche und ähnliche Themen vollkommen aus der öffentlichen Diskussion verschwinden. Soweit sie Fragen behandeln, die im Rahmen des nationalsozialistischen Programms zur Lösung gebracht werden müssen, wird die zweckmäßigste Lösung nach dem Kriege erfolgen [...]

257 [1] Cesare Orsenigo.

[259] *1.9.1941 Chef Sipo und SD an Reichsfinanzminister*
Gemäß Befehl des Führers sind an Orten, an denen fremdvölkische Arbeitskräfte massiert eingesetzt werden, Bordelle mit rassegleicher Besetzung einzurichten. Mit der Durchführung der erforderlichen Maßnahmen ist die Sicherheitspolizei beauftragt. Nachdem bereits eine Reihe von Einrichtungen der genannten Art geschaffen worden sind, stößt neuerdings die Finanzierung und Kontingentierung auf Schwierigkeiten [...]

[260] *18.9.1941 Reichsverkehrsminister an RStatth., Landesregierungen, Oberpräsidenten u. a.*
Juden müssen bei Fahrten über ihre Wohngemeinde hinaus eine schriftliche Erlaubnis der Polizeibehörde zum Verlassen der Wohngemeinde und zum Benutzen des Verkehrsmittels bei sich führen [...]
Juden dürfen Schlaf- und Speisewagen sowie Ausflugswagen und Ausflugsschiffe innerhalb und außerhalb ihrer Wohngemeinde nicht benutzen.
Juden dürfen bei starkem Andrang in Straßenbahnen, Omnibussen, Binnenschiffen und im Nahverkehr der Eisenbahn nicht zusteigen, wenn sonst andere Reisende zurückbleiben müßten.
Juden dürfen in Eisenbahnen nur die 3. Wagenklasse, in anderen Verkehrsmitteln nur die niedrigste Klasse benutzen.
Juden dürfen grundsätzlich nur dann Sitzplätze einnehmen, wenn diese nicht für andere Reisende benötigt werden.
Juden dürfen unbeschadet weitergehender Einschränkungen Warteräume, Wirtschaften und sonstige Einrichtungen der Verkehrsbetriebe nur insoweit benutzen, als sie die polizeiliche Erlaubnis zum Verlassen der Wohngemeinde und zur Benutzung des Verkehrsmittels haben [...]

[261] *24.9.1941 Vorlage Partei-Kanzlei (Verbindungsmann zu Goebbels Tießler für Bormann)*
Dr. *Goebbels* hat festgelegt, daß außer den Judenabzeichen auch noch ein Abzeichen für die Wohnungen der Juden geschaffen

werden muß, das entweder ober- oder unterhalb der Klingel anzubringen ist.

[262] *27.9.1941 Generalstaatsanwalt Celle an Reichsjustizminister*
[...] Der Oberstaatsanwalt in Detmold berichtet mir, daß neuerdings wieder in seinem Bezirk die öffentliche Hinrichtung eines Polen stattgefunden hat und daß mit der Möglichkeit zu rechnen ist, daß noch ein weiterer Pole, der mit der Tochter seines Arbeitgebers Geschlechtsverkehr gehabt hat und sich dieserhalb in Schutzhaft befindet, in gleicher Weise behandelt werden wird [...]

[263] *[27.9.1941] Merkblatt (verfaßt vom Jugendrichter in Meinersen) zum Aushang in allen Wochenendkarzerräumen und Jugendarrestanstalten in der Provinz Hannover*
        Deutscher Junge!
        Deutsches Mädchen!
Warum bist Du hier?
    Weil Du gegen die Gemeinschaftsordnung unseres Volkes gehandelt hast.
Was sollst Du hier?
    Lernen und erkennen, daß auch Du Glied unseres Volkes bist und Dein Volk sich Deiner schämt, wenn Du hier noch einmal herkommst.
Wie wirst Du nun leben?
    In strammer Haltung und soldatischer Zucht,
    sauber und ordentlich am Körper und in der Seele,
    ehrlich und wahrhaft – fleißig und gehorsam
        wie ein richtiger *deutscher Junge!*
    Anmutig und fraulich,
    blank und hell nach außen und im Herzen,
    treu und brav – emsig und folgsam,
        wie ein richtiges *deutsches Mädchen!*
Darum:
    Mache Deinen Eltern Freude.

Mache Deinen Vorgesetzten Freude.
Mache Deinem Arbeitgeber Freude.
Vergiß nie dies:
Noch hast Du Deine Ehre nicht verloren.
Hüte Deine Ehre wie eine Kostbarkeit.
Deine Ehre ist auch Deutschlands Ehre.
Deshalb:
Geh mit Dir selbst ins Gewissen
   und
werde wieder ein treuer Gefolgsmann
  unseres Führers!

[264] *3.10.1941 Aktenvermerk Auswärtiges Amt*
Es geht nicht an, daß das Auswärtige Amt und seine Vertretungen in der heutigen Zeit sich mit der Nachforschung nach verschollenen Judensöhnen befassen. Ein Nachgeben in diesem Fall könnte sehr leicht unzählige ähnliche Anfragen zur Folge haben. Überdies hat sich Israel Hirschberg[1] auch an das Rote Kreuz gewandt.

[265] *20.10.1941 Notiz Partei-Kanzlei*
Betrifft: Verwendung der französischen Sprache auf Speisekarten des Gaststättengewerbes[1]

Der Leiter der Wirtschaftsgruppe Gaststätten- und Beherbergungsgewerbe hat auf meine Veranlassung hin seine Mitglieder eindringlich darauf hingewiesen, daß entbehrliche Fremdwörter aus der Fachsprache und besonders von Speisekarten verschwinden müssen.

Das Merkblatt »Fort mit allen entbehrlichen Fremdwörtern« wurde nochmals in Erinnerung gebracht.

Künftig werden Speisekarten mit undeutschen Bezeichnungen unter voller Namensnennung des Betriebes in der Fachpresse abgedruckt werden.

264 [1] In Wirklichkeit *Paul* H. (Berlin-Charlottenburg).
265 [1] Aktuellen Anstoß erregt hatten nicht nur »Junge Karotten Vichy Art« und ein Nachtisch »Coup Jacques«, sondern auch ein simpler »Toast« und ein »Rumpsteak«.

[266]   *22.10.1941 Bormann an Lammers*
In dem Schreiben des Reichsstatthalters Ritter von Epp[1] vom 15.8.1941, das Sie mir in Abschrift übersandt haben, ist u. a. ausgeführt, daß durch den Kruzifix-Erlaß des Bayer. Kultusministeriums[2] der Stimmung in der Bevölkerung besonders schwerer Abbruch getan worden ist. Ich darf hierzu darauf hinweisen, daß Gauleiter und Staatsminister Adolf Wagner mit Erlaß vom 28. August 1941 angeordnet hat, von der Weiterdurchführung des Erlasses sei abzusehen. Ich hatte ihn auch von mir aus gebeten, den Erlaß vorläufig nicht durchzuführen. Die Beunruhigung der Bevölkerung [...] war weniger auf den Erlaß als auf das Verhalten der Geistlichen zurückzuführen, die in der Anordnung einen willkommenen Anlaß sahen, Unruhe in die Bevölkerung zu tragen.

Im übrigen sind, wie Ihnen bekannt ist, die Gauleiter darauf hingewiesen worden, daß von allen Maßnahmen auf konfessionellem Gebiet abgesehen werden muß[3], die geeignet sind, in kirchlich eingestellten Kreisen der Bevölkerung Unruhe zu erregen.

[267]   *28.10.1941 Dienststelle Rosenberg an Reichspressekammer*
Von der »Vereinigung Gläubiger Friseure«, Sitz Herrnhut, werden sog. Rundschreiben herausgegeben. Das weitere Erscheinen dieser Rundschreiben ist in keiner Weise gerechtfertigt. Wir bitten daher zu veranlassen, dass jede Zuteilung von Papier für diese Zwecke gesperrt wird.

[268]   *29.10.1941 RdSchr. Nr. 127/41 des Gaues Hessen-Nassau/ Stabsamtsleiter*
Betrifft: Kohlenversorgung der Juden und der Kirchen.
    Rundschreiben des Gauleiters Nr. 97/41.
Der Gauleiter hat in obigem Rundschreiben Anweisung gegeben, dass bis zur vollen Belieferung der deutschen Bevölkerung mit Brennstoffen eine Belieferung der Juden und der Kirchen mit Hausbrand nicht stattfindet.

266 [1] Vgl. Nr. 15.
[2] Vgl. Bd. III, Nr. 170.
[3] Bis zur »zweckmäßigsten Lösung nach dem Kriege« (vgl. Nr. 258).

[269] *[14.]11.1941 Int. Schr. Gemeindeverwaltung Reichsgau Wien (Prof. [Max] Gundel, Leiter Hauptabteilung E, an Bürgermeister)*
[...] daß das Gebäude Wien X., Alxingerg. 97 seit Juni 1940 ausschließlich zur Unterbringung von Juden verwendet wird, welche im Zuge der Entjudung der Wr. Altersheime und der Obdachlosenherberge sowie anderer Wohlfahrtsanstalten seinerzeit aus diesen Heimen entfernt wurden.

Das Objekt Alxingerg. 97 wurde insbesondere deshalb für diesen Zweck herangezogen, weil es wegen seiner barackenähnlichen Anlage und des schlechten baulichen Zustandes für eigene Wohlfahrtszwecke nicht zu verwenden war.

Die nunmehr durchgeführte Überstellung der Juden aus dem jüdischen Altersheim in Wien XX., Wasnergasse 33 in das Absonderungsheim »Alxingergasse« ist daher keinesfalls eine »*Neubesiedelung* mit Juden«, sondern bloß eine »Belagsverdichtung« [...]

Bei der grundsätzlichen Frage der Zusiedlung von Juden in den X. Bezirk ist noch darauf hinzuweisen, daß die Zentralstelle für jüdische Auswanderung ihre Tätigkeit auch auf das Absonderungsheim Alxingergasse erstreckt und schon am 16.X.1940 ungefähr 60 Insassen dieses Heimes in das Generalgouvernement abgeschoben hat. Da mit weiteren diesbezüglichen Maßnahmen zu rechnen ist, wird eine Leermachung des Heimes sowieso in nicht allzulanger Zeit eintreten.

Die beanständete Ansammlung von jüdischen Besuchern in der Umgebung des Absonderungsheimes kann durch einen diesbezüglichen Auftrag an die Kultusgemeinde ohne Schwierigkeit hintangehalten werden.

[270] *27.11.1941 Partei-Kanzlei an Reichsjustizminister*
Betrifft: Juden als Gläubiger
Ihrer Auffassung, daß sich vor allem mit Rücksicht auf die bisherige und die voraussichtliche weitere Entwicklung der Judenfrage eine Ergänzung der am 5.1.1939 festgelegten Richtlinien zurzeit erübrigt, wird beigetreten.

[271]   22.12.1941 *RdErl. Reichsführer-SS und Chef der Deutschen Polizei an alle Polizeibehörden*
Einheitliche Schreibweise des Wortes »Ski« innerhalb der Deutschen Pol[izei]
Zur Erzielung einer Einheitlichkeit im Schriftverkehr ist künftig nur noch die Schreibweise »Ski«, Mehrzahl »Skier«, anzuwenden.

[272]   30.1.1942 *Vorlage Reichspropagandaministerium (ORR Dr. [Eberhard] Taubert[1] für Goebbels)*
Aus Anlaß des 30. Januar möchte ich eine bisher wohl noch nicht bekannte Episode vom Vorabend des 30. Jan. 1933 zur Kenntnis bringen. Es handelt sich um eine Mitteilung von Torgler[2], aus der in drastischer Weise hervorgeht, wie die KPD den Vorabend unserer Machtergreifung verlebt hat.

Als am Sonnabend Schleicher[3] zurücktrat, begab sich am Mittag Torgler zu Thälmann[4] und schlug ihm vor, doch einen Bereitschaftsdienst, eine Alarmbereitschaft oder dergl. für Sonnabend/Sonntag anzuordnen, da man ja doch mit der Machtergreifung durch Hitler rechnen müsse. Darauf Teddy's klassische Antwort:
»Du bist ja verrückt. Die Bourgeoisie läßt doch Hitler nicht ran! Wir fahren nach Lichtenberg kegeln!«

Das geschah denn auch. Thälmann, Torgler und noch ein Dritter feierten einen schönen, runden Kegelabend, bei dem es Eisbein, Korn und Mollen gab. Teddy, der ein großer Kegler ist, blieb weitaus Sieger und war auf Grund dieser Tatsache gehobener Stimmung. Gegen 3 Uhr fuhren dann die drei Revolutionäre entsprechend alkoholisch geladen mit der Taxe nach Hause.

272   [1] Als Generalreferent Ostraum auch mit Zuständigkeit für die deutschen Kommunisten.
[2] Ernst T., kommunistischer Reichstagsabgeordneter, 1933 von den Nazis der Beteiligung am Reichstagsbrand verdächtigt (im Reichstagsbrandprozeß mangels Beweisen freigesprochen) und später »umgedreht« (die heutigen »Enzyklopädien« drücken sich gern um diese etwas peinliche Vita); vgl. Nr. 288.
[3] General Kurt v. Sch., der letzte Reichskanzler vor Hitler; im Zuge der Röhmaffäre liquidiert.
[4] Ernst »Teddy« T., der KPD-Chef bis 1933, von den Nazis dann elfeinhalb Jahre eingesperrt und schließlich in Buchenwald ermordet; vgl. Nr. 291.

So verlebte die oberste Führung der KPD den Vorabend unserer Machtergreifung!

[273] 4.3.1942 *Himmler an StSekr. [Wilhelm] Stuckart [Reichsinnenministerium]*

Ich bin der Ansicht, wenn ich mich auch mit der Frage nicht genau befassen kann, dass bei aller Notwendigkeit der Vereinfachung der Verwaltung gerade in der Unterinstanz doch viele unnötig kränkende Härten und Schärfen da sind. Unsere guten Verwaltungsbeamten können halt so herzlich schlecht mit einer weichen Hand Dinge zusammenhalten, sondern alles muss stur formal und formell geordnet sein, sodass dann das bekannte Beispiel, dass jede Meldung über die Nicht-Impfung eines Kindes auf dem juristischen Dienstweg zu erfolgen hat, herauskommt. Glauben Sie mir, das ist kein Einzelfall, sondern das ist das System, an dem sich alle Fachleute mit Recht stossen, das sie ablehnen und das zur Folge hat, dass Menschen von Ehre und Können nicht in den Staatsdienst gehen.

Ich weiss, dass das, was ich soeben ausgesprochen habe, sehr hart ist; aber es ist so und führt auf die Länge der Zeit gesehen dazu, dass alle Könner und Talente ausserhalb des Staatsapparates sind und im Staatsapparat nur engstirnige und kleine Schreiber sich befinden werden.

[274] 10.3.1942 gRs. – *Generalgouverneur Hans Frank an Lammers*

[...] Heute kann ich sagen, daß es im Generalgouvernement eine einwandfreie staatliche, wirtschaftliche und soziale Ordnung der Deutschen gibt, die nur gemeinste Verleumdung zu negieren vermag. Ich trete für diesen Status jeden Beweis an und möchte mich vor allem auf das entschiedenste dagegen verwahren, daß irgendwie auch nur der Schatten des Vorwurfs größerer korruptionistischer Ereignisse gerechtfertigt werden könnte. Daß es bedauerliche Einzelfälle auch im Generalgouvernement gibt[1], die allerdings

---

274 [1] Von wegen Einzelfälle – der ganze Betrieb Franks war korrupt bis auf die Knochen (vgl. Bd. I, Nr. 487).

strengster Sühnung zugeführt wurden und werden, bedarf keines besonderen Betonens, denn eine 100%ige Fehlerlosigkeit wird wohl auf dieser Erde niemandem gelingen, in einer Organisation durchzusetzen.

Das gleiche gilt für den Vorwurf, der da und dort erhoben wurde, der Schlemmerei und einer der Kriegslage unwürdigen Art der Lebensführung an Festessen und dergleichen. Die Repräsentanten des Reiches sind gegenüber der nunmehrigen Zahl einer uns todfeindlich gesinnten Bevölkerung von über 16 Millionen derart in der Minderheit, daß nur eine wirklich rücksichtslose und das große Reich würdig darstellende Repräsentation die Verwaltungsautorität aufrechterhalten kann. Nur wirkliche Herrennaturen können im Osten führen. Diese aber kann ich nicht nach dem Maße kleiner, spießiger Verhältnisse auftreten lassen, sondern muß ihnen eine großzügigere Lebensatmosphäre gewährleisten. Dies wird für den ganzen kommenden Bereich unseres großen Weltreichs der Fall sein [...]

[275 a, b]
[a] 27.4.1942 *Aufzeichnung Dienststelle Ribbentrop für Ribbentrop*
Von der Kanzlei des Führers bin ich um ein Gutachten über den Farmer Hans *Denk* ersucht worden, der anscheinend wegen seiner ersten Heirat mit einem Rehobother Bastardmädchen seiner Parteiangehörigkeit für verlustig erklärt worden ist und ein Gnadengesuch an den Führer eingereicht hat.

[b] 4.5.1942 *Aufzeichnung Auswärtiges Amt*
Der Farmer Hans *Denk* aus Deutsch-Südwestafrika [...] ist eine völlig einwandfreie, mit einem reichen Wissen ausgestattete Persönlichkeit, der Anspruch darauf erheben kann, einer der ersten Mitarbeiter und Berater des Gouverneurs in einem künftigen deutschen Südwestafrika zu werden. Ich habe in zahlreichen Gesprächen mit ihm den Eindruck gewonnen, daß er ein überzeugter und getreuer Gefolgsmann des Führers und seiner Bewegung ist.

Durch Einblick in die einschlägigen Archive wird sich übrigens eine Anordnung des Juden *Dernburg,* des damaligen Kolonialstaatssekretärs, feststellen lassen, die den Soldaten der Deutschen Schutztruppe im Interesse der Befriedung der aufständigen [sic] Rehobother Bastards[1] seiner Zeit sogar nahelegte, Bastard-Mädchen zu heiraten. In vielen Fällen wurden damals leider Verbindungen solcher Art eingegangen, die meistens dazu führten, daß die deutschblütigen Ehepartner »verkafferten«, also auf eine Gesellschaftsstufe herabstiegen, die sie aus dem in späteren Jahren durch Nachwanderung aufblühenden Deutschtum ausschloß. Wer seinen Irrtum mit der Schaffung geordneter Verhältnisse alsbald erkannte, betrieb die Nichtigkeitserklärung der Bastardehe[2] [...]

[276 a, b, c, d]
[a]   *1.5.1942 Chef Sipo und SD an Reichsjustizminister*
Betrifft: Strafverfahren gegen polnische Begleitmannschaften des
»Todesmarsches nach Warschau«.
In obiger Angelegenheit hat beim Sondergericht in Bromberg in den Sitzungen vom 5.3. und 1.4.1942 die Hauptverhandlung stattgefunden. Der Hauptbeschuldigte, der ehemalige polnische Hauptmann Jan *Drzewiecki,* der der Hauptverantwortliche für die bestialische Ermordung vieler Volksdeutscher ist, wurde mit weiteren 20 Polen zum Tode verurteilt. Da *Drzewiecki* als Führer der Begleitmannschaft des Zuges der internierten Volksdeutschen für die Handlungen der Begleitmannschaft ausschlaggebend war, halte ich den Vollzug der Todesstrafe an ihm durch das Fallbeil oder durch Erschießen für zu milde. Den Polen muß gezeigt werden, daß derartige Verbrechen auch selbst noch nach Jahren ihre Vergeltung finden. Ich halte es deshalb für erforderlich, daß die Todesstrafe an *Drzewiecki* auf dem Marktplatz in Thorn öffentlich durch den Strang vollzogen wird und bitte, diesem meinem Vorschlage zuzustimmen.

275   [1] Abkömmlinge von Hottentottenfrauen und Buren (sog. Baster), seit 1871 die Bevölkerung der südlich von Windhuk gelegenen Gegend um den Ort R.
[2] Wie 1912 oder 1913 auch Farmer Denk.

[b]   *28.5.1942 StSekr. [Franz] Schlegelberger, Geschäftsführender Reichsjustizminister, an Lammers*
[...] Dem Vorschlag, den Verurteilten Drzewiecki als Führer des polnischen Begleitkommandos eines volksdeutschen Verschleppungszuges und Hauptverantwortlichen für die Ermordung vieler Volksdeutscher auf dem Marktplatz in Thorn öffentlich durch den Strang hinzurichten, vermag ich nicht beizutreten. Der Bevölkerung einer deutschen Stadt wie Thorn möchte ich ein derartiges öffentliches Erhängen nicht zumuten. Überdies würde der erstrebte Abschreckungszweck auf Polen auch nicht erreicht werden.

Weiterhin halte ich mich nach den bestehenden gesetzlichen Bestimmungen auch nicht für berechtigt, die Vollstreckung eines Todesurteils durch *öffentliches* Erhängen anzuordnen.

Ich beabsichtige daher, den Vorschlag des Chefs der Sicherheitspolizei abzulehnen.

[c]   *9.6.1942 Aktenvermerk Lammers'*
Der Führer hat entschieden, daß im vorliegenden Fall unter Abweichung von etwa entgegenstehenden Rechtsvorschriften die Todesstrafe öffentlich durch Erhängen vollstreckt wird.

[d]   *28.7.1942 Reichsjustizminister (i. V. Freisler) an Lammers*
Die Todesstrafe an dem Polen Jan *Drzewiecki* ist auf dem Hofe der Stapo-Außendienststelle Thorn in Gegenwart von 50 Polen durch Erhängen vollstreckt worden.

[277]   *14.7.1942 Führerinformation Nr. 75/1942 des Reichsjustizministers*
Das Ehegesetz vom 6. Juli 1938 ermöglicht in Abweichung von dem bis dahin geltenden Recht die Scheidung der Ehe wegen vorzeitiger Unfruchtbarkeit eines Ehegatten. Auf Grund dieser Vorschrift hat das Landgericht Wien dem Scheidungsbegehren eines Mannes entsprochen, aus dessen Familie 5 Namensträger im Felde gefallen sind, und der vorgebracht hat, er wolle gesunde Kinder bekommen, um den Namen der Familie zu erhalten.

[278] *8.8.1942 Führerinformation Nr. 99/1942 des Reichsjustizministers*

Ein 50jähriger *Bauer*, der seit Jahren *in kinderloser Ehe* lebt, hat mit einer in seinem Haushalt tätigen 15jährigen, also noch im schutzbedürftigen Alter stehenden *Nichte* seiner Frau *ein Kind* gezeugt. Die Ehefrau hat dieses Verhältnis gebilligt, da sie den Wunsch des Mannes nach einem Kinde und Erben für berechtigt hielt.

Das Kind, ein gesunder Knabe, wird im Hause des Bauern aufgezogen und soll Erbe des Hofes werden.

Ich habe das *Strafverfahren niedergeschlagen*.

[279] *14.8.1942 Führerinformation Nr. 104/1942 des Reichsjustizministers*

Getrud *Schmidt* aus dem Kreis Rastenburg, eine junge, gesunde und kräftige *Soldatenfrau*, hat aus Faulheit, Vergnügungssucht und Hang zum liederlichen Leben ihre kleinen *Kinder* trotz aller Warnungen und Unterstützungen *in unvorstellbarer Weise* verschmutzen und *verkommen lassen*. Sie ist vom Sondergericht in Königsberg (Pr.) als Volksschädling zu 6 Jahren Zuchthaus verurteilt worden. Für die Kinder ist durch Fürsorgeerziehung gesorgt.

[280] *29.9.1942 Führerinformation Nr. 128/1942 des Reichsjustizministers*

Der 16jährige Hitlerjunge Richard *Köpke* aus Kleinwalde, Bezirk Bromberg, stellte am 2. Juli 1942 auf einer Straße im Walde einen 29jährigen flüchtigen Polen, der zu Straflager verurteilt, aber entwichen war. Als der Pole tätlich wurde, stach Köpke mit seinem Taschenmesser den Polen nieder und veranlaßte seine Festnahme durch die Gendarmerie. Der Pole hat sich dann in der Haft erhängt.

Der Generalstaatsanwalt in Danzig hat dem Hitlerjungen für sein tapferes Verhalten in einem persönlichen Schreiben seine besondere Anerkennung ausgesprochen und ihm mit Ermächtigung des Reichsjustizministers eine Belohnung von 100.- RM überwiesen.

[281] *12.10.1942 Rassenpolitisches Amt (Amtsleiter HDL Walter Gross) an Auswärtiges Amt*
Betr.: Togo-Neger Alexander Olympio.
Auf Grund bisher gemachter Erfahrungen bin ich gegen die Erteilung der Einreisegenehmigung. Auch wenn angenommen wird, dass der Neger seinerseits keinerlei Anlass zu Beschwerden gibt, so ist bei seinem Aufenthalt und seiner Arbeit in Deutschland unvermeidlich, dass er mit Kreisen der deutschen Bevölkerung in Berührung kommt, die über ihn und seine Haltung nicht näher orientiert sind. Es wird unvermeidlich sein, dass dabei eine ablehnende Haltung der deutschen Öffentlichkeit auch ihm selbst deutlich zum Bewusstsein kommt, wenn es nicht sogar gelegentlich zu Zwischenfällen unliebsamster Art kommen sollte. In jedem Fall dürfte aber ein längerer Aufenthalt in Deutschland dem Neger Erfahrungen verschaffen, die seine zurzeit offenbar ernstlich prodeutsche Einstellung verändern oder zumindest dämpfen.

Die Sympathie für Deutschland und die Bereitschaft, für uns zu wirken, wird bei entsprechender deutscher Förderung in Paris sicherlich stärker sein als bei längerer Anwesenheit in Deutschland, bei der die grundsätzliche Ablehnung des Negers ihm selbst unangenehm spürbar werden muss.

[282] *3.11.1942 Reichsjustizminister [Otto] Thierack an Lammers und Bormann*
Ich nehme Bezug auf mein Schreiben vom 4. September 1942 in der Strafsache gegen den Essener Gastwirt *Möhle*, der seine beiden Hunde auf Kinder hetzte, wodurch ein fünfjähriger Knabe so zerfleischt wurde, daß ihm ein Bein amputiert werden mußte. Der Führer hat sich seinerzeit sehr scharf gegen das Urteil ausgesprochen. Ich habe durch Revision beim Reichsgericht eine erneute Verhandlung vor der Jugendkammer des LG[1] Essen herbeigeführt. Obwohl dem Gericht meine Stellungnahme bekannt war und obwohl die Staatsanwaltschaft ebenso wie bei der ersten Ver-

282 [1] Landgericht.

handlung zwei Jahre sechs Monate Zuchthaus beantragt hatte, hat das Gericht am 31.10. diesmal auf 1 Jahr Gefängnis erkannt. Die Strafe liegt also noch um sechs Monate niedriger als die Strafe des ersten Urteils, das ich anfechten ließ.

Ich kann nunmehr wiederum durch die Revision das Urteil zu Fall bringen und eine erneute Verhandlung herbeiführen. Das halte ich jedoch nicht mehr für zweckmäßig. Ich habe vielmehr die Absicht, dadurch einzugreifen, daß ich in den allernächsten Tagen persönlich die Sache nochmals in Essen als Richter verhandele. Ich würde hierbei sämtliche Richter des LG Essen zur Teilnahme als Zuhörer veranlassen, darunter auch die Richter, die bisher die beiden Urteile gesprochen haben.

Um aber in dieser Sache und gegebenenfalls in ähnlich gelagerten Sachen selbst als Richter entscheiden zu können, bedarf es einer Vollmacht des Führers, da die mir am 20.8. erteilte Vollmacht[2] diese Fälle nicht umfassen würde. Ich schlage deshalb vor, den Führer um folgende Vollmacht zu bitten:

Ich ernenne den Reichsminister der Justiz
Dr. Thierack
zum Obersten Reichsrichter.

Als solcher kann er jede vor einem Gericht anhängige Rechtssache auf Grund der Gesetze endgültig entscheiden. Sobald ich im Besitz dieser Ermächtigung sein werde, werde ich die Verhandlung in Essen in dem gegebenen Rahmen selbst durchführen. Selbstverständlich werden bei der Verhandlung die Verfahrensvorschriften beachtet werden. Gerade das Beispiel soll die Richter überzeugen.

Über etwaige Maßnahmen gegen die Richter, die das Urteil gesprochen haben, werde ich noch berichten.[3]

---

[2] Recte: am 24.8., bei seiner Ernennung zum Reichsjustizminister – nämlich die Ermächtigung, »eine nationalsozialistische Rechtspflege aufzubauen und alle dafür erforderlichen Maßnahmen zu treffen; er kann hierbei von bestehendem Recht abweichen«. – Die nun gewünschte ging Hitler aber dann doch etwas zu weit; Th. war schließlich nicht Bormann oder Goebbels.
[3] Politisch mißliebige Urteile sind zu allen Zeiten abträglich und empfahlen sich damals vermutlich noch weniger als heute.

[283]   *12.1.1943 Int. Schr. Reichspropagandaministerium (Leiter Ost [MinR Eberhard] Taubert an Herrn Baumböck)*
Lassen Sie doch einmal für Auslands-Propaganda folgendes zusammenstellen:

Im und nach dem ersten Weltkrieg erschienen in Deutschland und im Ausland zahlreiche Veröffentlichungen, die nachwiesen, dass die Entente eine Greuel-Propaganda getrieben hatte, die eine Lügen-Propaganda war. Es wurden Dokumentenfälschungen nachgewiesen, Nachrichten, deren Unrichtigkeit sich ergeben hatten usw.[1] Sie werden dieses Material am besten bei der Deutschen Bücherei in Leipzig zusammenstellen lassen.

Anhand dieses Materials wollen wir dann frech [und] mit Chuzbe[2] behaupten, dass die jetzt gegen uns betriebene Greuel-Propaganda, z. B. betr. »Umsiedlung der Juden« usw., verlogen sei. Dazu (wahre oder erfundene) Zitate von Juden, dass man für die »gute« Sache notfalls auch lügen müsse.

Lassen Sie doch hierüber einen oder mehrere Standard-Artikel machen, die ich dem Herrn Minister vorlegen möchte. Sie sollen dann über das Auswärtige Amt an die Missionen in den Ländern gehen, wo noch etwas zu machen ist.[3]

[284]   *19.3.1943 Kurator Universität Göttingen an Universitätsdienststellen*
Reichsmarschall Göring hat ab sofort den 56 Stundentag für Beamte und Angestellte angeordnet als Mindestarbeitszeit.[1]

Am Sonnabendnachmittag und Sonntag ist soweit zu arbeiten, als kriegswichtige Aufgaben zu erfüllen sind [...]

---

283   [1] Am berühmtesten: die abgehackten Kinderhände in Belgien.
[2] Im Jiddischen war man im Propagandaministerium vielleicht nicht ganz sattelfest.
[3] Sehr viele waren das freilich nicht mehr; indes: die »Sache lief«, und Mitte Februar lagen Erfolgsberichte vor. Im Inland jedenfalls hat die post festum stolz bekannte Weltkriegs-Greuelpropaganda der Entente dazu beigetragen, die nunmehrigen Wahrheiten in das Reich der Fabel zu verweisen.
284   [1] *Das* hat freilich nicht einmal Göring geschafft – der Kurator meinte selbstverständlich »*woche*«.

[285] *27.4.1943 Führerinformation Nr. 155/1943 des Reichsjustizministers*
Eine Volljüdin hat nach der Geburt ihres Kindes ihre Muttermilch an eine Kinderärztin verkauft und verschwiegen, daß sie Jüdin ist. Mit der Milch wurden deutschblütige Säuglinge einer Kinderklinik genährt. Die Beschuldigte wird wegen Betrugs angeklagt. Die Abnehmer der Milch sind geschädigt, weil die Muttermilch einer Jüdin nicht als Nahrung für deutsche Kinder gelten kann. Das unverschämte Verhalten der Beschuldigten ist auch eine Beleidigung. Von der Einholung entsprechender Strafanträge ist jedoch abgesehen worden, um unter den Eltern, die den wahren Sachverhalt nicht kennen, nicht nachträglich noch Beunruhigung hervorzurufen [...]

[286] *2.6.1943 g. – Aktenvermerk Reichsinnenministerium*
[...] kommt es natürlich vor, daß verlagerte Geisteskranke in der neuen Anstalt sterben.¹ Von seinen Angehörigen wird nun mitunter der Verstorbene in die Heimat zurückgeführt. Ein Ersatz der Überführungskosten wurde bisher abgelehnt, und zwar in erster Linie in der Annahme, daß mit einem allgemeinen Überführungsverbot von Leichen zu rechnen sei. Die Frage des Verbotes der Leichenbeförderung wurde in einer interimistischen Besprechung im Reichsministerium des Innern am 30. März 1943 neuerlich behandelt. Der Erlaß einer diesbezüglichen Polizeiverordnung, der vom Reichsministerium des Innern in Aussicht genommen war, scheiterte jedoch an den Widersprüchen des Generalbevollmächtigten für den Vierjahresplan und des Reichsministeriums für Volksaufklärung und Propaganda, die mit Rücksicht auf deren Auswirkung auf die Bevölkerung einer derartigen Regelung ihre Zustimmung versagten. Bei dieser Sachlage [...] muß die Frage der Kostentragung für evt. Rücktransporte verstorbener verlagerter Geisteskranker nunmehr geklärt werden [...] Es wird bemerkt, daß seitens des Reichsministeriums des Innern dafür Sorge getra-

---

286 ¹ Auf natürlichem Wege, denn es handelt sich hier nicht um die berüchtigte Euthanasieaktion der Vorjahre, sondern um die Freimachung von Heil- und Pflegeanstalten in besonders luftgefährdeten Städten zwecks Einrichtung von Ausweichkrankenhäusern.

gen werden wird, daß diese Transporte möglichst vereinzelt bleiben.

[287 a, b]
[a]   26.6.1943 g. – Tel. Deutsche Gesandtschaft Stockholm ([Gesandter Hans] Thomsen) an StSekr. Auswärtiges Amt
König von Schweden liess bei mir anfragen, ob der ihm gut bekannte deutsche Tennismeister Gottfried von Cramm für zwei Monate auf seine Einladung nach Schweden kommen könnte, um mit ihm an Turnieren teilzunehmen. König begründete seinen Wunsch damit, dass dies wohl letzte Turnier-Saison sein würde, an der er angesichts seines hohen Alters[1] selbst teilnehmen könne.
Mit Rücksicht auf starke propagandistische Wirkung, die Besuchsreise Cramms im vorigen Jahre in gesamter schwedischer Presse hatte, und im Hinblick auf Einstellung Königs zu uns, über die ich wiederholt berichtet habe, bitte ich nachdrücklichst, dem Wunsche des König stattzugeben und Cramm Ausreise und Spielerlaubnis zu erteilen. Engländer würden zweifellos ähnliche ihnen gebotene propagandistische Gelegenheit mit allen nur möglichen Mitteln, notfalls unter Einsatz eines Sonderflugzeuges, auszunutzen versuchen.

[b]   1.7.1943 gRs. – Aktenvermerk Auswärtiges Amt
SS-Sturmbannführer Sanders, Reichssicherheitshauptamt, teilt fernmündlich mit, daß der Antrag für Herrn Gottfried von *Cramm* auf Aus- und Wiedereinreise nach Schweden und zurück mit einer Gültigkeitsdauer von 3 Monaten im Einvernehmen mit dem Reichsmarschallamt genehmigt sei [...]
Was die Spielerlaubnis anbetrifft, so habe der Chef der Sicherheitspolizei und der SD damit nichts zu tun, von Cramm habe ja seine Anweisungen, nach denen er sich zu richten habe [...]

287 [1] König Gustav V. (»Mister G.«) war damals 85 (1858–1950).

[288 a, b, c]
[a]   19.7.1943 *Ministervorlage Reichspropagandaministerium (MinR [Eberhard] Taubert, Leiter Ost)*
Der Sohn des kommunistischen Reichstagsabgeordneten Torgler[1] ist im Osten gefallen.

Vielleicht interessieren einige Einzelheiten aus seinem Leben: Torgler jun. flüchtete aus Deutschland nach Frankreich, als sein Vater anläßlich des Reichstagsbrandes verhaftet wurde. Er war damals ein halbwüchsiger Junge. Als sein Vater die politische Schwenkung zu uns machte, versuchten wir auf dessen Bitte über die französische Regierung die Zurücksendung des Jungen nach Deutschland. Bei der damaligen marxistischen Durchsetzung des französischen Regierungsapparates sickerte dieses Begehren zur Roten Hilfe durch, die den Jungen sofort aus Frankreich entfernte. Er wurde unter falschem Namen und mit falschen Pässen über Belgien, Holland, Dänemark, Schweden, Finnland in die Sowjetunion gebracht. Als dann kurz vor dem Krieg die Verfolgung der deutschen Kommunisten einsetzte, wurde er in den Fernen Osten deportiert. Er hat dort jahrelang in den Zwangsarbeitslägern von Kamtschatka und Mittelasien gearbeitet. Die Zeit der deutsch-sowjetischen Annäherung benutzten wir dann, um die Sowjetregierung um Auslieferung zu bitten. Der Reichsmarschall setzte sich persönlich dafür ein. Es gelang dann auch, Torgler jun. nach Deutschland zu bekommen. Er war sowohl unter dem Einfluß seines Vaters wie durch die eigenen Erlebnisse völlig vom Kommunismus geheilt. Der Herr Staatssekretär hat sich damals auch von ihm persönlich Bericht erstatten lassen. Er hat auch ebenso wie sein Vater an politischen antibolschewistischen Arbeiten, Geheimsendungen usw. teilgenommen. Während des Rußlandkrieges wurde er Soldat. Er ist dann vor allem im Mittelabschnitt in Formationen zur Bekämpfung der Partisanen eingesetzt worden, wobei ihm seine hervorragende Kenntnis der russischen Sprache mit bolschewistischem Jargon sehr zustatten kam. Er hat uns viele Anregungen und Hinweise für die antibolschewistische Propaganda gegeben.

288   [1] Vgl. Nr. 272.

Sein Vater ist durch den Tod des Jungen sehr getroffen worden. Wäre es wohl angängig, daß wir ihm Ihr Beileid zum Ausdruck brächten?

[b]   22.7.1943 Int. Schr. Büro StSekr. an Taubert
Betrifft: Den Sohn Torglers.
Der Herr Minister hat von Ihrer Vorlage Kenntnis. Es sollen die Dienststellen des Hauses, die mit Torgler bzw. mit seinem Sohn zusammengearbeitet haben, kondolieren.

[c]   *16.8.1943 Taubert an [Ernst] Torgler (Berlin-Britz)*
Lieber Herr Torgler!
Erst gestern erfuhr ich, dass Sie Ihren einzigen Sohn im Osten verloren haben. Zu diesem schwersten Verlust möchte ich Ihnen, auch im Namen aller meiner Mitarbeiter, die Ihren Sohn gekannt haben, mein tiefgefühltes Beileid aussprechen.
Wir alle, die mit Ihrem jungen und lebensfrohen Sohn in Fühlung traten, sind von dieser Nachricht tief betroffen, um so mehr, als Ihr Sohn nach seinen bitteren Erlebnissen in der Sowjet-Union nur für so kurze Zeit sein Elternhaus wiedersehen konnte.

[289]   *7.9.1943 Bürgermeister Dr. [Kurt] Sch[eibn]er (Chemnitz) an den Deutschen Gemeindetag*
In meiner Eigenschaft als Vorstand des Bestattungsamtes in Chemnitz, in welcher Stadt Bestattungs- und Einäscherungsmonopol besteht und private Begräbnisgesellschaften nicht vorhanden sind, wäre ich dankbar dafür, wenn mir einmal mitgeteilt werden könnte, in welcher Form Beisetzungen der Bombenterroropfer in erheblich betroffenen Großstädten erfolgt sind. Ich nehme an, daß für jeden der Gefallenen ein Einzelsarg zur Verfügung gestellt worden ist, habe aber Interesse daran, ob diese Särge dann in Massengräbern, also Kante an Kante, vielleicht auch in verschiedenen Schichten, beigesetzt worden sind oder ob dies nicht erwünscht ist. Für Vorbereitungen, die sowohl auf Sargzahl als auch

auf Platzfragen sich beziehen, wäre ich sehr dankbar, wenn ich darüber etwas erfahren könnte.

[290]   *10.3.1944 Himmler an Oberste Reichsbehörden*
Die zur Regelung der Lebensverhältnisse der Polen, Juden und Zigeuner im Hoheitsbereich des Reiches getrennt[1] herausgegebenen Erlasse und Verordnungen haben vielfach zu einer öffentlichen summarischen Gleichstellung dieser Gruppen auf plakatierten Verkaufs-, Benutzungsverboten, öffentlichen Bekanntmachungen, in der Presse usw. geführt. Dieses Verfahren entspricht nicht der differenzierten politischen Stellung, die diesen Gruppen jetzt und in Zukunft einzuräumen ist.

Soweit die Juden und Zigeuner in Betracht kommen, hat die vom Chef der Sicherheitspolizei und des SD durchgeführte Evakuierung und Isolierung dieser Gruppen einen öffentlichen besonderen Hinweis in der bisherigen Form auf die umfassenden Betätigungsverbote auf vielen Lebensgebieten gegenstandslos gemacht. Entsprechende öffentliche Hinweise werden daher im allgemeinen verschwinden können.

Hinsichtlich der Polen verbleibt es nach wie vor bei der in den einschlägigen Erlassen und Verordnungen getroffenen Regelung der Lebensverhältnisse. Gleichwohl empfiehlt sich aus politischen Zweckmäßigkeitsgründen eine gewisse Zurückhaltung in den öffentlichen Hinweisen auf diese Regelung in Form von Plakaten, Schildern, Presseveröffentlichungen usw.

[291]   *20.3.1944 gRs. – Aufzeichnung Auswärtiges Amt*
Vom Chef der Sicherheitspolizei und des SD ist über den ehemaligen Führer der KPD Thälmann[1] folgendes mitgeteilt worden:

Thälmann befinde sich noch in Haft. Aus dem letzten Haftort sei er wegen Bombengefährdung – sein Aufenthaltsraum sei

---

290   [1] Vom Reichsinnenminister und Chef der Deutschen Polizei also noch getrennt..
291   [1] Vgl. Anm. 272-4.

tatsächlich 14 Tage später eingestürzt – in ein anderes Gefängnis überstellt worden.[2] Dort werde er sowohl von dem Personal der Justizverwaltung wie auch von einem Kommando der Ordnungspolizei bewacht. Er genieße dort eine bevorzugte Behandlung. Ihm sei Sonderverpflegung zugebilligt; er könne Besuche von seinen Angehörigen empfangen; ferner erhalte er von diesen und auch von anderer Seite – zum Teil anonym – Pakete mit Lebensmitteln. Er bewohne mehrere Räume und habe einen kleinen Garten zu seiner Verfügung. Die Entscheidung über die Frage seiner Freilassung sei bis nach Kriegsende zurückgestellt worden.

Es sei früher einmal daran gedacht worden, ihn Rußland gegenüber einzusetzen. Von diesem Plan sei jedoch auf höhere Weisung Abstand genommen worden.

Thälmann werde seit Jahren von Zeit zu Zeit von einem leitenden Beamten des Chefs der Sicherheitspolizei und des SD besucht. Er sei heute etwa 60 Jahre alt. Die Jahre seiner Haft seien an ihm in körperlicher und geistiger Beziehung nicht spurlos vorübergegangen. Er habe bei Beginn des Rußlandfeldzuges geäußert, er könne nicht verstehen, wie Deutschland ein so starkes Land wie Sowjetrußland schlagen wolle, sei dann durch die deutschen Erfolge im Osten stark beeindruckt gewesen und halte sich seit der Zeit in seinen Äußerungen völlig zurück. Nach dem Eindruck der Unterhaltungen mit Thälmann sei anzunehmen, daß ihm zu irgendwelchem Einsatz heute der nötige Schwung fehlen würde; zudem würde er sich auch kaum dazu bereit finden lassen, irgendeinen Auftrag zu übernehmen. Seitens des Chefs der Sicherheitspolizei und des SD beständen hiergegen auch Bedenken. Ferner würde auch nach den früheren Erfahrungen kaum mit der in solchem Falle wohl erforderlichen Führergenehmigung zu rechnen sein.

---

[2] In der biographischen Th.-Literatur finden sich andere Daten. Danach ist er nach sechsjähriger Haft im Gefängnis Hannover am 11.8.1943 in das Zuchthaus Bautzen abtransportiert, von dort Ende Juli oder Anfang August 1944 in das KZ Buchenwald verlegt und dort in der Nacht zum 18.8.1944 ermordet worden (offiziell gelogen: am 28.8. bei einem Luftangriff umgekommen).

[292] 20.3.1944 RdErl. *Reichsinnenminister Himmler*
Betrifft: Unzureichende Leistungen von Beamten.
Der nationalsozialistische Leistungsgrundsatz, der für das ganze deutsche Volk heute als Gesetz gilt, ist für die Beamten in besonderem Maße verpflichtend.
Die deutsche Beamtenschaft, welche in diesem Kriege in hervorragender Weise ihre Pflicht erfüllt und sich durch Einsatzfreude und Opferbereitschaft auszeichnet, verdient es nicht, durch einige wenige unzulängliche oder faule Beamte belastet zu werden.
Ich werde daher in allen Fällen, in denen Leistungen unter dem Durchschnitt auf mangelnde geistige Gaben zurückgehen, das Aufrücken innerhalb der Altersgehaltsstufen sperren.[1] Bei durch Pflichtvergessenheit und Faulheit hervorgerufener Minderleistung werde ich gegen die Betreffenden ein Dienststrafverfahren einleiten und sie aus der Beamtenschaft entfernen.

[293] *16.9.1944 g. – Aktenvermerk Reichskanzlei*
Der Erlaß des Führers über die Fernhaltung international gebundener Männer von maßgebenden Stellen in Staat, Partei und Wehrmacht vom 19. Mai 1943[1] ordnet an, daß in Partei, Staat und Wehrmacht Männer nicht in maßgebenden Stellen verwandt werden dürfen, wenn sie
1. mit Frauen aus den mit uns im Kriegszustand oder politischem Gegensatz befindlichen Ländern verheiratet sind
oder
2. aus Kreisen stammen, die durch ihre verwandtschaftlichen Beziehungen zu heute oder früher einflußreichen Gesellschafts- oder Wirtschaftskreisen des uns feindlich gesinnten Auslandes als international gebunden zu betrachten sind.
[...] Es sind folgende Einzelfälle von den Ressorts benannt worden, die unter den Erlaß fallen könnten: ...[2]

---

292 [1] Fünfzig Jahre danach gerade wieder aktuell.
293 [1] Vgl. Nr. 168.
      [2] Zwei Seiten über die zivilen Dienststellen fehlen in der Akte.

II. militärische Dienststellen

A. *Heer*
1) Hauptmann Burchard Prinz von Preußen
2) Leutnant Karl Prinz von Preußen
3) Oberleutnant d. R. Wilhelm Viktor Freund Prinz von Preußen
4) Oberleutnant Franz Josef Prinz von Preußen
5) Oberleutnant d. R. Friedrich Karl Prinz von Preußen
6) Oberleutnant d. R. Ernst August Herzog zu Braunschweig und Lüneburg
7) Rittmeister Georg Wilhelm Herzog zu Braunschweig und Lüneburg
8) Oberleutnant Christian Herzog zu Braunschweig und Lüneburg
9) Hauptmann Carl August Erbgroßherzog von Sachsen
10) Oberleutnant Friedrich Alfred Prinz von Sachsen-Meiningen
11) Oberleutnant d. R. Ludwig Prinz von Hessen und bei Rhein
12) Major d. R. Christian Prinz zu Schaumburg-Lippe
13) Major d. R. Gottfried Erbprinz zu Hohenlohe-Langenburg
14) Oberleutnant d. R. Carl Prinz Biron von Curland
15) Obergefreiter Prinz Reuß, Heinrich II.
16) Gefr. Prinz Leopold von Hanau
17) Fhj. d. R. Prinz Georg Fürstenberg
18) Feldwebel Prinz von Liechtenstein
19) Oberkan. Prinz von Thurn und Taxis
20) Jg. Graf Kyburg } entlassen
21) Oberstleutnant d. R. z. V. Heinrich XXXVI. Prinz Reuß — Entscheidung unbekannt. Seit 1.5.32 Mitglied der NSDAP[3]

---

[3] Auch Heinrich XXXVI. Reuß und alle hier Folgenden sind entlassen worden; alleinige Ausnahme: Heer Nr. 22 – Josias Waldecks SS-Gewicht war bedeutend genug, um auch seinen Bruder in der Wehrmacht zu halten.

22) Oberstleutnant Max Prinz zu Waldeck Pyrmont — Entscheidung unbekannt. Der ältere Bruder – Josias – ist SS-Obergruppenführer und General der Polizei

23) Oberleutnant d. R. Christian Ludwig Herzog zu Mecklenburg (Bruder SS-Sturmbannführer u. Leg. Sekr. im Ausw. Dienst)
24) Major d. R. Nikolaus Erbgroßherzog von Oldenburg (1 Schwager im Ausw. Dienst, 1 Schwager SS-Obergruppenführer u. Gen. d. Pol.)
25) Major d. R. z. V. Wolrad Fürst zu Schaumburg-Lippe (1 Bruder im Ausw. Dienst, 1 Bruder Min. Rat im Prop. Ministerium u. Inhaber des Goldenen Parteiabzeichens)
26) Rittmeister d. R. Franz Joseph Erbprinz von Thurn und Taxis
27) Major d. R. Albrecht Prinz von Hohenzollern (soll Mitglied der NSDAP seit 1932 sein)

▶ Entlassung schwebt, meist wegen der Gleichbehandlung mit Verwandten in zivilen Dienststellen

B. *Luftwaffe*
  1) Hubertus Prinz von Preußen
  2) Louis-Ferdinand Prinz von Preußen
  3) Joseph-Anton Erzherzog von Österreich
     — als Offiziere der Luftwaffe
  4) Friedrich-Franz Erbgroßherzog von Mecklenburg
  5) Ottmar Habsburg-Lothringen
  6) Prinz Croy
     — als Unteroffiziere und Mannschaften d. Luftwaffe

▶ werden nach Mitteilung des OKW voraussichtlich zur Entlassung kommen

C. *Marine*
  1) Kapitänleutnant d. R. Franz Josef Prinz von Hohenzollern-Sigmaringen
  2) Seekadett Alexander Prinz zu Solms-Braunfels

▶ über die Entlassung wird noch entschieden

[294] *24.11.1944 Auswärtiges Amt an Chef Sipo und SD/Amt IV*
Es wird hier bekannt, daß das Eiskunstläuferpaar Ernst Baier/Maxi Baier, geb. Herber, für Dezember d. J. verschiedene Engagements nach der Schweiz getätigt hat. Als Baier eingezogen werden sollte, ist er zur Musterung auf zwei Stöcke gestützt erschienen und hat vorgegeben, krank zu sein. Seitens der Reichssportführung besteht der Verdacht, daß das Ehepaar Baier ins Ausland zu entweichen versucht [...]

[295] *27.11.1944 Aktenvermerk Reichsfinanzministerium*
Für den im Jahre 1935 verstorbenen Reichsstatthalter *Loeper*[1] war ein Staatsbegräbnis angeordnet worden. Die Kosten hat das Reich getragen. Die Leiche wurde in dem Heldenturm in Mildensen[2] bestattet. Der Turm gehört dem Lande Anhalt und ist auf dessen Kosten 1938 ausgebaut worden.

Die Leiche, die in einem jetzt brüchig gewordenen Zinksarg ruht, der in einem Holzsarg steht, soll auf Anordnung des jetzigen Reichsstatthalters[3] in einem Sarkophag aus Stein untergebracht werden. Frage: Wer trägt die auf 20 000 RM veranschlagten Kosten?[4] [...]

[296] *11.12.1944 Führerinformation Nr. 188/1944 des Reichsjustizministers*
Das Amtsgericht Berlin hat im Jahre 1933 mehreren Angehörigen des Hauses Romanow als Erben des letzten russischen Zaren einen Erbschein erteilt. Im Jahre 1938 hat Frau Tschaikowski, angebliche Großfürstin Anastasia, die bereits früher viel von sich reden gemacht hat, die Einziehung dieses Erbscheins beantragt. Die

---

295 [1] Friedrich Wilhelm L., † 23.10.1935 (vgl. Anm. 188-2).
[2] Richtig: Mildensee (bei Dessau), bis dahin der »Napoleonsturm«.
[3] Rudolf Jordan.
[4] Für das Reich lehnten alle ab, es blieb also an Anhalt hängen, ist ja aber bald nicht mehr aktuell gewesen.

Professoren Müller-Hess und Eugen Fischer haben die Ohrenbildung auf Jugendbildern der Zarentochter mit der der Frau Tschaikowski verglichen. Dabei hat sich nach Auffassung der Gutachter eindeutig ergeben, daß es sich nicht um die gleiche Person handeln kann.[1] Das Amtsgericht Berlin hat den Antrag der Frau Tschaikowski daraufhin abgewiesen. Wer die Frau Tschaikowski wirklich ist und aus welchem Grunde sie die Rolle der Großfürstin spielt, bleibt freilich auch weiterhin ungeklärt. Den Eindruck einer Hochstaplerin macht sie – auch nach Auffassung objektiver Beurteiler – nicht.

Nunmehr ist von dritter Seite beim Propagandaministerium angeregt worden, die angebliche Großfürstin Anastasia im Rahmen der Wlassow[2]-Aktion politisch zu benutzen.

[297] *13.12.1944 Reichsfinanzminister an Deutsche Reichsbank*
Ich habe in sinngemäßer Auslegung des § 97 Abs. 3 DBG[1] keine Bedenken, daß die Gewährung des Unterhaltsbeitrages auch dann erfolgt, wenn das uneheliche Kind von dem Beamten im Ruhestand erzeugt ist.

[298] *14.12.1944 Aktenvermerk Reichskanzlei*
Der Herr Reichsminister möchte wieder ein Rundschreiben herausgeben, das die Weihnachts- und Neujahrsglückwünsche untersagt, und zwar soll das Verbot noch schärfer gefaßt sein als im vergangenen Jahr. Da im vorigen Jahr schon alle Glückwünsche verboten waren, bitte ich zu erwägen, ob die größere Schärfe vielleicht dadurch zum Ausdruck gebracht werden kann, daß empfohlen wird, in diesem Jahre die Glückwünsche früherer Jahre nicht nur nicht zu wiederholen, sondern sogar zurückzunehmen.

---

296 [1] Wie wir heute genau wissen, haben der Gerichtsmediziner Viktor M.-H. und der Anthropologe E. F. (beide Berlin) recht gehabt.
[2] Andrej Andrejewitsch W., auf die deutsche Seite übergetretener sowjetischer General (vgl. Bd. III, Nr. 291 und 295).
297 [1] Deutsches Beamtengesetz.

[299] 6.1.1945 *Reichsfinanzministerium an Präsident [Hermann] Senkowsky*[1] *(Krakau, Burg)*

Zunächst darf ich Ihnen und Ihren Herren meine herzlichsten Glückwünsche für das Neue Jahr aussprechen. Möge es uns allen Gutes bringen und besonders Ihnen, Herr Präsident, in Krakau eine weitere erfolgreiche Arbeit.

Ich darf Ihnen im Auftrag des Herrn Ministers besonders dafür danken, daß Sie, sehr verehrter Herr Präsident, auf Grund unserer letzten Besprechung so freundlich und kameradschaftlich für die Gefolgschaft des Reichsfinanzministeriums und für Herrn Minister, Herrn Staatssekretär und ihre Stäbe im besonderen aus Ihren Monopolverwaltungen etwas bereitgestellt haben. Der Transport hierher ist gut vonstatten gegangen, und die Verteilung von Tabakwaren, die wir zu Weihnachten noch im Ministerium durchführen konnten, hat überall große Freude gemacht. Herr Minister hat sich seinerseits besonders darüber gefreut, zu einer solchen Verteilung in der Lage zu sein, weil er sonst seiner Gefolgschaft zum Weihnachtsfest nicht die geringste Zuteilung hätte zukommen lassen können.

Ich darf nun auf die Reise des Herrn Ministers in das Generalgouvernement zu sprechen kommen, die Ihnen für die zweite Hälfte Januar zugesagt war. Ich nehme an, daß Sie, sehr verehrter Herr Präsident, sich inzwischen schon Gedanken über das Programm gemacht haben und vor allem mit dem Stab des Generalgouverneurs selbst in Fühlung getreten sind. Herrn Minister würde am besten die Zeit vom 23. bis 26. oder 27. Januar passen. Ich würde vorschlagen, daß Herr Minister mit dem Schlafwagenzug am Dienstag, 23. Januar, aus Berlin abfährt, der am 24. Januar etwas nach 9 Uhr fahrplanmäßig in Krakau eintrifft.[2] Für die Rückfahrt nimmt Herr Minister auch am liebsten den Schlafwagen, damit er möglichst keinen Arbeitstag verliert. Es käme deshalb als Abreisetermin wohl Freitag, 26. Januar in Betracht [...] Ich neh-

299   [1] Präsident der Hauptabteilung Finanzen der Regierung des Generalgouvernements und Leiter der Generaldirektion der Monopole.
[2] Die Rote Armee war schneller – bereits am 17. jagte sie Generalgouverneur Frank und seine Verwaltung aus der Krakauer Burg.

me an, daß Sie, Herr Präsident, sich schon überlegt haben, was Sie Herrn Minister besonders vortragen und zeigen wollen und daß der Generalgouverneur selbst auch seine Programmpunkte festgelegt hat. Wenn, wie Sie bei Ihrem letzten Besuch andeuteten, auch eine Jagd in das Programm aufgenommen werden soll[3], so könnte überlegt werden, ob die Abreise bis Sonnabend hinausgeschoben werden kann [...]

Wenn dem Herrn Generalgouverneur oder Ihnen die vorgeschlagene Zeit nicht genehm sein sollte, müßte die Reise auf Anfang Februar verschoben werden. Für diese Zeit liegt hier noch nichts Besonderes vor.[4]

---

[3] Daraus wurde nun nichts mehr, der Herr Graf Schwerin hat die Jägerei auf eine Weile unterbrechen müssen.
[4] Daß diese Bürokraten sich nicht geschämt haben, damals solche Briefe zu verfassen!

Kurzbiographien

Amann, Max (1891–1957)
Parteieintritt: 1921
Im Weltkrieg Feldwebel und als Regimentsschreiber des Res.-Inf.-Rgts. 16 (List) zeitweise Vorgesetzter des Meldegängers Hitler; 1921 Geschäftsführer der NSDAP; April 1922 Leiter des Zentralverlags der NSDAP Franz Eher Nachf. und Reichsleiter für die Presse; Dez.1933 zugleich Präsident der Reichspressekammer. – Ferner: März 1933 MdR; 1936 SS-Obergruppenführer.

Bormann, Martin (1900–1945)
Parteieintritt: 1924
Aug. 1930 Leiter der SA-Versicherung (ab Sept. 1930: Hilfskasse der NSDAP); Anfang Juli 1933 Stabsleiter des Stellvertreters des Führers und Reichsleiter der NSDAP; 12. Mai 1941 Leiter der Partei-Kanzlei der NSDAP, Mitglied der Reichsregierung und des Ministerrats für die Reichsverteidigung (sämtlich in der Nachfolge von Rudolf Hess); 12. April 1943 zugleich Sekretär des Führers. – Ferner: 1935/36 Leiter der Verwaltung Obersalzberg; Nov. 1933 MdR; 1940 SS-Obergruppenführer.

Buch, Walter (1883–1949, Selbstmord)
Parteieintritt: 1922
27. Nov. 1927 (beauftragt)/1. Jan. 1928 Vorsitzer des Uschla (Untersuchungs- und Schlichtungsausschuß) der Reichsleitung der NSDAP (Ende 1933/17. Febr. 1934, nach anderer Angabe 31. März 1933: Oberstes Parteigericht, B. Reichsleiter und Oberster Parteirichter). – Ferner: Mai 1928 MdR; 1934 SS-Obergruppenführer.

Daluege, Kurt (1897–1946, hingerichtet)
Parteieintritt: 1922
1928–1933 Führer der SS-Gruppe Ost, 1932 MdL in Preußen; 5.5.1933 Ministerialdirektor im Innenministerium, 1934 Leiter der Polizei im Reichsinnenministerium; seit 1936 Chef der Ordnungspolizei im Hauptamt Sicherheitspolizei; seit April 1942 SS-Oberstgruppenführer und Stellvertretender Reichsprotektor von Böhmen und Mähren. – Ferner: Nov. 1933 MdR.

Dietrich, Josef (1892–1966)
Parteieintritt: 1928
1928 Befehlshaber von Hitlers persönlichem Sicherheitsdienst; 1931 SS-Gruppenführer; 1933 Kommandeur der Leibstandarte »Adolf Hitler«; 1934 SS-Obergruppenführer und preußischer Staatsrat; seit 1944 Chef der 6. SS-Panzerarmee – Ferner: 1930 MdR; SS-Oberstgruppenführer und Generaloberst der Waffen-SS.

Frank, Hans (1900–1946, hingerichtet)
Parteieintritt: 1927
(Rechtsanwalt); 1929 Leiter des Rechtsamtes der NSDAP; seit 1933 Leiter der Akademie für Deutsches Recht; 1933/34 bayerischer Justizminister und »Reichskommissar für die Gleichschaltung der Justiz in den Ländern und die Erneuerung der Rechtsordnung«; 12.10.1939 Chef des Generalgouvernements. – Ferner: 1930 MdR.

Goebbels, (Paul) Joseph, Dr. phil. (1897–1945, Selbstmord)
Parteieintritt: 1922
März 1925 Gaugeschäftsführer Rheinland-Nord der NSDAP in Elberfeld; 1. Nov. 1926 Gauleiter von Berlin; 26. April 1930 zugleich Reichspropagandaleiter der NSDAP; 13. März 1933 zugleich Reichsminister für Volksaufklärung und Propaganda; 25. Juli 1944 zugleich Reichsbevollmächtigter für den totalen Kriegseinsatz.
– Ferner: Mai 1928 MdR.

Göring, Hermann (Wihelm) (1893–1946, Selbstmord in Haft)
Parteieintritt: 1922
Frühjahr 1923 SA-Kommandeur; 9. Nov. 1923 an der Feldherrnhalle schwerverletzt und dann ins Ausland geflohen; Okt. 1927 Rückkehr nach Deutschland; Herbst 1930 Politischer Beauftragter Hitlers in Berlin; 30. Aug. 1932 zugleich Reichstagspräsident; 30. Jan. 1933 zugleich kommiss. preußischer Innenminister (bis 1. Mai 1934) und Reichsminister ohne Geschäftsbereich (28. April 1933 Reichsluftfahrtminister); 10. April 1933 zugleich Preußischer Ministerpräsident und Stv. Reichsstatthalter für Preußen; 31. Aug. 1933 General der Inf.; 3. Juli 1934 zugleich Reichsforstmeister und Reichsjägermeister; 20. April 1936 Generaloberst; 18. Okt. 1936 zugleich Beauftragter für den Vierjahresplan; 4. Febr. 1938 Generalfeldmarschall; 30. Aug. 1939 zugleich Vorsitzender des Ministerrats für die Reichsverteidigung; 19. Juli 1940 zugleich Reichsmarschall des Großdeutschen Reiches. – Ferner: Mai 1928 MdR (Okt. 1930 stv. Fraktionsführer).

Hess, Rudolf (1894–1987, Selbstmord in Haft)
Parteieintritt: 1920
1921 Führer der NS-Hochschulgruppe München; 1923 SA-Führer von München; April 1924 zu 18 Monaten Festung verurteilt und seit der Haft auf der Festung Landsberg (Mitarbeit am 1. Buch von »Mein Kampf«) Hitlers Privatsekretär; Dez. 1932 Leiter der nach Gregor Straßers Ausscheiden gebildeten Politischen Zentralkommission, 21. April 1933 Stellvertreter des Führers der NSDAP; 1. Dez. 1933 zugleich Reichsminister ohne Geschäftsbereich; 30. Aug. 1939 zugleich Mitglied des Ministerrats für die Reichsverteidigung; 10. Mai 1941 Flug nach England. – Ferner: Berechtigung zum Tragen des Dienstanzugs eines SS-Ogruf. (durch Verfügung Hitlers); März 1933 MdR.

Heydrich, Reinhard (1904–1942, ermordet)
Parteieintrit: 1931
März 1933 Leiter der Politischen Abteilung der Polizeidirektion München; 1934 Chef der Geheimen Staatspolizei; seit 17.6.1936 Chef der Sicherheitspolizei und des SD und ab 1939 Chef des Reichssicherheitshauptamtes; seit dem 27.9.1941 Stellvertretender Reichsprotektor von Böhmen und Mähren. – Ferner: SS-Obergruppenführer und General der Polizei.

Himmler, Heinrich (1900–1945, Selbstmord in Haft)
Parteieintritt: 1925 (1924 Nationalsoz. Freiheitsbewegung)
1929 Stv. Reichsführer der SS (Schutzstaffel); 6. Jan. 1929 Reichsführer der SS (RFSS); 3. April 1933 zugleich Leiter der bayerischen, 24. Nov. 1933/27. Jan. 1934 auch der übrigen außerpreußischen, 20. April 1934 auch der preußischen Politischen

Polizei; 17. Juni 1936 RFSS und Chef der Deutschen Polizei; 7. Okt. 1939 zugleich Reichskommissar für die Festigung deutschen Volkstums; 25. Aug. 1943 zugleich Reichsminister des Innern; 21. Juli 1944 zugleich Chef der Heeresrüstung (bis Jan. 1945) und (Aug. 1944: Ober-)Befehlshaber des Ersatzheeres; 2. Dez. 1944 zugleich Oberbefehlshaber Oberrhein (ab 24. Jan. 1945: Heeresgruppe Weichsel, bis 21. März 1945); 28./29. April 1945 in allen Funktionen abgelöst. – Ferner: Sept. 1930 MdR.

Kaltenbrunner, Ernst (1903–1946, hingerichtet)
Parteieintritt: 1932
(Rechtsanwalt); seit 1932 Mitglied der österreichischen NSDAP und SS, 1934/35 wegen Hochverrats inhaftiert und bis 1938 Führer der SS in Österreich; 11.3.1938 Staatssekretär für die öffentliche Sicherheit in Österreich und SS-Gruppenführer; Jan. 1943 SS-Obergruppenführer und bis 1945 Chef der Sicherheitspolizei, des Sicherheitsdienstes der SS und des Reichssicherheitshauptamtes. – Ferner: März 1938 MdR.

Lammers, Hans-Heinrich (1879–1962)
Parteieintritt: 1932
30. Jan. 1933 aus dem Reichsinnenministerium (seit 1920, 1922 Ministerialrat) von Hitler als Staatssekretär in die Reichskanzlei berufen; 1934 Staatssekretär und Chef der Reichskanzlei; Nov. 1937 Reichsminister und Chef der Reichskanzlei; Febr. 1938 zugleich Mitglied des (nie zusammengetretenen) Geheimen Kabinettsrats; 30. Aug. 1939 zugleich Mitglied und Geschäftsführer des Ministerrats für die Reichsverteidigung. – Ferner: 1940 SS-Obergruppenführer.

Ley, Robert, Dr. phil. (1890–1945, Selbstmord in Haft)
Parteieintritt: 1925
(1921–1928 Chemiker bei der I. G. Farben Leverkusen); 1925 Gauleiter Rheinland-Süd in Köln; Sommer 1932 Reichsinspekteur II in der Reichsorganisationsleitung; 10. Dez. 1932 Stabsleiter der PO (Politische Organisation) der NSDAP; 10. Nov. 1934 Reichsorganisationsleiter; 3. Mai 1933 zugleich Leiter der (von ihm gegründeten) Deutschen Arbeitsfront. – Ferner: Mai 1928 MdL in Preußen; Sept. 1930 MdR.

Ribbentrop, Joachim von (1893–1946, hingerichtet)
Parteieintritt: 1919
(Außenhandelskaufmann); 24. April 1934 Beauftragter der Reichsregierung für Abrüstungsfragen; 31. Mai 1935 Außerordentlicher und Bevollmächtigter Botschafter in besonderer Mission; 11. Aug. 1936 Deutscher Botschafter in London; 4. Febr. 1938 Reichsminister des Auswärtigen. – Ferner: Nov. 1933 MdR; 1940 SS-Obergruppenführer.

Rosenberg, Alfred (1893–1946, hingerichtet)
Parteieintritt: 1919
Mitte 1921 Schriftleiter (Ende Febr. 1923 Hauptschriftleiter) des Zentralorgans der NSDAP »Völkischer Beobachter«; 1. April 1933 zugleich Leiter des Außenpolitischen Amtes (und damit Reichsleiter) der NSDAP; 24. Jan. 1934 zugleich Beauftragter des Führers für die Überwachung der gesamten geistigen und weltanschaulichen Schulung und Erziehung der nationalsozialistischen Bewegung; 17. Juli 1941 zugleich Reichsminister für die besetzten Ostgebiete. – Ferner: 1929 Gründer und

Leiter des »Kampfbundes für deutsche Kultur« (6. Juni 1934 in der »Nationalsozialistischen Kulturgemeinde« aufgegangen); Sept. 1930 MdR.

Schwarz, Franz Xaver (1875–1947, in Haft gestorben)
Parteieintritt: 1922
(Oberamtmann in der Stadtverwaltung München); 21. März 1925 Reichsschatzmeister der NSDAP; 1931 zugleich Generalbevollmächtigter in allen vermögensrechtlichen Angelegenheiten der Partei und Inhaber der »Finanzhoheit« über die gesamte NSDAP. – Ferner: März 1933 MdR; 1942 SS-Oberst-Gruppenführer.

Speer, Albert (1905–1981)
Parteieintritt: 1932
Architekt (Propagandaministerium, Tempelhofer Feld, Bückeberg, Reichsparteitagsgelände Nürnberg, Reichskanzlei u. a.); 1933 Leiter des Amtes für künstlerische Gestaltung von Großkundgebungen in der Reichspropagandaleitung der NSDAP; 1934 zugleich Leiter des Amtes »Schönheit der Arbeit« der NS-Gemeinschaft »Kraft durch Freude« in der Deutschen Arbeitsfront; Anfang 1937 Beauftragter für das Bauwesen im Stab Stellvertreter des Führers; 30. Jan. 1937 zugleich Generalbauinspektor für die Reichshauptstadt; 9. Febr. 1942 zugleich als Nachfolger Todts Reichsminister für Bewaffnung und Munition (2. Sept. 1943: für Rüstung und Kriegsproduktion), Generalinspektor für das deutsche Straßenwesen und Generalinspektor für Wasser und Energie; 14. März 1942 zugleich Generalbevollmächtigter für die Rüstungsaufgaben im Vierjahresplan. – Ferner: Aug. 1941 MdR (nachgerückt).

Thierack, Otto Georg (1889–1946, Selbstmord)
Parteieintritt: 1932
(Staatsanwalt); 1933/34 kommissarischer Justizminister in Sachsen; 1935/36 Vizepräsident des Reichsgerichts; 1936–1942 Präsident des Volksgerichtshofes und von 1942–1945 Reichsjustizminister. – Ferner: Führer des NS-Rechtswahrerbundes, Leiter des Reichsrechtsamts der NSDAP und Präsident der Akademie für Deutsches Recht.

Abkürzungen

A	=	Archiv
a. D.	=	außer Dienst
A. K.	=	Armeekorps
Anm.	=	Anmerkung
AVA	=	Allgemeines Verwaltungsarchiv des Österreichischen Staatsarchivs (Wien)
BA	=	Bundesarchiv (Koblenz)
BDC	=	Berlin Document Center
BDM	=	Bund Deutscher Mädel
b(B)eauftr.	=	b(B)eauftragt(er)
BGB	=	Bürgerliches Gesetzbuch
Brif.	=	Brigadeführer
Btl.	=	Bataillon
CDJC	=	Centre de Documentation Juive Contemporaine (Paris)
Chefs.	=	Chefsache
d. R.	=	der Reserve
DAF	=	Deutsche Arbeitsfront
DZA	=	Deutsches Zentralarchiv (Potsdam)
E. K.	=	Eisernes Kreuz
Erl.	=	Erlaß
Frhr.	=	Freiherr
FS	=	Fernschreiben
g.	=	geheim
Gen.	=	General
Gen. d. Flg.	=	General der Flieger
Gen. d. Inf.	=	General der Infanterie
Gen. d. Kav.	=	General der Kavallerie
GenLt.	=	Generalleutnant
GenMaj.	=	Generalmajor
GFM	=	Generalfeldmarschall
gKdos.	=	geheime Kommandosache
GL	=	Gauleiter
gRs.	=	geheime Reichssache
Gruf.	=	Gruppenführer
HAL	=	Hauptamtsleiter
HBefL	=	Hauptbefehlsleiter
HDL	=	Hauptdienstleiter
Hptm.	=	Hauptmann
hs.	=	handschriftlich
HSSPF	=	Höherer SS- und Polizeiführer
HStL	=	Hauptstellenleiter
HStuF.	=	Hauptsturmführer
int.	=	intern
KdF	=	Kraft durch Freude
Kr.	=	Kreis

KrL	=	Kreisleiter
LA	=	Landesarchiv
MA	=	Bundesarchiv/Militärarchiv (Freiburg)
MdL	=	Mitglied des Landtags
MdR	=	Mitglied des Reichstags
MinDir.	=	Ministerialdirektor
MinDirig.	=	Ministerialdirigent
MinR.	=	Ministerialrat
NSBO	=	Nationalsozialistische Betriebszellenorganisation
NSFK	=	Nationalsozialistisches Fliegerkorps
NSG	=	NS-Gemeinschaft
NSKK	=	Nationalsozialistisches Kraftfahrkorps
NSKOV	=	Nationalsozialistische Kriegsopferversorgung
NSV	=	Nationalsozialistische Volkswohlfahrt
OBefL	=	Oberbefehlsleiter
Oberf.	=	Oberführer
Oberst-Gruf.	=	Oberst-Gruppenführer
Oberstlt.	=	Oberstleutnant
o. D.	=	undatiert
ODL	=	Oberdienstleiter
Ogruf.	=	Obergruppenführer
OKW	=	Oberkommando der Wehrmacht
Olt.	=	Oberleutnant
Orpo	=	Ordnungspolizei
ORR	=	Oberregierungsrat
OStubaf.	=	Obersturmbannführer
Ostuf.	=	Obersturmführer
PAAA	=	Politisches Archiv des Auswärtigen Amtes (Bonn)
Pg.	=	Parteigenosse
Pgn.	=	Parteigenossin, -en
Präs.	=	Präsident
Prof.	=	Professor
RdErl.	=	Runderlaß
RdSchr.	=	Rundschreiben
RHAL	=	Reichshauptamtsleiter
RHStL	=	Reichshauptstellenleiter
RL	=	Reichsleiter
RPräs.	=	Regierungspräsident
RR	=	Regierungsrat
RStatth.	=	Reichsstatthalter
Schr.	=	Schreiben
Sd	=	Sonder-
Sipo	=	Sicherheitspolizei
StA	=	Staatsarchiv
Staf.	=	Standartenführer
StAL	=	Staatliches Archivlager Göttingen
StGB	=	Strafgesetzbuch
StSekr.	=	Staatssekretär

Stubaf. = Sturmbannführer
Stv. = Stellvertreter
Tel. = Telegramm
Truppf. = Truppführer
Univ. = Universität
UStSekr. = Unterstaatssekretär
Vg. = Volksgenosse
Vgn. = Volksgenossin, -en

Quellennachweise

1 BA NS 22 202; **2** BDC OPG Cremer, Max; **3** StAL B 18; **4** BA Slg. Schumacher 415; **5** BA NS 15 32; **6** BA NS 22 709; **7** BDC NS-Lehrerbund Dolch, Lambert; **8** BA NS 22 341; **9** BDC OPG Richter Dungern-Oberau, Otto Frhr. v.; **10** BA Slg. Schumacher 415; **11** BA NS 23 1; **12** BA NS 22 205; **13** BA NS 22 341; **14** BDC Slg. Schumacher 240 I; **15** BDC RStatth. Bayern Isenburg, Ferdinand Karl Prinz v.; **16** BA R43 II 1207; **17** BA NS 23 220; **18** BA NS 23 210; **19** BDC OPG Busch, Karl; **20** BDC OPG Dräger, Edgar; **21** BA R5 3361; **22** BA NS 10 78; **23** BA NS 22 672; **24** BA NS 23 225; **25** BA NS 23 209; **26** BA NS 26 164; **27** BDC Slg. Schumacher 245; **28** BDC NS-Lehrerbund Däunert, Martin; **29** BA NS 22 612; **30** BDC Slg. Schumacher 240 II; **31** BDC OPG Bülow, Fritz; **32** BDC OPG Darré, R. Walther; **33** BDC OPG Brockmeyer, Hans; **34** BA NS 23 212; **35** BDC OPG Bergenthum, Friedrich; **36** BA NS 25 195; **37** BA NS 22 747; **38** BA NS 10 54; **39** BA NS 25 78; **40** BDC OPG PA Cöln, Matthias; **41** BA NS 10 293; **42** BA NS 22 709; **43** BDC PK-Corr. Brückner, Helmuth; **44** BA NS 22 827; **45** BA NS 10 297; **46** PAAA Inl. II A/B 333/2; **47** BA NS 22 859; **48** BDC OPG Berwald, Max; **49** BA NS 25 468; **50** BDC OPG Bräuer, Fritz; **51** BA NS 25 468; **52** BDC OPG Berg, Gerhard; **53** BA Slg. Schumacher 393; **54** AVA RKWÖ 305; **55** BA NS 25 504; **56** BDC OPG Hilverling, Albert; **57** BA NS 22 744; **58** BDC OPG Culemann, Hans; **59** BA R 36 2099; **60** BA NS 15alt 32; **61** BA NS 25 593; **62** BA NS 22 166; **63** BA NS 22 161; **64** BA NS 22 24; **65** BA NS 22 642; **66** BA NS 22 159; **67** BA NS 22 176; **68** BDC NS-Lehrerbund Krahmer, Hans; **69** StA Nürnberg NS-Mischbestand 81; **70** AVA RKWÖ 140 a; **71** CDJC Rosenberg CXL III–371; **72** PAAA Inl. I Partei 56/1; **73** BA R 43 II 1118; **74** BA NS 19 2800; **75** BA NS 1 288; **76** BDC SS-Officers Schaller, Richard; **77** BA NS 1 552; **78** HStA Würzburg 112g I/3; **79** BDC OPG Richter Friedrich, Heinrich; **80** BA NS 22 559; **81** BA NS 22 137; **82** BA NS 22 748; **83** BDC NS-Lehrerbund Jude, Willi; **84** BA NS 18 475; **85** BA NS 25 654; **86** BA NS 19 2382; **87** BA NS 22 811; **88** BA NS 18alt 882; **89** BA NS 35 9 (auch: CDJC Rosenberg CXL II–217, BA NS 8 169); **90** BA NS 8 244; **91** BA R 43 II 1559b; **92** BA NS 18 428; **93** BA NS 18 661; **94** BA NS 18 263; **95** BA R 6 24; **96** BDC Slg. Schumacher 240 II; **97** BA NS 22 977; **98** BA NS 30 124(51); **99** BA NS 8 245; **100** BA R 55 664; **101** BA NS 16 2; **102** BA NS 30 19; **103** BDC PK-Corr. Bäckert, Ernst; **104** BA R 55 460; **105** BDC Daluege (Research) 57; **106** BDC SS-Officers Johst, Hanns; **107** BDC Slg. Schumacher 245; **108** BDC SS-Officers Loos, Walther; **109** BDC OPG Flieger, Georg;

110 BDC SS-Officers Malsen-Ponickau, Erasmus Frhr. v.; 111 BDC Slg. Schumacher 245; 112 BDC Slg. Schumacher 245; 113 BA NS 19alt 206; 114 BDC Slg. Schumacher 243 I; 115 BDC SS-Officers Hildebrandt, Richard; 116 BDC SS-Officers Sattler, Carl; 117 BDC Slg. Schumacher 240 I; 118 BDC SS-Officers Höflich, Heinrich; 119 BA NS 19alt 214; 120 BDC SS-Officers Dolp, Hermann; 121 BA NS 19 801; 122 BDC PK-Corr. Daluege, Kurt; 123 BA Kl. Erw. 459-1; 124 BDC SS-Officers Gottberg, Curt v.; 125 a BDC OPG Bergmüller, Johannes; 125 b + c BDC Slg. Schumacher 234 I; 126 BA R 43 II 1412; 127 BDC SS-Officers Woyrsch, Udo v.; 128 BA NS 19alt 370; 129 BA NS 22 811; 130 BDC SS-Officers Stroop, Jürgen; 131 BDC SS-Officers Frey, Curt; 132 BA R 43 II 1269d; 133 BDC SS-Officers Rodenbücher, Alfred; 134 BA NS 19 2380; 135 BA NS 19 98; 136 BA R 43 II 1204b (auch: BDC Slg. Schumacher 234 I); 137 BDC Slg. Schumacher 240 I; 138 BDC SS-Officers Wahl, Karl; 139 BA NS 19 2375; 140 BDC SS-Officers Woyrsch, Udo v.; 141 BA R 43 II 1204b; 142 BDC Slg. Schumacher 234 I; 143 BA NS 19alt 268; 144 BA NS 19alt 222; 145 BDC SS-Officers Grolman, Wilhelm v.; 146 BDC SS-Officers Schröder, Walther; 147 BA NS 19 870; 148 BA NS 19 2651 (auch: BDC SS-Officers Kleinheisterkamp, Matthias); 149 BA NS 19 2651; 150 BA NS 19alt 355; 151 BA R 43 II 845; 152 BA NS 19 2651; 153 BDC SS-Officers Krebs, Hans; 154 BDC SS-Officers Schröder, Walther; 155 BDC SS-Officers Berger, Gottlob; 156 BDC Slg. Schumacher 245; 157 BDC SS-Officers Freitag, Fritz; 158 BA NS 19 995; 159 BDC SS-Officers Henlein, Konrad; 160 BA NS 19alt 354; 161 BDC PK-Corr. Marquier, Reginald; 162 BDC SS-Officers Rösener, Erwin; 163 BA NS 19alt 338; 164 BDC Slg. Schumacher 484; 165 BDC SS-Officers Johst, Hanns; 166 BA NS 19alt 285; 167 BA R 43 II 1341a; 168 BA NS 19alt 289; 169 BDC SS-Officers Rösener, Erwin; 170 BA NS 19alt 203; 171 BDC Slg. Schumacher 240 II; 172 BDC SS-Officers Herf, Eberhard; 173 PAAA Inl. II A/B 349/2; 174 BDC Slg. Schumacher 234 I; 175 BA NS 19alt 199; 176 BA NS 19alt 281; 177 BDC SS-Officers Pfeffer-Wildenbruch, Karl; 178 BDC SS-Officers Krüger, Walter; 179 BA NS 19 204; 180 BDC SS-Officers Schimana, Walter; 181 BDC SS-Officers Katz, Adolf; 182 BA R 43 II 1195; 183 PAAA Ref. D 87/6; 184 PAAA Ref. D 13/5; 185 BA R 128 2958; 186 BA R 43 I 1609; 187 BA R 43 II 744; 188 BA R 43 II 2299; 189 BA R 129 973; 190 BA R 43 II 1196; 191 BDC RStatth. Bayern Held, Emil; 192 BA R 43 II 803; 193 BA R 43 II 1555; 194 BA NS 22 346; 195 BA NS 12 748; 196 BA R 36 1442; 197 BA NS 10 189; 198 PAAA Ref. D 80/4; 199 PAAA Ref. D 80/6; 200 BDC Slg. Schumacher 240 I; 201 StA Oldenburg 132 445; 202 PAAA Inl. II A/B 322/1; 203 PAAA Inl. II A/B 317/1; 204 BDC Slg. Schumacher 216 IV; 205 BA NS 25 441; 206 BDC OPG Banz, Johann; 207 BA NS 10 42; 208 BA NS 10 298; 209 DZA 49.01 1908; 210 BA NS 25 675; 211 BA R 55 26; 212 MA RW 6 v.109/2; 213 BDC Slg. Schumacher 240 I; 214 BDC Slg. Schumacher 240 I (a) + II (b); 215 BDC RStatth. Bayern Thielen, Jakob; 216 BA R 22 4553; 217 BA R 22 21043; 218 BA NS 10 369; 219 BA NS 10 352; 220 BA R 55 1219; 221 BDC Slg. Schumacher 240 II; 222 AVA RKWÖ 55; 223 BA NS 22 839; 224 BDC Slg. Schumacher 240 I; 225 BA NS 25 840; 226 BA NS 19alt 220; 227 BA NS 25 469 (a-Original: 504); 228 BDC RStatth. Bayern Fux, Franz; 229 BA R 2 10932; 230 AVA RKWÖ N 181; 231 AVA RKWÖ 221 (Begr. 228); 232 AVA RKWÖ 144; 233 BA R 36 2118; 234 BA NS 14 81; 235 BA NS 18 528; 236 BA R 43 II 545; 237 BA R 43 II 1155c; 238 BA Slg. Schumacher 240 II; 239 BA NS 18 649; 240 BA NS 25 925; 241 BA NS 25 927; 242 BA NS 18alt 881; 243 PAAA Inl. IIg 527; 244 PAAA UStSekr. Luther 2; 245 BA NS 10 38; 246 BA

NS 25 840; **247** PAAA Inl. IIg 409; **248 a** BA NS 18alt 888; **248 b** BA NS 22 742; **249** BA R 43 II 1271b; **250** PAAA UStSekr. Luther 6; **251** StadtA Wien NSDAP-Kommunalpolitik A 2–3 I; **252** UnivA Heidelberg H III Dek. ab 1.10.40 A–K; **253** PAAA Inl. II A/B 350/4; **254** PAAA Inl. I Partei 42/2a; **255** BA R 22 2432; **256** BA R 36 2101; **257** PAAA UStSekr. Luther 8; **258** BA NS 22 841; **259** BA R 2 12222; **260** PAAA Inl. II A/B 42/3; **261** BA NS 18alt 622; **262** BA R 22 3359; **263** BA R 22 3359; **264** PAAA Inl. II A/B 42/1; **265** BA NS 18 625; **266** BA R 43 II 955a; **267** BA NS 15alt 9; **268** Kuratorium Univ. Frankfurt DozBd. Hochschulkorr. II; **269** StadtA Wien NSDAP-Kommunalpolitik A 2–3 I; **270** BA R 22 688; **271** BA R 43 II 953; **272** BA R 55 1289; **273** BA NS 19 2393; **274** BA NS 19 414; **275** PAAA Inl. I Partei 87/1; **276** BA R 43 II 1538; **277** BA R 43 II 1559a; **278** BA R 43 II 1559b; **279** BA R 43 II 1559b; **280** BA R 43 II 1559a; **281** PAAA Inl. I Partei 87/1; **282** BA R 43 II 1560; **283** BA R 55 1288; **284** UnivA Göttingen Jur. Fak. II J 86; **285** BA R 43 II 1559b; **286** BA R 2 12083; **287** PAAA Inl. IIg 443; **288** BA R 55 450 (auch: 1289); **289** BA R 36 2118; **290** BA R 21 221; **291** PAAA Inl. IIg 35; **292** StA Oldenburg 131 449; **293** BA R 43 II 1561a; **294** PAAA Inl. II A/B 78/2; **295** BA R 2 10874; **296** BA R 43 II 1559b; **297** BA R 2 22206; **298** BA R 43 II 584a; **299** BA R 2 4a.